AF432010

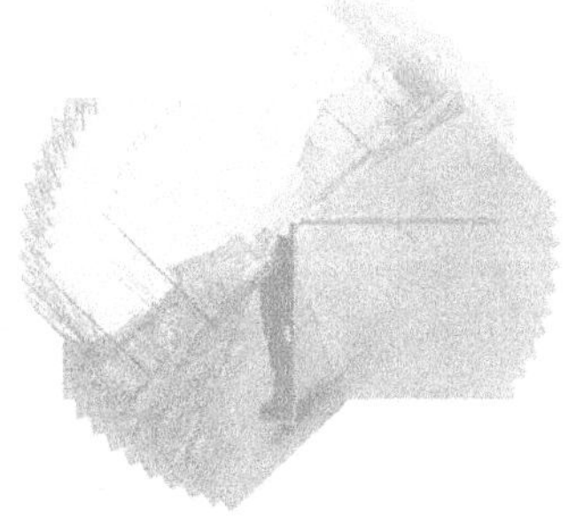

postmedia ● UNI

Questo libro raccoglie gli esiti del convegno *Arte Fuori dall'Arte. Incontri e scambi fra arti visive e società negli anni Settanta*, promosso dalle Università Cattolica del Sacro Cuore di Milano, Università degli Studi di Parma e Sapienza Università di Roma, con la collaborazione dell'associazione ArtCityLab, tenutosi presso l'Università Cattolica di Milano mercoledì 12 e giovedì 13 ottobre 2016.

Il volume è stato realizzato con il contributo del Dipartimento di Discipline Umanistiche Sociali e delle Imprese Culturali dell'Università di Parma – Unità di Arte Musica e Spettacolo e del Progetto di Ricerca 2015 *Oltre la Body Art*, Dipartimento di Storia dell'arte e Spettacolo della Sapienza Università di Roma.

Comitato scientifico

Anna Barbara (Politecnico di Milano)
Cristina Casero (Università di Parma)
Emanuela De Cecco (Libera Università di Bolzano)
Luca Peretti (Yale University)
Roberto Pinto (Università di Bologna)
Carla Subrizi (Sapienza Università di Roma)

Arte fuori dall'arte.
Incontri e scambi fra arti visive e società
negli anni Settanta
a cura di Cristina Casero, Elena Di Raddo, Francesca Gallo
© 2017 Postmedia Srl, Milano

In copertina:
Fabrizio Bellomo, *Omaggio disequilibrante*, 2017

www.postmediabooks.it

Arte fuori dall'arte
Incontri e scambi fra arti visive
e società negli anni Settanta

a cura di Cristina Casero,
Elena Di Raddo, Francesca Gallo

postmedia●books

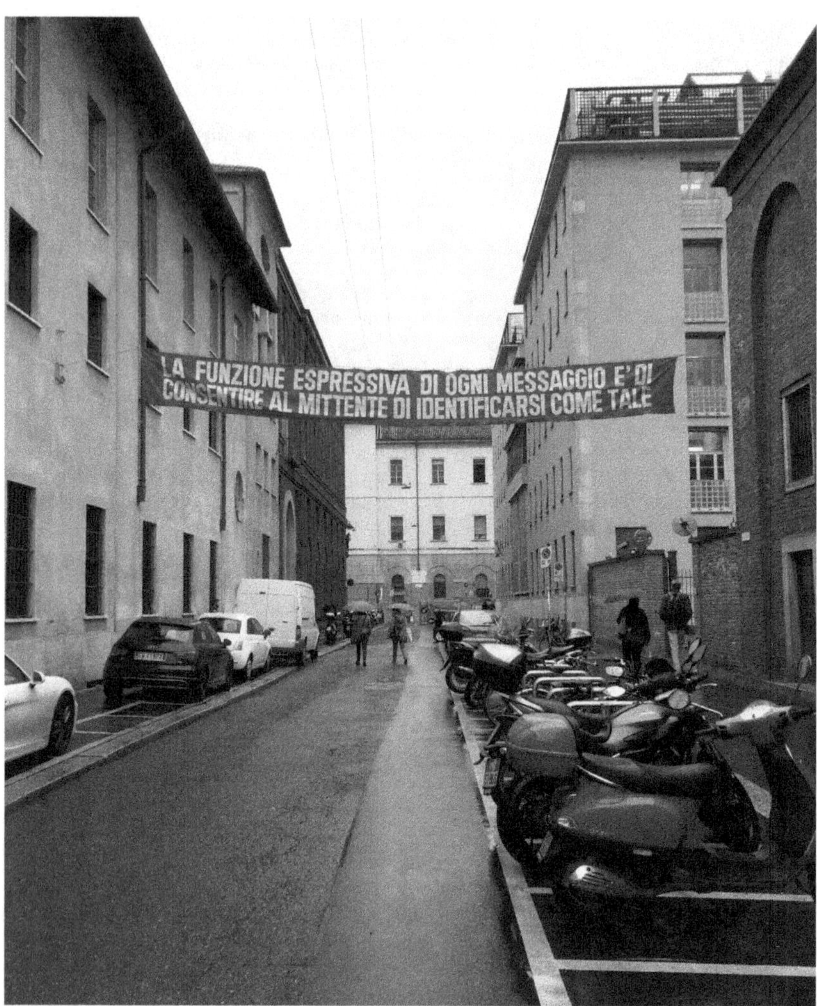

In occasione dell'apertura del convegno *Arte fuori dall'arte* l'associazione ArtCityLab espone il banner originale di Fernando De Filippi *La parola e l'immagine* (1979) in Via Necchi, accanto all'Università Cattolica (Milano, dal 12 ottobre al 12 novembre 2016)

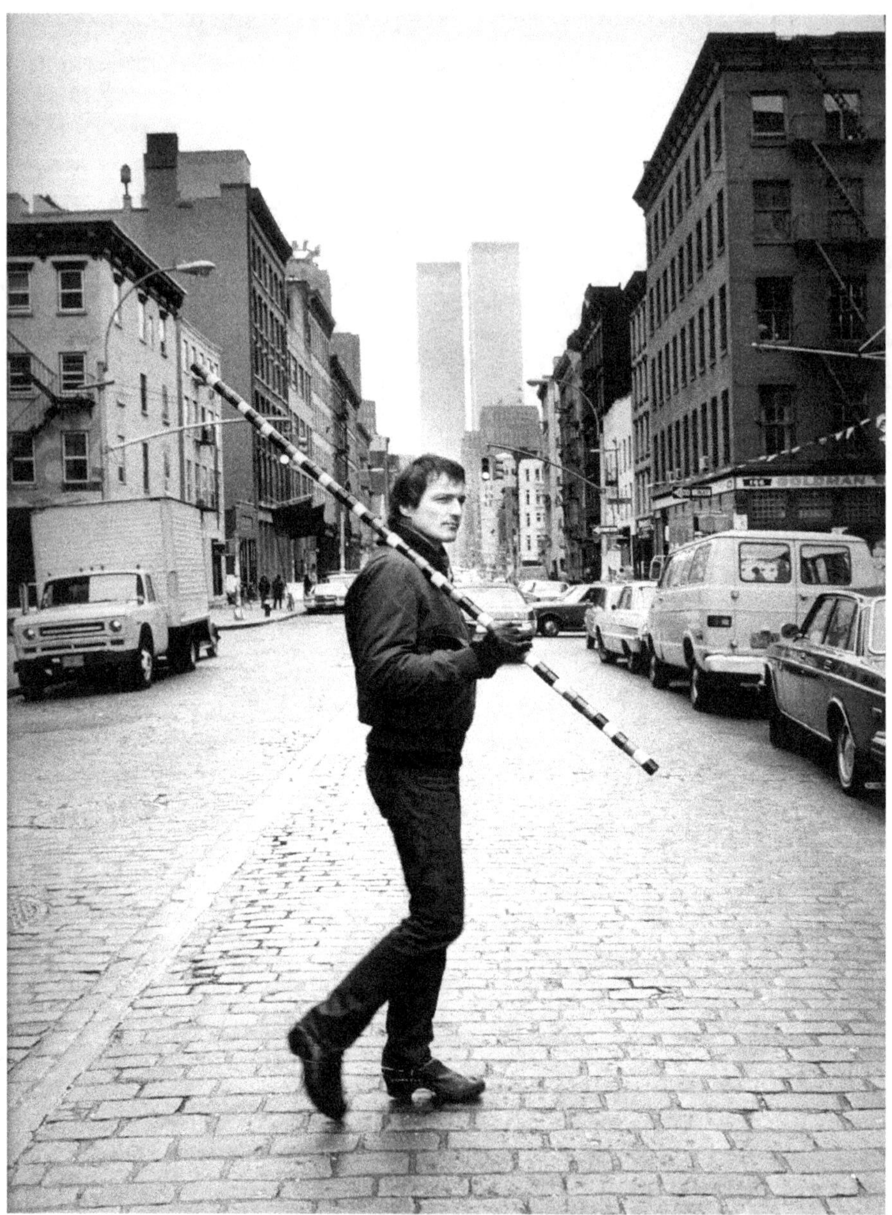

André Cadère, New York, 1977. Artista documentato nella mostra *La pratica politica*. Galleria Civica di Modena, 1979. Courtesy: Galleria Massimo Minini

In/Out.
Riflessioni critiche sulla fuoriuscita dell'arte dall'arte

Elena Di Raddo

La natura concettuale dell'arte postminimalista e la sua dimensione sociale
Probabilmente, dopo il periodo delle avanguardie, gli anni Settanta sono stati quelli in cui più si è discusso criticamente attorno al fare arte, allo statuto dell'arte, al ruolo che può avere in seno alla società. Mostre, convegni, dibattiti e critiche giornalistiche hanno accompagnato la realizzazione individuale di opere e ne sono state in qualche modo, non solo la chiave di lettura, ma addirittura il motore realizzativo. Gli artisti si sono interrogati, insieme ai critici, sulla necessità di operare nella società e sulla possibilità di individuare un linguaggio adatto a tale compito. L'aspetto che caratterizza fortemente l'arte dopo il Minimalismo e che lo differenzia dalle avanguardie è che tale rapporto con il sociale è intrinsecamente legato all'indagine concettuale, a un'indagine quindi strettamente inerente l'arte. In tal senso nell'arte degli anni Settanta si realizza una dialettica del tutto nuova tra 'interno' ed 'esterno', tra dimensione autoriflessiva e apertura sulla realtà sociale. Se è innegabile sostenere che l'artista sia da sempre in relazione al mondo in cui vive (e in alcuni periodi storico-artistici come la metà dell'Ottocento, ad esempio, o durante le avanguardie, questo aspetto è apparso più evidente), tale rapporto appare però del tutto non risolto nel periodo qui preso in esame, proprio in virtù della sua specificità.

Alla base di questa novità rispetto al passato vi è senza alcun dubbio la speculazione filosofica decostruttivista, che tra la fine degli anni Sessanta e l'inizio dei Settanta contribuì a smantellare l'aura di autonomia dell'opera d'arte rispetto al contesto. L'idea di un mondo esteriore separato da quello autonomo dell'esperienza estetica secondo Jacques Derrida è pura finzione metafisica. Come non è possibile che esistano momenti vissuti assoluti, isolati dal ricordo, così non esistono espressioni artistiche il cui contenuto sia isolato dal contesto. Con la teoria del *parergon*[1] egli dimostra che non esiste una presunta purezza del medium o autonomia dell'esperienza estetica, minando ogni concetto di purezza o di astrazione come isolamento ideativo dell'arte all'interno della cornice dell'opera. Queste idee, insieme alle altre riflessioni post-strutturaliste, come quella di Michel Foucault, sono alla base degli sconfinamenti dell'arte di matrice concettuale nella vita, quali il *détournement* situazionista e le sperimentazioni Fluxus.

Esperienze artistiche che si possono senz'altro porre quali punti di riferimento anche per molte ricerche italiane che Renato Barilli nel 1975 ha felicemente definito "concettuali mondane"[2]: un concettuale cioè spurio, contaminato con il 'fuori' dall'arte, e quindi anche con il sociale. Muovendo dalle istanze del *ready made* duchampiano, questo genere di arte apre a una mondanità risemantizzata in cui

> la denominazione poetica, ben lungi dal porsi sul piano di una definizione univoca del messaggio, si addentra a tentoni in un'area di esperienze vitali non ancora esplorata e nella quale l'opera agisce da forza catalizzatrice intorno a cui si costituisce una nuova rete di significati […] analizzabili e trasferibili nel più vasto circuito dell'esperienza culturale[3].

Sono ascrivibili a questa categoria, che Filiberto Menna colloca nell'ambito di un "controdiscorso dell'arte", molte opere di area concettuale: installazioni, opere performative, lavori ambientali (affissioni e manifesti), pubblicazioni esoeditoriali degli anni Settanta[4]. A cominciare dalle azioni sociali e vitalistiche di Joseph Beuys, azioni nella quali le due dimensioni, quella dell'attenzione al linguaggio e quella della fuoriuscita dell'arte dall'arte verso il contesto sociale e ambientale, convivono in perfetto equilibrio.

Anche nelle opere a carattere ambientale presentate alla Biennale di Venezia del 1976 nella sezione *Arte come ambiente sociale*, curata da Enrico Crispolti, la dimensione più concettuale convive con quella più esplicitamente coinvolta con il sociale[5]. La questione linguistica infatti, nonostante da molti artisti non venga considerata come fattore predominate nella realizzazione dell'opera in quanto associata all'arte tradizionale e borghese, non è estranea a molte espressioni di arte a carattere sociale.

In chiave storico-critica la mostra *Global Conceptualism. Paint of Origin 1950s-1980s* del 1999 ha dimostrato come in diverse parti del mondo le pratiche artistiche concettuali abbiano avuto origine proprio dal rapporto con il sistema della politica e dei meccanismi sociali, evidenziando anche come spesso forme innovative dell'arte siano nate proprio fra artisti che si sono posti in relazione con la società. Questa riflessione critica si sviluppa, come si è visto, negli stessi anni Settanta anche in Italia.

In un volume uscito nel 1976 Alfredo De Paz, sociologo, docente al DAMS di Bologna, ha svolto un'indagine sul tema della "pratica sociale" dell'arte[6] e ha dimostrato la "socialità dell'arte" partendo dalle considerazioni di Marx sull'opera d'arte enunciate nella famosa *Einleitung* (Introduzione) del 1857 e dalle considerazioni svolte da Hauser proprio in relazione a quest'ultimo. Uno dei problemi enunciati da Marx è che l'opera d'arte non può essere circoscritta a una riduzione materialistica perché suscita un godimento estetico che comporta un "modello inarrivabile". Secondo Hauser il processo che ha portato alla formalizzazione delle funzioni e delle realizzazioni spirituali, come il sorgere dell'indagine pura e dell'*art pour l'art*, non è una derivazione del capitalismo moderno, ma un fenomeno che ha le sue radici addirittura nel VII secolo a.C. in Ionia, in conseguenza della colonizzazione greca, quando nasce una concezione della scienza completamente nuova e non pragmatica. Qui si comincerebbero a realizzare opere d'arte che ricercano la bellezza per se stessa, per amore di essa. Autonomizzazione e formalizzazione dell'arte quindi sarebbero una conseguenza di un certo tipo di economia fondata sul denaro e di un incremento "dell'attività spirituale e della capacità di astrazione prodotto dall'abitudine a mezzi di scambio diretti". Quindi, conclude De Paz, la conquista dell'arte per l'arte, con Hauser, ma anche Kosic, è un processo intrinseco alla vita delle arti "alla propria strutturalità, determinatezza e temporalità", ma è un processo, allo stesso tempo, che non deriva dalla vita autonoma dell'opera stessa, bensì, "dalla reciproca interazione dell'opera e dell'umanità e che la sua 'sovratemporalità' consiste nella sua temporalità come attività"[7]. Se è possibile supporre che le idee di De Paz siano state condivise da molti artisti di quegli anni, si possono trovare riflessioni su questi aspetti anche in altri contributi teorici.

La rivista "L'uomo e l'arte", ad esempio, esordisce nel primo numero dell'aprile 1971 con un'inchiesta dedicata proprio al tema "arte e società", che continuerà anche nel numero seguente di maggio, con interventi di artisti come Alik Cavaliere, Ugo La Pietra, Luciano Fabro, Enzo Mari, di critici quali Enrico Crispolti, Gillo Dorfles, Paolo Fossati, Aurelio Natali, Maurizio Vitta, ma anche di intellettuali non strettamente legati al mondo dell'arte, come il professore di cibernetica Silvio Ceccato, il giornalista Luciano della Mea, il collezionista Giuseppe Panza, lo scrittore Mario Spinella. La rivista mette in campo diversi aspetti cui appellarsi rispetto a questo ampio tema, come il rapporto dell'arte con le istituzioni pubbliche o con il riconoscimento economico del valore artistico, ma soprattutto, denuncia la "barriera di incomprensione" tra l'arte contemporanea e la società, il suo isolamento elitario, a discapito dell'intenzionalità di molta arte di avvicinarsi al grande pubblico. La matrice, appunto, concettuale delle opere e delle azioni degli artisti impedisce una fruizione estesa a tutti i livelli sociali dell'arte. Ed è questo uno dei temi più ricorrenti in quegli anni nel dibattuto tema "arte e società". Sulle stesse pagine della rivista, in un testo critico a commento della manifestazione del Nouveau Réalisme che nel novembre 1971 aveva coinvolto il cuore stesso della città di Milano tra piazza della Scala e piazza Duomo con performance, sculture ed opere processuali, Luciano Caramel si interrogava sul significato di quell'evento artistico, che riteneva un'occasione mancata per l'arte di incidere nel sociale. La manifestazione voluta allora dal Comune di Milano per celebrare il Nouveau Réalisme aveva, infatti, risvegliato l'interesse di un folto pubblico, ma, avvertiva Caramel, "non basta portare gli artisti in piazza, come è avvenuto dal 27 al 29 novembre con Christo, Arman, César, Tinguely, Raysse, Niky de Saint Phalle, Rotella e Spoerri, per provocare un avvicinamento tra operatori estetici e collettività urbana"[8]. Tanto più che ancora più stridente appariva il casuale incontro avvenuto in quegli stessi giorni tra le manifestazioni degli artisti e quelle operaie e studentesche "ben altrimenti 'realistiche', ben altrimenti problematiche"[9]. Gli artisti del resto fin dal tempo delle avanguardie si sono dedicati ad abbattere la mentalità tradizionale dell'arte borghese, per lasciare a chi fa politica il compito di cambiare il mondo incidendo radicalmente sull'ordine pratico della realtà. Il rapporto arte e vita non è mai stato uno scoglio semplice da superare per l'artista, diviso tra la creatività, la propria autonomia ed auto-responsabilità estetica, e quella che deriva dal suo vivere nel sociale e nel contesto storico di appartenenza.

In realtà ciò che veniva denunciato, da Caramel, ma anche da molta altra parte della critica a questo genere di manifestazione artistica era lo scopo pubblicitario e mercantile a essa sotteso. Aspetto che veniva decisamente ricusato da altre attività artistiche "impegnate" il cui scopo non era quello di coinvolgere il grande pubblico con manifestazioni di impatto mediatico, piuttosto di creare situazioni di confronto che, insinuandosi per così dire dal basso all'interno del tessuto sociale, portavano a una progressiva consapevolezza politica e culturale[10]. È secondo questa prospettiva che si deve leggere l'arte 'fuori dall'arte' degli anni Settanta, così profondamente diversa da quella propagandistica o di dichiarato schieramento politico. Un tale concetto di arte, infatti, presuppone una lettura vecchia e tradizionale dell'opera come strumento, veicolo depositario di contenuti che esulano dal mondo dell'arte e che appartengono invece a quello della politica o del sociale.

Nell'idea di arte in rapporto alla società per molti artisti di quegli anni non esiste soluzione di continuità, perché non si pone neppure il problema di una separazione tra arte e società: a differenza del passato, l'arte è allo stesso tempo dentro e fuori il mondo dell'arte. "Per quel che riguarda l'arte e la cultura, scrive Pierre Gaudibert, si esprime con forza il rifiuto della separazione: l'arte deve scendere nelle strade, la cultura deve ricongiungersi con l'esistenza quotidiana [...]. Arte e cultura vengono rimesse a fianco della quotidianità, dell'esistenziale, mentre la politica viene parimenti rifiutata nella sua accezione di settore autonomo"[11].

Chiarisce questo concetto con la veemenza di un artista pienamente implicato in questo clima Alik Cavaliere nella risposta all'inchiesta della rivista "L'Uomo e l'arte" obiettando che i termini con cui la rivista aveva posto il problema del rapporto arte e società presupponeva un'idea di "mondo dell'arte" separato da quello della società, a causa di una lettura antiquata e finita da tempo di "arte" risalente all'Illuminismo, al Romanticismo, all'Idealismo. La proliferazione dei mezzi di diffusione culturale consentono invece all'arte di essere partecipata a più livelli e favoriscono soprattutto quella che egli definisce già, con un termine attuale, "arte pubblica" "immediatamente usabile a livello di partecipazione"[12]. Ben venga quindi l'arte in tutti i settori della società, che possa essere letta a più livelli: da quello elitario degli intellettuali a quello della gente comune. Un'arte che possa addirittura confondersi con l'artigianato e con l'oggetto quotidiano, ma che proprio per questo può penetrare a tutti i livelli della società. A questa apertura a tutto campo verso i nuovi meccanismi sociali si obietta però, in altre voci di quel dibattito, il pericolo di cadere nelle logiche del capitalismo, che, secondo Alain Joffroy non era evitabile se non attraverso una rivoluzione di tutta la società[13] o, secondo La Pietra attraverso la contestazione politica e una rifondazione disciplinare e metodologica del sistema dell'arte, a partire dalle istituzioni didattiche e museali[14]. In tutti gli interventi del dibattito emerge in ogni caso con chiarezza la responsabilità civile dell'artista, chiamato a fare da mediatore tra l'arte e il mondo civile, appunto.

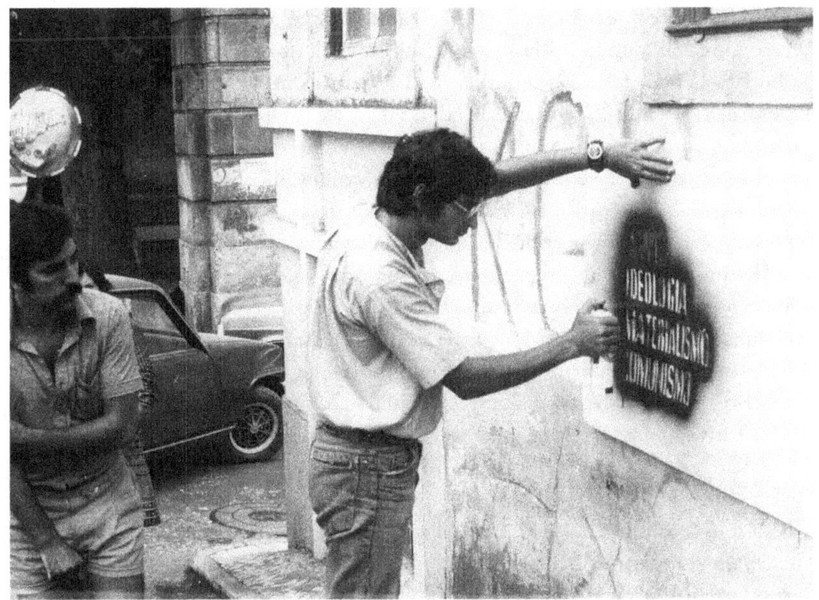

Fernando De Filippi, *Caldas de Rhaina Portuqal*, 1976

La dimensione politica del fare arte

Accanto ad artisti, spesso riuniti in collettivi, che si sono trovati direttamente coinvolti con il sociale, organizzando performance o partecipando alla manifestazioni civili e politiche o ad artisti che hanno prodotto opere direttamente compromesse con il sociale, come ad esempio molti lavori delle femministe, altri si interrogano sulla portata politica del fare arte, contribuendo, attraverso realizzazioni visive, spesso con il supporto della parola o del segno, al dibattito in atto a livello teorico. Opere nelle quali, appunto, la questione sociale si sposa implicitamente con quella linguistica.

Molte di queste sono rivolte evidentemente a scardinare i sistemi della comunicazione di massa, i veicoli comunicativi precostituiti e imposti dall'alto che si insinuano nelle case e nelle strade per veicolare messaggi acritici e persuasivi e puntano a scardinare la passività degli spettatori. In questo senso si può riscontare la dialettica interno/esterno ad esempio negli artisti che si servivano dell'affissione o delle scritte murali sovrapponendosi, con messaggi alternativi e spiazzanti, a quelle consuete della promozione pubblicitaria e della propaganda politica. Il gruppo romano "Ufficio per l'immaginazione preventiva", ad esempio, con inviti estesi anche ad altre città, sollecita gli artisti a usare gli spazi della pubblicità denominati N.d.R. per lanciare messaggi artistici. I contenuti di tale comunicazione sono slogan di carattere ideologico o politico che alludono a problematiche reali legate all'economia, al mondo del lavoro o dei diritti civili, ma che allo stesso tempo, per la loro modalità espressiva indiretta, non costituiscono vera propaganda politica. Tale lavoro sottende una sostanziale fiducia da parte degli artisti nel sistema artistico come momento ideale di comunicazione, quindi come sistema, almeno teoricamente aperto, capace di attraversare potenzialmente, vari livelli culturali e strati sociali.

Gli slogan e le scritte utilizzate dagli artisti nella loro contro-comunicazione riportano spesso messaggi criptici e indecifrabili generando un effetto di spaesamento e di lettura complessa. I segnali stradali di Ketty La Rocca o quelli di Ugo La Pietra, prendendo in prestito le modalità formali della segnaletica stradale, vanno a collimare con la comunicazione reale e se ne discostano per assurdo. Nel 1967 La Rocca, agendo direttamente nella vita quotidiana, ha utilizzato le sue segnaletiche, con scritte autoriflessive e ironiche relative alla sua condizione di donna, per l'azione performativa *Approdo* nei pressi dello svincolo fiorentino dell'Autostrada del Sole[15]. L'azione è stata di breve durata, ma di forte impatto proprio perché si è insinuata nella quotidianità.

Non solo le azioni nello spazio pubblico, ma l'uso stesso in chiave artistica di una modalità comunicativa del quotidiano, come appunto i segnali stradali o per altri artisti, come Vincenzo Agnetti o Piero Cavellini, le spedizioni postali, riportano l'esterno (il sociale) all'interno dell'arte. L'operazione, infatti, va letta come un'analisi dei mezzi che, perdendo la funzione pubblica tradizionale, assumono un valore privato, vivono in funzione soltanto del messaggio che veicolano. Questi nuovi mezzi artistici, secondo quanto si legge nell'introduzione scritta dalla redazione della rivista "Artwork", che nel 1979 si fa promotrice alla Galleria Civica di Modena di una mostra dedicata proprio al tema *La pratica politica. Il sistema dell'arte e il tessuto sociale*, vengono vissuti non come provocazione, ma come "comunicazione raccordata con il sociale, insinuando dubbi sullo sclerotizzato ruolo dell'arte e dell'artista così come sono solitamente intesi"[16].

In quella mostra, che non è stata curata dai critici, ma direttamente dagli artisti partecipanti, sollecitati dalla redazione della rivista, ci si propone di superare l'arte direttamente implicata con la politica e quindi in un certo senso asservita a uno scopo che non è quello prettamente artistico (arte di propaganda, quindi) in favore invece di un'arte attivamente e intrinsecamente politica come linguaggio:

> L'artista quindi cessa di essere strumento politico per divenire componente della politica attiva all'interno e fuori del sistema dell'arte. Nascono veri e propri processi di pratica politica, tendenti a superare la pretesa dicotomia tra rappresentazione e concetto, riunificando teoria e pratica all'interno dell'opera, e recuperando spesso all'oggettività la stessa analisi processuale. Più che tendere alla produzione di immagini se ne discute la loro efficacia, la loro funzione, in altri termini si teorizza una nuova prassi mettendo in evidenza l'uso repressivo del linguaggio inteso come strumento di diffusione del consenso. Lo stesso mezzo postale, le affissioni stradali, vengono identificate come canali potenziali della comunicazione artistica. Le operazioni vengono riscattate a livello di vere e proprie analisi del mezzo, che perdendo la caratteristica dell'oggettivazione, vive solo in funzione dei contenuti e delle informazioni che comunica[17].

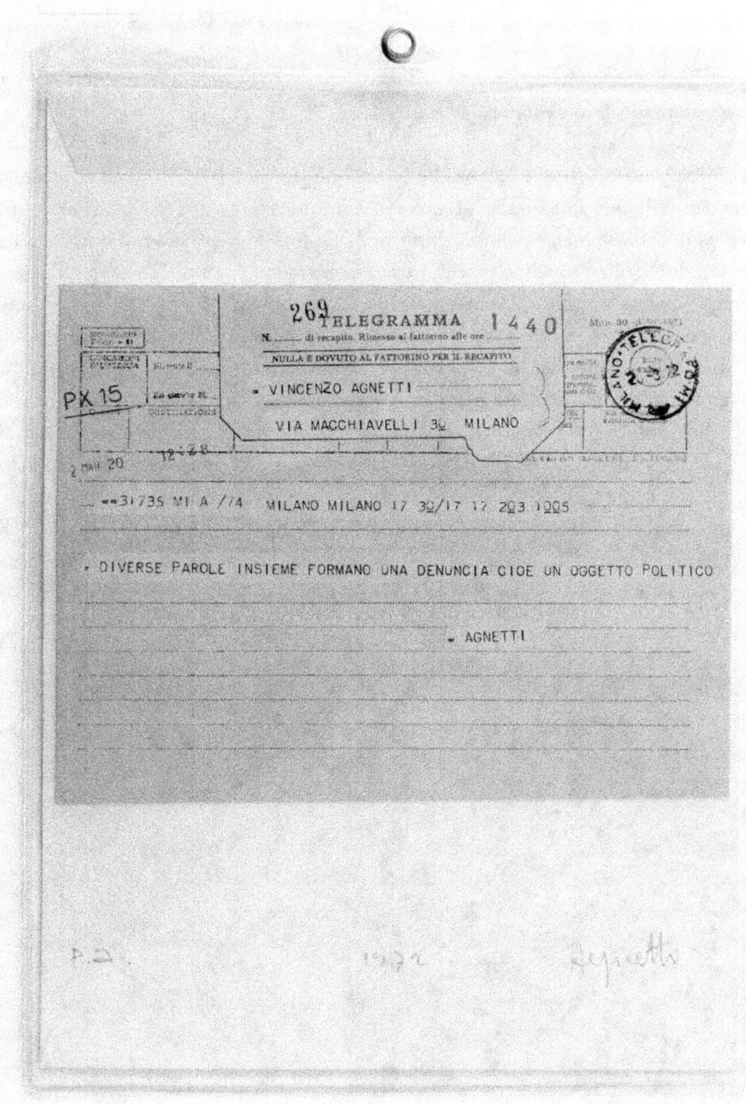

Vincenzo Agnetti, *14 proposizioni sul linguaggio portatile*, 1972. 14 telegrammi 30 x 21 cm ciascuno, collezione privata. Courtesy: Archivio Agnetti

Tra gli artisti proposti vi sono quindi alcuni tra i protagonisti della cosiddetta corrente concettuale dell'arte internazionale, da Daniel Buren, Niele Toroni e André Cadére che si muovono con azioni "all'interno / esterno del contesto dell'arte" ad artisti che con fotografie e reportage realizzano delle vere e proprie indagini sul sociale come Hans Haacke, Terry Smith, Carlo Maurizio Benvenuti, Maurizio Nannucci e Fulvio Salvadori. Oltre a coloro che, come già detto, si servono dell'affissione o dall'arte postale per dare vita a "pratiche di comunicazione diretta" quali Fernando De Filippi, Tullio Catalano, Tania Mouraud, Donna Henes, vi sono anche coloro che si servono del "testo come pratica ideologica" tra cui Art and Language, Roberto Comini, Gianni Emilio Simonetti, Michael Baldwin, Joseph Kosuth, Victor Burgin, Sarah Charlesworth. Superando il "formalismo intellettuale manierista" che discende dall'avanguardia, questi ultimi in particolare usano il linguaggio in modo spiazzante, ma sempre estremamente concreto e nell'ottica di una "sperimentazione attiva". Sfruttando, infatti, la natura della parola che tende sempre a generalizzare, essi usano la scrittura come immagine e la traducono in una possibilità di lettura che nulla ha più a che vedere con il linguaggio ordinario. Senza compromettersi con slogan politici o troppo diretti, questi artisti fanno quindi una rivoluzione della comunicazione sfiorando soltanto la contingenza della realtà sociale, ma allo stesso tempo non la ignorano.

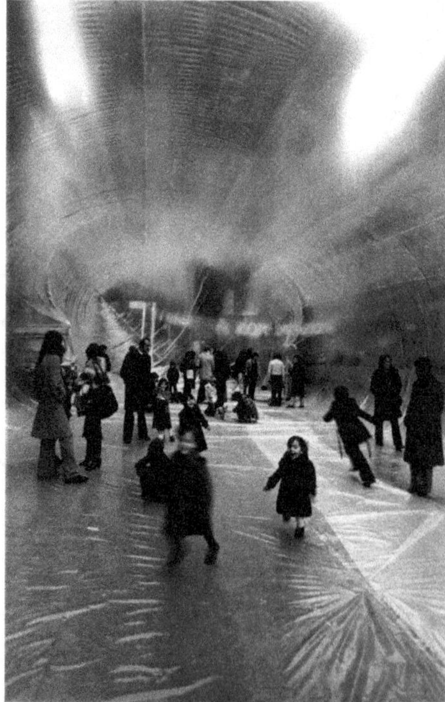

Franco Mazzucchelli, *Gonfiabile* davanti alla Chiesa di San Carpoforo, Milano, novembre 1976. Foto: Enrico Cattaneo

Per molti artisti, dai linguaggi diversi, ma accomunati tutti da una dimensione concettuale, l'arte diventa così in un certo senso l'ambito della coscienza critica del vivere nella società e nella città. Ecco che quindi anche la presenza di 'segni' artistici nella città, sotto forma di segnali, come le scritte, appese nelle strade negli striscioni o affisse nei cartelloni ai muri come avvenne a Milano durante la mostra *Testuale*, tra giugno e settembre 1979 (a cura di Luciano Caramel e Flavio Caroli), diventano modalità per interagire con il pubblico.

Del resto della dimensione politica del linguaggio si interessano in quegli anni gli artisti che provengono dalle esperienze della Poesia Visiva come Emilio Isgrò, Sarenco, Nanni Balestrini e Nicole Gravier. La sezione finale della mostra del 1979, intitolata *Proposizioni*, intendeva presentare quegli artisti nelle cui opere si verificano rapporti inusuali fra immagini e parole al fine di generare una reazione nel fruitore. Molti degli artisti presenti in quella sezione elaboravano nelle opere esposte riflessioni sui media della comunicazione di massa. Gianni Emilio Simonetti, tra i pochi esponenti italiani di Fluxus, servendosi del fumetto, un mezzo di comunicazione che appartiene alla realtà giovanile, associato a slogan, interviene su aspetti della lotta di classe e della società dei consumi. Pone anche in questione il ruolo stesso della 'parola' nell'ambito di quella che si definisce controinformazione. "Nel consumismo rozzo di questo decennio, scrive, la controinformazione è stata qualcosa di simile ad una chiave inglese. Peccato che l'essere della controinformazione non sia, a differenza dello spirito, una chiave inglese, ma una *parole*, (come hanno scritto i redattori del 'World Magazine', Mashall McLuhan ha detto che la parola, stampata, è obsoleta. Per provarlo scrisse quindici libri)"[18].

Fernando De Filippi ha in quell'occasione tappezzato la città di manifesti e cartelloni murali con l'intenzione di generare un rapporto diretto, che avesse una funzione anche sociale, fra mittente e destinatario. Nella mostra *Post no bills /Segnali urbani*, organizzata a Milano dallo stesso De Filippi con La Pietra e Mazzucchelli del resto, che raccoglieva diversi artisti italiani e internazionali, si è cercato di unire l'uso della parola al contesto urbano, per così dire solidificando e rendendo oggettiva la comunicazione in striscioni, affissioni, segnali urbani, invii postali. Scopo di quella manifestazione, si legge nel Quaderno dedicato dal Centro Internazionale di Brera (Arti Visive-Ambiente n. 2), era quello di esercitare il pubblico alla "lettura critica" dell'ambiente sociale collocandosi "nei confronti delle cose, in un atteggiamento che contraddica quelli abitudinari". L'artista sente la necessità di capovolgere il tradizionale modo di porsi dell'arte in rapporto alla collettività:

> I fatti che sono accaduti, ha scritto Concetto Pozzati nel 1971 alludendo al 1968, sono molto più importanti di qualsiasi mostra, e di qualsiasi illustrazione e di qualsiasi ruolo dell'artista, il quale per non sentirsi più mostro isolato, mostro sacro, illustra determinati fatti politici (per politico intendo polis, non intendo partitico). […] C'è stato un determinato tipo di passaggio: l'artista non era più un uomo separato, ma in quanto tale, ricominciava a incidere a livello sociale[19].

1. Cfr. Derrida Jacques, *La verità in pittura*, New Compton, 1981.

2. Barilli R. - Dorfles G. - Menna F., (a cura di), *Al di là della pittura: arte povera, comportamento, body art, concettualismo, Storia dell'arte moderna*, Fabbri, Milano 1975.

3. Menna Filiberto, *La linea analitica dell'arte moderna: le figure e le icone*, Einaudi, Torino 1975, ristampa 1983, p. 85.

4. Sull'esoeditoria in particolare si soffermano in questo volume Federica Boragina e Anna Zinelli.

5. Si veda su questo aspetto quanto in questo stesso volume scrive Alessandra Pioselli.

6. Cfr. De Paz Alfredo, *La pratica sociale dell'arte*, Liguori editore, Napoli 1976.

7. Ibi, p. 227.

8. Caramel Luciano, "Arte e città. Milano", in "L'Uomo e l'arte", n. 1, aprile 1971, p. 29.

9. Ibidem.

10. Alcuni esempi significativi di queste pratiche, soprattutto in seno ai collettivi, sono stati indagati da chi scrive in *La parola agli artisti. Arte e impegno a Milano negli anni Settanta*, a cura di Casero C. e Di Raddo E., Postmedia Books, Milano 2016, p. 31.

11. Gaudibert Pierre, *Azione culturale. Integrazione e/o sovversione*, Feltrinelli, Milano 1973, pp. 152-153.

12. Cavaliere Alik, "Arte e società: Interventi", in "L'uomo...", pp. 3-4.

13. Jouffroy Alain, "Arte e società: Interventi", in "L'Uomo ...", a. I, n. 2, maggio 1971, p. 27.

14. La Pietra Ugo, "Arte e società: interventi", in "L'Uomo ....", a. I, n. 1, aprile 1971, p. 8.

15. Cfr. Casavecchia Barbara, *1966 e dintorni: ragazze squillo, riot grrrls in evoluzione, poesia e "lingua mancata"*, in *L'immagine della scrittura: Gruppo 70, poesia visuale e ricerche verbo-visive*, Ennesima, La Triennale di Milano, Mousse Publishing, Milano 2015, p. 42.

16. *La pratica politica. Il sistema dell'arte e il tessuto sociale*, catalogo della mostra, 17 febbraio-18 marzo 1979, Galleria Civica Modena, Artwork 1979, s.p.

17. Ibidem.

18. Simonetti Gianni Emilio, *1966/1976 la "parole scende nelle strade"*, in *Studio Marconi 1966/76. Dieci anni in Italia*, Studio Marconi, 14 ottobre 1976, p. 76. "Atti di Reggio Emilia (1969 e 1970)", in "Nac", n. 6-7, giugno luglio 1971.

19. "Atti delle assemblee di Reggio Emilia (1969 e 1970)", in "Nac", n. 6-7, giugno luglio 1971.

La nuova vita dell'immagine.
Sulla pratica fotografica nell'arte italiana
tra gli anni Sessanta e Settanta

Cristina Casero

Nel 1976 Enrico Crispolti apre il suo testo nel catalogo della Biennale veneziana scrivendo: "per l'operatore culturale visivo (e non) la più attuale nozione di ambiente è certamente quella d'ambiente come sociale, urbano o extra-urbano. Il sociale infatti - con la sua fortissima domanda di massa - rappresenta oggi indubbiamente una nuova area di esperienza per l'operatore culturale"[1]. Introducendo una sezione che illustra il ricco panorama italiano di ricerche incentrate intorno ad un intervento diretto nell'ambiente, con grande chiarezza Crispolti alla metà del decennio definisce lo stato delle cose, che si radica in una tendenza che già dai finali anni Sessanta si è andata imponendo in Italia. Più che una tendenza, forse, una tensione, a una compromissione con la realtà, a un confronto con i suoi problemi, con le questioni irrisolte che travagliano la società moderna, facendo breccia nell'entusiasmo vivace e fiducioso che il boom economico aveva indotto nei confronti della società industrializzata e consumista. Naturalmente tale immersione nel "sociale" viene agita dai singoli autori o gruppi secondo "diversi modi di operare in questa prospettiva – diversi per ragioni, quanto per grado di raggiungimento realmente partecipativo"[2].

Ecco quindi le ragioni del convegno dal quale ha preso vita questo volume, la cui articolazione restituisce appieno l'impossibilità di chiudere in specifiche griglie la natura eterogenea di tante esperienze, che tutte a questa esigenza di apertura rispondono, in qualche modo.

L'idea di un'"arte fuori dall'arte" - ossia di un'arte che si pone non soltanto al di fuori dei luoghi abitualmente ad essa deputati ma anche al di là delle tradizionali convenzioni tematiche e linguistiche, sino a raggiungere un radicale mutamento nella sostanza e nella natura stessa del gesto artistico - si incarna in svariate esperienze e si declina non soltanto in operazioni differenti e caratterizzate da diversi livelli di coinvolgimento del pubblico (basti pensare alla ormai assodata distinzione tra arte nel sociale e arte per il sociale, per fare un esempio), ma pure in ambiti espressivi non certo univoci. Per altro quell'apertura ad una dimensione condivisa, sebbene spesso solo utopicamente, dell'esperienza artistica, che caratterizza le più interessanti ricerche degli anni Sessanta, dalla metà di quel decennio si coniuga apertamente con istanze di natura ideologica, le quali forzano ulteriormente nella direzione di uno spostamento dell'interesse verso una relazione diretta ed efficace con il "fruitore"[3], colui al quale si chiede di entrare in un rapporto sostanziale con l'esperienza estetica, in taluni casi fino a partecipare alla sua stessa creazione.

> Si è sempre concentrato l'interesse sul momento della produzione del segno ignorando completamente il processo di legittimazione dell'attenzione prestata al segno. In un momento come questo dove il nostro tempo privato viene occupato e colonizzato a forza da una massa di segni in cerca d'ascolto che in tutti i modi, anche in via subliminale, tentano di eludere la nostra vigilanza, è assolutamente necessario spostare l'attenzione dal produttore al consumatore di segni[4].

È dunque interessante, in seno alla ricognizione proposta in questo volume - che si presenta tanto ampia, pur senza alcuna pretesa di esaustività - dedicare una breve riflessione alla nuova accezione di uso della pratica fotografica che si diffonde in quel momento, quasi a piccolo corollario della sezione *Comunicare oltre lo specifico* di questo libro. Penso, certamente, alle ricerche di quanti ricorrono a quel mezzo per sfruttarne le valenze in termini performativi, considerando cioè le possibilità che esso offre di innescare azioni che coinvolgono lo spazio quando non direttamente il pubblico, non soltanto partecipe ma addirittura autore e protagonista dell'opera.

Ma penso pure alle ricerche che più sottilmente mettono in gioco le caratteristiche del medium, usando il mezzo fotografico come strumento di lettura, di indagine delle stesse immagini, in chiave concettuale ma non senza ricadute sul piano concreto, date dall'agire proprio attraverso la prassi fotografica.

Esemplare è certamente il caso di Franco Vaccari, le cui esposizioni in tempo reale sono radicalmente innovative poiché sviluppano appieno le potenzialità a livello performativo che il procedimento fotografico fornisce, usando la macchina come un innesco che produce l'azione (e l'opera) anziché registrarla a posteriori. L'esperienza artistica 'avviene' in tempo reale, in diretta, soltanto grazie alle azioni/reazioni dei presenti, che da spettatori si fanno attori, che agiscono però liberamente, senza seguire uno schema aprioristicamente impostato, senza "uno sviluppo lineare". E tale esperienza lascia segno di sé attraverso le immagini: la fotografia assume così il duplice ruolo di motore dell'azione e mezzo che ne lascia testimonianza.

> I miei lavori, già a partire dal 1969, avevano una struttura abbastanza diversa da quella delle formule artistiche che in quel momento andavano per la maggiore. Le parole che in quel momento venivano utilizzate erano 'performance', 'happening', 'azione', 'installazione'. Io invece ho sentito la necessità di chiamare quello che andavo facendo con la formula di *Esposizione in tempo reale*. In quel periodo il concetto di 'tempo reale' era praticamente sconosciuto al di fuori dagli ambienti interessati alla comunicazione per vie elettroniche. In campo artistico a nessuno era infatti venuto in mente di utilizzare questa formula [...]. In che cosa le mie opere si differenziavano da altre precedenti o contemporanee, a tal punto da spingermi a trovare una nuova formula per definirle? Nel fatto che, per esempio, gli happening e le performance avevano progressivamente assunto una struttura e uno sviluppo di tipo lineare, mentre quello che io andavo costruendo possedeva un grado interno di libertà superiore[5].

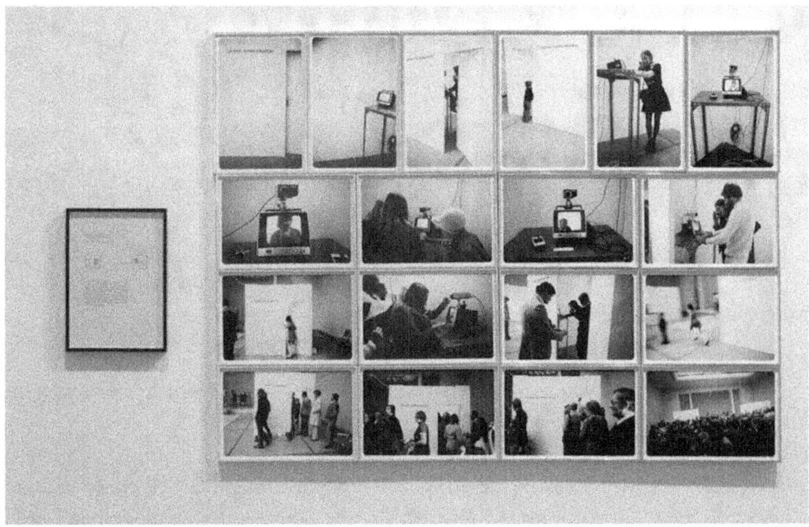

Franco Vaccari, *Esposizione in tempo reale n. 5 (Comunicazione segreta)*, 1974

In questi anni, Vaccari non è il solo ad andare in questa direzione. Mario Cresci sviluppa ricerche in parte analoghe e realizza a Roma, tra il 1968 e il 1969, alcuni interventi con nastri fotografici nello spazio urbano, di chiara forza ideologica: *Manifestazione di protesta dei terremotati siciliani/Roma* (marzo 1968), *Esercitazioni militari* (giugno 1968), e *Roma – Valle Giulia 1968*. Tali 'azioni' si fondano su una concezione della fotografia come elemento fisico o meglio, come scrive Nicoletta Leonardi, come "oggetto materiale che agisce sul reale all'interno di reti di relazioni"[6]. Un oggetto in grado di occupare lo spazio e di suscitare reazioni, di porsi come motore di una performance estetica. Una modalità di usare le immagini, questa, diffusa in quegli anni: per esempio, Luigi Gorra e Ugo Locatelli realizzano con tecnica eliografica un nastro con sagome umane, ottenute facendo posare passanti e conoscenti nello studio di Locatelli, e poi lo utilizzano per l'azione *Cadaveri eliografati* nell'estate del 1969, in occasione del *Festival della Non Art* organizzato a Piacenza, in collaborazione con Ben Vautier.

Ancora più evidente è il processo di rinnovamento cui è sottoposto il procedimento fotografico nell'*Environment* che Cresci realizza nel febbraio 1969 alla Galleria Il Diaframma di Milano. Per questa particolarissima mostra, curata da Daniela Palazzoli, l'artista dispone sul pavimento un migliaio di cilindri in plastica trasparente, che hanno al loro interno dei ritagli di pellicola fotografica con immagini di vita contemporanea, urbana e consumistica. L'aspetto che rende particolarmente significativo questo allestimento è il fatto che lungo la parete cilindrica dell'ambiente Cresci dispone un nastro traslucido in cui si rispecchiano tutti i gesti compiuti dai visitatori, che possono toccare i piccoli contenitori. Così, sulle pareti al posto delle opere che tradizionalmente

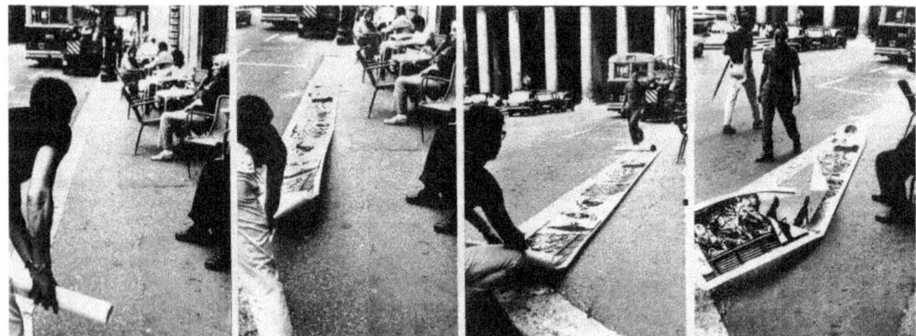

Mario Cresci, *Esposizione di un rullo fotografico a Roma*, 1968

vi trovano sede, si proiettano invece i comportamenti dei fruitori, le cui immagini riflesse, colte sul fatto, danno vita alla mostra stessa.

In un'altra accezione, che coglie nell'immagine la possibilità di suggerire scenari inediti e di riscrivere continuamente, grazie alla partecipazione del pubblico, una nuova e flagrante forma di realtà, va inteso *Interno / Esterno. Un pezzo di strada nella casa, un pezzo di casa nella strada*, l'intervento presentato nel 1979 alla Triennale di Milano da Ugo La Pietra, uno dei protagonisti più attivi in questa congiuntura[7], che molto utilizza il mezzo fotografico pure per le sue indagini di marca percettiva o socioantropologica, come nella serie *Il desiderio dell'oggetto* del 1973.

Il Laboratorio di Comunicazione Militante[8] realizza interventi nei quali l'esigenza di una incidenza effettiva nella realtà - svolta attraverso mostre in occasione delle quali i partecipanti sono direttamente coinvolti in esperienze utili a sviluppare la coscienza critica e le capacità di lettura delle immagini massmediologiche – si radica in istanze di matrice più puramente metalinguistica: nell'espressione artistica viene tradotto uno studio sulla retorica dei media, volto ad attuare un disvelamento dei meccanismi che possono rendere l'informazione uno strumento di mistificazione.

Su questo piano di indagine si muovono autori che, pur non spingendosi esplicitamente ad intendere la pratica fotografica come gesto concreto di intervento nel sociale, mettono radicalmente in discussione le tradizionali abitudini percettive e il senso recepito delle immagini, portandole così fuori da se stesse, dal loro essere stereotipi.

Infatti, un'importante partita si gioca sul piano del confronto, a questo punto ineludibile, con la diffusa cultura di massa e con il sistema della comunicazione ad essa legato, ormai da molti sentito come uno strumento di coercizione e di manipolazione delle coscienze. Se, quindi, raffrontarsi con la società significa per gli artisti metterne in discussione sia le strutture profonde sia le problematiche evidenti, è chiaro che in questo quadro un particolare interesse è dedicato al circuito mediatico, soprattutto alla comunicazione visiva e ai suoi strumenti, con i quali essi si devono ora misurare direttamente, sul medesimo campo, in una dialettica che oscilla tra posizioni decisamente 'apocalittiche' e alcune più 'integrate'. L'arte viene intesa nel suo essere linguaggio, cioè codice condiviso, che come tale diventa un fatto sociale. Fare arte significa dar vita ad un atto comunicativo e questo

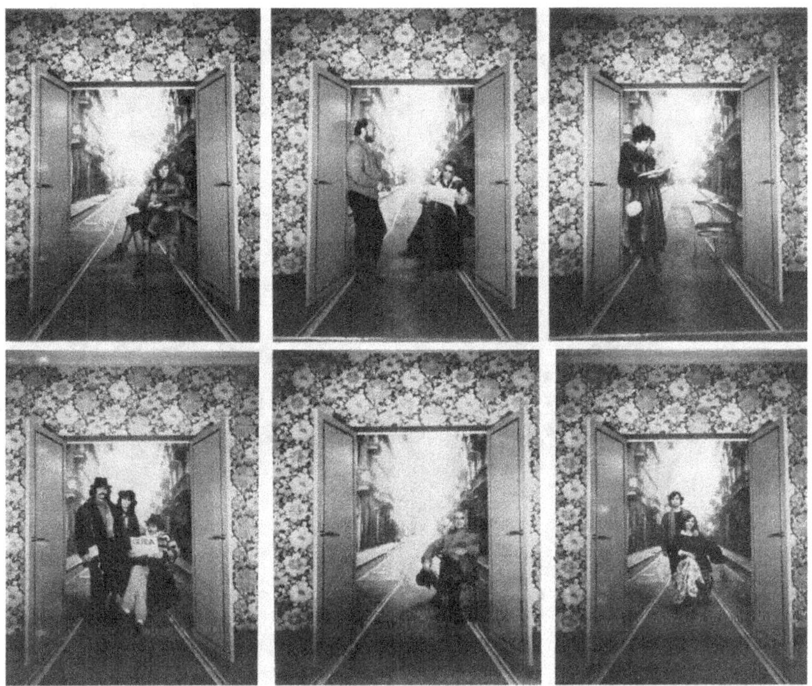

Ugo la Pietra, *Interno / Esterno. Un pezzo di strada nella casa, un pezzo di casa nella strada*, 1979
Courtesy: Archivio Ugo La Pietra, Milano

diventa implicitamente una riflessione sul comunicare stesso, condotta cercando di introdurre - come proponeva lucidamente Enzo Mari nel 1971, nella consapevolezza che "qualsiasi attività rivoluzionaria è soprattutto un'attività di comunicazione"[9] - nuovi "modelli" che possano contrapporsi a quelli convenzionali e sclerotizzati diffusi nella cultura massmediologica. In questo modo l'opera d'arte potrà portare una nuova coscienza nello spettatore, spinto a concepire il guardare come un comportamento attivo e non passivo, e per conseguenza dotato degli strumenti che lo pongono nella condizione di difendersi dalle mistificazioni proposte dal sistema codificato delle immagini. Numerosi sono gli artisti che si impegnano su questo fronte, dalle donne che denunciano gli stereotipi nella rappresentazione pubblica del femminile, ai protagonisti delle ricerche verbovisuali, così attenti alla comunicazione pop, a Fabio Mauri, che con il suo progetto *Manipolazione di cultura* (1976) lavora esplicitamente su questi temi.

Proprio all'aprirsi degli anni Settanta, Mulas scrive:

Oggi la fotografia con i suoi derivati, televisione e cinema, è dappertutto in ogni momento. Gli occhi, questo magico punto di incontro fra noi e il mondo, non si trovano più a fare i conti con questo mondo, con la realtà, con la natura: vediamo sempre più con gli occhi degli altri. Potrebbe anche essere un vantaggio; migliaia di occhi invece di due, ma non

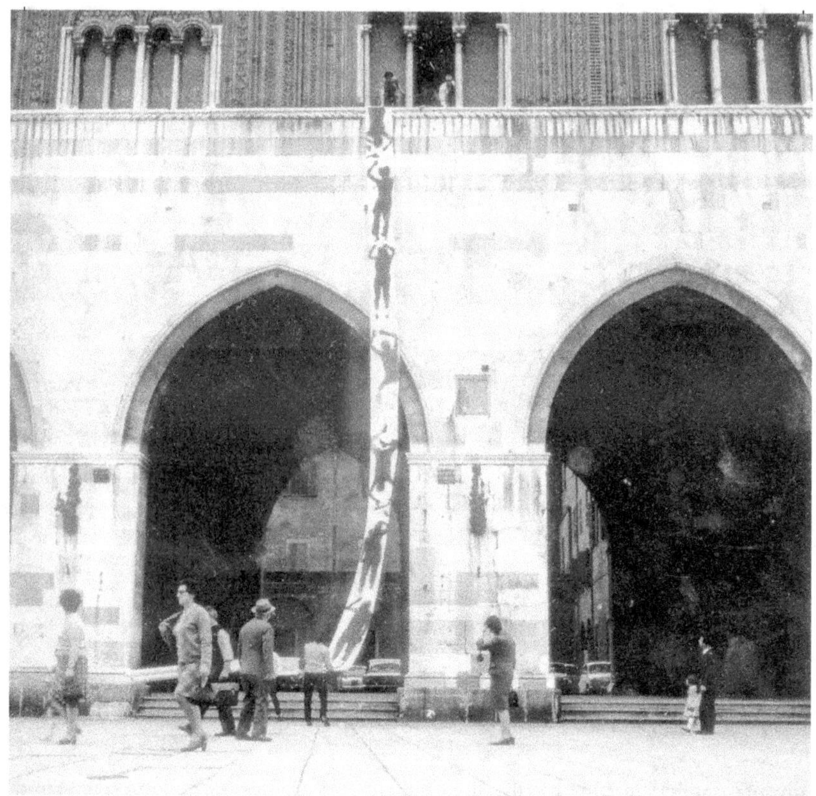

Luigi Gorra, Ugo Locatelli, *Cadaveri eliografati*, Piacenza, Festival della Non Art, 1969

è così semplice. Di queste migliaia di occhi, pochi, pochissimi, seguono una operazione mentale autonoma, una propria ricerca, una propria visione. Anche inconsapevolmente le migliaia di occhi sono collegate a pochi cervelli, a precisi interessi, a un solo potere. Così, inconsapevolmente, anche i nostri occhi anziché trasmetterci informazioni genuine, magari povere, scarne, ma autentiche, ci investono con infinite informazioni visive, doppiamente stordenti, perché spesso la loro falsità si cela sotto una sorta di splendore. Si finisce col rinunciare alla propria visione che ci pare così povera rispetto a quella elaborata da migliaia di specialisti della comunicazione visiva; e a poco a poco il mondo non è più cielo, terra, fuoco, acqua: è carta stampata, fantasmi evocati da macchine sempre più perfette e suadenti[10].

Lo sguardo si è fatto protagonista di molte ricerche e se la matrice ideologica non è esplicitamente alla base delle intenzionalità dell'artista, l'opera non è meno efficace in termini concettuali. Paola Mattioli, per esempio, nel corso degli anni Settanta, realizza una serie di scatti – *Cellophane* – che hanno espressamente per soggetto il guardare. In altri casi, oggetto di indagine diventa l'atto stesso, più che le sue modalità. Come accade in un famoso lavoro di Giuseppe Penone, *Rovesciare i propri occhi* (1970), che si dà come espressione visiva del concetto di ribaltamento dello sguardo; o come avviene in molte opere di Giulio Paolini, tra i più attenti a indagare l'immagine. Emblematico è il caso del celebre *Giovane che guarda Lorenzo Lotto* (1967), con cui l'autore attraverso una minima operazione concettuale ribalta totalmente la prospettiva tradizionale facendo diventare attivo il soggetto del ritratto e oggetto dello sguardo l'autore, di fronte ad uno spettatore spiazzato, che entra in questo gioco di sguardi incrociati soltanto attraverso la sua partecipazione al ragionamento sotteso all'opera. Questo lavoro è una metafora dell'idea di una immagine che esce da se stessa, che non ha più una valenza assoluta, ma trova la sua ragione di essere e di significare solo nel momento in cui entra in relazione con lo spettatore: è lui che, guardandola, ne innesca il significato. Ciò che mi preme sottolineare è che quest'opera è stata realizzata - come quella di Penone - proprio attraverso la fotografia, poiché secondo Paolini, "l'immagine fotografica riproduce 'quel' soggetto in 'quel' luogo e in 'quel' momento. Possiede cioè una funzione determinativa, ma anche una funzione critica che ci permette di *parlare* dell'immagine"[11]. Grazie a questa sua intrinseca capacità, la fotografia, medium prediletto della comunicazione di massa, diviene uno strumento di analisi critica della realtà e dei suoi stessi strumenti comunicativi.

Appare evidente come in tale contesto le diffuse istanze di natura autoriflessiva e metalinguistica si possano fondere con una più esplicita esigenza di agire concreti interventi nella società. Nel 1975 Filiberto Menna scriveva:

> La riflessione dell'arte su se stessa, che la linea analitica ha posto in evidenza come un tratto fondamentale dell'arte moderna, seguendone il percorso fino al traguardo estremo dell'Arte Concettuale, riconosce quindi anche i propri limiti e con essi la necessità di confrontarsi con più franchezza con l'altro da sé, sia che questo appartenga alla realtà esterna e alle sue contraddizioni sociali sia che si iscriva nel dominio del soggetto e della sua struttura psichica profonda. Nel primo caso, l'arte tende a porre un più stretto rapporto con la politica e a configurarsi come *proposizione ideologica,* ossia come una struttura di comunicazione che prende in prestito dalle investigazioni concettuali un uso del linguaggio il più possibile privo di ambiguità. Ma diversamente da queste, le proposizioni ideologiche non si presentano come autoverifica linguistica o come costruzione di giudizi su fondamenti logici, bensì come ricerca di relazioni tra strutture linguistiche e contenuti sociali[12].

Anche la pittura, che vive una stagione di pura consapevolezza con tutte le esperienze ascrivibili alla cosiddetta pittura analitica, viene invece intesa da alcuni protagonisti della scena italiana proprio nei termini suddetti, come sembra voler suggerire Tommaso Trini quando, a proposito del ciclo di dipinti che De Filippi ha realizzato su Lenin, parla di "pittura che non trascrive la natura, bensì la cultura"[13]. Si tratta di una "figurazione critica", secondo la definizione usata da Vittorio Fagone nel riferirsi alla ricerche dello stesso De Filippi, e di Paolo Baratella, Umberto Mariani e Giangiacomo Spadari. Attraverso un immaginario di marca pop, e spesso facendo ricorso ad elementi fotografici inseriti nel quadro, essi infatti mettono in discussione non tanto la pittura nei suoi caratteri costitutivi quanto piuttosto la sua capacità di comunicare e la usano "come un medium neutro", poiché a loro non interessa "il tessuto, ma il senso di un'immagine"[14]. Fagone evoca qui in relazione al dipingere quella neutralità meccanica che in tanti riconoscono come uno dei motivi della fortuna della fotografia in questo frangente: una freddezza che, privando il messaggio di afflato emotivo, consente di accoglierlo come fatto comunicativo e di analizzarne il meccanismo di funzionamento, al di là dell'esplicito contenuto iconografico. Questa posizione viene spiegata con chiarezza nell'introduzione a una sezione della mostra *La pratica politica*, che sul finire del decennio potrebbe essere intesa come una sorta di consuntivo del clima cui in questo volume si fa riferimento:

> L'inclusione di una sezione su quella che, secondo una terminologia oggi abbastanza comunemente accettata, abbiamo chiamata "Analisi dell'iconico" in questo contesto dedicato alla prassi di una comunicazione ideologico – politica in arte, potrebbe sembrare un'ottica banale, fuori luogo, soprattutto per la connotazione estremamente specifica, tecnica, e di evidenza quindi non immediata che queste ricerche spesso assumono. Ma ci siamo imposti questa scelta proprio per evitare che, come comunemente accade, l'impegno politico in arte non venga scambiato con una generica adesione a certe iconografie o a certi simboli, o a certi temi, si, di lettura immediata e di facile effetto epidermico, ma poi strutturalmente, e quindi profondamente, deboli, e sostanzialmente aderenti a ideologie scontate, che nella loro fruizione non problematica creano un consenso rassicurante più che uno scatto creativo. Un posto importante, in un processo come quello artistico, occupa anche, al contrario, l'assunzione di una metodologia di ricerca, di una struttura mentale, di una forma mentis che investe, ovviamente, anche il modo di vedere, o di guardare[15].

Mi pare importate sottolineare come tra quanti sono impegnati in indagini sul linguaggio visuale, ciascuno secondo le proprie modalità, alcuni - tra cui Adriano Altamira e Nicole Gravier, entrambi presenti alla mostra proprio nella sezione dedicata all'iconico - compiano questa riflessione dall'interno, operando proprio attraverso il procedimento fotografico, che viene così assunto come una pratica, una prassi capace di tradurre lo studio in una dimensione non esclusivamente mentale, ma agita, in qualche misura performativa, seppur in senso lato. La fotografia diviene un medium che può condurre fuori dagli "abituali limiti percettivi", "al punto di oggettivarci a noi stessi, portando ad un grado più elevato di complessità l'effetto tipico dello specchio"[16]. Essa, da anni impegnata a restituire in termini di immagine azioni e performance, non è più soltanto un mezzo di registrazione, e nemmeno di interpretazione: diventa un vero e proprio strumento di indagine[17], che risulta efficace proprio in virtù della coincidenza tra l'oggetto di studio e la forma espressiva che assume il risultato dell'analisi. Questa dinamica è evidente nel caso di Gravier che si mette in scena, veste i panni della protagonista di immagini tipiche del fotoromanzo e firma i suoi lavori nel duplice ruolo di soggetto e oggetto dell'opera, incarnando nella macchina sia il suo sguardo sia quello del fruitore. La sua ironica denuncia degli stereotipi femminili diffusi dalla cultura popolare non si chiude nei confini delle opere, ma scorre al di fuori della cornice, potenziata dagli ammiccamenti - gli oggetti incongrui rispetto al contesto che l'autrice pone sulla scena - che chi guarda è chiamato a riconoscere. Altamira, realizzando la sua operazione di critica visuale raccolta in *Area di coincidenza*, il cui esito è uno studio sulla diffusione dei topos e delle convenzioni visive, lavora sulle immagini di altri autori e su quelle diffuse nel mondo della comunicazione, ragionando visivamente, operando attivamente, cioè traducendo le immagini in sue immagini. Come ha in seguito spiegato lo stesso autore,

> dal punto di vista della resa delle immagini, questo doppio passaggio riproduttivo, abbassando la qualità di fruizione dell'immagine permette di concentrarsi sull'immagine in quanto segno, veicolo di significati. Una funzione analoga ha la riduzione delle immagini ad uno stesso formato: per cui lo spettatore non vede tanto opere concrete, ma soluzioni, soluzioni visive associate fra loro, nello stadio, potremmo dire, della loro immaterialità[18].

La fotografia, in quanto mezzo meccanico, per l'autore non rappresenta uno strumento espressivo bensì un dispositivo di visione che attiva nuove relazioni, non limitandosi a restituire per analogia ciò che entra nel suo mirino ma traducendo la realtà, e le immagini, in una nuova lingua: in questo modo lo spettatore viene coinvolto in un dialogo, che lo rende partecipe attivo della costruzione del senso di ciò che vede.

Tutte le esperienze citate, e le molte altre che per meri motivi di sintesi non hanno qui trovato spazio, confermano il ruolo di primo piano della fotografia nell'ambito delle esperienze artistiche attente al "sociale", ossia caratterizzate da aperture al contesto e alla società. Essa, essendo in grado di offrire nuove possibilità comunicative e di portare "l'arte fuori dall'arte", si conferma essere quel documento complesso, articolato e versatile il quale, sin dalla sua comparsa, ha esercitato sull'uomo un grande fascino, che si rinnova continuamente.

1. Crispolti Enrico, *Padiglione Italia*, in *B76. La Biennale di Venezia 1976. Ambiente, partecipazione, strutture culturali*, volume primo, Alfieri, Venezia 1976, p. 106.

2. Ibidem

3. Quintavalle Arturo Carlo, "Fruitori – Opere d'arte", in "Marcatré", n. 26-27-28-29, settembre -ottobre-novembre-dicembre 1966, p. 118.

4. Vaccari Franco, *Duchamp e l'occultamento del lavoro*, in *La pratica politica. Il sistema dell'arte e il tessuto sociale*, catalogo della mostra, Comune di Modena, Modena 1979, s.i.p.

5. "In tempo reale. Conversazione con Franco Vaccari", in Negri A., Zanchetti G. (a cura di), *L'uomo in bianco e nero*, "L'uomo nero", anno IX, n. 9, dicembre 2012, p. 323.

6. Leonardi Nicoletta, *Fotografia e materialità in Italia. Franco Vaccari, Mario Cresci, Guido Guidi, Luigi Ghirri*, Postmedia Books, Milano 2013 p. 61.

7. Si veda, in particolare, l'intervento di Bianca Trevisan in questo libro.

8. Per una trattazione più approfondita delle ricerche del gruppo in relazione ai temi trattati si rimanda al saggio di Katharina Jesberger in questo volume.

9. Mari Enzo, "Proposta di comportamento", in "NAC. Notiziario Arte Contemporanea", n. 8/9, agosto settembre 1971.

10. Mulas Ugo, *La fotografia*, Einaudi, Torino 1973, p. 145.

11. Disch Maddalena (a cura di), *Giulio Paolini. La voce del pittore. Scritti e interviste 1965 – 1995*, ADV Publishing House, 1995, p. 34.

12. Menna Filiberto, *La linea analitica dell'arte moderna. Le figure e le icone*, PBE, Einaudi, Torino 1983, pp. XVIII- XIX.

13. "Fernando De Filippi, un dialogo", in "Data", n. 9, autunno 1973, p. 72.

14. Fagone Vittorio, "Figurazione (auto)critica", in "NAC. Notiziario Arte Contemporanea", n. 5, maggio 1973, p. 7.

15. *La pratica politica...*, op. cit., s.i.p.

16. Per una chiara disamina di questo concetto si veda Menna Filiberto, "Dentro la fotografia", in "Studio Marconi", 8/9, 1 febbraio 1979, pp. 2-5.

17. Vaccari Franco, "Il movimento tortuoso e opaco del senso", in "Studio Marconi", 8/9, 1 febbraio 1979, p. 12.

18. Altamira Adriano, *Area di coincidenza*, Edizioni Nuovi Strumenti, Brescia 2001, p.16.

Istituzioni e gruppi alla prova della partecipazione: controinformazione e animazione in videotape

Francesca Gallo

> *La rivolta antiautoritaria nella sua profonda essenza, è [...] come una vocazione*
> *copernicana di questi anni e [...] proprio in questo modello della comunicazione nei*
> *due sensi si colloca una nuova concezione della cultura*[1].

In diverse occasioni il mondo dell'arte italiano, nell'ottavo decennio del xx secolo, si apre alle ricerche di taglio sociologico, politico o di denuncia. Si pensi a *Tra rivolta e rivoluzione, immagine e progetto* (Bologna 1972), oppure alla sezione *Informazione alternativa* di *Contemporanea* (Roma 1973-74), o ancora alla Biennale di Venezia del 1976, per richiamare solo i casi più celebri[2]. In alcuni di questi, e in altri citati più oltre, trova spazio anche il video militante, reso particolarmente vivace dalla convergenza fra i movimenti di base, la riforma del servizio radiotelevisivo nazionale e l'avvio del decentramento regionale[3]. Il presente studio riflette sulle occasioni di tangenza fra video artistico e video militante, a livello di operatori, strutture e parole d'ordine a riprova di una breve ma intensa stagione segnata dalla permeabilità fra le due aree.

Nel 1979, quando Alessandro Silj cura una delle prime complessive rassegne di video, non a caso al Museo del Folklore di Roma e non in una galleria d'arte, abbozza anche un bilancio degli anni ruggenti della ricerca in videotape. «In questi ultimi due anni – nota Silj – lo stato d'animo di quanti lavorano nel campo del video è stato ambivalente: da un lato l'impressione di essere giunti a un punto morto (non si può continuare a "sperimentare" all'infinito) e dall'altro l'intuizione che si era forse alla vigilia di un nuovo capitolo nella storia del videotape [...]. In Italia la caduta di interesse e di attività dopo la vampata dei primi anni (il lavoro di Roberto Faenza, dei F. Carlo Crispolti e di tanti altri) è stata verticale. Forse perché sono subentrate le prime radio "libere" e poi le televisioni private che promettevano di offrire, in termini di comunicazione alternativa, ciò che il videotape aveva promesso ma non aveva mantenuto»[4]. Una specificità italiana, nota ancora Silj, che non si riscontra all'estero dove il "video leggero" continua a essere praticato e ha trovato accoglienza anche presso le istituzioni. Forse è proprio in tali "promesse non mantenute" che risiedono le motivazioni del repentino trasformarsi del videotape, alla fine degli anni Settanta, in un medium prevalentemente artistico, complice un diverso clima politico e culturale, che in arte si è soliti definire come ritorno alla tradizione e al quadro, parallelo al riflusso ideologico[5].

Il video militante e di ricerca sono l'uno accanto all'altro, mescolando l'orientamento metalinguistico dei primordi con le indagini sociali, in molte occasioni nel decennio che qui interessa: oltre ai casi citati in apertura, tale approccio critico è adottato nel 1975, alla mostra *Artevideo e Multivision*, curata da Tommaso Trini presso la Rotonda della Besana a Milano. Sebbene non adeguatamente rappresentata nella selezione dei lavori, nel testo in catalogo il curatore sottolinea la continuità fra i due impieghi del medium, in cui «i problemi specifici della ricerca creativa sono destinati a confrontarsi con l'urgenza e la radicalità dell'uso alternativo, sociale e politico del mezzo televisivo [...]. L'arte connessa con la comunicazione video è a una svolta. Presa confidenza con le nuove tecniche, essa deve decidere se modellarle sui correnti canoni artistici o se farne strumento disalienato di dialogo con le comunità o con il pubblico di massa. È quello che molti artisti chiedono: passare dal circuito chiuso al circuito aperto»[6], lamentando, infine, l'impossibilità di trasmettere all'esterno dello spazio espositivo, per raggiungere un pubblico più vasto e indifferenziato: preoccupazione ricorrente in questi anni e talvolta anche soddisfatta, come si vedrà oltre.

Televisione povera

Ma quali sono le speranze e le utopie – a cui allude Silj – che aleggiano attorno al videotape? Il dibattito italiano attorno alle nuove tecnologie audiovisive si articola attorno a tre dispositivi tecnologici di ripresa e di trasmissione, non ugualmente accessibili all'iniziativa dal basso, ma entusiasticamente intesi come alternativi alla televisione broadcasting, che in Italia è la tv di Stato. Definita provocatoriamente *televisione povera*, perché «centrata essenzialmente sui temi che ci sono più prossimi, realizzata con sistemi poco costosi, con un lavoro collettivo, con gruppi di base»[7], essa è tuttavia ricca di contenuti, grazie alla disseminazione territoriale delle unità di produzione.

In una prospettiva politicamente orientata la telecamera portatile consente produzioni televisive da parte delle comunità locali, dei gruppi e degli individui che operano sul territorio in dinamiche di animazione sociale o di intervento politico vero e proprio, facendo leva sui bisogni degli abitanti, sulle carenze di servizi, sulle discriminazioni e così via. Con il videotape recording portatile si improvvisano circuiti chiusi televisivi per rendere visibili anche in luoghi fra loro distanti le riprese e così condividerle con i passanti – con postazioni mobili di strada – o nelle scuole, biblioteche, centri di aggregazione vari.

Nella fase di avvio del decentramento amministrativo e della riforma della RaiTv, inoltre, tali prodotti dal basso ambiscono a una diffusione più ampia e meno volontaristica, con progetti di trasmissioni televisive degli Enti locali, secondo alcuni da effettuarsi via cavo. A questo proposito Furio Colombo nota lucidamente che «il cavo è un *territorio politico* soggetto al dominio, alla conquista, alla contestazione, alla contrattazione, al compromesso, alla lotta. [...] il cavo, moltiplicando i gruppi di trasmissione e di ricezione, moltiplica, potenzialmente, il carico di partecipazione politica e il peso di presenza alternativa»[8]. In definitiva, pur

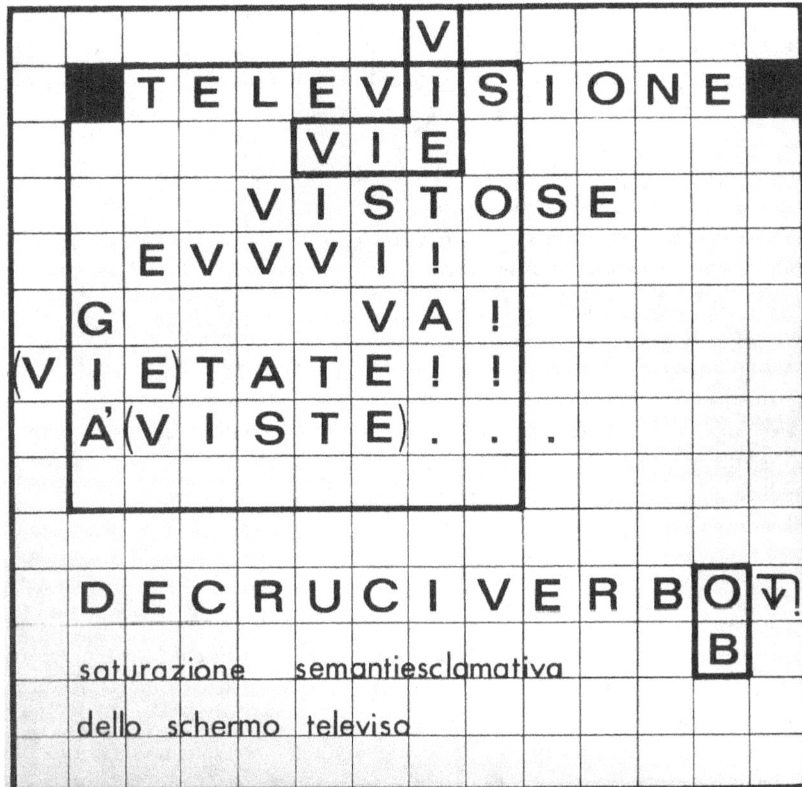

Contributo di Pierre Restany per il Gruppo OB, 1972 (pieghevole)

autonoma rispetto ai sistemi di distribuzione broadcasting, la *cable tv* necessita di investimenti infrastrutturali che la rendono poco accessibile alle istanze movimentiste, senza contare che all'estero era già identificata con la televisione commerciale tout court. Pertanto, se in via ipotetica i contenuti della televisione di base avevano maggiore possibilità di essere distribuiti via cavo, per il legame delle emittenti con il territorio, l'esperienza di Videobase dimostra che è la televisione di Stato a rendersi permeabile a tali istanze, seppure in maniera discontinua[9].

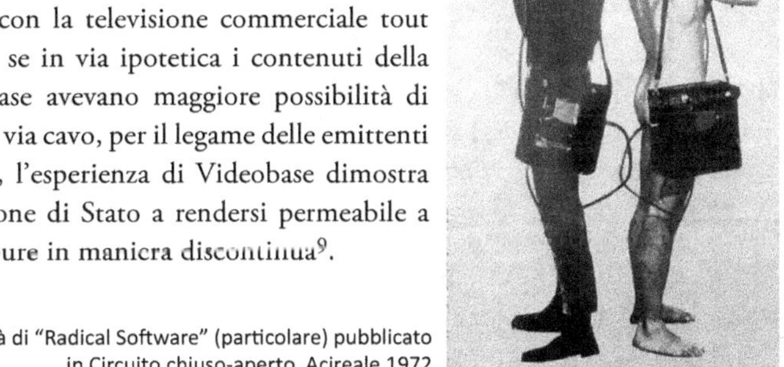

Pubblicità di "Radical Software" (particolare) pubblicato in Circuito chiuso-aperto, Acireale 1972

Luciano Giaccari all'inizio del decennio – quindi con ancora poca ma significativa esperienza alle spalle nel settore della documentazione delle azioni in videotape – nello spegnere gli entusiasmi per le videocassette, ribadisce piuttosto la portata dirompente del videoregistratore per il circuito chiuso televisivo, in quanto concreta possibilità di controinformazione. I costi ridotti, infatti, permettono «anche a piccoli gruppi, impegnati in un lavoro politico-culturale di creare dei nuclei di libera informazione da opporre a quella gestita dal potere [...]. Sarà possibile così far conoscere i fatti omessi, i punti di vista diversi e soprattutto creare degli stimoli alla discussione, perché i programmi liberi dovranno essere fatti in funzione dell'attivazione del dibattito per fare uscire l'utente [...] dall'attuale atteggiamento succube e passivo. [...] il problema fondamentale è [... il] circuito, perché se questo lavoro rimanesse circoscritto ai soli circoli culturali e underground sarebbe perfettamente inutile [...] si dovrà evitare qualsiasi forma di colonialismo culturale, per non mettersi sullo stesso piano della televisione ufficiale e quindi [...] i programmi non andranno elaborati da gruppi di eletti, depositari di un'arte televisiva, bensì gestiti dagli stessi utenti, che per la realizzazione delle trasmissioni potranno avvalersi della collaborazione di tecnici e altri operatori. [...] sarà anche possibile realizzare dei nuclei mobili che risolveranno molti problemi di circuito, perché qualsiasi cortile diventerebbe automaticamente una video-saletta»[10].

Gli elementi dirompenti si identificano anche per Giaccari, quindi, nella presenza territoriale capillare, nel superamento della rigida distinzione fra emittente e ricevente, dando voce a contenuti censurati dalle reti televisive pubbliche. Tuttavia, la nuova *rivoluzione copernicana*, capace di generare un «nuovo alfabetismo [...] che dovrebbe mettere chiunque in grado di costruire un messaggio [...] non soltanto sul registratore del nastro magnetico, ma sul videotape, di saper usare una telecamera»[11], non giunge a maturazione, superata dalla nascita delle radio libere[12].

Didattica e critica culturale

Nel 1970 la Rai sospende le trasmissioni scolastiche per elaborare insieme al Ministero della Pubblica Istruzione una più precisa ipotesi pedagogico-didattica[13], ma già da qualche tempo proliferano dibattiti, convegni e rassegne dedicate alle applicazioni educative dei nuovi modi di fare televisione. Al di la della didattica a distanza, pure rilevante per raggiungere numeri ampi di studenti – come quelli che affollano le aule di medicina dell'unico ateneo romano – il circuito chiuso tv diventa maieutico del protagonismo degli allievi nel processo di apprendimento; favorisce la conoscenza reciproca fra scuola e territorio, nonché una più avvertita comprensione della realtà da parte dei giovani. D'altronde, la più celebre esperienza di controinformazione video – condotta da Michael Shamberg e Raindance Corporation alla fine degli anni Sessanta – si era svolta proprio nelle scuole newyorkesi[14].

In Italia si guarda all'accessibilità della telecamera portatile e del circuito chiuso anche per la formazione critica dei cittadini: se alla Mostra Cinema Libero di Porretta Terme del 1969, Gianni Toti salda la tradizione del cinema militante con quello della *controtelevisione*, nell'ottica di conquistare l'industria delle immagini e dell'immaginario a domicilio[15], qualche anno più tardi il video viene definito «l'agopuntura dell'apprendimento»[16], perché consente di verificare il metodo dialogico di origine socratica.

Interessante, a questo proposito, l'esperienza della Facoltà di Magistero di Roma, rivolta a futuri insegnanti. Ivano Cipriani, responsabile della cattedra di *Teorie e tecniche della comunicazione di massa*, nota che il videoregistratore si qualifica anche come «*strumento di conoscenza*, capace cioè di favorire un processo di acquisizione dei dati e di rilevazione di rapporti, di esercitazione del pensiero e di confronto di idee [... ma affinché] il videoregistratore non divenga [...] un semplice ripetitore di dati o di messaggi fini a se stessi, è necessario che le sue possibilità [...] vengano organizzate. È il *gruppo* – insegnante più studenti, insegnante più insegnanti, insegnanti più studenti, studenti – la forma tipica e determinante di questa organizzazione del lavoro che non prevede la divisione in ruoli specifici, ma l'interscambio permanente [...], in funzione dell'obiettivo proposto dal gruppo»[17].

A conclusione di un paio di anni di sperimentazione nelle scuole, per Cipriani il video consente di chiarire quali sono i processi che presiedono all'apprendimento – quindi in funzione metadidattica – a beneficio dell'alunno più che del docente, sottolineando una volta di più che l'importante è il processo, di cui il videotape è solo un prodotto non omologabile alla produzione di nastri autonomi. Pertanto vanno evitati montaggio, musiche, titoli di testa o di coda: «Il prodotto finito ha alle spalle un tale processo, un tale lavorio, un tale impegno di intelligenza, di attività, di errori, di ipotesi, di ripensamenti, di verifiche, di cancellature, di osmosi di gruppo, da saper rappresentare solo in piccola parte tutto questo. Adesso è soltanto l'immagine di un processo collettivo [...] e come tale è di capitale importanza, proponibile e socializzabile, ma non è proporzionale, in qualità e quantità, al preziosissimo processo di lavoro e di attività conoscitiva svolto»[18].

Su questo specifico aspetto, già evidenziato da Giaccari, le posizioni differiscono e per Videobase, ad esempio: «immagini e parole di un video dovevano avere un percorso pensato, senso, consequenzialità e una durata fruibile. Fare quindi delle scelte, dei tagli. Riportare l'immagine alla sua funzione di sintesi simbolica. E non più in una struttura aperta che seguiva e riproduceva pari pari i fatti. Non era facile, l'ideologia di quegli anni esigeva il rispetto degli interventi, delle posizioni ideologiche, dei proclami dei protagonisti»[19]. Nella produzione militante di questo collettivo, inoltre, si registra un'ulteriore maturazione politico-espressiva in concomitanza con *L'isola dell'isola* (1974) e *Lottando la vita* (1975): i due video sono costituiti dal montaggio alternato delle registrazioni degli avvenimenti e delle reazioni dei protagonisti davanti alla visione di quel medesimo girato[20]. Il feedback, quindi, è elemento caratterizzante del videotape, aspetto già esplicitato dai *Videogiornali* – di cui si parla oltre – mostrati anche al fondamentale incontro sull'*altro video* di Pesaro, dove probabilmente hanno fecondato ulteriori riflessioni sulle peculiarità partecipative del *medium*.

Tornando all'impiego didattico del videotape, nella seconda metà del decennio si moltiplicano le esperienze scolastiche, che coinvolgono gli studenti, senza alcuna sudditanza verso i codici e le forme della tv o del cinema tradizionali, su problemi che li toccano direttamente. Il Centro Internazionale di Brera, infatti, nel 1978, censisce oltre 40 tra singoli e gruppi che operano nelle scuole. Tra tutti spicca la Scuola Media di Porto Venere, dotata dal 1977 di una vera e propria emittente televisiva che copre il territorio comunale, con circuito chiuso tv in ogni aula e un'unità mobile di videoregistrazione, per garantire il collegamento costante fra scuola e città[21].

Il circuito aperto della X Quadriennale

La già menzionata cattedra di Ivano Cipriani a Magistero è coinvolta nella circolazione dei *Videogiornali* della X Quadriennale, esempio delle disponibilità delle istituzioni artistiche – in questa fase – a farsi carico di un impegno didattico segnato dalla nuova attenzione per la dimensione dialogica e l'apertura alle istanze della società civile.

I *Videogiornali* – realizzati con tecnologie portatili da Guido Cosulich e Francesco Carlo Crispolti in occasione della mostra *La ricerca estetica dal 1960 al 1970*, svoltasi al Palazzo delle Esposizioni di Roma nella primavera-estate del 1973 – documentano diversi aspetti della manifestazione, coinvolgendo i curatori e l'architetto allestitore, il pubblico e gli artisti che si esibiscono in alcune azioni[22]. Essi restituiscono l'impressione di uno spazio vivo, articolato, in cui opere e persone si passano continuamente il testimone; un luogo aperto, dove – ad esempio – si svolge il dialogo fra alcuni esponenti del Sindacato Nazionale Scrittori e Fabio Mauri, uno degli artisti in mostra, sulle possibili convergenze fra i vari operatori della cultura nella battaglia sul diritto d'autore[23].

Sebbene non sia questa la prima volta che il video compare nelle mostre d'arte italiane, finora era stato prevalentemente usato come supporto degli interventi artistici, o al massimo per incuriosire i passanti con le immagini di quanto si svolge all'interno della sede espositiva. Nel 1973 l'obiettivo è più ambizioso e innovativo. Oltre a finalità documentarie, infatti, i nastri hanno una chiara impostazione didattica: vi si illustrano motivazioni e scelte della manifestazione, e sono destinati non solo alla fruizione in loco, ma a una diffusione più ampia, che tocca Pesaro, Urbino, Acireale, Foligno, nonché la già ricordata Facoltà di Magistero[24], cioè un pubblico che non ha visitato l'esposizione romana.

I *Videogiornali* incarnano quindi un articolato progetto di mediazione culturale – aspetto particolarmente importante per la natura sperimentale delle proposte artistiche in mostra[25] – attraverso una strumentazione tipicamente comunicativa, usata in maniera indipendente da due figure cardine della diffusione del videotape in Italia, negli anni fondativi[26]. Al di là degli aspetti documentari, infatti, l'elemento più sorprendente è la scelta di Cosulich e Crispolti di lasciare vergine una parte del nastro, per le eventuali reazioni e osservazioni degli spettatori. Il video si delinea così supporto ideale per la comunicazione paritaria, interattiva, dialogica a distanza, capace di accogliere le istanze "dal basso", secondo gli ideali di partecipazione democratica e rifondazione istituzionale propri del decennio.

L'operazione, inoltre, è anche il primo passo verso una videoteca istituzionale: «Una volta che il nastro verrà riproposto si potrà avere un intero dibattito, approfondito in tutti i suoi risvolti, di un fatto o personaggio o avvenimento determinato. La videoteca che si andrà così formando sarà un condensato delle analisi critiche e di commenti effettuati dai più diversi "fruitori"; tutto questo materiale permetterà successive videoregistrazioni, in un processo "comunicazionale" continuo che uscirà – sostengono gli organizzatori – dai tradizionali limiti di spazio, tempo e fruizione di una mostra. Un simile esperimento […] mediante lo scambio dei nastri e il loro eventuale complemento, [fornirà] un completo sistema di informazione culturale in continuo completamento ed evoluzione. Una "informazione aperta" quindi che rappresenta uno dei più interessanti e costruttivi aspetti del mezzo televisivo inteso come strumento di comunicazione non per la massa, ma per la comunità»[27]. Riferimento esplicito di Cosulich e Crispolti è la controinformazione statunitense, l'obiettivo è verificare le capacità comunicative della tv, annullandone l'unidirezionalità a favore del feedback, lasciando cadere un'idea del pubblico come fruitore passivo, tipica della tv *broadcasting*, per provare ad accogliere le reazioni dei destinatari che, se volessero rigettare in toto il prodotto e i suoi contenuti, potrebbero addirittura cancellare i nastri[28].

Nella vivacità del dibattito e nella pluralità di posizioni ed esperienze condotte lungo la penisola, di cui si da conto in questa sede, i *Videogiornali* sono una delle punte più avanzate[29], complice probabilmente anche il focus della mostra curata da Filiberto Menna sui nuovi linguaggi delle arti visive, così prepotentemente ibridati con quelli della comunicazione di massa.

Il caso dell'Emilia Romagna

La già evocata concomitanza fra la scadenza della concessione del servizio radiotelevisivo alla Rai, il decentramento amministrativo e le ipotesi di introduzione delle trasmissioni via cavo, rende il dibattito sull'informazione molto vivace, favorendo l'incontro fra istituzioni e gruppi autorganizzati.

Mentre secondo alcuni «alle Regioni deve essere garantito a livello locale un collegamento diretto con la produzione dei programmi, che dia loro la possibilità di promuovere un'espressione autonoma e genuina della complessa e diversificata realtà delle comunità regionali, considerando in questo quadro superata la ipotesi della gestione separata di un terzo canale TV»[30], Roberto Faenza è a favore della gestione locale del cavo non solo per la natura territoriale del servizio, ma anche perché tale «nuovo mezzo di comunicazione [… consente] di trasmettere l'andata e il ritorno dei messaggi, dalla stazione all'utente, dall'utente alla stazione e, tramite la stazione, dall'utente all'utente»[31]. Faenza – e prima ancora Pio Baldelli – avevano sostenuto con forza il protagonismo del videotape comunitario nella controinformazione, con accenti spontaneisti, sulla scorta dell'analisi che Frantz Fanon aveva compiuto della centralità dell'uso e dell'ascolto della radio nella guerra d'Algeria[32].

Se il dibattito internazionale sul condizionamento tecnologico dei modelli televisivi, distingue fra televisione di massa (quella via etere), televisione locale (via cavo) e televisione individuale o di gruppo (identificabile con il videoregistratore)[33], Roberto Grandi e Giuseppe Richeri, invece, ribadiscono il peso specifico della distribuzione, ammettendo la difficoltà di distinguere fra videoanimazione, volta all'integrazione, e videomilitanza, più autonoma anche economicamente.

Nella prima occasione italiana di confronto, promossa dalla *IX Mostra internazionale del nuovo cinema*, nel 1973 a Pesaro, emergono diverse realtà operanti esclusivamente in campo politico-sociale e dislocate tra Torino, Genova, Bologna, Roma, Milano, accanto a iniziative interne al sistema dell'arte (VideObelisco e Studio 970/2) e soggetti già attivi in campo cinematografico, come Videobase e Alberto Grifi. Ma le distinzioni sono tutt'altro che nette, e a proposito della libertà di espressione e della partecipazione diretta degli utenti, proprio Giaccari chiarisce che «la televisione di paese e di quartiere, video-salette attrezzate in circuiti da realizzare o anche preesistenti, nuclei mobili televisivi sono le strutture attraverso le quali sarà possibile garantire uno spazio operativo a gruppi minoritari»[34].

Tra le situazioni più strutturate, vi è quella raccolta attorno a Roberto Faenza in Emilia Romagna, regione dove sono fiorite diverse realtà locali, complici anche le aspettative legate alle possibilità dell'introduzione della tv via cavo, miseramente disattese nel giro di pochi mesi, complice l'evolversi del quadro giuridico[35] e una più attenta valutazione dei costi, aspetti che decretano il fallimento anche del progetto di tv via cavo regionale.

In Emilia Romagna i risultati politicamente più incisivi coincidono con il lavoro di gruppi preesistenti che «hanno usato il mezzo come momento di una più vasta crescita organizzativa»[36], in particolare il Consiglio di fabbrica della DEMM di Porretta Terme segue il processo contro alcuni operai accusati di vilipendio alla magistratura, e mostra le riprese dentro la fabbrica e alla cittadinanza[37]. Una strada già praticata da Videobase e Soccorso Rosso, con *Valpreda è innocente, la strage è di stato* (1972) e che raggiunge uno dei picchi più alti con la trasmissione su Rai Due (1979) di *Un processo per stupro*, video-denuncia realizzato dalle aderenti al primo collettivo cinematografico femminista[38].

Il presidente, Guido Fanti, d'altronde, era convinto che le nuove conquiste tecnologiche andassero messe al servizio della partecipazione dal basso: auspicando che «nel prossimo futuro una nuova iniziativa delle regioni possa essere proprio dedicata a questo tema: il collegamento fra informazione e partecipazione»[39].

In tale contesto politico, accanto alle esperienze condotte a Bologna da diversi collettivi e gruppi di studenti gravitanti attorno al DAMS o all'ARCI-UISP, sono poco note quelle del Gruppo OB con il circuito chiuso televisivo, indicative delle aspettative che all'epoca si riponevano, da più parti, in tale alternativa dal basso alla comunicazione di massa. «La funzione del mezzo è di fornire il carattere di "apertura", di scardinare l'opera [...] il mezzo diviene mezzo sociale, funzione di socializzazione», scrive Pier Aldo Rovatti a proposito dell'intervento realizzato dal Gruppo OB sul ciclo dei mesi di Schifanoia[40]. L'anno seguente il gruppo si orienta più decisamente verso la comunicazione, partecipando a diverse manifestazioni dedicate alla riforma della RaiTv e, in particolare, animando il progetto del Comune di Rimini di un *Condensatore dell'informazione*, centro polifunzionale pubblico, per promuovere «uno scambio culturale fra città e territorio, aprendosi al dibattito democratico, recuperando la campagna come soggetto culturale, opponendosi al processo di colonizzazione sin qui operato dalla città»[41]. Il *Condensatore dell'informazione* prefigura un'emittente di controinformazione, ma anche un luogo di educazione «alla lettura e all'uso critico del mezzo televisivo»[42]. Infatti, il videotape, pure senza distribuzione, è prezioso come mezzo di organizzazione: «il prodotto che si ottiene con il videotape non ha molta importanza in sé. [...] se il nastro viene portato altrove perde gran parte del suo significato, mentre come supporto di un processo in una situazione data ha un senso reale e offre risultati precisi»[43]. Il problema dell'autonomia significante del nastro *versus* una dimensione puramente contingente, intrinsecamente legata al processo collettivo e irriducibile ai codici della visualità, seppure narrativa, è un tema ricorrente e maggiormente sentito proprio per la contiguità con il video d'arte.

Nella seconda metà del decennio, pur senza un nuovo quadro legislativo, il Centro Video Arte di Palazzo dei Diamanti – unico laboratorio pubblico italiano di produzione audiovisiva d'artista – si impegna, di concerto con il Comune di Ferrara e la Regione, in un corso teorico-pratico sull'uso degli audiovisivi, rivolto a studenti, insegnanti, operatori sanitari e culturali, cooperanti. Se la prima edizione rimane limitata alle specificità del mondo scolastico, la seconda, invece, si sposta nell'Ospedale psichiatrico di Ferrara, per lavorare con gli infermieri e i malati, documentando riunioni, discussioni, progetti di dimissione di lungodegenti e così via[44]. In tali occasioni, il videotape, mezzo espressivo irrituale, è «spunto a un diverso modo di vedere (e di vedersi) nell'istituzione, [...] di memorizzare e riflettere su tutti quegli aspetti e quelli stereotipi di comportamento che si fissano nell'orditura dei rapporti istituzionali»[45].

La Biennale di Venezia

Il travaso di istanze partecipative e democratiche dalla base verso le istituzioni contagia anche la Biennale di Venezia, con una serie di iniziative nel quartiere Giudecca, nel maggio 1975, quando il gruppo Environmedia da vita a «un centro di accesso pubblico e di interscambio dell'informazione, l'azione di due squadre di animazione [... che] munite di video-registratore hanno raccolto interviste, filmato luoghi poco accessibili e realizzato video-nastri su ciò che accade nell'isola. [...] gli abitanti della Giudecca hanno potuto esprimere le proprie esigenze e, attraverso i monitor posti nei vari luoghi pubblici, hanno verificato quelle di ciascuno; un circuito comunicativo fino ad allora sconosciuto si è così messo in movimento»[46]. Emergono così le insoddisfazioni e le aspettative legate al mondo del lavoro, ai problemi abitativi e della scuola, alla condizione della donna e alla carenza dei servizi per l'infanzia. Pur con i limiti di un'iniziativa effimera, l'esperimento dimostra le potenzialità della comunicazione comunitaria per indirizzare gli interventi di progettazione urbanistica e politica.

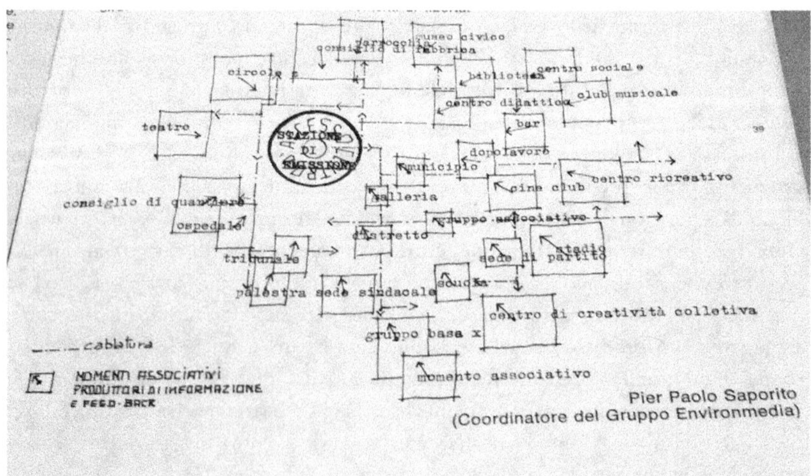

Environmedia, Diagramma di cablatura, produttori di informazione e feed-back, trasmissione,
pubblicato in *Comunicazione comunitaria*, La Biennale di Venezia 1975

L'esperienza di Environmedia conferma la centralità del circuito chiuso tv. Le unità di animazione con registratori portatili raccolgono: «semplici frasi [… che] ritrasmesse in piazza […] suscitavano reazioni e commenti, subito registrati e ritrasmessi; in un movimento ininterrotto e dilagante di coinvolgimento progressivo; le individualità si aprivano a considerazioni non più contingenti e personalistiche ma sempre più consapevoli dell'unitarietà sociale dei problemi esposti. La scintilla della coscienza comunitaria e della partecipazione era scoccata. Bisognava ora verificare in che misura, una volta conseguita una autogestione della informazione da parte di un gruppo territorialmente e socialmente delimitato, fosse possibile determinare per lo stesso un processo di coscientizzazione e pervenire quindi a forme di autogestione del proprio environment»[47].

La "nuova Biennale" ha scelto l'isola della Giudecca come focus di un impegno territoriale locale, volto alla riqualificazione degli spazi e al coinvolgimento diretto della realtà popolare: in tale impegno «il nostro Ente rinnovato – dichiara Carlo Ripa di Meana – esprime a fondo la sua novità e la sua coerenza originale in relazione ai compiti non più di sola registrazione, ma di coinvolgimento della realtà sociale […], aver iniziato alla Giudecca non è stato un caso, ma una scelta precisa […] un'ulteriore opportunità per rinsaldare il vincolo tra la Biennale e la gente dell'isola»[48]. In questo contesto prendono avvio sia le attività riguardanti la riqualificazione del Mulino Stucky – promosse dal settore Arti visive e Architettura – sia quelle della neonata Commissione Informazione e mezzi di comunicazione di massa, volta alla realizzazione di "modelli operativi" per enti locali, associazioni e gruppi di base alla ricerca di «forme, modi e tecniche per avviare un reale discorso di partecipazione democratica della popolazione ai temi politici e culturali dell'ambiente in cui vive e opera»[49]. La medesima commissione promuove un *Corso di 150 ore* per «la preparazione di quadri operai alla diretta gestione dell'informazione all'interno del movimento»[50].

Appena un anno dopo, come è noto, la Biennale Arti Visive presenta nel padiglione centrale ai Giardini la mostra dedicata all'*Ambiente come sociale*, il cui sottotitolo esplicita l'ottica complessiva: *proposte/azioni/esperienze. Documenti di una ricerca per nuovi modi di intervento creativo nell'ambiente sociale*. Il curatore – Enrico Crispolti – intende dare rappresentazione di un tipico momento italiano segnato da «una forte partecipazione decisionale di base e di spinta decentrativa»[51] che, dalla scuola ai consigli di fabbrica, fino ai consigli di quartiere, sono documentate esclusivamente attraverso i mezzi audiovisivi. Se in questa occasione si rende conto della diffusa presenza della registrazione video nell'ambito delle attività didattiche, di animazione cittadina e di controinformazione, l'istituzione sembra proporsi come luogo di mero riconoscimento di tali pratiche, poiché la vera e propria autogestione dei mezzi audiovisivi è consentita agli artisti, ma non ai visitatori[52].

1. Guiducci G., *La vocazione copernicana: rinnovamento della cultura e dell'informazione*, in *Cultura informazione e stato regionale*, Giunta regionale, Bologna 1974, p. 119.

2. Sulle mostre cfr. rispettivamente Catenacci Sara, *Documenti d'arte impegnata:* tra rivolta e rivoluzione: immagine e progetto, *Bologna 1972-1973*, in Francesca Gallo e Alessandro Simonicca (a cura di), *Effimero. Il dispositivo espositivo tra arte e antropologia*, CISU, Roma 2016, pp. 159-168; Lonardelli Luigia, *Dalla sperimentazione alla crisi. Gli Incontri Internazionali d'Arte a Roma 1970-1981*, Doppiozero, Milano 2016; Martini Vittoria, *L'evoluzione di un modello espositivo*, in Martini Federica, Id., *Just Another Exhibition. Storie e politiche delle biennali*, Postmedia Books, Milano 2011, pp. 41-68.

3. Cfr. Cipriani Ivano, "Problemi e prospettive della video-registrazione", in "I problemi di Ulisse", n. 80, 1975, pp. 161-171; il dato è ignorato dalla prima storicizzazione italiana di tale ambito Fadda Simonetta, *Definizione zero. Origini della videoarte fra politica e comunicazione*, Costa & Nolan, Genova 1999, in cui sono ricordate esclusivamente le esperienze di Videobase e del Laboratorio di Comunicazione Militante, oggetto di specifici interventi in questo medesimo volume e ai quali si rimanda. Il video militante statunitense, invece,

ha precocemente raggiunto la notorietà, con la rievocazione di Boryle Deirdre, *Subject to Change: Guerrilla Television Revisited*, Oxford University Press, New York-Oxford 1997; oltre che con i coevi *Guerrilla Television* e "*Radical Software*", veri e propri manifesti del video underground.

4. Silj Alessandro, *Perché video '79*, in *Video '79*, a cura di Id., catalogo della rassegna, Kane, Roma 1979, p. 11.

5. Una lettura in tal senso è avanzata da Lischi Alessandra, *Elettronica, videoarte e poetronica*, in *Storia del cinema italiano*, vol. XIII: *1977-1985*, a cura di Vito Zagarrio, Bianco&Nero, Roma 2005, pp. 457-471.

6. Trini Tommaso, *Per un circuito aperto*, in Id. (a cura di), *Artevideo e Multivision*, s.n., Milano, 1975, p.n.n. I lavori riconducibili all'ambito socio-politico sono la proiezione multipla di diapositive (*Multivision*) del gruppo Intermedia 43, e i videotape *Chile* (1971-73) di Juan Downey e *Fuga* (1974) di Ugo La Pietra.

7. Levi Guido, *Relazione su Rai-Tv*, in *Informazione e movimento operaio*, s.n., Bologna 1973, p. 4; cfr. anche Seleco – Industrie Zanussi, *Convegno nazionale. La Televisione a circuito chiuso per la scienza l'industria la scuola*, Seleco, Pordenone-Milano, 1969; Baldelli Pio, *Informazione e controinformazione*, Mazzotta, Milano 1972.

8. Colombo Furio, *Introduzione*, a Price Monroe
E., Wicklein John, *TV cavo. L'altra televisione*,
Bompiani, Milano 1973 (ed. orig. *Cable television*,
Pilgrim, Philadelphia 1972), pp. 7-8.

9. Cfr. Rossitti Marco, *L'immagine dell'uomo.
Le inchieste socio-antropologiche del settore
"Ricerca e sperimentazione programmi" della Rai*,
Campanotto, Pasian di Prato 2001.

10. Giaccari Luciano, "Contro informazione", in
"Gala", n. 48, 1971, p. 41: osservazioni che gettano
nuova luce anche sulle sue *videosalette*.

11. Guiducci G., *op. cit.*, p. 123.

12. Cfr. Balestrini Nanni, Moroni Primo, *L'orda
d'oro 1968-1977. La grande ondata rivoluzionaria
e creativa, politica ed esistenziale*, Feltrinelli,
Milano 2015 (I ed. 1988); Eucharren Pablo, Salaris
Claudia, *Controcultura in Italia, 1966-1977: viaggio
nell'underground*, Bollati Boringhieri, Torino 1999;
Meduni Enrico, *Introduzione*, in Harding Thomas,
Videoattivismo. Istruzioni per l'uso, Editori Riuniti,
Roma 2003 (ed. orig. *The Video Activist Hanbook*,
Pluto, London 1997), pp. 7-14; Gruber Klemens,
*L'avanguardia inaudita. Comunicazione e strategia
nei movimenti degli anni Settanta*, Costa&Nolan,
Milano 1997 (ed. orig. *Die zerstreute Avantgarde*,
Böhlau, Wien 1989).

13. Cfr. De Rita G., *Tecnologie educative,
organizzazione della cultura e politica scolastica*,
in *Programmazione tecnologica e processi di
comunicazione*, Ente Fiera, Bologna 1972, pp. 45-
48; Rossini G., *Problemi di intervento tecnologico
nel campo formativo*, in *ibidem*, pp. 49-57.

14. Cfr. Luginbülh Sirio, Cardazzo Paolo,
Videotapes. Arte tecnica storia, Mastrogiacomo,
Padova 1980, p. 21.

15. Cfr. Toti Gianni, "Verso nuove forme visive di
coscienza sociale", in "Cinema60", n. 73-74, 1970,
pp. 59-75: ringrazio La Casa Totiana e Silvia Moretti
per aver messo a mia disposizione la versione
manoscritta del testo.

16. Crispolti Francesco Carlo, *Video*, in *L'altro video.
Incontro sul videotape*, Centro stampa del Comune,
Pesaro 1973, p. 87.

17. Cipriani Ivano, *Videoregistratore a scuola*, in
L'altro video..., cit., p. 101.

18. Id., "Teatro scuola videotape 1974-1975", in
"Teatroltre", n. 11, 1975, pp. 112-114; sull'enfasi
data al *processo* più che al prodotto cfr. Lischi
Alessandra, *Senza chiedere permesso: il video e il
cinema militante*, in *Storia del cinema italiano*, cit.,
pp. 91-102.

19. Lajolo Anna, Lombardi Guido, *Al centro
dell'immagine*, in *L'esperienza dell'arte. Il
sentire contemporaneo tra immagine, suono,*

informazione, trasmissione, a cura di Lucilla
Meloni, Stefano Perna, Marina Vergiani, Electa,
Napoli 2010, p. 90.

20. Cfr. Lajolo Anna, Lombardi Guido, *Video per
la base: intervista* (1974), ora in *Dissensi tra film
video televisione*, a cura di Valentina Valentini,
Sellerio, Palermo 1991, pp. 273-284.

21. Cfr. Lischi Alessandra, *Televisione*, in *Informare
contro, informare per*, a cura di Mariagrazia
Bruzzone e Faliero Rosati, Armando, Roma 1976,
pp. 99-149; *Cinema e scuola. Film, videonastri e
audiovisivi autoprodotti nelle scuole italiane*, a
cura di Francesco Casetti, Mimmo Lombezzi e Tatti
Sanguineti, Marsilio, Venezia 1978.

22. Cfr. Roma, Archivio della Quadriennale,
Videogiornali, a cura di Guido Cosulich e Francesco
Carlo Crispolti, videotape registrati all'interno
della mostra, durante l'inaugurazione e nei giorni
immediatamente successivi (cioè alla fine di
maggio 1973) riversati in dvd.

23. Cfr. Roma, Archivio della Quadriennale,
Videogiornale n. 6, del 31 maggio 1973, a cura
di Guido Cosulich e Francesco Carlo Crispolti,
con la partecipazione di Gianni Toti, Aldo Deiaco,
Ariodante Mariani, Fabio Mauri.

24. Cfr. Roma, Archivio della Quadriennale, *X
Quadriennale, Carteggio*, b. 153.

25. Cfr. Roma, Archivio della Quadriennale, X. 3
Q., *Rassegna stampa*, Lambertini Luigi, "Il terzo
girone", in "Giornale di Bergamo", 1° giugno 1973.

26. Per una trattazione specifica dei *Videogiornali*
cfr. Gallo Francesca, "*I Videogiornali della X
Quadriennale, tra documentazione e autorialità*",
in "L'Uomo nero", 2018, in c.d.s.

27. Roma, Archivio della Quadriennale, X. 3 Q.,
Rassegna Stampa, ADNKronos, *Comunicato del 1
giugno 1973*.

28. Cfr. Roma, Archivio della Quadriennale,
X Quadriennale, Videogiornale e videoteca,
comunicato stampa del 22 maggio 1973.

29. Precedente importante i *Cinegiornali Liberi*
di zavattiniana memoria: cfr. Guerra Michele,
*Impegni improrogabili: le forme "politiche" del
cinema italiano degli anni Settanta*, in Cristina
Casero, Elena Di Raddo (a cura di), *Anni '70: l'arte
dell'impegno. I nuovi orizzonti culturali, ideologici e
sociali nell'arte italiana*, Silvana, Cinisello Balsamo
2009, pp. 171-186.

30. *Documento conclusivo*, in *Regioni e riforma
RAI-TV*, atti del convegno (Napoli, Palazzo Reale,
20-21 ottobre 1972), Poligrafico campano,
Benevento 1972, p. 309.

31. Faenza Roberto, *Senza chiedere permesso*,
Feltrinelli, Milano 1973, p. 38: Faenza e compagni

si erano formati alle potenzialità del videotape recording negli USA, il loro punto di riferimento è l'eccezionale sperimentazione di Michael Shamberg e Raindance Corporation nell'ambito della tv comunitaria, sotto forma di televisione via cavo e di videocassette.

32. Cfr. Faenza Roberto, *Senza chiedere permesso*, cit.; Baldelli Pio, *Informazione e controinformazione*, cit.: il testo ha un tale successo da essere più volte riedito per tutti gli anni Settanta.

33. Cfr. "Communications", n. 21, 1974; *Rapporto informativo sulle applicazioni socioculturali della tecnologia televisiva in Gran Bretagna*, redatto dal Center for Advanced TV Studies di Londra per il Consiglio d'Europa, 1975-76.

34. Giaccari Luciano, *Videotape seconda generazione*, in *L'altro video. Incontro sul videotape*, cit., p. 70.

35. Il 9 maggio 1973 viene pubblicato sulla "Gazzetta Ufficiale" il *Nuovo codice postale* firmato dal Ministro Gioia, il cui art. 195 liquida le esperienze di TV libera via cavo (all'epoca 32 sparse per la penisola, di cui Telebiella è forse la più seguita) pur prevedendo che si possano ottenere delle concessioni, a pagamento: cfr. Cecchini Silvio, "Cavus belli", in "Fotografare", 1973, luglio, pp. 53-56; Crispolti Francesco Carlo, "Io accuso", in *ibidem.*, pp. 56-57; anche se poi la Corte Costituzionale si pronuncia in senso sostanzialmente opposto: cfr. Bassanini Franco, *s.t.*, in Cipriani Ivano et al., *Tv/cavo e partecipazione*, atti del convegno nazionale di studio promosso da Arci-Uisp, Enars-Acli, Endars, Sapere, Milano 1975, pp. 73-87; Menduni Enrico, *L'altro video. Videodocumentazione e tv via cavo*, in Micciché Lino (a cura di), *Il cinema del riflusso. Film e cineasti italiani degli anni '70*, Marsilio, Venezia, 1997, pp. 58-66.

36. Cipriani Ivano, *Intervista al Gruppo consulenti della Regione Emilia-Romagna per i problemi dell'informazione*, in *L'altro video. Incontro sul videotape*, cit., p. 66.

37. Cfr. *Ibidem.*, p. 67.

38. Cfr. Uva Christian, *L'immagine politica. Forme del contropotere tra cinema, video e fotografia nell'Italia degli anni Settanta*, Mimesis, Milano-Udine, 2015.

39. Fanti Guido, *s.t.*, in cit., p. 196. Sulla necessità di un aggancio stabile fra radiotelevisione e paese reale, intervengono soltanto le Associazioni culturali e di tempo libero: cfr. Arci-Enars-Endas in *Regioni e riforma Rai-Tv*, ibidem, pp. 330-335.

40. Rovatti Pier Aldo, *Mezzo aperto/opera chiusa*, in *Schifanoia-TV: mezzo aperto/opera chiusa* [pieghevole], Ferrara 1972.

41. *Città/informazione aperta*, s.n., Rimini 1973, p.n.n. Il Gruppo OB viene fondato nel 1968 a Milano da Giuseppe Becca – che ringrazio per aver messo a mia disposizione buona parte della documentazione citata – e Gianantonio Graziani, a cui si aggiunge in seguito Antonio Marangoni (da cui Gruppo OBM).

42. Gruppo OB, *Il condensatore dell'informazione*, in *Città/Informazione aperta*, cit.

43. Cipriani Ivano, *Intervista …*, cit., p. 64.

44. Cfr. Ferrara, Archivio CGAMC, Fondo Videoarte, b. 37.

45. Ferrara, Archivio CGAMC, Fondo Videoarte, b. 37, Gruppo Audiovisivi dei Servizi Psichiatrici di Ferrara e Centro Video della GCAM di Ferrara, *Immagini-video, coscientizzazione, destrutturazione del mondo istituzionale*, giugno 1977.

46. Grandi Roberto, Richeri Giovanni, *Le televisioni in Europa*, Feltrinelli, Milano 1976, p. 289.

47. Saporito Pier Paolo, *Relazione sull'intervento di comunicazione comunitaria svolto alla Giudecca all'incontro "L'ambiente urbano e la qualità della vita" organizzato dal Consiglio d'Europa*, in *Comunicazione comunitaria, l'esperienza di comunicazione audiovisiva nel quartiere Giudecca*, La Biennale di Venezia, Venezia 1975, p. 9.

48. Ripa di Meana Carlo, *Presentazione*, in *ibidem.*, II di copertina.

49. Bonomo P. D., *Per un uso sociale dei media*, in *ibidem.*, p. 2.

50. *Ibidem*, p. 3.

51. Crispolti Enrico, *L'ambiente come sociale*, in *Ambiente come sociale*, catalogo della mostra a cura di Id., Venezia 1976, p. 3.

52. Cfr. Santucci Umberto, *Il percorso audiovisivo*, in *Ambiente come sociale*, cit., p. 46. Forse addirittura con un arretramento rispetto all'edizione del 1970: cfr. E. Di Raddo, *La crisi dell'"opera": la tecnologia entra in Biennale (le edizioni del 1970 e del 1972)*, in F. Castellani (a cura di), *Crocevia Biennale*, Scalpendi, Milano in c.d.p. (ringrazio l'autrice per la lettura del testo in bozze).

2 ISTANZE COLLETTIVE

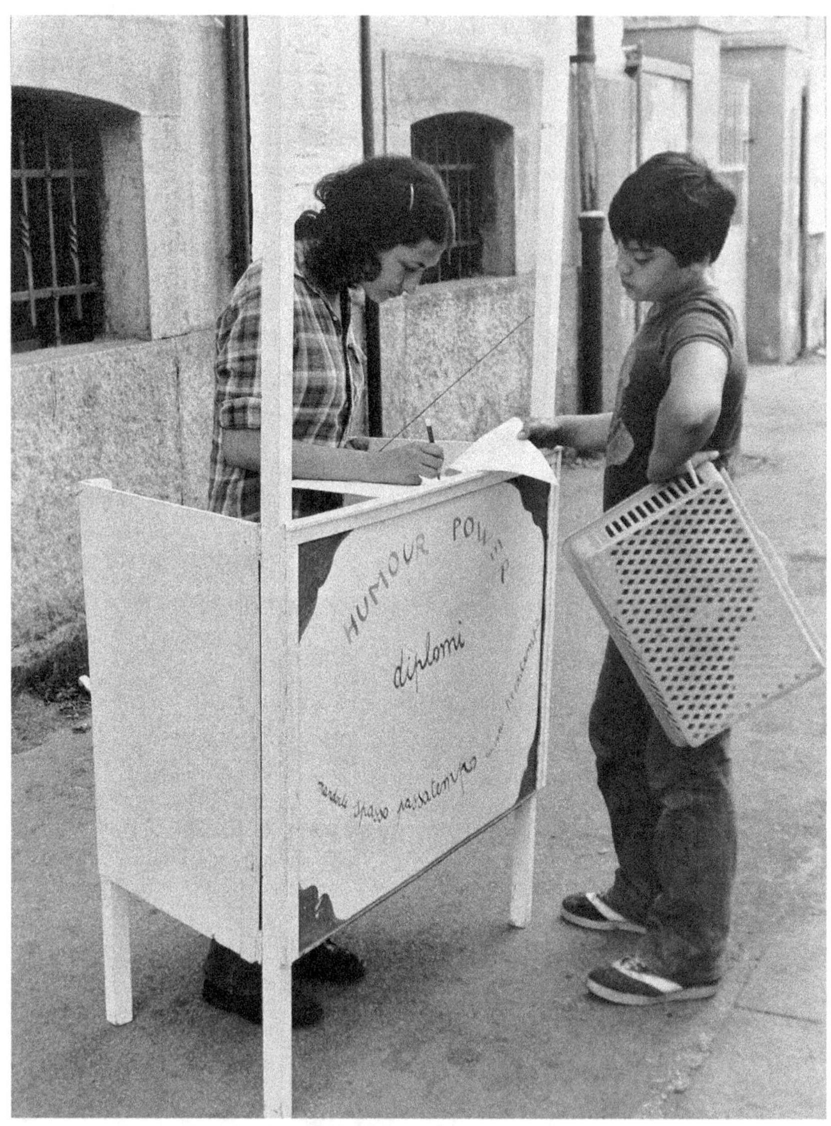

Annamaria Iodice, *Banchetto dei diplomi*, 1976

Non basta chiamarsi collettivo

Alessandra Pioselli

Tra la fine degli anni Sessanta e la prima metà degli anni Settanta, una parte della pratica artistica si orienta verso le istanze della cooperazione. I collettivi formati da artisti costruiscono la propria identità attorno alla dimensione urbana del lavoro a contatto con le compagini sociali. Tali aggregazioni condividono una visione critica del ruolo dell'artista e dello statuto dell'opera d'arte, sostenendo una nozione di creatività collettiva e partecipata. Osservando in retrospettiva la storia di queste formazioni, tuttavia, emergono significative differenze. L'attivismo politico in senso militante non connota il fare di tutti i gruppi. Le divergenze riguardano, inoltre, i modi di intendere la partecipazione, la tipologia dei referenti e dei luoghi dell'azione, le scelte espressive, il rapporto con le istituzioni. Declinando il binomio arte-vita in quello arte-società, gli spazi della pratica si concretizzano negli ambienti dell'organizzazione sociale: la fabbrica, la scuola, il quartiere, i luoghi della marginalità come le periferie o gli ospedali psichiatrici. Il termine 'pubblico' si identifica nei soggetti della sfera del politico: operai, studenti, donne, disagiati psichici. Il plurale è d'obbligo: le soggettività sono collettive. Maurizio Vitta sottolinea che la parola società stava perdendo "la sua indeterminatezza che le derivava dall'ariosità concettuale del termine, per ritrovarsi nei contorni spigolosi e duri del consiglio di quartiere, del sottoproletariato urbano, delle amministrazioni pubbliche, dei partiti, delle periferie industriali, dei recinti per i diversi"[1]. La scelta della denominazione 'collettivo' è sintomatica come dichiarazione di intenti che marca lo scopo e i modi dell'operare, adottando il linguaggio della politica militante. Non tutti i gruppi, però, si definiscono collettivo. Tra coloro i quali privilegiano l'appellativo e altri che si qualificano come 'gruppo' o 'laboratorio' non sussistono necessarie differenze. Il punto distintivo è se sconfessano o meno l'autoreferenzialità, anelando a interfacciarsi con il cosiddetto ambiente sociale. L'accento posto sull'aspetto sociopolitico della pratica subentra all'elaborazione di una poetica di gruppo che era rimasta per lo più centrale per le avanguardie storiche e le neoavanguardie. Nondimeno, la galassia dei nuclei di artisti che fiorisce nella prima metà degli anni Settanta è alquanto composita. Per i gruppi di artisti che considerano la dimensione sociale il luogo e il medium dell'azione, l'assunto della cooperazione si attua condividendo i mezzi espressivi, gli strumenti, i processi della pratica artistica con i propri referenti. La cooperazione può essere premessa e mezzo di partecipazione ma i due termini non sono esattamente sovrapponibili. Si può collaborare senza sentirsi parte di un'esperienza e parteciparvi a un livello simbolico, psicologico, affettivo in assenza di un contributo fattivo. Lo slittamento tra i termini rende ampio e non prescrittivo l'orizzonte della partecipazione cui i collettivi e i gruppi di artisti danno interpretazioni non univoche. Il quadro porterebbe a considerare anche l'attività dei gruppi di muralisti attivi in Italia, trattando il panorama delle pratiche al servizio di istanze sociali[2]. I murales venivano realizzati prevalentemente a supporto della lotta politica e di quartiere, e più in generale trattavano temi di giustizia sociale. I modi espressivi si riferivano alle esperienze del Centro e del Sud America, giunte in Italia con gli esuli messicani e cileni. La Brigada Pablo Neruda ne è esempio. I muralisti adottavano in modo predominante formule visive consolidate, che si valutavano pertinenti ai fini della comunicazione politica. La funzione sociopolitica rimaneva dominante. Nel panorama dei collettivi di artisti, tale funzione è messa sul piatto della bilancia ma è variamente interpretata. All'obiettivo primario della lotta politica e di classe, alcuni collettivi argomentano la centralità del ruolo sociale di una politica dell'immaginario. L'aderenza o il conflitto con la meta insindacabile della lotta di classe è un tema focale di discussione. La Sinistra extra-parlamentare, cui alcuni gruppi si sentono o sono prossimi, si concentra sul proposito della lotta politica, affidata alla classe operaia e ancorata alla trasformazione dei rapporti di produzione come mezzo e condizione della trasformazione sociale. "Solo attorno al 1974 con il crescere dei circoli culturali e dei centri sociali autogestiti, la cultura diviene oggetto di dibattito politico e di iniziativa a vasto raggio"[3]. I centri sociali e culturali che nascono alla metà degli anni Settanta diventano interpreti di bisogni più stratificati anche di tipo socioculturale, espressi dalle cittadinanze, inscrivendo nella sfera del politico questioni in genere non sostenute dall'area militante. L'ambiente è uno dei temi.

Nell'ambito dell'esperienza del Piazzetta[4], nel 1973, l'artista Vitale Petrus coordina con il Centro Culturale Ricerca la realizzazione di un murales collettivo su un muro di fronte alla fabbrica OSVA, chiusa nel 1971 e al centro di una disputa sulla riconversione dei terreni. La cronaca riporta che i sestesi presero d'assalto il muro per dipingerlo tanto che il tema del murales, il futuro del quartiere, sfuggì di mano. I coordinatori dell'operazione ammisero l'incoerenza del risultato ma dichiarano positivamente riuscita l'operazione per due motivi: perché la "liberazione della creatività collettiva" era avvenuta e perché la "proposta politica di lotta" aveva ottenuto una consistente "mobilitazione di massa"[5]. Questo tipo di asserzioni ricorrono nel linguaggio critico degli 'operatori estetici' del tempo in merito a operazioni analoghe, salutate come rilevanti in virtù del grado di partecipazione, ma portano verso un nodo problematico. Ricostruendo le vicende del Piazzetta, Maurizio Vitta afferma che l'istanza sociologica ha predominato sul valore estetico-espressivo[6]. La lettura sociologica ha evidenziato in queste esperienze il dato positivo della partecipazione o ne ha criticato la mancanza. La disamina storico-critica le ha tolte dalla narrazione della storia dell'arte perché non rilevanti dal punto di vista della ricerca linguistica. Quali sono i parametri di un racconto storicizzante? Non si possono appiattire tutte le esperienze sul mero dato della partecipazione. Negli anni Sessanta-Settanta, la parola diventa focale ma la partecipazione rischia di divenire il fine e non il mezzo, portando ad accogliere acriticamente qualsiasi esperienza perché l'ha cercata e magari anche ottenuta, nel senso più basilare della nozione. Bisognerebbe evitare di plaudire in modo dogmatico ai fenomeni solo perché prodotti (almeno all'apparenza) orizzontalmente. Oggi in base a cosa valutiamo le istanze dei collettivi e dei gruppi di artisti: al loro impatto sociopolitico, al tentativo di ridefinire i ruoli in campo, al lascito nel luogo specifico dell'azione, alla complessità sul piano espressivo e concettuale dei linguaggi e dei processi? Non si ravvisa la necessità di evidenziare un valore estetico-espressivo autonomo ma di decifrarlo all'interno dell'architettura globale di ogni azione: obiettivi, scelte processuali, relazionali, di metodo, di mezzi, di strumenti, di linguaggi. Non tutto il lavoro di queste compagini è sempre così sofisticato dal punto di vista linguistico ma si presenta come fenomeno storico rilevante che riconfigura la dimensione estetico-politica del fare. Queste pratiche si sottraggono alla misura del permanente. Sono da inquadrare in questa condizione situata e relazionale, qualificate dalla natura della contingenza e della contestualità.

Il problema del linguaggio non è affatto eluso dai gruppi e dai collettivi di artisti, ma nelle dichiarazioni rilasciate all'epoca si tende a non sottolineare troppo questo interesse, per non sembrare implicati con questioni di tipo formale che potevano avvicinare oltremisura a una logica di sistema (dell'arte). La finalità sociopolitica del lavoro è la bandiera. Che la questione fosse una spina al fianco, però, lo rivela il dibattito accesosi in occasione dell'apertura della sezione *Ambiente come sociale* alla Biennale di Venezia del 1976. Gli operatori presenti in questa parte della kermesse lagunare accusano l'ente Biennale di discriminarli e di perseguire un'idea conservatrice di arte[7]. Enrico Crispolti afferma che queste esperienze collettive non rifiutano ma in qualche modo accantonano il problema della qualità estetica[8]. Esse sono "più di rapporti che di mero linguaggio"[9]. Di fronte alla necessità di lavorare sulle relazioni, il giudizio di valore è superfluo[10]. Queste esperienze, tuttavia, non rinunciano "all'elaborazione linguistica" e per tale motivo non sono "fuori dall'avanguardia" come, invece, dichiarato in sede di Commissioni Arti Visive della Biennale[11]. Non è un problema di giudizio estetico-formale. Si prenda ad esempio il lavoro degli Ambulanti. Il gruppo sviluppa negli anni Settanta una ricerca critica che è anche di linguaggio[12]. Gli Ambulanti attingono all'immaginario archetipico della fiaba e alla cultura popolare dei vicoli di Napoli, elaborando segni che rimettono in circolo negli stessi luoghi, socialmente complessi. Propongono elementi figurali di immediata comprensione, apparentemente familiari ma dotati di valenze surreali e spiazzanti. Simulano pratiche che si confondono con la vita quotidiana del vicolo. Claudio Massini propone l'operazione dei banchetti. Sceglie il banchetto di un venditore di strada, come quello del cocomeraio, e accosta il suo accanto. Al posto di vendere beni di consumo, l'artista regala ai passanti giardinetti di terra e fiori da portare nelle mani (*Giardini nelle mani*, 1975; *Fiori nelle mani*, 1976). Appostata in strada con un'analoga struttura precaria, Annamaria Iodice distribuisce diplomi di ogni genere su richiesta dei passanti (*Banchetto dei diplomi*, 1975-76). Ernesto Jannini sfila con un pesce rosso infilato in testa, fatto di calzini colorati (*Pesce rosso*, 1976). Gli Ambulanti cercano un rapporto diretto con la gente, mediato da atti poetici che diventano politici ma non ideologici. Sui diplomi di Annamaria Jodice si disegnano i sogni e le speranze di persone spesso disoccupate, e il diploma diventa un'arma ironicamente critica del valore ambito di quel 'pezzo di carta'. Il pesce rosso di Ernesto Jannini vaga sulla spiaggia di Bagnoli inquinata dagli acidi dell'Italsider per sognare il mare inaccessibile. La pratica del dono, che Claudio Massini persegue, sottrae le relazioni umane alla logica del profitto.

In aggiunta ad indagare come questi gruppi di 'operatori estetici' intendevano la relazione tra dimensione estetica e politica (sfere in contraddizione oppure ripensandone i domini come non separati e separabili), e quale ruolo abbiano affidato al linguaggio e all'immaginario, un altro tema da considerare nella storia dei collettivi è la differenza tra le collocazioni antagoniste e le posizioni che anelano a un collegamento con le istituzioni (riformate e democratiche). L'avanzamento del PCI alla elezioni del 1975-76 dà vigore alle istanze di cambiamento. Respirando aria di governo, il PCI è convinto che la macchina pubblica si possa riformare dall'interno e sostiene la politica del decentramento. Enrico Crispolti vede l'azione dell'operatore estetico accolta dentro l'architettura del decentramento, disseminata nei territori per dare voce alle domande della base sociale. L'ipotesi della cooperazione sostenuta dai gruppi e dai collettivi di artisti si fonda sul desiderio di ribaltare i rapporti di forze tra centro e periferia, superare la divisione tra produttore e fruitore, contrapporsi alla visione elitaria della cultura[13]. I collettivi sono cellule che agiscono in una dimensione localizzata, spazializzata, specifica. La connessione con le istituzioni 'democratiche' (ad esempio, con la scuola o con gli organi del decentramento amministrativo sul territorio) offre l'opportunità per immettere l'azione artistica cooperativa nel telaio delle politiche pubbliche urbane, superando l'improvvisazione o evitando azioni che altrimenti rischierebbero di scivolare sul corpo della città. Così, perlomeno, pensano alcuni operatori. La storia del Premio Piazzetta e della Fabbrica di Comunicazione è emblematica. Nel primo caso, a Sesto San Giovanni sembra avvenire la convergenza tra la visione degli operatori culturali e la politica urbana dell'amministrazione comunale in un percorso di decentramento[14]. Nella circostanza della Fabbrica di Comunicazione, il dialogo istituzionale è cercato invano[15]. Nel rapporto con le istituzioni pubbliche entrano in gioco diverse dinamiche storiche, qui solo accennate: la ricerca di una forma di professionalizzazione espressa da alcuni 'operatori estetici' che avrebbe potuto concretizzarsi nella costituzione di cooperative, con l'obiettivo di lavorare con gli enti locali; le critiche alla trasformazione del sistema delle cooperative, che non ha comunque incluso gli artisti, incolpato di burocratizzazione; la denuncia dell'inadeguatezza del decentramento amministrativo, accusato di essere uno strumento di controllo del territorio, con i centri sociali autogestiti in prima linea nel rifiutare il disegno della partecipazione istituzionale[16]. Attorno al 1979 la parabola dei collettivi e dei gruppi di artisti si conclude per ragioni storiche. Una

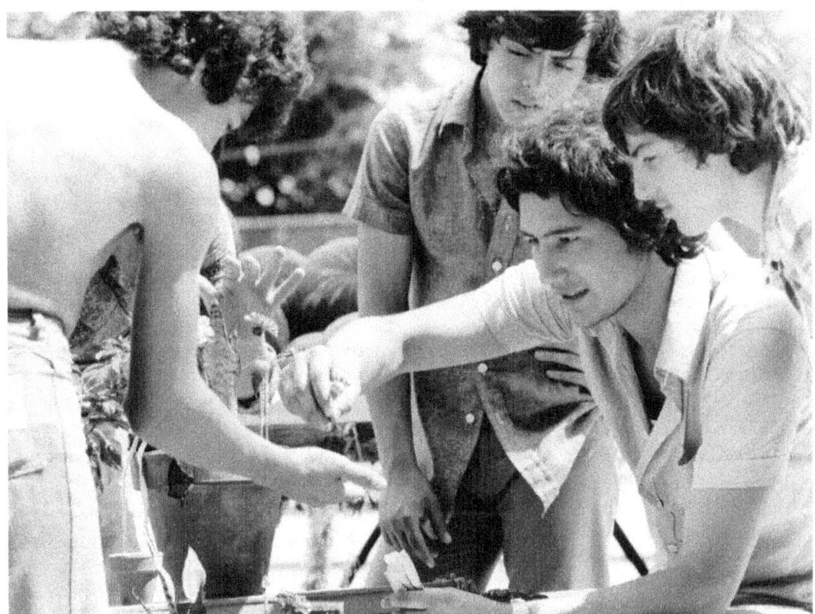

Claudio Massini, *Giardini nelle mani*, 1975

serie di problemi d'ordine politico e culturale hanno riguardato, negli anni Settanta, l'attività sociale di queste formazioni. L'elenco dovrebbe includere i timori del PCI nei confronti dell'area movimentista cui i collettivi sembravano troppo prossimi senza per forza esserlo davvero[17]; la scelta fatta dalla Sinistra alla guida degli enti locali nel sostenere il modello del festival verso la fine del decennio, che non incluse il tipo di progettualità sociale proposto dai collettivi; l'allineamento o meno con gli schemi della lotta politica militante; il timore, quando c'è stato, da parte delle forze politiche di quartiere di essere scavalcate dagli operatori estetici; la possibilità della non comprensione del contesto e dei bisogni della gente da parte degli artisti, avvertiti come corpi estranei, fino alla frizione tra le intenzioni e le risposte. Infine, bisognerebbe aggiungere il tema della rappresentanza, esaminando le forze con cui i collettivi e i gruppi di artisti hanno stabilito nessi, per verificare che tipo di espressione o di filtro dell'ambiente sociale siano state.

1. Vitta Maurizio, "L'artista, il politico, il sociale", in "Fascicolo" n. 10, settembre 1980, p. 23.

2. Si veda per esempio l'attività promossa dalla metà degli anni Sessanta da Peppino Sciolla a San Sperate (Cagliari).

3. Testimonianza di Piero Gilardi rilasciata a chi scrive, giugno 2013.

4. Progetto *Piazzetta – Artisti nei quartieri 1973-76* (Sesto San Giovanni). Si veda *Piazzetta 73-74-75-76*, Centro stampa comunale, Sesto San Giovanni 1976. Per un'analisi della storia del Piazzetta e una completa bibliografia, devo citare la mia pubblicazione che prende in esame le questioni trattate in questo testo e affronta anche la stagione dei collettivi: Pioselli Alessandra, *L'arte nello spazio urbano. L'esperienza italiana dal 1968 a oggi*, Johan&Levi, Monza 2015.

5. *Artisti nei quartieri. 13° Piazzetta*, Biblioteca Civica, Sesto San Giovanni 1974, s.p.

6. Vitta Maurizio, *Tra immagine e intervento. Arti visive a Sesto San Giovanni 1945-1980*, Assessorato alla pubblica istruzione e alla cultura, Sesto San Giovanni 1980.

7. La protesta è riportata in un comunicato dattiloscritto del 1976. Il dibattito cui si fa riferimento si intitola *Nuova domanda e modi di produzione culturale*, Biennale di Venezia, 18-19 luglio 1976. La mostra *Ambiente come sociale* è stata coordinata da Enrico Crispolti e Raffaele De Grada. Si veda: Crispolti Enrico (a cura di), *L'ambiente come sociale. Proposte, azioni, esperienze, documenti per nuovi modi di intervento creativo nell'ambiente sociale*, in *B76. La Biennale di Venezia,* volume primo, Alfieri, Venezia 1976.

8. Crispolti Enrico, intervento al dibattito *Nuova domanda e modi di produzione culturale*, riportato in *Area di base. uno*, Carucci, Roma 1978, p. 212.

9. Crispolti Enrico (a cura di), *L'ambiente come sociale*, op. cit., p. 4.

10. Intervista a Enrico Crispolti, in Vincitorio Elisa, *Animazione e conoscenza*, Dedalo, Bari 1978, p. 80.

11. Crispolti Enrico, ciclostile dell'incontro con il Laboratorio di Comunicazione Militante, rassegna *Attività estetica e territorio*, Cooperativa L'Alzaia, Roma, 1978.

12. Il gruppo degli Ambulanti nasce a Napoli nel 1975. Si veda: Pioselli Alessandra, *L'arte nello spazio urbano. L'esperienza italiana dal 1968 a oggi*, op. cit., pp. 62-64. Nel capitolo dedicato ai collettivi, affronto quattro casi di studio: oltre agli Ambulanti, il Gruppo Salerno 75, il Laboratorio di comunicazione militante, il Collettivo Autonomo di Porta Ticinese.

13. Così affermano gli operatori campani, in *Area di base.uno*, op. cit., pp. 1-4 e 5-12.

14. Per le questioni riportate si veda la nota n. 4.

15. Per la storia della Fabbrica di Comunicazione e dei rapporti con le forze politiche: Pasculli Ettore - Pulga Adriana, *Fabbrica di Comunicazione*, ed. Centro Internazionale di Brera, Milano 1977.

16. Elia Gian Franco - D'Alto Silvano - Faenza, Roberto, *La partecipazione tradita*, Sugarco ed. 1977.

17. Crispolti Enrico, intervista a cura di Stefano Taccone, in Carrieri Lidia - D'Elia Anna (a cura di), *Dall'arte nel sociale al teatro di artista. Incontri di Martinafranca '79/'80/'81*, Artebaria, Taranto 2012, p. 29, ed anche testimonianza rilasciata a chi scrive, Roma 2013.

Arte e politica negli Stati Uniti tra la metà degli anni Sessanta e l'inizio anni Settanta

Francesco Poli

Gli artisti d'avanguardia degli anni Sessanta/Settanta negli Stati Uniti (come dappertutto) erano, salvo rare eccezioni, di area decisamente progressista, e spesso anche impegnati in forme radicali di protesta sociale antimilitarista, antirazzista e femminista, ma questo non vuol dire che la loro pratica specificamente artistica dovesse avere di per sé valenze direttamente politiche. Anzi in generale si può dire che la sfera dell'attività politica personale e collettiva, e quella disciplinare della ricerca creativa erano considerate come dimensioni autonome. Per gran parte di questi artisti era finita da tempo l'illusione (di certe avanguardie, e del realismo sociale) che l'arte potesse essere uno strumento rivoluzionario di trasformazione della società: l'arte 'politica' era ormai un genere di intervento che produceva per lo più solo opere retrogade, banali, di mediocre qualità.

L'intenzione degli esponenti delle tendenze più avanzate, quelle minimaliste concettuali, processuali e performative, (anche impegnati politicamente come per esempio, Morris, Judd, Le Witt, Andre, Serra attivi all'interno della *Art Work Coalition*) era quella di rivoluzionare i criteri del linguaggio artistico, di destabilizzare dall'interno il sistema dell'arte. A questo proposito ecco un commento dell'epoca della critica militante Lucy Lippard (in, "The Dilemma", in "Arts Magazine", n. 6, novembre 1969, pp. 28-29):

> Un'insoddisfazione relativa al sistema sociale e politico attuale porta al rifiuto di produrre delle opere che lusingano e perpetuano questo sistema. Qui il dominio dell'arte e quello dell'etica si confondono (…) gli artisti che aspirano a diventare dei rivoluzionari si sforzano di prendere delle posizioni così estreme che finiranno per essere giudicate inaccettabili; e così, rifiutando che l'arte sia una merce essi minano le fondamenta stesse del mercato dell'arte.

È attraverso questa battaglia di libertà e cambiamento nel proprio campo specifico che si tendeva a incidere anche sulla realtà esterna, nella misura in cui il loro lavoro creativo poteva contribuire, in qualche modo, al processo di destabilizzazione e trasformazione dei valori dominanti della visione del mondo, quanto meno nel contesto culturale. Il che non è poco, se (come è giusto) non si considera la cultura solo come un aspetto sovrastrutturale della società. Il fatto che poi il sistema ufficiale dell'arte (gallerie, musei, collezionisti) abbia riassorbito e celebrato il loro lavoro fa parte della storia successiva, e comunque, al di là della condizione strutturalmente ambigua dell'arte, è anche una dimostrazione della riuscita del loro intento.

Detto questo, si possono comunque citare vari artisti affermati di quella generazione che hanno incentrato esplicitamente la loro ricerca di alto livello sui temi politici più scottanti. È il caso, in particolare di Edward Kienholz (per es. *The Portable War Memorial,* 1968*)*, Peter Saul, Leon Golub (per es. la serie dei *Napalms* del 1966-69), Nancy Spero (per es. la *War Series* 1966-70*)* o, tra i concettuali, Hans Haacke (per esempio *Shapolsky and Manhattan Real Estate Holdings,* mostra rifiutata dal Guggenheim Museum nel 1971).

E non mancano opere fortemente impegnate anche di altri artisti. Per esempio la serie *Race Riot* (1964) di Warhol, che si riferisce all'attacco di poliziotti con cani durante una manifestazione di sostenitori di Luther King a Birmingham (Alabama). O anche *The Execution* 1967*)*, una *situational sculpture* di George Segal che rappresenta una tragica scena di fucilazione legata alla guerra del Vietnam.

Insieme alla parte più democratica e progressista del paese, ai movimenti per i diritti civili, agli studenti di Berkeley, della Columbia e delle altre università, ai movimenti della controcultura, anche nel campo dell'arte esplode in quegli anni una mobilitazione politica contro le violenze e le segregazioni razziste, e contro gli orrori della guerra del Vietnam.

Da un lato si tratta di avvenimenti come la durissima repressione durante la rivolta di Watts a Los Angeles nel 1965 (che infiamma i ghetti neri di tutte le città) o il gesto ormai quasi mitico di Rosa Parks che dieci anni prima a Montgomery (Alabama) aveva avuto il coraggio di salire su un bus riservato ai bianchi; e anche naturalmente le manifestazioni e i discorsi di Martin Luther King e il suo assassinio nel 1968. Dall'altro, per esempio, l'oceanica marcia pacifista al Pentagono nel 1967; e, tra gli episodi più tragici in Vietnam, il massacro di civili inermi a My Lai.

Ci sono altri due principali aspetti che caratterizzano in modo particolarmente coinvolgente l'attivismo politico degli artisti.

Il primo, sul versante dei diritti civili, riguarda l'impegno nei movimenti del femminismo più radicale, al cui interno si formano gruppi di artiste e performer di straordinaria vitalità, fondamentali anche nell'avviare un superamento della condizione minoritaria della creatività femminile nel mondo dell'arte, ancora dominato da una visione maschilista.

Il secondo aspetto riguarda il tema più specifico della lotta degli artisti contro il sistema istituzionale dell'arte per rivendicare un ruolo non subordinato, ma da protagonisti nella gestione degli spazi espositivi e nell'organizzazione dei processi di valorizzazione, distribuzione e vendita della loro produzione.

Tra le più approfondite e accurate analisi di queste vicende, che sono state molto spesso marginalizzate o ignorate dalla storia ufficiale dell'arte americana, va segnalato il saggio di Francis Frascina, *Art, politics and dissident. Aspects of the art left in the sixties America*, (Manchester University Press 1999) a cui si è fatto principalmente riferimento per questo intervento.

Per documentare molto in sintesi questa fase così significativa e, per certi versi contraddittoria, del rapporto fra arte e politica negli USA degli anni Sessanta/Settanta ci limitiamo a parlare qui dei tre episodi collettivi forse più emblematici: la *Artists Tower of Protest*, o *Peace Tower*, nel 1966 a Los Angeles; il festival *Angry Art Week*, nel gennaio-febbraio 1967; e l'attività della *Art Workers Coalition* (AWC) dall'inizio gennaio 1969 all'inizio 1971.

La Peace Tower

La *Peace Tower* è il primo straordinario esempio di monumento collettivo effimero realizzato in scala monumentale come simbolo della protesta degli artisti contro la guerra del Vietnam, e anche in generale contro le ingiustizie sociali in particolare il razzismo (la cruenta repressione nel distretto di Watts era avvenuto solo poco tempo prima). Eretta nel marzo del 1966, in un terreno in affitto tra La Cienega Boulevard e il Sunset Boulevard, la torre era alta 18 metri. Realizzata con tronchi e altri materiali da costruzione dallo scultore Mark Di Suvero, con fondi raccolti da un comitato presieduto dal pittore Irving Petlin (notevole in particolare il contributo di Robert Rauschenberg e di William Copley), la torre era rivestita da muri fatti con opere di cm 60x60, donati da ben 418 artisti americani, tra cui si possono citare, oltre a quelli già citati, personalità di primo piano come Larry Bell, Sam Francis, Roy Lichtenstein, Louise Nevenson, Larry Rivers e Mark Rothko. Tra i giovani va ricordata in particolare Judith Chicago (Judith Gerowitz), una delle pioniere della *Femminist Art* (è tra l'altro l'autrice dell'epica installazione femminista *Dinner Party* realizzata nel 1974 - 1979 e ora al Brooklyn Museum).

La torre viene inaugurata il 26 febbraio con discorsi di Irving Petlin, Donald Duncan (un ufficiale ex berretto verde) e di Susan Sontag, e con il rilascio nel cielo di sei bianche colombe. Questo monumento collettivo suscita enormi polemiche, e viene difeso di giorno e di notte da attacchi di militaristi intenzionati a distruggerlo. Solo la stampa alternativa (come il *Los Angeles Free Press*) lo difende e ne parla diffusamente. Sintomatico è il fatto che Philip Leider direttore della rivista *Artforum* (fondata a San Francisco nel 1962, aveva all'epoca sede a Los Angeles prima di spostarsi a New York), che già era una delle pubblicazioni più prestigiose dell'arte d'avanguardia, non scrive nulla sull'evento. Solo nel 1971 un'altra rivista di punta, *Art in America*, dedicherà una copertina alla *Peace Tower*.

Nel 1967 la più importante manifestazione di contestazione politica degli artisti ha luogo a New York (tra gennaio e febbraio) È uno spettacolare e piuttosto anarchico festival intitolato *Angry Arts*, a cui partecipano circa seicento artisti delle più varie discipline che danno vita a una quarantina di mostre e eventi di danza, teatro, cinema, musica, poesia, performance art, pittura e scultura (dislocati in varie sedi e per strada), con un pubblico di oltre cinquemila persone.

Centocinquanta pittori e scultori realizzano, all'interno del Loeb Student Centre della New York University, un'enorme opera collettiva (3x36 metri) che viene intitolata *Collage of Indignation*, ispirata in parte dalla *Peace Tower*. Un elemento di questo monumentale costruzione plastica visiva, l'*assemblage* di Mark Morrel che incorporava una bandiera americana) viene censurato dalle autorità. L'intera opera viene poi distrutta da uno degli autori per impedire l'eventualità di una sua futura possibile commercializzazione.

Va citata anche quella che è stata la performance teatrale più notevole, *Snows*, di Carolee Schneemann, tra le grandi protagoniste, insieme a Nancy Spero, Rachel Rosenthal e Judith Chicago, della prima "eroica" fase dell'arte femminista incentrata provocatoriamente sulla liberazione del corpo e sulla rivendicazione dell'importanza del ruolo delle donne artiste.

Tra le altre varie manifestazioni di quell'anno si può ricordare anche l'appello firmato da 500 artisti in cui si chiedeva a Picasso di ritirare dal MoMA *Guernica*, come forma di protesta simbolica contro la politica americana.

Art Workers Coalition (AWC)

L'*Art Workers Coalition*, nata per organizzare e canalizzare la violenta contestazione degli artisti contro le istituzioni museali e strutture del mercato artistico, si costituisce nel gennaio 1969 a partire da un episodio scatenante. Si tratta del sit-in che lo scultore Takis decide di attuare, insieme ad alcuni amici artisti dentro il Museum of Modern Art di New York, per protestare contro la sostituzione, non approvata da lui, di una sua opera nella mostra *The Machine as Seen at the End of the Mechanical Age*, e contro il rifiuto dei curatori di prendere in considerazione le sue indicazioni. Il sit-in si interrompe quando il direttore del museo Bates Lowry accetta di discutere con l'artista. Il testo del volantino distribuito in quell'occasione (in cui si invitava a continuare a protestare contro l'autoritarismo e l'immobilismo di tutti i musei del mondo) diventa una sorta di manifesto programmatico di un numero crescente di giovani artisti contro i sistema di potere nell'arte. Ed è cosi che viene fondata la AWC, un'associazione estremamente aperta e libera, senza una lista precisa di aderenti, in cui le decisioni dovevano essere prese sulla base della "partecipazione democratica diretta". Erano accettate tutte le iniziative se la maggioranza non poneva il veto.

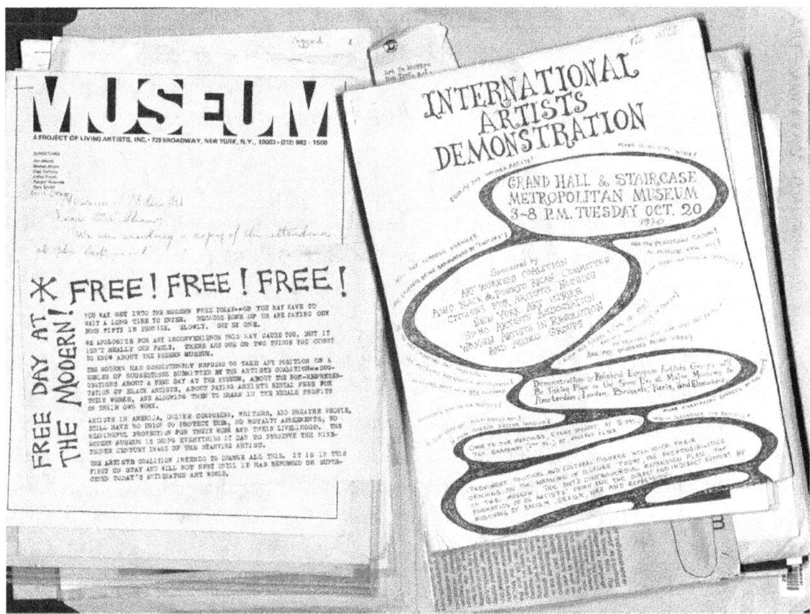

Volantini di Art Workers' Coalition Courtesy, 1970 ca. Courtesy: PAD/D (Political Art Documentation & Distribution), New York

C'era chi voleva fondare una comunità d'artisti; chi voleva migliorare le condizioni di vita degli artisti, proponendo al MoMA di vendere delle opere di grande prezzo e distribuire i soldi agli artisti; chi lottava per la "liberazione delle donne artiste"; e chi si interessava ai problemi degli artisti afro-americani e portoricani.

I gruppi femministi che facevano parte della AWC erano: il *Women Artists and Revolution* (WAR); il *Women Students and Artists for Black Art Liberation*; il *Ad Hoc Women Artists Commitee* (che nel 1975 guida la formazione delle Heresies).

Vale la pena rilevare, per inciso, che una diretta filiazione di questi gruppi è quello delle *Guerrilla Girls* che nel 1985 rilanciano in modo vincente la battaglia delle artiste femministe. Famosa è la loro manifestazione con maschere da gorilla davanti al Metropolitan Museum di New York, per protestare contro una mostra internazionale di pittura e scultura curata da Kinaston McShine, dove dei 169 artisti solo 19 sono donne, e anche meno erano gli artisti di colore, tra cui nessuna donna.

Tra i gruppi più estremisti dell'AWC c'è la *Guerrilla Art Action Group*, i cui esponenti Jon Hendricks e Jean Toche arrivano a staccare dalle pareti del museo il *Quadrato bianco su fondo bianco* di Malevič, sostituendolo con un manifesto in cui si chiedeva di venderlo per un milione e dare i soldi ai poveri.

Ma è bene ricordare che tra gli esponenti più influenti dell'AWC c'erano anche vari artisti di primo piano già molto affermati tra cui, come si è già detto, Carl Andre, Sol LeWitt, Donald Judd, e Richard Serra, i cui interventi era concentrati soprattutto in una battaglia rivendicativa contro il MoMA, quella sostenuta dal gruppo più numeroso di artisti.

Takis, nel volantino citato, sollecitava l'opposizione a quattro pratiche consuete del museo: l'esposizione di opere di artisti viventi senza interpellarli; i previlegi esclusivi dei musei sulle opere di loro proprietà; l'assenza di consultazione dei curatori con gli artisti per gli allestimenti delle opere; e l'utilizzazione non autorizzata di immagini di opere per fini pubblicitari.

Oltre a queste rivendicazioni, c'erano molte altre proposte. Ecco un elenco delle principali: l'apertura di un'ala espositiva diretta da artisti neri e dedicata solo alla loro arte; l'organizzazione di esposizioni in cui le varie comunità etniche si potessero identificare; la creazione di un comitato di artisti con pari potere dei curatori interni per quello che riguarda la scelta delle esposizioni; l'apertura gratuita del museo una volta alla settimana gratis; la predisposizione di siti per opere sperimentali con ambienti adeguati; e infine anche l'apertura di una sezione del museo per artisti senza gallerie.

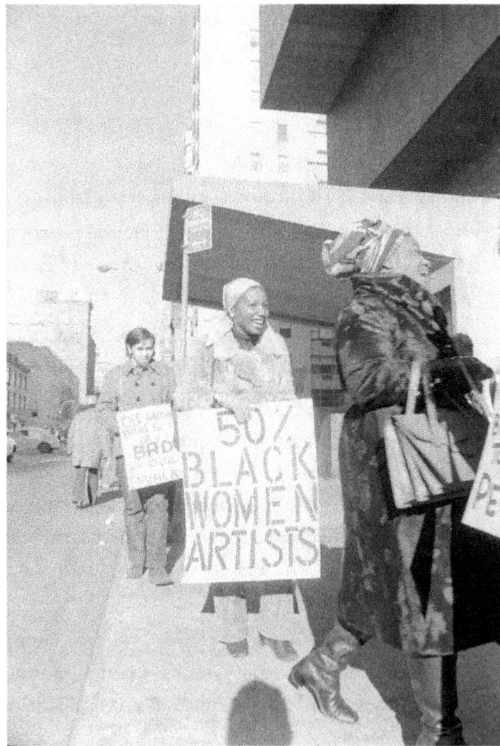

Black Emergency Cultural Coalition (BECC) protesta davanti al Whitney Museum, 31 gennaio 1971 New York, (Michele Wallace al centro e Faith Ringgold a destra). Foto: Jan Van Raay

Come risposta a tutte le richieste di riforme radicale dell'organizzazione del museo, il direttore Lowry di Bates Lowry propone solo un comitato di consulenza fatto da artisti, senza vero potere decisionale.

Quelli del museo dicono che il Museo è nato con quell'impostazione (museo e spazio mostre temporanee pubbliche). Se l'AWC vuole qualcosa d'altro realizzi per conto suo una nuova struttura indipendente.

Tra le varie proposte totalmente alternative, c'è quella di Carl Andre. L'artista minimalista pensa che forse sarebbe più importante creare una comunità d'artisti, un'organizzazione autogestita dagli artisti, che avrebbe potuto sostituirsi al sistema dominante, al mercato dell'arte "questa maledizione che ha corrotto la vita dell'arte in America e dappertutto nel mondo".

Negli accesi dibattiti dell'AWC si era arrivato a dire che il MoMA era "il braccio culturale dell'imperialismo americano".

Il gruppo dei contestatori più radicali avevano anche teorizzato l'ipotesi di una lotta per la distruzione dell'arte. Questo tema era stato discusso, per esempio, nel numero monografico di "Aspen 64" (inverno 1969), *Manipulation Issue,* cui collaborano fra gli altri Jon Hendricks, Allan Kaprow, Al Hansen, Carolee Schneemann, Kate Millet, Naum June Paik, e Charlotte Moorman.

L'ultima importante manifestazione organizzata dall'AWC ha luogo nel maggio 1970 dopo l'invasione della Cambogia. Gli artisti propongono la chiusura per un giorno dei principali musei di New York.

Con la svolta del decennio, progressivamente l'onda di protesta si sgonfia, e l'azione dell'AWC si disgrega.

In conclusione possiamo citare l'equilibrato punto di vista di Hilton Kramer ("New York Times", 4 maggio 1969). L'influente critico sottolinea l'importanza del problema di fondo sollevato: lo statuto morale ed economico dell'artista di fronte alle istituzioni che ne determinano la posizione sulla scena artistica. E dice che gli artisti dell'AWC propongono, non senza coerenza, con un misto di spontaneismo, di violenza verbale e di irrazionalità (che nasce dal clima politico del momento) una riflessione sulla produzione e consumo delle opere d'arte, con lo scopo di modificare radicalmente (o persino sostituire) le pratiche correnti, che si basano troppo sul denaro e spesso su un prestigio fittizio. E conclude: "Degli spiriti più saggi e sperimentati si sono per troppo tempo limitati a ignorare il problema che è un problema morale".

CORRISPONDENZA RICEVUTA

NUMERO DI PROTOCOLLO	DESCR. LETTERA A - DATA LETTERA B - NUMERO C - DATA ARRIVO	MITTENTE	OGGETTO	MEZZO D'INVIO / ALLEG.	SERVIZIO DESTINATARIO
0	A 14/5/76 B C	Reise, Barbara 30 Alma St. NW 5 + LONDON. ENG.	"ARSTRA" 51 Green St. N.Y. N.Y. 100.2 U.S.a. * ha parlato Eva con Reise a Bologna: gli ha dato info., foto, etc. di artemisia	mail delivery Exp.	
1	A 23/4/76 B C	Cindy Nemser (Editor) The Feminist Art Journal - 41 Montgomery Pl. B'klyn N.Y. USA.	"Artemesia"	2 areo	
2	A 2/6/76 B C	Silvia Moore Feminist Art Journal	interesse pubblicare un testo sulla nostra azione con la Gentileschi	2 areo	
3	A 25/5/76 B C	Sarah Schumann 1 Berlin 10 Fritschestr. 29 · Germania	stanno preparando una mostra "women - artists" for Jan-Feb. 1977	2 areo	
4	A 2/5/76 B C	May Stevens 9 # Wooster St. N.Y. N.Y. 100.2 USA	Comincia un giornale sulla "Arte e Femminismo" chiede se vogliamo mandare un testo	2 areo	
5	A 13/4/76 B C (Tel)	Jasia Reichardt '2 Belsize Pk Gdns. London NW3/4LD Phone (01)7227498	voleva Giornale sul Artemesia		
6	A 5/76 B C	Marina 1 Tredegar Terrace London E. 3 (tel) 01/9804233	ha mandato info · on "Women's Free Alliance" 10, Cambridge Terrace Mews N.W. 1		
7	A 1 =/5/76 B C	Elsa Emily V. Alberto Mario 32 95129 Catania/377050	Ha inviato suo libro sulla donna, ua artista (a Carla)		
8	A 5/76 B C	Prof. Mina Gregori V. de' Ginori 15 50129 · Firenze	Chiedeva foto dell'Aurora della Gentileschi		
9	A 21/5/76 B C	Librerie des Femmes 68, Rue des S. Pères 75007 Paris	Hanno inviato materiale della libreria (Giornali e pubblicazioni)		

Una pagina del protocollo di corrispondenza della Cooperativa Beato Angelico.
Fondo Suzanne Santoro (Archivia, Biblioteche, Centri di documentazione delle Donne)

Separare l'arte. La militanza come strumento di lettura dei rapporti tra le artiste e il femminismo degli anni Settanta

Marta Seravalli

Nel luglio del 1970, viene affisso per le strade di Roma e Milano il *Manifesto di Rivolta femminile*; è il primo dirompente atto di uscita in pubblico del neofemminismo italiano, un punto di non ritorno. Il testo apre con una citazione di Olympe de Gouges e recita una lunga serie di enunciati brevi, conclusi da punti a capo, in cui si dice fuori dai denti che le donne hanno assistito per quattro mila anni alla storia e non intendono assistere più. La chiusura del documento parla chiaro: "Comunichiamo solo con donne"[1].

L'adozione del separatismo si impone fin da subito come pratica politica di base delle prime formazioni femministe, assumendo rapidamente sfumature radicali. Adele Cambria riferiva che agli albori di Rivolta, prima della pubblicazione del *Manifesto*, agli incontri aveva partecipato "qualche giovane uomo timoroso, subito messo in fuga"[2]. Non si trattò tuttavia di una fuga maschile, ma di una consapevole azione di separazione delle donne dagli uomini. Ma separarsi perché? Insieme alla pratica dell'autocoscienza, il separatismo rappresentò un passaggio indispensabile affinché ogni donna potesse riconoscere se stessa nell'autenticità dell'altra, senza mediazioni esterne e all'interno di spazi liberi dalla cancrena della società patriarcale. Nei fatti successe questo: nacquero collettivi a partecipazione rigorosamente femminile all'interno dei quali, sulla scorta dell'esperienza vissuta, le donne discutono, raccontano, studiano, pensano strategie e azioni di lotta, e definiscono una nuova 'nascita a soggetto', il soggetto donna.

Le artiste ricevono immediato stimolo dalle inedite possibilità di azione offerte dal Movimento di Liberazione della Donna, in cui rintracciano, in taluni casi, la risonanza di ricerche estetiche che stanno compiendo da alcuni anni (si pensi all'indagine identitaria di Ketty La Rocca). Molte militano nel Movimento, altre vi adeririscono senza militare, e intorno alla metà del decennio si verifica un interessante fenomeno, che negli Stati Uniti era già nato nei primi anni Settanta: la formazione di collettivi, gruppi e cooperative di artiste. È l'adesione alla pratica del separatismo e il suo trasferimento nel mondo dell'arte, con l'idea di 'separare l'arte' delle donne da quella degli uomini. Ripetiamo una domanda già posta, allargandola: separare l'arte perché? Perché il sistema dell'arte viene percepito come un mondo maschile chiuso, a cui si riesce ad accedere, per così dire, per grazia ricevuta. Prendiamo un caso pratico, la

37° Biennale di Venezia del 1976. In un momento storico in cui il femminismo è ormai una realtà sociale imprescindibile, che, tra le altre cose, ha favorito l'emersione dall'ombra di molte donne artiste, il comitato scientifico di una delle più importanti *kermesse* dell'arte contemporanea internazionale appare affetto da una miopia dai tratti misogini: nei 29 padiglioni dei paesi sono in mostra le opere di circa 200 artisti; 15 di loro sono donne. Nella mostra *Attualità Internazionali '72-76*, che si presume debba rispecchiare le soggettività artistiche degli ultimissimi anni, su 87 presenze, le donne sono 7 (una è Marina Abramovič con la performance *Art Must Be Beautiful. Artist Must Be Beautiful*, un vero pugno nello stomaco alla secolare sovrapposizione dei termini donna-bellezza-arte)[3]. I numeri parlano chiaro: la laguna è un mare di uomini da cui spunta, qua e là, qualche testa femminile. Per molte artiste reagire a questa situazione con il separatismo non rappresentò una delle vie praticabili, ma una scelta obbligata.

Le caratteristiche delle formazioni di donne artiste variano da caso a caso. Propongo il confronto tra due realtà sorte precisamente a distanza di un anno, ma in città diverse: la romana Cooperativa Beato Angelico (aprile 1976), e il gruppo napoletano XX (aprile 1977), di cui ritroveremo due componenti, Rosa Panaro e Mathelda Balatresi, nella successiva formazione Donne/Immagine/Creatività. A partire dalla comune caratteristica di base, l'adozione della pratica del separatismo, proverò a definire affinità e divergenze, assumendo come criterio di analisi le diverse modalità di declinazione della militanza politica.

La Cooperativa di via Beato Angelico nasce su iniziativa di otto donne, artiste e intellettuali attive nell'ambito delle arti visive: Carla Accardi, Leonilde Carabba, Franca Chiabra, Anna Maria Colucci, Regina Della Noce, Nedda Guidi, Eva Menzio, Teresa Montemaggiori, Stephanie Oursler, Suzanne Santoro e Silvia Truppi. Il gruppo si distingue fin da subito dalla spontaneità propria del Movimento e dei collettivi femministi, per la precisa definizione del proprio assetto organizzativo e della propria attività. Il cartoncino di presentazione diffuso in occasione della prima uscita pubblica (aprile 1976), spiega che la Cooperativa nasce "con il proposito di presentare il lavoro di donne artiste che operano e hanno operato nel campo delle arti visive", proponendosi anche "di studiare, raccogliere e documentare tale lavoro"[4]. La C.B.A. voleva essere sia uno spazio espositivo per sole donne, artiste di oggi e del passato, sia un centro di ricerca e documentazione dell'attività artistica femminile, assente nella storia dell'arte ufficiale. Il gruppo ha una struttura orizzontale, non esiste una presidente, le singole componenti hanno uguale potere decisionale, si autotassano per finanziare le attività, ma hanno anche degli spazi esclusivi: espongono a rotazione in mostre personali. Di fatto la C.B.A. ha un carattere professionale del tutto estraneo alle formazioni femministe. Tale peculiarità si rispecchia anche nei materiali prodotti, come per esempio gli inviti delle mostre, caratterizzati da un'estetica minimale ma efficace. In alto vengono elencati, senza spazi e maiuscole, i nomi delle componenti del gruppo e di volta in volta, in base alla protagonista della singola mostra, si evidenzia a colori il nome della stessa, mentre per le mostre dedicate alla futurista Regina Bracchi e alla pittrice seicentesca Elisabetta Sirani, non compare

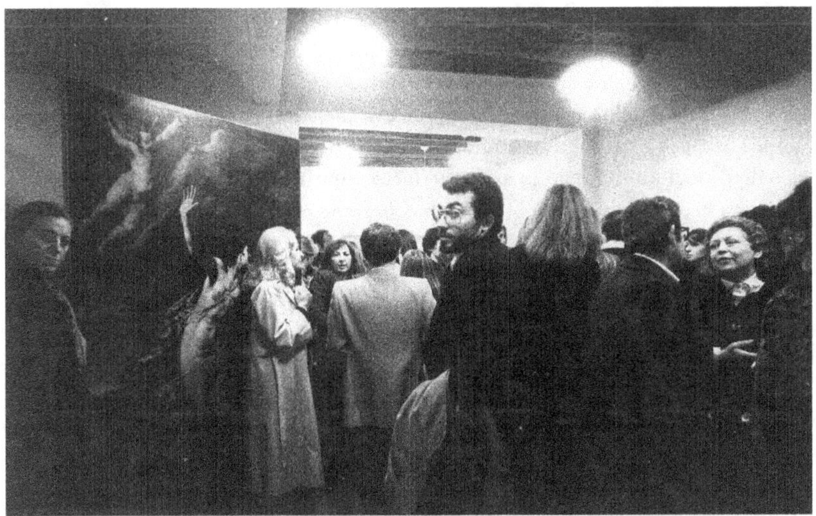

Inaugurazione della mostra dedicata a Artemisia Gentileschi, 8 aprile 1976, Roma, Cooperativa di via Beato Angelico. Fondo Suzanne Santoro (Archivia, Biblioteche, Centri di documentazione delle Donne)

alcuna evidenziazione. La ricorrenza formale degli inviti, sempre identici, mira a suscitare la riconoscibilità da parte del pubblico di una precisa estetica propria della C.B.A., la quale, a sua volta, si autoriconosce in una sorta di logo. La raccolta della documentazione delle attività del gruppo, la conservazione delle rassegne stampa delle mostre e il dettagliato protocollo di corrispondenza, rappresentano, a mio avviso, una conferma del carattere professionale della C.B.A., uno spazio dai confini ben definiti. Dal protocollo veniamo a conoscenza che il gruppo è in contatto con numerose realtà artistiche femministe estere e con artiste italiane vicine al femminismo: ci si scambia corrispondenza con le americane Barbara Reise e May Stevens, con Sylvia Moore del "Feminist Art Journal", con la berlinese Sarah Schumann, promotrice della mostra *Künstlerinnen International 1877–1977*, con la *Librairie des femmes* di Parigi, e con le italiane Dadamaino e Libera Mazzoleni. È importante sottolineare che la Cooperativa non ha mai ospitato iniziative apertamente femministe. La stessa adozione della denominazione Cooperativa sembra essere più in linea con le cooperative autogestite di artisti nate nel corso del decennio, come La Stanza (1976) o Sant'Agata dei Goti (1978), e meno con il collettivo femminista. Non è un caso che al Beato Angelico non si facesse autocoscienza e che la stampa femminista (vedi "effe" o "Differenze") non documenti l'attività del gruppo; al contrario, se ne dà notizia sulle riviste d'arte e sui quotidiani ("Data", "Paese Sera")[5]. Il rapporto con il Movimento di Liberazione delle Donne viene lasciato alla libera discrezione delle singole, una partecipazione collettiva alle manifestazioni di piazza non corrispose mai agli intenti della C.B.A.

La Cooperativa rimase attiva dall'aprile del 1976 al gennaio del 1978, e presentò complessivamente undici mostre. È proprio nei contenuti e nelle scelte delle singole che emerge con chiarezza la matrice femminista, anche se non tutte le componenti si consideravano femministe. È il caso di Eva Menzio. L'8 aprile 1976, la critica e storica dell'arte presenta uno studio seguito al ritrovamento di un inedito carteggio di Filippo Baldinucci, che le aveva permesso una sicura attribuzione a Artemisia Gentileschi della tela *L'Aurora* (1626) in collezione privata romana. È il solo quadro in mostra e l'evento ha carattere di eccezionalità. Si tratta di un'opera di grandi dimensioni, raffigurante un'imponente figura femminile seminuda, con le braccia dispiegate e nell'atto di avanzare; la tridimensionalità dello spazio viene letteralmente misurata dalla donna. C'è una sorta di catalogo, che ha piuttosto l'aspetto di un giornale, è privo di apparato critico e si limita a riprodurre le lettere di Baldinucci legate al quadro. Complessivamente la mostra è costruita attraverso modalità inedite che devono molto al femminismo. Immagino che per le donne della Cooperativa presentare al pubblico un'opera inedita di un'artista gigantesca come Artemisia, abbia rappresentato un atto dal carattere rivoluzionario, una riscrittura della storia dell'arte. L'attenzione all'immediatezza del fatto vissuto, richiamata dalle lettere del catalogo-giornale, fa pensare a Carla Lonzi sia nella forma (il montaggio delle registrazioni delle conversazioni di *Autoritratto*, 1969) sia nella scelta di abolire la critica ("La critica è potere", 1970)[6].

Decisamente più movimentista e dichiaratamente militante è la vicenda dei due gruppi napoletani[7]. Il collettivo XX, il cui nome allude ai cromosomi femminili, si presenta per la prima volta al pubblico nell'aprile del 1977 presso la Galleria di Lucio Amelio, nella formazione di due artiste, Rosa Panaro e Mathelda Balatresi, e due intellettuali, Antonietta Casiello, docente di filosofia, e Mimma Sardella, funzionaria del Ministero dei Beni Culturali. In piena risonanza femminista, la nascita di XX è legata, più che a un intento programmatico, a un'esperienza vissuta: il viaggio a Venezia per la citata Biennale del 1976, dove il gruppo sperimenta sulla propria pelle la categorica e umiliante chiusura di un mondo dell'arte fatto dagli uomini per gli uomini. XX non ha una struttura definita ma le caratteristiche del collettivo femminista, dove la singola individualità trova ragion d'essere nel lavoro collettivo; a differenza della C.B.A., la formazione si presentava al pubblico in azioni collettive volutamente a metà tra la militanza e l'arte. Essere insieme femministe e artiste non costituisce contraddizione per le napoletane, al contrario, l'arte viene utilizzata come strumento politico di trasmissione del femminismo. Il titolo della mostra da Amelio, *La donna ha la testa troppo piccola per l'intelletto ma sufficiente per l'amore...*, allude con sarcasmo e provocazione a Julius Paul Möbius, autore nell'anno 1900 del controverso *Sull'inferiorità mentale della donna*[8]. Vengono proposte una serie di azioni 'in presenza': le quattro donne riferiscono e dibattono con il pubblico del viaggio alla Biennale, mostrano materiali a metà tra il documentaristico e l'artistico. Nella stessa occasione viene presentata la performance *L'indifferenza*, un vero e proprio atto di separazione, la messa in scena della radicale incomunicabilità tra i due sessi: nell'atmosfera rarefatta della galleria si aggirano presenze maschili e femminili che poi si dividono in due fazioni, donne e uomini; le prime avranno la peggio, finendo fucilate. Tra le opere esposte ci sono le *Palle quadrate* di Panaro, che con un atteggiamento irriverente e potentemente intuitivo, insieme a Balatresi che ne disegna il progetto, trasforma in oggetto il concetto (o modo di dire) che per fare grandi cose bisogna, appunto, 'avere le palle quadrate'. Lei che, donna, testicoli non ne ha, mette in ridicolo la credenza popolare, risolvendo la questione autoproducendosene un paio in cartapesta, da custodire in scatola come veri gioielli.

A pochi mesi di distanza dalla vicenda di XX, nasce la formazione Donne/ Immagine/Creatività; insieme a Panaro e Balatresi ci sono Anna Trapani, Bruna Sarno, e l'artista e giornalista Ela Caroli. Il legame con il Movimento diviene ancora più esplicito; Panaro riferisce che insieme al collettivo delle Nemesiache di Lina e Teresa Mangiacapre, il gruppo diventò un punto di riferimento del settore delle arti visive del femminismo napoletano[9]. Tale vicinanza viene confermata anche da un'importante presenza del gruppo sulle pagine di "effe", con quattro scritti tra l'ottobre del 1977 e il febbraio del 1978, all'interno della rubrica *Creatività*[10]. Nel giugno del 1977, invitate al *Giugno Popolare Vesuviano*, il collettivo partecipa con l'azione *Il vaso di Pandora*, un 'rovesciamento del mito'. Destinatarie privilegiate sono le donne del rione La Zabatta di San Giuseppe Vesuviano, casalinghe, lavoratrici a domicilio e bambine. Le artiste girano per le case, parlano con le donne e chiedono loro di mettere simbolicamente tutti i mali del mondo e della loro vita all'interno di un grande vaso di cartapesta, garza e lustrini. Poi lo montano su una corda e, tramite una carrucola, lo rispediscono al mittente, facendolo ascendere verso l'Olimpo e lasciando a terra la speranza. L'episodio ha una chiara affinità con le azioni performative che le femministe realizzavano nelle manifestazioni di piazza.

Ironia della sorte, la stessa Biennale che due anni prima è stata luogo di umiliazione, ospiterà il gruppo nell'edizione del 1978. È una Biennale importante perché finalmente ci si accorge, anche se un po' tardi, che molte donne fanno arte e Mirella Bentivoglio cura presso i Magazzini del Sale alle Zattere *Materializzazione del linguaggio*, una mostra che fa il punto sull'attività artistica femminile internazionale degli ultimi anni. Presentate in catalogo da Federica di Castro, le napoletane condividono le sale con il collettivo varesino Immagine. Caroli e Balatresi non ci sono più, ma è subentrata Valeria Dioguardi[11]. L'esposizione prevede la documentazione delle azioni del gruppo: *Il vaso di Pandora*, *Lavoro nero e/o lavoro creativo*, *Maschil paesaggio & Maschil paesaggio*, e l'installazione *Dalla donna alla donna passando per il cielo*; da un grande ovocita di carta si diramano delle radici che invece di scendere in profondità verso la terra, elemento simbolico femminile, si alzano in superficie verso il cielo, collegando alto e basso, nord e sud (una radice spuntava da un buco sul marciapiede all'esterno delle sale, con l'idea di voler raggiungere la laguna, legare occidente e oriente, il Mezzogiorno all'Italia settentrionale).

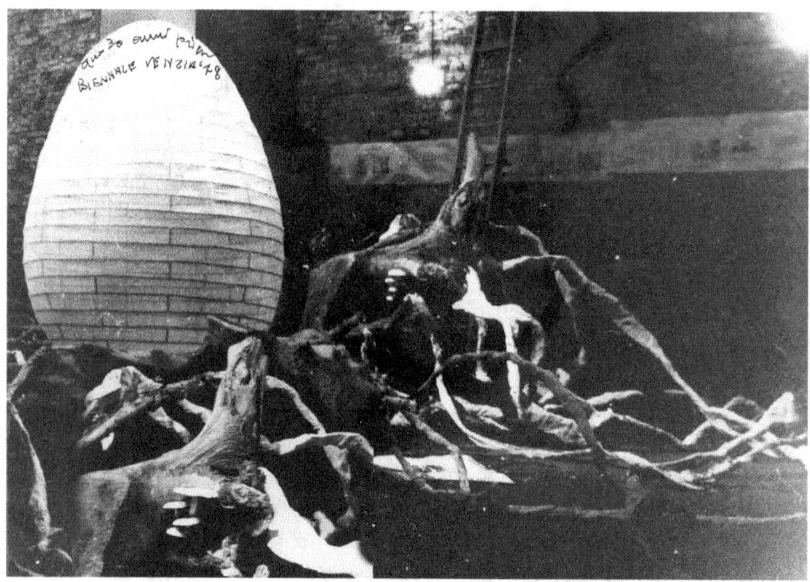

Gruppo Donne/Immagine/Creatività, *Dalla donna alla donna passando per il cielo*, installazione realizzata in occasione della 38° Biennale di Venezia, 1978

Le esperienze della Cooperativa Beato Angelico e Donne/Immagine/Creatività, conclusesi in entrambi i casi nel 1978, si inscrivono a pieno titolo nella storia del neofemminismo italiano, mettendone in luce, in particolar modo nello specifico dell'arte, la molteplicità delle posizioni e declinazioni. È comune il desiderio di separare l'arte, come necessità e radicale presa di posizione insieme. Differisce la forma di messa in pratica di tale separazione. La C.B.A. cerca di definire i propri perimetri assumendo l'aspetto strutturato della galleria d'arte, ma le pratiche del gruppo sono chiaramente femministe. Sotto certi aspetti la Cooperativa romana ricorda Rivolta femminile (si pensi alla programmaticità della casa editrice di Rivolta, i cosiddetti 'Libretti verdi'), e proprio come Rivolta si tiene a dovuta distanza dal Movimento, svolgendo le proprie azioni negli spazi della galleria e, per così dire, fuori dalla piazza. Donne/Immagine/ Creatività vuole essere un collettivo femminista e dichiararlo sempre, anche nelle circostanze più ufficiali, come la Biennale di Venezia, dove le quattro donne scrivono di sé in catalogo che il gruppo "è nato [...] fra donne impegnate nel movimento femminista". Qui si intende aderire al femminismo nelle sue pratiche di militanza e insieme fare arte dentro il Movimento, fuori nella città.

1. *Manifesto di Rivolta femminile*, in Lonzi Carla, *Sputiamo su Hegel e altri scritti*, Et al./Edizioni, Milano 2010, pp. 5-11 (prima ed. 1974).

2. Intervista ad Adele Cambria in Oddi Baglioni Lavinia, Zaremba Cristina (a cura di), *La memoria del Governo Vecchio: storie delle ragazze di ieri*, Palombi, Roma 2003, p. 79.

3. *La Biennale di Venezia. Catalogo*, Ferrari, Venezia 1976.

4. I documenti d'archivio della C.B.A. citati nel presente saggio, gli inviti delle mostre, il protocollo di corrispondenza, le rassegne stampa, il giornale realizzato in occasione della mostra su Artemisia Gentileschi, sono conservati presso Archivia, Biblioteche, Centri di documentazione delle Donne, Fondo Suzanne Santoro, Serie 4 "Cooperativa Beato Angelico".

5. Anne Marie Sauzeau Boetti riferisce regolarmente dalle pagine di "Data" delle mostre presso la C.B.A., cfr. Boetti Anne Marie, "L'altra creatività", in "Data", n. 16/17, luglio/agosto 1975, pp. 54-59; Boetti Anne Marie, "Lo specchio ardente", in "Data", n. 18, settembre/ottobre 1975, pp. 50-55; Boetti Anne Marie, "Carla Accardi", in "Data", n. 20, marzo/aprile 1976; Sauzeau Boetti Anne Marie, "Dalla culla alla barca", in "Data", n. 22, luglio/agosto/settembre 1976.

6. Lonzi Carla, *Autoritratto. Accardi, Alviani, Castellani, Consagra, Fabro, Fontana, Kounellis, Nigro, Paolini, Pascali, Rotella, Scarpitta, Turcato, Twombly*, Et al./Edizioni, Milano 2010 (prima ed. 1969); Lonzi Carla, "La critica è potere", in "Nac", n. 3, dicembre 1970, pp. 5-6.

7. Per le preziose notizie relative a XX e Donne/Immagine/Creatività ringrazio Rosa Panaro, che mi ha rilasciato un'intervista nella sua casa-studio a Napoli, il 17 settembre 2016.

8. Viliani Andrea, *Lucio Amelio. Dalla Modern Art Agency alla genesi di "Terrae Motus" (1965-1982)*, Electa, Milano 2015, p. 174.

9. Importanti figure di tramite tra i collettivi di artiste femministe e il Movimento furono la critica d'arte e artista Maria Roccasalva, su iniziativa della la quale nacque a Napoli uno dei primi centri delle donne dove si faceva autocoscienza, e Laura Capobianco. Riguardo il Movimento femminista napoletano e il collettivo delle Nemesiache cfr.: Capobianco L. - Minneci C. (a cura di), *Le matrici del femminismo a Napoli (1968/75)*, in *I modi e le tematiche del femminismo a Napoli*, Atti del seminario di Napoli dell'8-22 maggio 1980, pp. 11-18; Capobianco Conni, *Interpreti e protagoniste del movimento femminista napoletano, 1970-1990*, Le tre ghinee, Napoli 1994.

10. Donne/Immagine/Creatività, "Pandora nella casa degli dei", in "effe", n. 10/11, ottobre/novembre 1977, pp. 10-11; Caroli Ela, "La rivolta delle muse", in "effe", n. 12, dicembre 1977, pp. 36-37; Donne/Immagine/Creatività, "La politica di Pandora", in "effe", n. 1, gennaio 1978, pp. 22-24; Panaro Rosa, Sarno Bruna, Trapani Anna, "Il vaso di Pandora", in "effe", n. 2, febbraio 1978, pp. 28-30.

11. *La Biennale di Venezia. Settore arti visive e architettura. Materializzazione del linguaggio*, a cura di Bentivoglio Mirella, Tipografia commerciale, Venezia 1978; *La Biennale di Venezia. Settore arti visive e architettura. Gruppo Femminista "Immagine", Varese. Gruppo Donne/Immagine/Creatività, Napoli*, a cura di Di Castro Federica, Tipografia commerciale, Venezia 1978.

Gli anni Settanta tra secolarizzazione e rivoluzione

Marco Rizzi

Può sembrare curioso, e in effetti lo è, che uno storico del cristianesimo sia chiamato a intervenire nell'ambito di un convegno sull'arte degli anni Settanta. Tuttavia, l'accostamento può risultare meno incongruo, anzi produttivo, se si allarga lo sguardo al di fuori delle strette delimitazioni disciplinari e si cerca di cogliere il movimento complessivo della società e della cultura italiane, di cui tanto le dinamiche artistiche, quanto quelle religiose rappresentano due fenomeni parziali, se si vuole anche collocati su versanti opposti e non comunicanti, ma particolarmente indicativi dei rivolgimenti profondi che hanno avuto luogo in quel decennio; soprattutto, risultano utili per cercare di spiegarne gli esiti, che sembrano aver smentito le intenzioni e gli stessi presupposti che guidarono l'agire di molti in quegli anni[1].

È indubbio, infatti, che sia nella storiografia, sia nella pubblicistica corrente agli anni Settanta vengano contrapposti i successivi anni Ottanta, considerati, a torto o a ragione, in un rapporto di contraddizione o addirittura di negazione reciproca: dopo gli anni dell'impegno politico e sociale, il riflusso nel privato; dopo l'estetica della modernità e dell'arte come via di riforma sociale, il post-moderno e il dissolversi di tutto ciò che è solido nell'aria, per citare il titolo di un libro di Marshall Berman[2], decisivo per la comprensione di quel passaggio nella sua dimensione extraeuropea; sul versante della storia religiosa, dopo il rinnovamento avviato dal Concilio Vaticano II con le sue ricadute sul versante dissenso cattolico o della teologia della liberazione, il ritorno di un forte governo centrale romano con il lungo pontificato di Giovanni Paolo II.

In questo senso, l'Italia rappresenta un caso ulteriormente interessante, per le caratteristiche particolari della sua situazione politica e sociale, ma anche di quella religiosa; in termini estremamente sintetici, si può dire che nel decennio dei Settanta il nostro paese si è riallineato alle altre nazioni più avanzate, consumando in un periodo più breve processi culturali e di aggiornamento degli stili di vita, che invece altrove si sono sviluppati in un arco di tempo più disteso, a prezzo di tensioni e conflitti sconosciuti ad altre realtà (per avere un'idea di qualcosa di simile, considerato da un punto di vista esterno, si può pensare alla Spagna degli anni Ottanta, dove la fine della transizione con l'ascesa al governo del partito socialista diede il via a un accelerato processo di trasformazione culturale e sociale, illustrato al meglio dai primi film di Pedro Almodovar).

Tornando al caso italiano che qui interessa, un fattore peculiare che ha caratterizzato l'eccezionalità dei suoi anni Settanta è rappresentato anzitutto dal terrorismo interno, che è stato certamente un fenomeno conosciuto praticamente ovunque in Europa, ma che in Italia ha assunto dimensioni e soprattutto una durata temporale che non ha paragoni nelle altre democrazie, tanto da stendere una patina di grigio, gli anni di piombo, con cui vengono ancora denominati a livello storiografico, su di una realtà che invece presentava non poche esplosioni di colore, su tutte quelle delle creazioni modaiole di Elio Fiorucci che inaugura gli anni Settanta con il logo degli angioletti vittoriani disegnato da Italo Lupi, destinati a renderlo famoso e di successo ben al di là dei confini nazionali[3]. Il caso di Fiorucci è esemplare per il tentativo di dialogare con le correnti più vive della cultura, giovanile e non, internazionale, che tuttavia non ha mai visto riconosciuto il suo ruolo al di fuori della cultura *pop*, nonostante i punti di contatto già negli anni Settanta con l'arte visuale inglese e nordamericana, o forse proprio per questo.

In secondo luogo, a differenza degli altri paesi del blocco occidentale, penisola iberica esclusa, l'Italia non poteva contare su solide tradizioni ed istituzioni democratiche, sia per l'eredità cronologicamente ancora vicina del fascismo, sia per le carenze di uno stato che conservava nelle sue strutture l'impianto risalente all'unità. Neppure la nuova costituzione aveva rinunciato, ad esempio, alla figura prefettizia del commissario di Governo, simbolo per eccellenza di un centralismo di stampo napoleonico; né la previsione costituzionale del decentramento regionale troverà piena applicazione, non a caso, prima del 1970, con le prime elezioni delle assemblee delle regioni a statuto ordinario. Persino la Corte Costituzionale, organo indispensabile nello schema sostanzialmente kelseniano della nostra carta fondamentale, aveva tenuto la sua prima udienza nel 1956, ovvero ben otto anni dopo la conclusione dei lavori dell'Assemblea Costituente[4].

Analogamente, pure il processo di modernizzazione economica del nostro paese scontava un cospicuo ritardo, talché la grande crisi degli anni Settanta, fatta di *shock* petrolifero e declino del modello fordista di produzione, si abbatté su di un sistema industriale per molti aspetti ancora in fase di consolidamento, se non addirittura di costruzione, come illustrato dalle vicende che coinvolgeranno le industrie nell'ambito delle partecipazioni statali, specie al Sud. In questo senso, il dopoguerra aveva visto la trasformazione di una gran parte della popolazione da contadina in operaia, in grande misura anche per via degli imponenti processi di emigrazione interna, senza che si fosse adeguatamente consolidato un sistema di diritti e garanzie del lavoro pienamente adeguato alla nuova situazione[5].

La chiesa cattolica italiana, che all'alba degli anni Settanta rappresentava praticamente l'unico sistema religioso di riferimento del paese, era parte integrante di questo quadro, grazie ad una presenza pervasiva in ogni ganglio della vita sociale, culturale e politica, garantita da una miriade di associazioni territoriali e settoriali. Cercava però faticosamente una propria strada all'indomani della conclusione del Concilio Vaticano secondo, che aveva chiamato la chiesa universale a misurarsi con le sfide ad essa poste dal mondo moderno, dal progresso scientifico, dalla diffusione dei principi democratici e dei diritti umani. Per quello che qui interessa, è importante sottolineare come Paolo VI, che si era assunto il gravoso onere di dare attuazione a quanto solo abbozzato dai documenti conciliari, concepisse il confronto con il mondo moderno anzitutto in termini culturali, secondo una sua inclinazione personale ben aperta anche alla dimensione artistica. Da questo punto di vista, il papa si muoveva in continuità con le correnti più significative del pensiero teologico e filosofico cattolico, specie francese, che insieme ad altri movimenti di più marcato orientamento spirituale avevano contribuito a creare le condizioni per la svolta segnata dal Concilio[6].

È proprio su questo piano che si opera il cortocircuito decisivo che accomuna la vicenda del cattolicesimo italiano a quella delle tendenze artistiche che si stanno analizzando in questo convegno: da un lato, la sovra-rappresentazione della dimensione intellettuale, e del connesso ruolo degli intellettuali, nella guida dei processi di trasformazione in atto negli anni Settanta; dall'altro la sua apparente negazione, che consisteva nel cancellare qualsiasi principio di articolazione verticale, o se si preferisce qualsiasi principio di autorità, nell'ambito dei rapporti sociali o ecclesiali. Il dissenso che percorre il mondo cattolico non manifesta una fenomenologia differente da quella dei movimenti artistici più radicali: i leader giovanili e gli intellettuali cattolici rinunciano ad una posizione privilegiata all'interno del mondo dell'associazionismo istituzionale sopra ricordato, per disperdersi orizzontalmente nel tessuto delle parrocchie e dei gruppi spontanei, nati dal basso, sulla spinta di una interpretazione radicale del Vaticano II; allo stesso modo in cui gli artisti rinunciano ad una posizione definita e riconoscibile nell'ambito del sistema delle arti, a favore non solo di una contaminazione dei linguaggi, ma di un diverso ruolo dell'arte nella società, in cui si affievoliscono fino a scomparire i confini tradizionali tra arte, comunicazione politica, attivismo sociale.

È il peso della politica nell'Italia degli anni Settanta, o se si preferisce il miraggio della 'rivoluzione', qualunque cosa ciò volesse dire o si intendesse, a segnare profondamente entrambi i fenomeni, e ovviamente le reazioni e gli immancabili ritorni all'ordine. Un paese che ereditava una precedente spaccatura in due, la cui linea di frattura passava ormai dal 1948 tra il mondo cattolico e il mondo comunista. La contrapposizione si perpetuava persino negli organi collegiali delle scuole, istituiti a seguito dei cosiddetti decreti delegati del 1973-1974, le cui prime tornate elettorali riproducevano su scala micro la polarizzazione tra comunisti e democristiani, che alle elezioni politiche del 1976 avrebbero ottenuto insieme i ¾ dei voti degli italiani.

Nello sconcerto della gerarchia, gli intellettuali cattolici si erano schierati in larga parte a favore del divorzio nel referendum del 1974; molte associazioni, specie giovanili ma non solo, teorizzavano e praticavano apertamente l'incontro con la sinistra marxista o quantomeno un diverso rapporto col partito comunista[7]. Tra le perplessità della dirigenza di quest'ultimo, a sua volta l'*intelligencija* artistica italiana, un tempo fiore all'occhiello del partito, si mescolava ad una generazione di giovani che secondo i rigidi dettami dell'ortodossia peccava di soggettivismo, spontaneismo, dilettantismo politico – quando non di contiguità con il terrorismo. Un'arte che sostanzialmente rinunciava al suo ruolo pedagogico e propagandistico, per mimetizzarsi nei collettivi e nei gruppi spontanei di base. Iniziavano così a incrinarsi dall'interno i due pilastri, mondo cattolico e partito comunista, su cui si era costruita e organizzata l'Italia del dopoguerra, che avevano garantito la sostanziale tenuta del tessuto sociale e politico, e che fino agli anni Settanta avevano provveduto all'educazione morale e civile delle giovani generazioni, avendo lasciato alla scuola una funzione prevalentemente, se non esclusivamente, di istruzione e al servizio militare il compito di introdurle (almeno quelle maschili) alla dimensione dei doveri verso la nazione.

L'intenzione di chi, consapevolmente o meno, metteva mano all'abbattimento di quei due pilastri era quella di creare finalmente una discontinuità, anzitutto culturale, con il passato, in vista dell'edificazione di una società più equa, più giusta, più democratica, in cui il protagonismo dal basso potesse finalmente trovare una via di espressione emancipata e non condizionata o ingabbiata dal peso di strutture gerarchiche o di autorità non più legittimate. Ma sotto la superficie, il flusso della storia muoveva in una direzione diversa, e già se ne poteva cogliere qualche segnale.

Il 1978 rappresentò il momento più drammatico degli anni Settanta italiani: il rapimento e l'uccisione di Aldo Moro, il governo di solidarietà nazionale tra democristiani e comunisti, l'anno dei tre papi. Eppure, se quella è storia, nell'immaginario collettivo di quell'anno viene ricordato piuttosto il clamoroso successo sugli schermi italiani di *Saturday Night Fever*, grazie a cui il sottoproletariato urbano e il suo mondo di marginalità acquisiva una dignità, anche estetica, che sino ad allora gli era stata negata – e in Italia per qualche tempo ancora, nonostante il trionfo del film[8]. Una scena illustra meglio di un trattato di sociologia quanto sto cercando di dire. Tony Manero (John Travolta) attende un regalo da parte di Frank, il fratello sacerdote che era il vanto della famiglia e il modello cui non riusciva ad avvicinarsi e da cui si sentiva oppresso. Sperando di ricevere qualche dollaro, si ritrova invece tra le mani il *clergyman* del fratello, che aveva deciso di abbandonare la chiesa per andare a vivere con una donna; *en passant*, il mancato sostegno da parte di Frank porterà al suicidio Bob, un amico di Tony, che non reggeva il peso di aver messo incinta la fidanzata né era riuscito a farla abortire.

Già un'altra rivoluzione estetica non era stata compresa, nel nostro paese, due anni prima. L'esplosione della cultura *punk*, di cui ricorreva nel 2016 il quarantennale, tra Stati Uniti e Inghilterra, tra Ramones e Sex Pistols era stata accolta con scetticismo, quando non con l'esplicita accusa di fascismo o addirittura neonazismo, fino almeno all'affermarsi dei Clash, politicamente orientati a sinistra e quindi più in apparente sintonia con la superficie dello spirito dei tempi[9]. Il 10 settembre del 1979 Patti Smith tenne un concerto allo stadio comunale di Firenze, dopo quello della sera prima a Bologna. L'atmosfera era tesa; racconta lei stessa:

Diedi a Todd due cassette da far sentire prima della nostra esibizione. Giovanni Paolo I che parlava ai bambini, e lo fischiarono. La terza sinfonia 'Eroica' di Beethoven, secondo movimento, e la fischiarono. E poi noi. Non ci fischiarono. Facemmo il nostro lavoro. Finimmo il nostro programma. La gente venne avanti. (…) scoppiò un'anarchia gioiosa e non facemmo nulla per evitarla. Ormai il mio microfono amplificava le urla della folla insieme a una musica dissonante. Alzai tutti gli amplificatori a dieci, salutai mio fratello e dissi *good bye*[10].

Terminato il concerto, Patti Smith si ritira dalle scene per i successivi 16 anni. Con lei, quella sera in Italia finiscono anche gli anni Settanta.

1. Moro Giovanni, *Anni Settanta*, Einaudi, Torino 2007.

2. Berman Marshall, *All that is Solid Melts into Air. The Experience of Modernity*, Simon and Schuster, New York 1982 [trad. It.: *L'esperienza della modernità*, Il Mulino, Bologna 1985].

3. Fiorucci Elio, *Fiorucci story*, Electa, Milano 2005.

4. Allegretti Umberto, *Storia costituzionale italiana. Popolo e istituzioni*, Il Mulino, Bologna 2014, p. 141-143.

5. Crainz Guido, *Il paese mancato. Dal miracolo economico agli anni Ottanta*, Donzelli, Roma 2005.

6. De Giorgi Fulvio, *Paolo VI. Il papa del moderno*, Morcelliana, Brescia 2015.

7. Cuminetti Mario, *Il dissenso cattolico in Italia 1965-1980*, Bur, Milano 1983.

8. La prima italiana del film fu il 13 marzo 1978, mentre quella statunitense il 16 dicembre dell'anno precedente.

9. *London Calling*, l'album che segnò l'affermazione dei Clash al di fuori del Regno Unito, venne pubblicato il 14 dicembre 1979.

10. *Patti Smith Complete. Lyrics, Notes and Reflections*, Doubleday, New York 1998 [trad. It.: *Patti Smith Complete. Canzoni, riflessioni, diari*, Sperling & Kupfer, Milano 2000, qui p. 125].

UNIVERSITÀ DEGLI STUDI DI SALERNO

ISTITUTO DI STORIA DELL'ARTE
STORIA DELLA CRITICA DELL'ARTE

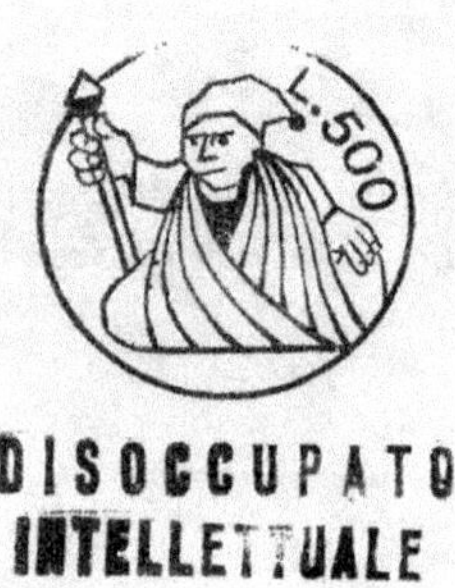

Il *Certificato di Disoccupazione Intellettuale* redatto dal Collettivo Lineacontinua in occasione dell'intervento presso la Facoltà di Lettere dell'Università di Salerno, 10 maggio 1977

Controdidattica e didattica alternativa: gli artisti di Terra di Lavoro per la scuola e l'università pubblica

Luca Palermo

Della necessità di rendere la scuola accessibile alle masse e innovativa nelle forme e nei contenuti si fece portavoce il movimento studentesco a partire dagli anni Sessanta del secolo scorso. Già nel 1964, negli Stati Uniti, gli studenti scesero in piazza contro i metodi di insegnamento e i curricula degli studi per chiedere libertà di parola per quel che riguardava i problemi di fondo della società e maggiori finanziamenti per la formazione e l'istruzione di ogni ordine e grado. In Italia, il movimento dalle università e dalle scuole si diffuse alle fabbriche, influenzando con i suoi valori tutta la società. Tale esplosione fece leva sulle disfunzioni della scuola e dell'università, inadeguate a sostenere la scolarizzazione di massa e a interpretare le esigenze delle giovani generazioni. Molti giovani, inoltre, non condividevano i valori dominanti nell'Italia del 'miracolo economico': l'individualismo, l'esaltazione della famiglia, la corsa ai consumi e i pregiudizi di classe del sistema educativo.

Tra il 1967 e il 1968 le università di tutta Italia si sollevarono contro l'autoritarismo, con la richiesta di nuovi metodi didattici e di un diverso rapporto con i docenti. Il movimento studentesco, tuttavia, insieme alle altre classi sociali, investì criticamente ogni meccanismo della società verificandone i difetti di direzione e sollecitando il cittadino verso una più moderna consapevolezza politica ed una prospettiva di autogestione delle strutture[1].

In quegli stessi anni anche la prassi artistica cominciò a mettere a punto metodologie di intervento più consone al periodo storico che si stava vivendo: all'istantaneità delle avanguardie subentra una possibilità di comunicazione capace di rompere i vincoli monologici e di disporsi come strumento di conoscenza e intervento nel reale.

Non è un caso se uno dei grandi temi della ricerca artistica di questi anni sarà proprio l'impegno socio-politico volto alla partecipazione creativa dei fruitori; e, se erano i massimi sistemi a essere messi in discussione, la scuola e l'università non potevano non essere oggetto delle rinnovate metodologie di intervento artistico.

La scuola, alla quale la famiglia aveva scaricato una pesante delega, si rivelò impreparata e aggravata da responsabilità che, spesso, non le competevano. Le procedure formative che in essa si attivavano, erano lontane dal soddisfare le rinnovate esigenze che i giovani reclamavano e che sarebbero state appagate solo con metodi e strumenti nuovi in grado di fornire un *passe-partout* per la lettura della realtà e dei meccanismi che la predeterminavano: si auspicava una formazione in grado di sviluppare le capacità critiche e le possibilità creative che avrebbero permesso ad ogni individuo di costruirsi una propria ed originale identità.

In tale cornice si inseriscono gli artisti di Terra di Lavoro che, sin dalla metà degli anni Sessanta, sostennero poeticamente ed esteticamente le lotte studentesche; si 'lottava', per immagini ed interventi, per un'educazione che sarebbe dovuta essere sperimentale, flessibile e continua nel tempo: un momento di vita anziché di mera preparazione ad essa.

Le metodologie scelte, partendo da una prassi associazionistica che tendeva ad annullare le individualità, si indirizzavano verso un impegno sociale che spaziava dalla valorizzazione dei centri agricoli del territorio alle lotte operaie e studentesche.

Alla fine degli anni Sessanta risale una serie di disegni ad opera del Gruppo Proposta 66 Terra di Lavoro (orbitante intorno a Crescenzo Del Vecchio, Andrea Sparaco e Gabriele Marino) a sostegno del movimento operario e studentesco casertano: Crescenzo Del Vecchio realizza un volantino inneggiante alla *Scuola Libera* nel quale sono espliciti i riferimenti all'eccessivo controllo del corpo docente su quello discente, a insegnanti che, come automi, eseguono senza trasmettere una coscienza critica e alla libertà di pensiero che, in tali condizioni, cessa del tutto di esistere.

Con gli anni Settanta si intensifica il dibattito sulla forma e sul contenuto della scuola e dell'università pubblica: un continuo ed intenso scambio di stimoli e condizionamenti reciproci tra scuola e società, entrambe in trasformazione, rafforzano l'idea di una ragione sociale della scuola pubblica. Si era alla ricerca di una funzione etica della scuola, una scuola nella quale la partecipazione attiva degli studenti potesse essere il punto di partenza per rinnovate metodologie educative in grado di incidere in maniera determinante sul futuro dei giovani.

Fu lo stesso Enrico Crispolti, teorizzatore dell'operare estetico nel sociale e sostenitore dei movimenti artistici casertani, a ribadire che:

> nella scuola il momento partecipativo si esprime non soltanto nella spontanea destituzione di quell'autoritarismo impositorio [...], ma anche in una vera e propria istituzionalizzazione di momenti partecipativi e gestionali che implicano [...] una sollecitazione di responsabilità partecipativa verso il territorio sociale sul quale la scuola stessa insiste [...]. Nell'università stessa vi è esplicita la volontà, da una parte, degli studenti di essere protagonisti[2].

A farsi interprete di tali esigenze, in Terra di Lavoro, fu il Collettivo Lineacontinua che, in gran parte dei suoi interventi, si schierò al fianco del movimento studentesco. Non è un caso che tali interventi furono messi in atto a partire dal 1977, quando nuovi fermenti di protesta cominciarono a prendere piede nelle fabbriche e nelle università.

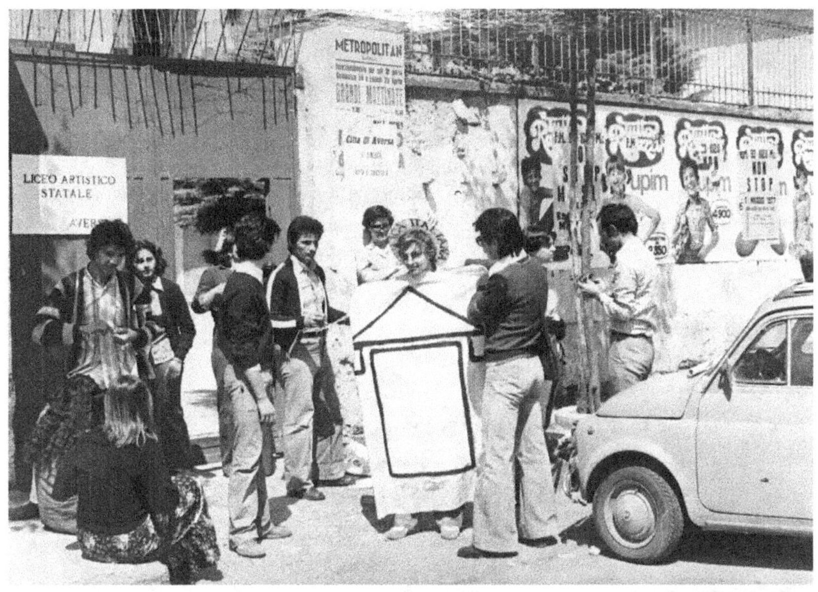

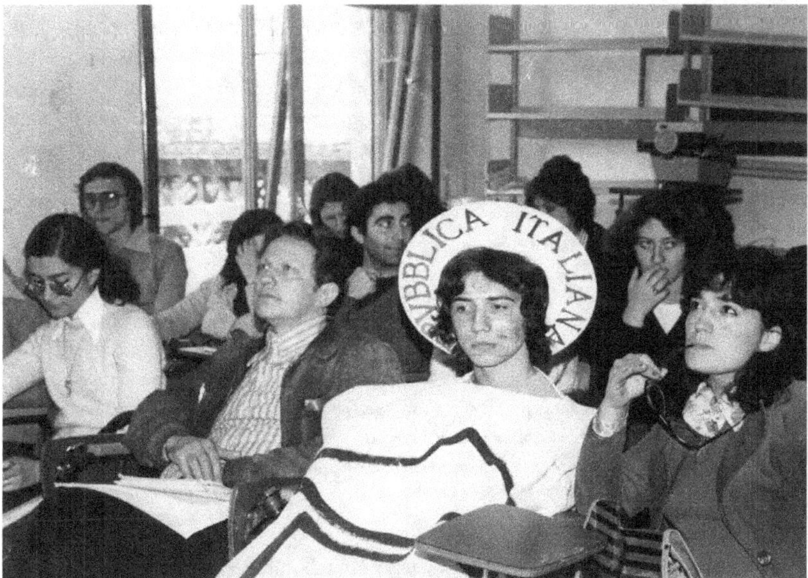

Un momento dell'intervento del Collettivo Lineacontinua presso il Liceo Artistico di Aversa, 2 maggio 1977. In basso: Un momento del dibattito seguente l'intervento del Collettivo Lineacontinua presso la Facoltà di Lettere dell'Università di Salerno, 10 maggio 1977. Nella fotografia si riconosce Enrico Crispolti (il secondo da sinistra)

Il collettivo casertano, ruotante intorno alle figure di Armando Napoletano, Raffaele Bova, Aldo Ribattezzato, Livio Marino e Peppe Ferraro, ai quali si aggiunse Antonello Tagliafierro, rifiutava l'artisticità come fatto individuale e auspicava una decisa proletarizzazione dell'intellettuale e una gestione sociale della cultura.

Considerando, inoltre, che gran parte dei membri del collettivo e degli operatori che orbitavano intorno a esso svolgevano attività didattica, il collegamento con il mondo dell'istruzione si innestò in maniera quasi del tutto spontanea e si esplicitò attraverso la strutturazione di modalità di intervento basate su azioni di denuncia e sulla messa a punto di metodologie didattiche strettamente connesse alle realtà sociali.

Ciò che caratterizza tali interventi è la volontà di creare relazioni e rimandi tra attività didattica e operatività estetico-politica tramite il coinvolgimento del corpo studentesco con il quale analizzare il territorio e sollecitare azioni estetiche.

Il primo intervento nella scuola del collettivo è databile 11 gennaio 1977 ed ebbe come palcoscenico l'Istituto d'arte di San Leucio (CE). Raffaele Bova, Livio Marino e Aldo Ribattezzato invitarono gli studenti a un uso alternativo degli strumenti legati alla formazione, all'apprendimento e alla produzione artistica.

> Perché continuare ancora ad ingannare i giovani costringendoli a imparare solo quello che non serve perché possano poi essere burocrati del sistema vittime della politica della massima inflazione?, scrive Enzo Di Grazia, teorico del collettivo casertano. Diciamo loro la verità, insegniamo a verificarla, denunciamo le finestre del potere, appendiamoci i padroni del vapore con la ridicolaggine di tutte le carte d'archivio di cui ci gonfiano ogni giorno, ritessiamo la realtà sociale per recuperare l'uomo[3].

Partendo da un tale presupposto l'intervento fu così strutturato:

> riferendosi alla specificità dell'insegnamento dell'arte tessile, furono usati i materiali didattici, fibre e lane, per tentare una sorta di «ricucitura» dell'Italia, usando come telaio una struttura imitante le monete di uso corrente (Bova); la ragnatela della burocrazia elefantiaca fu visivamente materializzata con fili tesi attraverso l'aula, ai quali furono appesi timbri fittizi di ogni forma, dimensione e colore (Marino); la sovrapposizione della cultura di potere a quella materna fu denunciata con la sovrapposizione di finestre-potere ad ogni angolo e ad ogni lavoro (Ribattezzato).

Cosciente di una crisi strutturale della scuola, il 4 febbraio 1977, il collettivo produsse un manifesto di solidarietà con le lotte studentesche, redatto su un grande foglio imitante la carta bollata nel quale si schierava "con il movimento studentesco contro la repressione e la disoccupazione intellettuale per l'edilizia scolastica e il rinnovamento dei contenuti culturali".

Il 2 maggio 1977, il collettivo sceglie il Liceo Artistico di Aversa (CE) per aprire un discorso diretto con gli studenti e con il personale della Scuola che mira a denunciare la crisi di contenuti e di struttura che la Scuola attualmente vive per difficoltà oggettive (carenze strutturali, mancanza di linee programmatiche ecc.) e per colpe soggettive (fuga dalle responsabilità, rinuncia al ruolo di produttori di cultura ecc.) e la condizione di aberrante oppressione in cui i giovani sono costretti nella struttura scolastica stantia ripetitrice di schemi superati ed anacronistici, slegata dalla realtà concreta.

Durante l'intervento gli studenti furono incoronati con un'aureola recante la dicitura "Repubblica Italiana" per denunciare una crisi (economica e di valori) istituzionalizzata a livello nazionale; vestiti con una tunica raffigurante la sagoma della finestra del palazzo reale di Caserta, a simboleggiare il senso di oppressione del potere su ciascun individuo; infine, furono 'timbrati' con la scritta "probabile disoccupato intellettuale" per denunciare la difficoltà di inserimento del giovane, dopo il conseguimento del diploma, in un'attività produttiva qualificante e adeguata. Ciascuno studente così bardato fu posto in "posa" sotto un grande angelo con quattro mani, nelle quali recava: uno scettro, simbolo del potere; una spada, a testimonianza del rapporto di terrorismo psicologico ancora vigente in alcune strutture scolastiche; una bilancia, denuncia di una forma di giustizia scolastica non ancora basata sulla meritocrazia e sulle reali possibilità di formazione individuale; un libro, testimonianza di una cultura stereotipata, stantia e largamente superata nei contenuti. "Il profilo degli studenti così vestiti - si legge ancora nel volantino di accompagnamento - sarà segnato su una parete dell'istituto, per indicare la sopravvivenza di una possibilità di recupero di una dimensione alternativa".

Sebbene la scuola dovesse fornire le basi per la costruzione di un pensiero critico e per la formazione di un dialogo-dibattito costruttivo, il direttore del Liceo non considerò la richiesta di intervento presentata dal collettivo casertano e l'azione si tenne, al termine delle lezioni, all'esterno dell'edificio scolastico.

Una simile metodologia fu portata avanti il 10 maggio 1977 presso la Facoltà di Lettere dell'Università di Salerno, dove Enrico Crispolti era titolare della cattedra di Storia dell'arte contemporanea. A differenze dell'intervento di Aversa, il collettivo distribuì 'patenti di guida della disoccupazione intellettuale': una perfetta imitazione di quella automobilistica fatta eccezione per il timbro del collettivo, l'ironica firma del 'perfetto' piuttosto che del 'prefetto', la sostituzione della foto con un ritaglio di carta stagnola tale da consentire a chiunque di specchiarsi e di riconoscersi, e riduzione a un unico articolo della normativa minacciante la "sottoccupazione" ai trasgressori.

All'intervento seguì un dibattito

sulla duplice funzione di condizionamento che i giovani subiscono, da un lato come studenti ancora soggetti alle leggi ricattatorie di una Università fondata ancora sul baronaggio, sul nozionismo, sulla burocrazia dilagante, sulla dequalificazione del titolo di studio; dall'altro, come futuri docenti destinati ad essere prima emarginati tra i disoccupati intellettuali e, poi fagocitati poi da un sistema che rischia di costringerli ad essere burocratizzati e burocratizzanti, trasmettitori inerti di una conoscenza stantia ed acritica[4].

Il 26 giugno 1977, sollecitato da Peppe Ferraro all'epoca titolare di cattedra presso l'Istituto d'Arte di Luzzi in provincia di Cosenza, il Collettivo Lineacontinua intervenne per dare nuovo impulso alle proteste degli studenti affinché fosse concesso loro di raggiungere più agevolmente la sede scolastica; fu distribuito un volantino a cura di tutta la cittadinanza e venne inviato agli organi di stampa locale un comunicato che, con le seguenti parole, denunciava la gravità della situazione:

> Da anni le difficoltà del collegamento, il disagio che ne derivava ai ragazzi e alle famiglie, il conseguente diffondersi dell'evasione dall'obbligo scolastico [...] erano stati segnalati al Preside della Scuola e al Consiglio dì Istituto, finché quest'anno si è giunti alla formale richiesta al Consiglio di Istituto di una sede staccata della Scuola, da sistemare nella frazione S. Maria Le Grotte, in locali preventivamente scelti e per i quali l'Amministrazione Comunale aveva adottato regolari delibere, ottenendo anche le necessarie autorizzazioni delle competenti autorità scolastiche sanitarie. Ma il Consiglio di Istituto aveva respinto la richiesta [...]. Non aveva però il Consiglio di Istituto neppure preso in considerazione la possibilità di una soluzione alternativa, vale a dire quella della succursale consentita dalla legge e deliberabile dal Consiglio stesso: colpa forse della componente insegnanti, che avrebbe visto la necessità, per alcuni, di spostarsi dalla sede principale alla succursale, con un personale disagio, considerato evidentemente insopportabile ai docenti, mentre era imposto agli alunni. La protesta dei cittadini si è materializzata nel ritiro in blocco dei ragazzi dalla Scuola, nei termini prescritti dalla legge, per provvedere privatamente alla preparazione, di cui si sono fatti carico lo stesso parroco ed alcuni volenterosi docenti, per consentire ai ragazzi di affrontare gli esami, di idoneità o di licenza, in altre scuole vicine [...]. Intanto l'azione si è spostata dal piano della polemica municipale a quello più ampio della situazione culturale, quando gli alunni 'rifiutati' hanno deciso di esprimere la loro protesta in disegni realizzati a scuola. Per intervento, infatti, di alcuni docenti e alunni dell'Istituto Statale d'Arte di Luzzi, le indicazioni iconografiche dei ragazzi di S. Maria Le Grotte sono state trasportate su un ampio murale, realizzato all'esterno della canonica, per coinvolgere più direttamente la popolazione e le forze sociali e culturali; intanto, una nuova richiesta circostanziata è stata inviata al Consiglio di Istituto e resa di dominio pubblico, per ottenere la sezione staccata di scuola media. L'avvenimento, come è evidente, coinvolge situazioni, e persone e strutture a tutti i livelli, toccando sia il campo dell'educazione che quello della funzione sociale e culturale dei consigli eletti come organi collegiali della scuola, sia quello della fuga dalla Scuola dell'obbligo [...]. In questa situazione si sono mossi l'Istituto Statale d'Arte di Luzzi e il collettivo di operatori estetici Lineacontinua, in attesa che il problema divenga di dominio pubblico e trovi presto una soluzione.

Il murale realizzato per la facciata della canonica di cui si parla in questo comunicato, della lunghezza di venti metri circa, riportava in maniera proporzionale i disegni degli alunni. In un angolo erano, invece, evidenti le firma/simbolo degli operatori di Lineacontinua che presero parte all'iniziativa: la lira per Raffaele Bova, il timbro per Livio Marino e lo spaventapasseri per Peppe Ferraro.

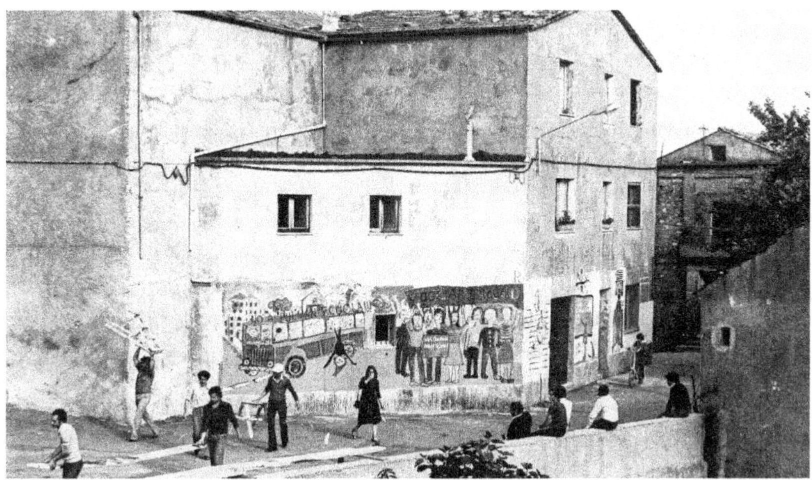

Un momento dell'intervento del Collettivo Lineacontinua presso l'Istituto d'arte di Luzzi (CS), 26 giugno 1977

L'ultimo intervento in ambito scolastico fu tenuto dal collettivo l'1 aprile 1978 presso il Liceo Artistico di Aversa (CE) dove fu presentata l'operazione 'didattico-allegorica-sociale' *Pesce d'aprile* che, "attraverso il recupero del pesce d'aprile come gioco" avrebbe trasformato "il segno ludico in segno ironico-politico" al fine di "sensibilizzare l'intera struttura scolastica e la cittadinanza su ipotesi di istruzione alternativa collegata alla nostra realtà e ai nostri problemi". Ancora una volta, agli studenti non fu accordato il permesso per lasciare l'istituto scolastico e la protesta fu espressa in un volantino in cui era scritto:

Ancora repressiva la scuola ad Aversa. Nel Liceo Artistico di Aversa era stata programmata una iniziativa didattico-allegorico-sociale da realizzare il 1° aprile per agganciarsi in maniera alternativa alla tradizione popolare della celebrazione, stimolando il senso di creatività degli alunni e cercando un rapporto concreto ed incisivo con la realtà sociale esterna, sulla linea di una corretta e moderna interpretazione della didattica artistica. La manifestazione è stata prima boicottata e poi impedita dall'atteggiamento apertamente reazionario del direttore dell'Istituto che ancora una volta ha dato prova della sua gretta chiusura in schemi superati, anacronistici e repressivi. Questo episodio dimostra chiaramente che non esiste nessuna volontà di fare della didattica un momento di corretto rapporto con la realtà, di dare all'insegnamento contenuti vivi e partecipati: espone la scuola ad un ulteriore momento di pericolo, chiudendola a qualunque funzione sociale e cercando di riportare una funzione importante nei termini del burocratismo, del dogmatismo, della repressione, dei contenuti sterili e stantii.

Alla funzione sociale dell'educazione scolastica e al rapporto studio-lavoro portati avanti dal Collettivo Lineacontinua si devono necessariamente affiancare la comunicazione creativa e il territorio come struttura formativa e laboratorio di acculturazione.

Caso esemplare è quello di Franco Cipriano che, in qualità di docente presso l'Istituto d'Arte di San Leucio (CE), tra il 1978 e il 1979, diede vita a due operazioni volte al coinvolgimento del pubblico e degli studenti dell'istituto stesso: *Il luogo materiale* (1978) e *Ambient'azione/Idé'azione* (1979). La prima era un "prelievo dei segni ambientali in un processo di trasgressione dei modelli operativi precostituiti"; un'"esperienza di ri/conoscimento" e di riappropriazione di luoghi del quotidiano: città, quartiere, periferia, campagna al fine di giungere ad un "accrescimento immaginativo nell'attraversamento del luogo come ri/disegno partecipato delle sue forme geo-topografiche".

L'anno successivo presenta *Ambient'azione/Idé'azione* il cui senso era quello di ricercare "procedimenti dentro il Belvedere di San Leucio" per un "progetto di riappropriazione di un'utopia". Entrambe le operazioni miravano, dunque, alla riscoperta di luoghi del tessuto urbano per un loro ripensamento come luoghi collettivi e di socialità diffusa.

Una simile direzione fu percorsa anche da Livio Marino che, in seguito allo scioglimento del Collettivo Lineacontinua, intervenne il 21 marzo 1980 presso il Liceo Artistico di Aversa con l'operazione *È scoppiata la primavera*. Si trattava di un intervento complesso strutturato in più momenti: un fiume di fiori, fuoriuscito da un buco sul soffitto, invadeva i corridoi dell'edificio; l'artista invita tutti a togliersi la maschera dietro la quale ci si nasconde per non affrontare i problemi; gli studenti seminano, nel cortile della scuola, fiori di plastica per la cui produzione si sfruttava il lavoro in nero dei giovani e si usavano colle dannose per la salute; infine, in un cortile adibito a parcheggio, le auto venivano coperte con teli recanti fiori colorati.

Le motivazioni erano da ricercare in alcune delle problematiche più urgenti del territorio: dalla pericolosità dell'edilizia scolastica allo sfruttamento legato al lavoro nero, passando per l'attenzione all'ambiente e all'ecologia. Con l'inizio degli anni Ottanta, l'avvento della transavanguardia e la fine del collettivismo artistico, anche in Terra di Lavoro si esaurisce quella spinta etica e sociale dell'arte che aveva contraddistinto il decennio precedente.

1. Cfr. Ellena A. - Contessa G. (a cura di), "Animatori di quartiere: un'esperienza di formazione", in "Quaderni di animazione sociale" n. 2, 1981.

2. Crispolti Enrico, *Arti visive e partecipazione sociale. Da "Volterra 73" alla Biennale del 1976*, De Donato, Bari 1977, pp. 10-11.

3. Tutti i documenti citati, laddove non specificato, sono inediti rinvenuti negli archivi degli artisti del Collettivo Lineacontinua Terra di Lavoro.

4. Di Grazia Enzo, "La logica è legale. La legge è logica. Attività estetico-politica del Collettivo Lineacontinua di Terra di Lavoro", in "Tempo Nuovo", n. 1, gennaio-marzo 1978, p. 95.

Testare i limiti dell'istituzione:
Collectif d'art sociologique e Gruppo Salerno 75

Stefano Taccone

Nell'estate del 1976, durante la XXXVII Biennale di Venezia, Hervé Fisher, Fred Forest e Jean-Paul Thénot, membri del francese Collectif d'art sociologique (1974-1980), invitato da Pierre Restany, commissario del padiglione francese, e Antonio Davide, Ugo Marano e Giuseppe Rescigno, membri dell'italiano Gruppo Salerno 75 (1975-1980), invitato da Enrico Crispolti, curatore della sezione italiana, *Ambiente come sociale*, hanno occasione di incontrarsi, scambiarsi opinioni, esperienze, materiali e sviluppare così un intenso dibattito intorno alle analogie e le differenze tra le loro rispettive pratiche. Lo stesso Restany, ricorda Rescigno, sostiene allora l'affinità tra le poetiche dei due gruppi[1]. Ma cosa lega effettivamente tra loro una compagine che si serve ancora, alla maniera delle avanguardie storiche, di un linguaggio prossimo a quello del manifesto, con i suoi toni da invettiva, oltre che di una vasta produzione teorica, per denunciare la dimensione storicamente ideologica dell'arte ed un'altra che punta ad operazioni di destabilizzazione dello spazio della società, ma assai più in sordina, immune da un antagonismo così fragorosamente dichiarato e teoricamente fondato?

L'incontro con la città lagunare, con la sua dimensione di città-museo, il suo "turismo da cartolina"[2], induce immediatamente il collettivo francese ad ipotizzare una vasta, articolata operazione che entri in stridente cortocircuito con l'artificiosità e la parzialità di tale contesto, adoperando la potente metafora del "bombardamento a tappeto del centro storico di Venezia"[3] (*Bombarderemo Venezia*, suona minacciosamente il titolo) da mettere in atto attraverso quel peculiare cannone che spara immagini che è il diaproiettore: si scorgerebbero così

> Un piccolo annuncio immobiliare apparso sul giornale su di una architettura monumentale, il ritratto di Mao su San Marco, una catena di montaggio di autovetture giapponesi sul palazzo dei Dogi, una bidonville brasiliana sul Canal Grande, le informazioni televisive sulla chiesa di San Zaccaria, l'immagine di un cadavere libanese sul ponte di Rialto, un fatto di cronaca newyorkese o siciliano ciclostilato per i turisti seduti alle terrazze dei caffè[4].

Un'attitudine che anticipa dunque, con ogni evidenza, di qualche anno le proiezioni su edifici del potere improntate ad una logica molto simile del polacco Krzysztof Wodiczko. L'azione bellica contemplerebbe inoltre l'affiancamento di numerose altre tipologie di armi": da un proiettore cinematografico ad un materiale video che permetta trasferimenti immediati di informazioni, da una campagna di affissione pubblica a una distribuzione di volantini, fino a performance per le strade, inchieste, interviste, provocazioni, dibattiti e persino un'agenzia di stampa-informazione che diffonda quotidianamente notizie vere e false.

La struttura del progetto si articola, per Fisher, autentico teorico del gruppo, sulla base di tre concetti: contraddizione, implosione, devianza. Se la prima ha a che fare col riavvicinamento oggettivato "nel tempo (simultaneità o successione) e nello spazio (giustapposizione, sovrapposizione)" di "quegli elementi della coscienza culturale che vengono di norma accuratamente separati per effetto sia della schizofrenia cronica occidentale, sia dell'ideologia dominante"[5], come avverrebbe, ad esempio, se si installasse "un collegamento video, con spostamento di persone e di informazioni, tra i luoghi elitari e sacri della Biennale di Venezia e la sua periferia operaia, attualmente 'incandescente', che si trova non a caso separata dalle decisioni comunali", in maniera tale da "*attivare* la contraddizione tra due culture che non comunicano che sotto la categoria dell'alienazione"[6], la seconda lambisce più propriamente l'atto metaforico del bombardare e quindi dello choc logico-percettivo, attraverso il quale "ricondurre il vuoto reale di questa 'vetrina' veneziana per soli turisti alla sua giusta misura e alla sua adeguata importanza, tramite l'effetto moltiplicatore degli 'impatti' audiovisivi delle culture contemporanee vissute quotidianamente in altre parti del mondo da uomini che non sono turisti con le loro brave macchine fotografiche", mentre la terza, evidenziando tanto la discendenza dalle pratiche situazioniste, quanto la condivisione dei modi e degli obiettivi della contemporanea critica istituzionale, riguarda le istituzioni in carica, i loro valori e la loro possibile messa in discussione: "La devianza è una pratica di *détournement* e di sostituzione che tende, sotto la copertura di una finzione ludica, ad 'usare' le istituzioni vigenti, a introdursi nei loro apparati burocratici perturbandone il funzionamento, con le iniziative più diverse, per 'orientare' le finalità verso altre direzioni". Essa "raggiunge pienamente il suo obiettivo quando, facendo ricorso alle tecniche d'animazione, riesce a concretizzare un *evento reale* nel tessuto sociale. Evento reale la cui forza corrosiva disintegra la struttura e i valori sociali presi di mira"[7].

"La partecipazione alla Biennale di Venezia", continua immediatamente dopo Fisher, "ha significato per il collettivo l'avallo da parte del sistema ufficiale per poter sperimentare, sotto la *copertura dell'arte*, la metodologia di una pratica sociologica all'esterno della Biennale, allargata poi ad altri luoghi non elitari"[8]. Tuttavia è proprio tale avallo che, alla prova dei fatti, viene meno, dal momento che alla fine, malgrado le promesse ufficiose di finanziamenti da parte dello stesso presidente della Biennale, Carlo Ripa di Meana (il quale però, accusano gli artisti in una lettera aperta a lui stesso intestata, non si presenta all'appuntamento fissato per discutere di tale possibilità)[9]. "Il Collectif d'art sociologique", si legge in un loro volantino datato 10 luglio 1976,

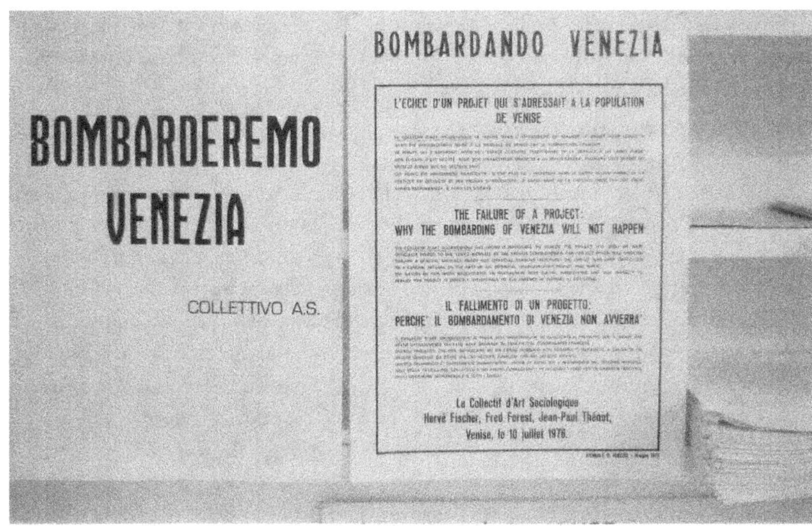

Collectif d'art sociologique, *Bombarderemo Venezia*, 1976

"si trova nell'impossibilità di realizzare il progetto per il quale era stato ufficialmente invitato alla Biennale di Venezia dal commissario francese [...] a causa di un rifiuto generale sia del settore pubblico che del settore privato". Tale sfortunato, deludente episodio è pertanto giudicato dal collettivo "doppiamente significativo: prima di tutto per l'inserimento nel quadro istituzionale della pratica del collettivo e dei rischi conseguenti, in secondo luogo per la carenza obiettiva degli organismi responsabili a tutti i livelli"[10].

Il Gruppo Salerno 75 è a Venezia già l'anno precedente (1975), partecipando al concorso indetto dall'Ente Biennale di Venezia per la riqualificazione del Mulino Stucky, entrato in funzione dalla fine dell'Ottocento, ma ormai fermo dal 1955, con l'obbiettivo, dichiara Vittorio Gregotti, uno dei curatori della mostra, di "innescare un momento di creatività collettiva dal quale sia possibile avviare considerazioni generali sull'immagine e la funzione della città, la sua storia, il presente osservati dalle angolazioni più diverse ed aprire un dibattito che coinvolga il pubblico e la collettività"[11]. Il loro *Progetto di trasmigrazione del Mulino Stucky* propone nulla di meno che uno spostamento della struttura, la quale, attraverso una navigazione scandita in quattro differenti tappe lungo la costa adriatica, durante le quali gli abitanti visiterebbero il mulino e festeggerebbero il suo arrivo con riti e scambi di doni, giungerebbe definitivamente, ancora una volta accolto con offerte e rituali, in Capitanata, area settentrionale della Puglia, ove, essendo in grado, secondo le stime del gruppo, di trasformare da solo in farina un decimo della produzione pugliese annua di frumento, funzionerebbe come tardivo ma equo risarcimento dell'ordine, bandito dal Doge e dal suo Consilio nel 1226, che prescrive a tutte le navi veneziane che caricano il grano in Puglia di scaricarlo a Venezia, e solo a Venezia, nonché come asserzione del principio per cui i prodotti agricoli devono essere trasformati nel medesimo luogo in cui sono raccolti.

In realtà da una parte gli artisti pensano davvero ad un viaggio[12], magari non trasportando il mulino vero e proprio, ma alcuni suoi calchi in gesso, derivazione da un'altra loro più volte messa in atto operazione come *Gessificare*, interessati piuttosto, come scrive Crispolti, a far "scattare un patrimonio di nozioni, di credenze, di ritualità più o meno scoperte, di tradizioni locali"[13], esplorando la possibilità, ventilata dall'operatore psicosociale Mario Consiglio, "che la popolazione colga immediatamente l'irrazionalità, l'assurdità della cosa e non la respinga ma ne sia attratta", a dimostrazione "che il soggettivo quanto meno a livello di tradizione popolare, come io sono convinto, esiste ancora quando è vita affettiva e socialità"[14]. Dall'altra però il fondare la loro idea su di una sorta di contrasto permanente tra accuratezza nella considerazione degli aspetti storici, sociali, economici, antropologici e persino burocratici ed assurdità delle intenzioni diviene innanzi tutto ironica e sottile denuncia del verticismo e della demagogia delle modalità attraverso le quali, al di là delle proclamate buone intenzioni, il concorso è gestito, giacché, come ricorda ancora Crispolti, "la prima cosa che si è evitata è di fare i conti proprio con la realtà territoriale"[15], cosa tanto più grave se si considera che il mulino "è posto in un quartiere proletario"[16]; "la stessa praticabilità di questo oggetto [...] non c'è stata perché la Biennale non è riuscita ad avere nemmeno un accesso all'interno del Mulino", determinando lo scadimento in "un'operazione puramente divagatoria"[17] e, come se non bastasse, si è puntato, "proprio come nelle vecchie deprecatissime mostre", su inviti rivolti esclusivamente ad artisti già molto affermati e poi su di una sezione a partecipazione libera, peraltro "pochissimo propagandata"[18]. Quindi si estende il bersaglio dall'Ente Biennale a tutti gli apparati burocratici possibili, inviando una lettera alla Cassa per il Mezzogiorno, giacché "Pensiamo che detto progetto possa contribuire allo sviluppo del Mezzogiorno e come tale lo segnaliamo alla vostra cortese attenzione"[19]; al Politecnico di Milano, esortando "docenti e studenti della facoltà di ingegneria affinché contribuiscano a risolvere i problemi tecnici relativi alla separazione dell'edificio dalle sue fondazioni e all'imbarco su un natante"[20] ed alla Capitaneria di porto di Venezia, "Al fine di raccogliere notizie utili circa la navigabilità della fascia costiera adriatica", la quale finalmente casca nel tranello e si prende la briga di rispondere, pur non dichiarando altro che di non possedere "la veste per fornire gli elementi richiesti con la lettera in riferimento" e suggerendo pertanto "alle S.S.L.L. di rivolgersi da una qualificata impresa marittima ovvero ad un'agenzia marittima"[21].

Grande interesse per il *Progetto di trasmigrazione del Mulino Stucky*, secondo la recente testimonianza di Antonio Davide, mostrano i membri del Collectif d'art sociologique in occasione dell'incontro dell'anno successivo ricordato in apertura, così come i membri del Gruppo Salerno 75 apprezzano ampiamente *Bombarderemo Venezia*, ipotizzando persino una loro collaborazione. Numerose tangenze si potrebbero in effetti individuare tra i due progetti: dalla predilezione per una vasta complessa

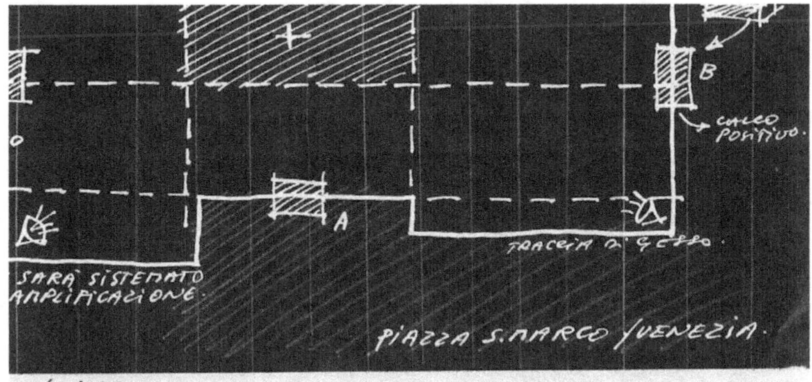

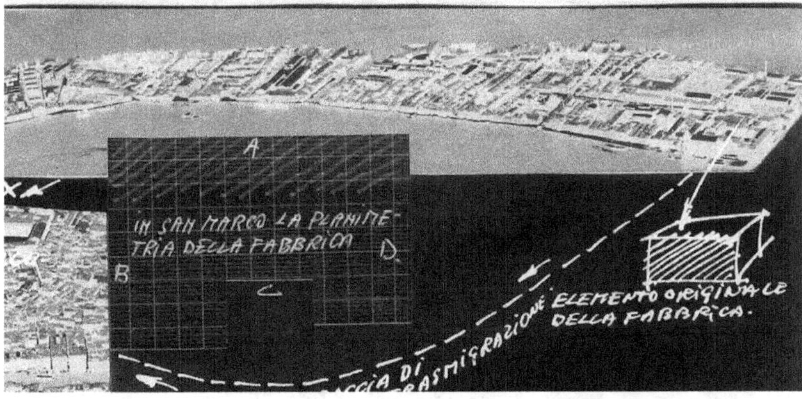

Gruppo Salerno 75, *Installazione e performance in Piazza San Marco a Venezia - Progetto di Trasmigrazione del Mulino Stucky dalla Giudecca (Venezia) in terra di Capitanata (Puglia)*, 1975

articolazione all'attitudine a giocare magistralmente sul filo tra verità e finzione; dal disinteresse verso ogni nozione di specificità mediale all'interesse per il coinvolgimento e la partecipazione del pubblico, fino al fatto che nessuno dei due è alla fine realmente messo in atto o quasi. L'aspetto che però mi pare più rilevante procede proprio da tali mancate realizzazioni, per giungere al comune finale effetto di testare le istituzioni ed i propri limiti, sia pure in una sorta di inversione delle parti. I francesi concepiscono infatti il progetto avendo tutte le intenzioni di realizzarlo, ma l'indisponibilità di ogni finanziamento muta volenti o nolenti il significato complessivo dell'operazione.

CAPITANERIA DI PORTO DI VENEZIA
30I00   VENEZIA

Vi comunichiamo che in data 28 agosto
I975 abbiamo depositato presso la seg
reteria dell'Ente Autonomo Biennale d
i Venezia, settore Arti Visive e Arch
itettura, un progetto di rimozione de
lla fabbrica del Mulino Stucky sita s
ull'isola della Giudecca.
Il progetto prevede il trasferimento
della fabbrica nella sua totalità dal
l'isola della Giudecca in una localit
à della Capitanata (Puglia). Essendo
previsto il trasporto via mare, ci pe
rmettiamo di sollecitare le informazi
oni relative alla navigabilità della
fascia costiera adriatica e le modali
tà di attracco nelle tappe previste .
Il percorso è il seguente:
Venezia - Ravenna - S. Benedetto del
Tronto - Termoli - Manfredonia.

Salerno, 28/8/975

                         Cordiali saluti

INDIRIZZO:

gruppo - CHIARI, DAVIDE, MARANO, RESCIGNO
c/o Centro documentazioni " uno sud"
Vico Guaiferio, I5   84I00   SALERNO

Gruppo Salerno 75, *Richiesta tecnica alla Capitaneria di Porto di Venezia - Progetto di Trasmigrazione del Mulino Stucky dalla Giudecca (Venezia) in terra di Capitanata (Puglia)*, 1975

Essa finisce cioè per connotarsi quale dimostrazione di come il potere dominante, nel contesto delle democrazie occidentali del secondo dopoguerra, non possa più neutralizzare la sua critica attraverso la repressione violenta, ma non per questo la lascia esprimere liberamente, rinvenendo un espediente di repressione alternativo nell'economia e confermando così un celebre aforisma di Bertold Brecht: "Nei Paesi democratici non si rivela il carattere violento dell'economia, così come nei Paesi autoritari non si rivela il carattere economico della violenza". Gli italiani concepiscono invece il loro progetto non credendo di realizzarlo realmente, o almeno non proprio alla lettera, ed in ogni caso una buona parte del significato complessivo dell'operazione è data dalla precisione metodologica con la quale si pianifica qualcosa che rasenta l'irrealizzabile, benché gli artisti pure adducano diversi ed interessanti precedenti storici, quali la torre della chiesa della Magione (Bologna), trasportata nel 1455 da Aristotele Fioravanti per un tratto di 18 metri in 5 mesi, il campanile del Crescentino (Piemonte), trasportato nel 1776 da Giuseppe Serra per una distanza di tre metri e persino la casa di Maria di Nazaret, trasportata miracolosamente dagli angeli a Loreto, ma tali esempi non possiedono che una funzione molto prossima a quella delle lettere alla Cassa per il Mezzogiorno, al Politecnico di Milano o alla Capitaneria di porto di Venezia. Proprio nella reazione di quest'ultima risiede la chiave per comprendere la loro tipologia di critica alle istituzioni: l'incredibile serietà della sua risposta denota l'estrema mancanza di flessibilità degli apparati burocratici, il loro sinistro potere (auto)spersonalizzante che finisce per renderle irrimediabilmente sorde verso le istanze della produzione artistica e culturale in generale e delle stesse esigenze della società.

1. "Né mancano riscontri di una pratica sociale dell'arte altrove: in Francia, per esempio, dove operavano altri gruppi e in particolare il Collectif d'art sociologique che, secondo Pierre Restany, era per poetica più affine al nostro". *Il gruppo Salerno 75 oggi: Intervista con Davide, Marano, Rescigno*, in Rescigno Giuseppe, Manzi Andrea, *Arte nel sociale. Testimonianze e documenti di comunicazione estetica*, Editori Riuniti, Roma 1992, p. 117.

2. Fisher Hervé, *Théorie de l'art sociologique*, Edition Casterman, Paris et Tournai 1976 [trad. it.: *Teoria dell'arte sociologica*, La salamandra, Milano 1979, p. 156].

3. Ibi, p. 157.

4. Ibi, pp. 156-157.

5. Ibi, pp. 155-156.

6. Ibi, p. 156.

7. Ibidem.

8. Ibidem.

9. Cfr. Lettera aperta dal Collettivo d'arte sociologica al *signor Ripa di Meana*, presidente della Biennale di Venezia 1976, in Fisher Hervé, *Teoria dell'arte sociologica*, op. cit., pp. 159-160.

10. Ibidem.

11. *Progetto di trasmigrazione del Mulino Stucky*, in Rescigno Giuseppe, Manzi Andrea, *Arte nel sociale*, op. cit., p. 35.

12. Alla fine il viaggio verrà realizzato solo su di un piano immaginario in occasione della mostra collettiva *Extra Media* (1978), curata da Enrico Crispolti presso lo Studio Forma di Torino. Cfr. Crispolti Enrico, *Extra Media. Esperienze attuali di comunicazione estetica*, Studio Forma, Torino 1978, p. 172.

13. Crispolti Enrico, *Prospettive di co-perazione culturale (un intervento a Mercato San Severino sulle esperienze del "Gruppo Salerno 75")*, in *Arti visive e partecipazione sociale. 1. Da Volterra 73 alla Biennale 1976*, De Donato, Bari 1977, p. 220.

14. *Dibattito con Consiglio*, in Gruppo Salerno 75 (a cura di), *Block Notes 1*, raccolta di fogli di progettazione, materiale autoprodotto, ottobre, 1977, pp. 10-12; ora anche in Rescigno Giuseppe, Manzi Andrea, *Arte nel sociale*, op. cit.

15. Crispolti Enrico, *Prospettive di cooperazione culturale (un intervento a Mercato San Severino sulle esperienze del "Gruppo Salerno 75")*, in op. cit., p. 218.

16. Ibi, pp. 217-218.

17. Ibi, p. 218.

18. Ibi, p. 219.

19. *Progetto di trasmigrazione del Mulino Stucky*, op. cit., p. 36.

20. Ibi, pp. 36-37.

21. Ibi, p. 37.

Collettivo lavoro arte 1978-1981.
Situazioni di verifica sociale

Daniela Voso

Una delle questioni centrali del dibattito artistico negli anni Settanta era la funzione sociale dell'arte. In particolare la ricerca di un equilibrio tra le due istanze creative: quella individuale e quella collettiva. Il carattere generalizzato della chiamata sociale insieme alla coincidenza tra "personale e politico", coinvolgendo l'arte spinse molti artisti a riunirsi in attività di gruppo o collettive e a rivolgersi al territorio già dalla fine degli anni Sessanta[1]. Tuttavia, sebbene generalizzata e ampiamente diffusa su scala internazionale, quella del collettivo artistico era una pratica del tutto sperimentale, libera da regole, strutture e manuali teorici. La prassi determinava la regola in fieri e non esisteva una definizione univoca. Come incidere, dunque, in termini effettivi sul territorio e sulle coscienze? Che tipo di linguaggi adottare? A chi spettava il privilegio della firma o della riproduzione? E soprattutto, in che modo conciliare l'esigenza dell'artista come singolo individuo con quella dell'artista come elemento di un gruppo? Queste erano alcune delle domande che gli stessi artisti si ponevano e a cui rispondevano ciascuno attraverso le rispettive attitudini.

Nel diversificato panorama italiano, il Collettivo Lavoro Arte, nasceva sul finire del decennio e a ridosso dell'emergere di un nuovo sentire comune. Questo dato anagrafico, insieme alla consapevolezza con cui il gruppo ha agito sin dalla sua formazione, ne fa oggi un significativo esempio di elaborazione teorica e pratica dei momenti conclusivi della stagione. Fu, infatti, proprio sulle questioni appena accennate che Fernanda Fedi, Gino Gini e Tullo Montanari si riunirono come Collettivo, a Milano nel 1978[2]. Insieme, i tre artisti avevano già fatto parte del Collettivo Lavoro Uno (Milano 1972-1978) costituito in principio da Giorgio Calvi, Giuseppe Denti e Tullo Montanari. Finalità primaria del gruppo era stata quella di ricreare un "nuovo rapporto" tra *operatori artistici* e società, dove con "nuovo rapporto" si indicava una tendenza artistica mirante alla relazione privilegiata e inedita tra artisti e territorio[3]. Proseguendo in questa direzione, il Collettivo Lavoro Arte mantenne viva la convinzione di dover consolidare un dialogo necessario con le strutture territoriali. Mantenne anche l'idea del Collettivo come luogo di convergenza delle singole identità, così come il ricorso a un lessico mutuato dalla scena politica antagonista. Ciò da cui invece avrebbe, programmaticamente, preso le distanze erano da un lato il concetto di "autonomia" del singolo rispetto al gruppo, dall'altro il superamento di un atteggiamento contestatario impostato sulla denuncia a favore di forme di coinvolgimento ironiche, ludiche e maggiormente partecipative[4]. Qui di seguito una definizione del collettivo raccolta dallo Studio d'Arte il Moro di Firenze nel 1981, nell'ambito della *Prima Rassegna Gruppi Autogestiti in Italia*:

Il Centro Lavoro Arte è formato da operatori artistici che intendono autogestire il proprio lavoro, sia collettivo sia individuale, al fine di raggiungere autonomie diversificate. Interessati agli interventi sul territorio, attraverso azioni tendenti alla registrazione e alla temporanea modifica della situazione ambientale, cerchiamo di agire in modo interdisciplinare per ottenere partecipazioni, le più vaste possibili.

Il Centro è anche disponibile per momenti individuali, sia degli appartenenti al gruppo, sia di altri che intendono fruire delle strutture di cui disponiamo, messe a disposizione gratuitamente. Non essendo un movimento di tendenza vengono analizzate le proposte che ci pervengono, a qualsiasi disciplina artistica appartengano e, di conseguenza numerose e qualificate sono state le presenze che hanno dato vita a incontri e dibattiti[5].

Il primo dato evidente in questo brano è la sopravvivenza ancora forte di parole d'ordine come "operatori culturali", "autogestione", "autonomie", "individui", "collettivo" a sottolineare una posizione identitaria riconoscibile e le intenzioni sociali del programma. È evidente anche l'attitudine verso la gestione autonoma e condivisa con artisti e popolazione di uno spazio espositivo. Tuttavia, per quelli che erano usciti dal Collettivo Lavoro Uno fondando il Collettivo Lavoro Arte, l'impegno politico e sociale dell'artista non implicava la rinuncia al proprio percorso individuale e, mi si conceda il termine, professionale. Fuori dalle gallerie e a disposizione del territorio, avveniva dunque l'impegno sociale, ma senza perdere di vista la propria ricerca. In questo senso il Collettivo Lavoro Arte aveva le idee chiare e i due piani avrebbero dovuto rimanere rigorosamente separati.

Oltre a Fedi, Gini e Montanari, nei tre anni di attività parteciparono alle iniziative del Collettivo Lavoro Arte Attilio Lunardi, Armando Ilacqua, Giovanna Pagliarani, Franco Balan e Carlo Alberto Mutinelli. Il collettivo aveva uno spazio in via Cesariano 11, il Centro Lavoro Arte, dove svolgeva parte della sua attività. Nel 1978 ci fu la prima mostra realizzata in sede, intitolata *Autopresenze*. L'esplicita intenzione era quella di presentare i protagonisti del nuovo gruppo appena formato. Ciascun artista, singolarmente, attraverso dei ritratti fotografici, primi piani ingranditi di ognuno di loro. Ciascuno di essi presenziava lo spazio tanto come singola "realtà mentale", quanto come "presenza fisica"[6]. Comunicare la posizione del Collettivo rispetto alla relazione tra artista come singolo e artista come parte di una comunità era sentita come un'urgenza primaria. Come in una "dichiarazione di poetica", con *Autopresenze* il C.L.A. voleva trasmettere l'idea dell'unione nel gruppo come momento di "superamento [...] dei singoli linguaggi [...] presupposto per instaurare un nuovo rapporto, sia all'interno della sede, sia negli interventi nel territorio"[7].

I primi anni di attività del Collettivo Lavoro Arte si diramano lungo tre assi. Alle mostre in sede, si affiancarono infatti la produzione di edizioni di documentazione e gli interventi fuori dalla sede di via Cesariano 11. Le mostre in sede raccoglievano e realizzano le proposte tanto degli artisti del Centro, quanto di quegli esterni, che della popolazione. Dopo *Autopresenze*, sono degne di essere ricordate la mostra del 1979 *Autoritratto-semiologia della memoria*, una collettiva a tema a cura di Pedro Fiori, di cui fu realizzata anche un'edizione. Quindi, le mostre personali come quelle di Gino Gini, *Mail Art-L'immagine Mitica*, o di Carlo Alberto Mutinelli, *Linee e sculture*.

Come avveniva in altre realtà autogestite, mostre, interventi e dibattiti erano supportati dalle "edizioni" realizzate dal Centro stesso e destinate alla comunicazione e documentazione. Come ad esempio per la mostra del 1979 *Esercizio-Luogo Comune*, per cui fu realizzata infatti un'edizione a tiratura limitata di 250 copie.

In merito alle iniziative esterne, dove veniva riproposto con diverso approccio il rapporto tra operatore culturale e territorio, "registrazione" e "sensibilizzazione" erano, come da programma, i fini prioritari. Il coinvolgimento doveva essere di fatto indifferenziato. Gli artisti del Centro non individuavano più un target definito, come avevano sperimentato con il Collettivo Lavoro Uno, ma si muovevano in modo più fluido all'interno delle strade e delle piazze, approfittando piuttosto di occasioni pubbliche, istituzionali o artistiche, come festival o biennali. Ogni azione si incentrava sulla lettura metaforica di alcuni elementi specifici relativi ai luoghi d'intervento. La situazione è il nuovo linguaggio. La riflessione sulle condizioni di vita il messaggio. Il tessuto sociale urbano il nuovo interlocutore.

È del 1978, ad esempio, *Rivisitazione Biennale: futura veduta veneziana*, l'iniziativa svolta collateralmente alla 38ª Biennale veneziana. L'idea di fondo era quella di evidenziare il carattere kitsch e banale della narrazione sulla città di Venezia come meta turistica. E cioè la riduzione anonima a immagine da cartolina che si andava definendo in quel momento di un territorio invece forte di secoli di storia e di un'identità consapevole. L'installazione fu realizzata in Campo Santa Maria del Giglio. Si trattava di un cubo bianco, all'interno del quale si trovava una scatola trasparente sospesa che conteneva una selezione di oggetti tipici del turismo veneziano. Gondole di plastica, cartoline del bacino di San Marco e maschere. Il cubo esterno funzionava da filtro isolante. Permetteva di uscire dalla confusione delle calli attraversate da folle di turisti e di entrare in uno spazio di silenzio, essenziale. Al suo interno, la scatola trasparente ricomponeva quindi la confusione esterna. Lo spettatore poteva spiare l'interno del cubo da piccole fessure. Rimanendo con il corpo al di fuori, ma guardando contemporaneamente all'interno del cubo, avrebbe assorbito uno stato di sguaiata confusione dall'esterno contrapposto a un sentimento di intimità nell'osservazione. Quello che il C. L. A. voleva sottolineare erano le trasformazioni della cultura da storia a consumo. La banalizzazione di elementi identitari e la loro destinazione a merci di rapido utilizzo.

Una seconda iniziativa da ricordare è quella realizzata a Zurigo nel 1979, per la manifestazione *Thearena* di quell'anno. *Tracce-Tempo in Zurigo*. La finalità era la registrazione del rapporto tra popolazione e territorio. Nel dettaglio gli artisti avevano disposto dei grandi teli bianchi sul manto stradale dal centro alla periferia della città, perché si sporcassero sotto la suola delle scarpe dei passanti o sotto gli pneumatici delle automobili registrandone il passaggio. I passanti diventavano spettatori e attori in un confronto senza mediazioni, nel momento in cui decidevano di calpestare il telo. I segni rimanevano impressi sulle tele disposte a terra. Tipologia, consistenza, pulizia, sporcizia raccontavano in un disegno del tessuto sociale appartenente al territorio dove erano state poggiate. Abitudini sociali, frequenza e tipologia degli spostamenti, diventarono il segno grafico impresso sulla tela. La casualità del passaggio, la documentazione della quotidianità si univa all'immagine del manto stradale e si faceva frottage.

Seppure in tempo breve, il Collettivo Lavoro Arte seppe dotarsi di un'identità ben definita e muoversi all'interno di una solida rete di relazioni con altri collettivi di artisti in Italia e in Europa. Nel 1980 partecipando presso Lo Studio d'Arte Il Moro, a Firenze, alla *Prima Rassegna dei Gruppi Autogestiti in Italia*. Una rassegna che aveva l'ambizione di raccogliere e fare il punto sulla gestione autonoma e collettiva dell'arte in Italia. Per l'occasione decine di artisti esposero e riferirono i loro percorsi, le rispettive attività, e teorie, confrontandosi e creando un momento di discussione e riflessione documentata grazie agli interventi e alle descrizioni che ciascun gruppo diede di sé per l'occasione.

Sul piano internazionale, l'anno successivo, nel 1981, fu proprio il Centro Lavoro Arte ad accogliere invece una mostra dedicata ai gruppi d'artista d'Europa. Confronto e conoscenza reciproca animava ancora questi artisti. Numerosi furono i gruppi che risposero positivamente all'iniziativa inviando materiali o partecipando direttamente[8]. Provenienti da Spagna, Scozia, Francia, Germania e Inghilterra, portarono materiali delle loro esperienze artistiche e redazionali, presentandosi anche attraverso eventi performativi. I gruppi invitati furono: Cooperative d'Artistes Cairn (Parigi, FR), Bazillus Art Space (Würzburg-Grombühl, RFT), Data Peter Horobin (Dundee, GB), Calibre33 (Nizza, FR), Neon de Suro (Mallorca, ES), Attitude (Strasburgo, FR), Medamothi (Montpellier, FR), Agora-Studio (Maastricht NL), The Basement Group (Newcastle Upon Tyne, GB), Kleiner Austellungraum (Lyon, FR), Centri Autogestiti Italiani.

Secondo la testimonianza di Fedi la conclusione di questa esperienza si dovette a una "inevitabile delusione" data dalle istituzioni. Per certi versi, politicamente parlando, è difficile immaginare un percorso di autonomia all'interno di un dialogo con le istituzioni. Artisticamente invece il concetto di autonomia può avere un'accezione differente, e si rivolge al mercato, cercando piuttosto nelle istituzioni quel supporto indispensabile per la propria libertà creativa, e la sua congiunzione con l'impegno sociale. Inoltre, la necessità di recuperare una dimensione privata, pur nel mantenimento di quella condivisa, di distinguere i limiti tra i due piani, di restituire all'artista la sua individualità e la sua professione, la necessità di superare il linguaggio della denuncia, il passaggio dalla terminologia di "Collettivo" a quella laboratoriale di "Centro", vanno di pari passo con i segnali di cambiamento del decennio, di cui questo laboratorio si fa esperienza e per certi versi epilogo.

1. Per un approfondimento sull'argomento vedi: Pioselli Alessandra, *L'arte nello spazio urbano*, Johan & Levi, Lissone 2015; Acocella Alessandra, *Avanguardia diffusa*, Quodlibet, Macerata 2016; Voso Daniela, "Esperienze collettive in Italia", in Mania P. - Catalano M. I. (a cura di), *Arte e memoria dell'Arte*, Gli Ori, Pistoia 2011.

2. Sulla storia del Collettivo Lavoro Arte vedi anche Fedi Fernanda, *Collettivi e gruppi artistici a Milano. Ideologie e percorsi 1968-1985*, Endas, Milano 1986; suppl. a "Panorama Lombardia", n. 31, settembre 1986, pp. 42-45.

3. Cfr. Denti Giuseppe, "Presentazione del Nuovo Rapporto", in Falossi G. - Denti G. (a cura di), *Quotazioni e prezzi degli artisti italiani contemporanei e Nuovo Rapporto*, Il Quadrato, Milano 1978, pp. 79-123.

4. A questo proposito, Fernanda Fedi scrive: "L'ironia, questo sottile metaforico ed amaro sarcasmo, era l'unica arma rimasta a disposizione, per svelare altre verità, altre constatazioni, per poter ancora essere protagonisti, senza urla, ma col sorriso", in Fedi, op. cit., p. 46.

5. Cfr. *Prima Rassegna Gruppi Autogestiti in Italia*, Studio d'Arte il Moro, Firenze 1981, pp. 48-57.

6. Ibidem.

7. Ibidem.

8. Cfr. *Documento - manifestazioni Centro Lavoro Arte 1980/81*, Milano. *Presentazione Documento Gruppi Autogestiti Europei*.

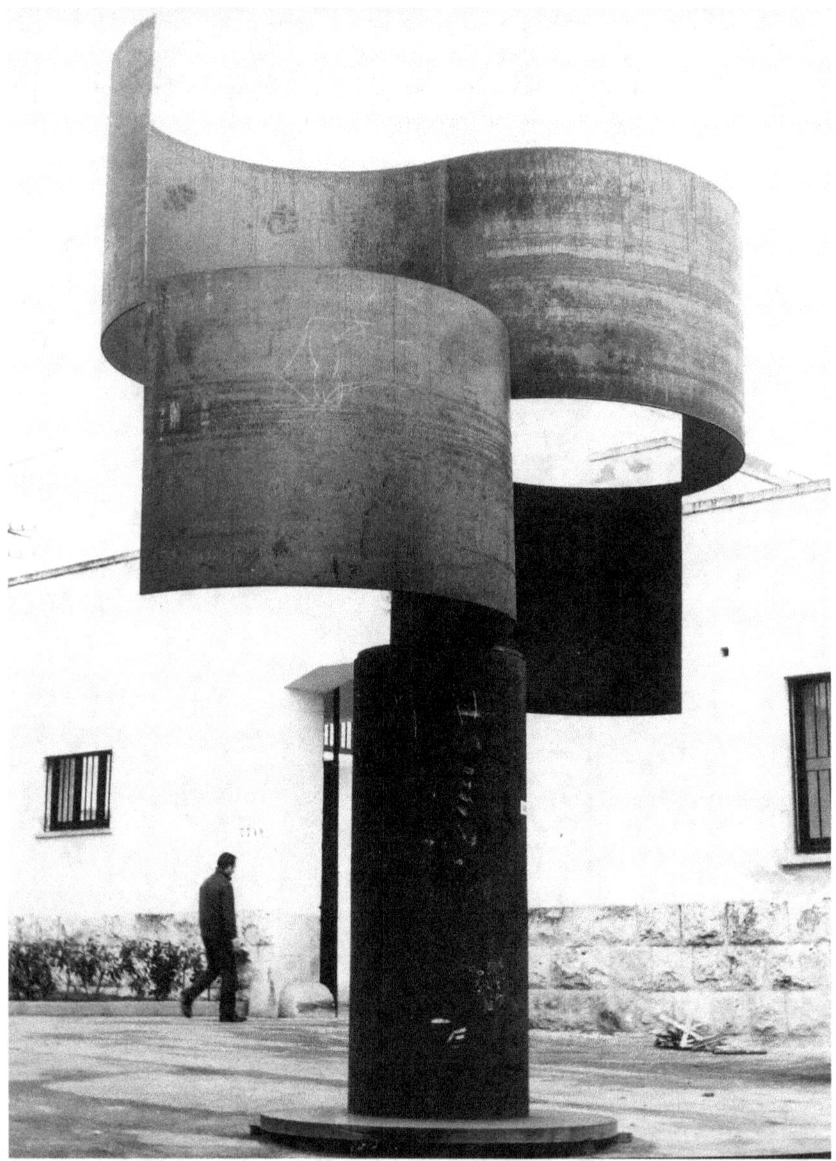

Pietro Guida, *Opera costuita 2*, Taranto, Circolo Italsider, 1974 (nell'ambito di *Uno spazio per l'arte*, a cura di Franco Sossi). Foto: Ciro De Vincentis

Arte e impegno sociale in Puglia.
Il caso Taranto

Gianluca Marinelli

Gli *Incontri di Martina Franca*, organizzati dallo Studio Carrieri, rappresentano probabilmente l'ultimo atto in Italia della decennale stagione di "arte nel sociale" teorizzata da Enrico Crispolti, non a caso il curatore di questa manifestazione. Dal 1979 al 1981, nel mese di settembre, in ogni angolo del centro storico di Martina Franca (TA), operatori estetici, critici e performer furono i protagonisti di una serie di eventi che coinvolsero attivamente gli abitanti. Gli artisti che vi parteciparono vivevano la propria figura professionale e il proprio ruolo nella società in modo completamente innovativo, e furono tra coloro che meglio si erano distinti sulla scena nazionale e internazionale, come artefici di interventi sul piano filosofico, antropologico, economico e politico[1].

L'iniziativa dello Studio Carrieri non costituisce tuttavia l'unico esempio, in ambito pugliese, di una ricerca artistica che rifiuta i suoi limiti tradizionali, proponendosi come elemento di 'partecipazione' ai processi della realtà. Nel corso degli anni Settanta erano andate maturando altre esperienze, con una significativa concentrazione nella provincia di Taranto: un'area ricca di fermenti e di contraddizioni, innescati dalla costruzione del IV Centro siderurgico Italsider (oggi Ilva), il più grande d'Europa. L'alto tasso di morti sul lavoro, il grado di sfruttamento degli operai e l'inquinamento, sono tutte componenti che fanno alzare il tono della polemica. L'arte, nelle sue frange più estreme per consapevolezza e ricerca, diventa da subito un veicolo privilegiato della protesta politica e sociale, ed è interessante notare proprio il modo in cui gli operatori estetici locali si siano confrontati con tali problematiche. Oltre ad esplorare nuovi temi e a sperimentare gli innesti più arditi tra i linguaggi, agirono spesso in contesti inusuali per la pratica artistica, legandosi all'associazionismo politico, operaio, studentesco e ambientalistico del territorio, nel tentativo di sollecitare criticamente un pubblico sempre più vasto[2].

Ad entrare in questo territorio, può aiutarci la figura di un artista come Vittorio Del Piano (1941-2014), ancora poco nota agli studi. Attivo già sul finire degli anni Sessanta con ricerche video, di arte programmata e comportamentale, collabora con diverse realtà associative, fondandone egli stesso delle nuove. Ad esempio, con l'Università Popolare Jonica, di cui dirige la sezione Arti visive, insieme all'associazione ambientalista Italia Nostra, il 31 gennaio 1971 organizza l'happening

Taranto per una industrializzazione umana. Si tratta di una manifestazione di protesta contro il governo nazionale che aveva da poco varato il raddoppio dell'Italsider. A tale evento, il cui proclama fu sottoscritto da numerosi artisti e intellettuali italiani (Giorgio Bassani, Cesare Brandi, Raffaele Carrieri, Nicola Carrino, Marcello Fabbri, Paolo Grassi, Guido Le Noci, Mario Manieri Elia, Giacinto Spagnoletti, tra gli altri), parteciparono diversi operatori estetici attivi in Puglia (Mimmo Conenna, Giuseppe Delle Foglie, Lino Sivilli, Vittorio Del Piano, Umberto Baldassarre, Paolo Sparro, Cosimo Damiano Tondo, Biagio Caldarelli, Giovanni Corallo, Luciano di Maglio, Salvatore Fanciano, Bruno Leo, Giuseppe Manigrasso, Vitoantonio Russo, Sandro Greco, Corrado Lorenzo, Salvatore Spedicato, Leo Morelli, Alfredo Giusto). L'operazione prese avvio alle 8.30 con l'affissione di manifesti di protesta realizzati da Del Piano insieme agli alunni del Liceo Artistico Lisippo, alludenti alle contraddizioni del boom economico. Partito l'happening, tutte le azioni si svolsero simultaneamente per l'intera mattinata, nelle principali piazze del centro. Tra queste si deve sicuramente menzionare l'intervento di Sandro Greco e Corrado Lorenzo: dopo avere ostruito l'incrocio di una delle principali arterie della città con decine di pneumatici, impedendo il passaggio delle autovetture, iniziarono il lancio di centinaia di boccette in plastica, dove l'etichetta frapposta e sigillata con il piombo certificava il contenuto di "acqua dello Jonio non inquinata", "aria pura non contaminata dallo smog", "terreno agrario purissimo del Salento". Scambiati per terroristi Greco e Lorenzo furono poi condotti in caserma per chiarire ogni equivoco[3].

A partire dalle 11.30 cominciò invece l'intervento di Del Piano che avrebbe chiuso la manifestazione. Su un lenzuolo bianco e su dei fogli di cartone articolati in modo da restituire la forma di una croce, l'artista eseguì insieme a Michele Perfetti una scritta alludente al sacrificio e alla compravendita del territorio ("Taranto fa l'amore a sennn$o unico"). L'azione si concluse con un falò davanti al Monumento ai Caduti e a una scritta realizzata per terra con la bomboletta spray: "Qui è l'Olocausto".

Nel 1970, insieme a Perfetti, Eugenio Miccini e Lamberto Pignotti, Del Piano aveva fondato a Taranto il collettivo Videoartesperimentale. Il collettivo è menzionato nel *1° Censimento per gruppi video nel mondo radio e tv locali in Italia*, curato nel 1977 dal Gruppo Permanente di lavoro per l'informazione e i mass media della Biennale di Venezia[4]. Oltre a realizzare nastri audiovisivi di natura sperimentale e a filmare performance artistiche, il sodalizio collabora con i circoli culturali e i sindacati, realizzando campagne di impegno civile che vertono sui temi del risanamento dei centri storici, inchieste sull'artigianato locale e altri temi del dibattito politico e sociale di quel periodo. Sempre nel 1977, uno dei lavori del collettivo, *Comunic/ azione, Oper/azione, Combin/azione, Super/azione*, un video di 30 minuti "riferito a interventi di iniziativa politica e di animazione, a carattere antropologico, sociologico ed estetico-sperimentale"[5], fu presentato a Venezia a corredo di un gruppo di iniziative sul video tape, promosso dall'Archivio Storico delle Arti Contemporanee della Biennale. L'utilizzo del videotape è una costante del lavoro di Del Piano per tutti gli anni Settanta. Se ne servirà oltre che per i suoi progetti artistici, anche per le attività

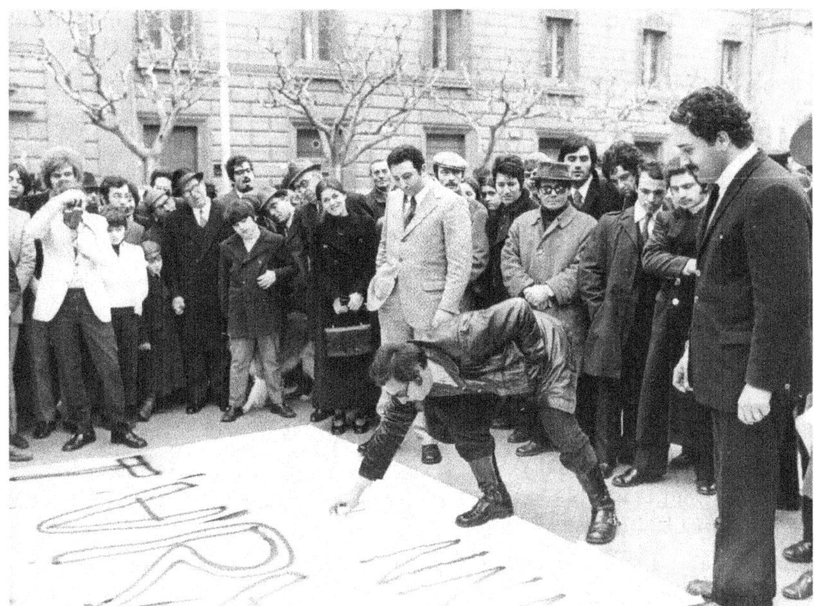

Taranto per una industrializzazione umana, Taranto 1971. Performance di Vittorio Del Piano e Michele Perfetti.

teorico-didattiche che svolge in contesti educativi come la scuola e l'accademia di belle arti. Sempre in quegli anni collabora con l'emittente televisiva Radio TV Taranto, dove conduce un programma dalla cadenza settimanale, intitolato *Controluce, arte d'avanguardia e comunicazione*.

Oltre a Del Piano, come già menzionato, in *Videoartesperimentale* figurano tre protagonisti della poesia tecnologica italiana, tutti legati al Gruppo 70. Spicca in particolare la figura di Perfetti: quest'ultimo, prima del suo trasferimento a Ferrara avvenuto nel 1973, fu un operatore instancabile nel sollecitare presso il nuovo pubblico della classe operaia una riflessione sulle contraddizioni di una società in rapida trasformazione e sull'alienazione del lavoro industriale. Per questa ragione collaborò a lungo con il Circolo Italsider di Taranto, il circolo del dopolavoro dei dipendenti dell'azienda. È qui, ad esempio, che sceglie di allestire alcune personali e pubblica i suoi primi libri sperimentali. Perfetti è spesso impegnato nell'organizzazione di progetti legati alla poesia visiva, come l'happening *Out* (29 giugno 1968), ideato insieme a Gianni Jacovelli negli spazi del Circolo "Niccolò Andria" di Massafra (TA), o la rassegna *Scrittura attiva* (1969), ordinata con scrupolo filologico negli spazi del Circolo Italsider, allineando le opere di sessantasei protagonisti dei vari settori della poesia visiva provenienti da tutto il mondo. Una rassegna da intendere come un approfondimento rispetto alla prima esperienza del genere avutasi nel Mezzogiorno nell'ambito delle *Co/incidenze* di Massafra[6].

In questi anni il Circolo Italsider di Taranto, grazie alla presenza di artisti come Perfetti, Del Piano e di un critico come Franco Sossi, fu un laboratorio di sperimentazione, dove si cercò di trasformare le normali attività espositive in un momento di confronto reale con gli operai. Ciò accadde, ad esempio, in occasione della rassegna *Uno spazio per l'arte* del dicembre 1974, curata da Sossi. Quest'esposizione vide la partecipazione di numerosi artisti del territorio (Nicola Carrino, Giuseppe Delle Foglie, Vittorio Del Piano, Pietro Guida, Cosimo Damiano Tondo, Antonio De Franchis, Michele Perfetti, Nicola Andreace, Emanuele De Giorgio, Alfredo Giusto, Aldo Pupino, tra gli altri), alcuni dei quali realizzarono delle sculture in acciaio insieme agli operai dello stabilimento siderurgico, in un clima di dialogo e di condivisione orizzontale dei talenti. Tra i protagonisti della mostra, sicuramente Pietro Guida, impegnato da almeno tre lustri in una ricerca astratto-costruttivista, rigorosamente in ferro, dopo gli esordi figurativi che risalgono alla seconda metà degli anni Quaranta. Fu lui a realizzare le sculture più maestose. La mostra *Uno spazio per l'arte* fu inoltre l'occasione per un''azione didattica' di Nicola Carrino, operativamente improntata alla costruzione-distruzione di una piattaforma, mediante l'utilizzo di sessanta moduli del suo *Costruttivo 1/69*, nel tentativo di cancellare l'idea di opera d'arte intesa come entità immutabile ridotta ad oggetto di mero valore economico, per assurgere a "strumento collettivo di idee [...] e quindi [...] di coscienza critica"[7], disponibile alla partecipazione del singolo fruitore o ad azioni di gruppo.

Torniamo ora a Del Piano. Nel 1973 aveva creato a Taranto il Centro Punto Zero: uno spazio autogestito che funge da galleria sperimentale, archivio, casa editrice e che si trasformerà alcuni anni dopo in cooperativa culturale. L'attività editoriale del Centro contempla essenzialmente cartelle grafiche e libri d'artista; vi sono pubblicazioni che vertono sulla tematica ambientale e sulla tutela dei patrimoni, ma anche saggi di critica d'arte di autori come Franco Sossi, Eugenio Miccini, Pierre Restany. Punto Zero è una struttura che promuove lo scambio e il confronto nel campo delle esperienze estetiche contemporanee. Per questo è in contatto con altre realtà simili in Italia, come il Centro Di di Firenze, il Centro di Documentazione Estetica di Novara, il Centro Culturale Sincron di Brescia e il centro Ricerche Inter/media di Ferrara.

In sinergia con la sezione tarantina del Partito socialista, con i sindacati e altre associazioni del territorio, Punto Zero arruolò diversi artisti, al fine di interpellare la coscienza politica cittadina sui principali temi del dibattito politico di quegli anni. Importante campo di intervento furono i festival, i comizi politici e le consultazioni elettorali, per i quali promosse esposizioni e performance. Significativa, ad esempio, fu la mostra-documento per il No al Referendum sull'abolizione del divorzio, in occasione della quale cinquantasei artisti provenienti da tutta Italia idearono un progetto per il manifesto della campagna (Mirella Bentivoglio, Eugenio Carmi, Gianni Colombo, Vittorio Del Piano, Riccardo Guarneri, Arrigo Lora Totino, Lucia Marcucci, Eugenio Miccini, Rinaldo Nuzzolese, Luciano Ori, Lamberto Pignotti, Vitoantonio Russo, Adriano Spatola, per fare solo alcuni nomi). Tali progetti oltre a essere esposti in più sedi, furono divulgati per posta attraverso cartoline, accompagnate da testi di propaganda politica e militante. Si tratta di una prassi operativa nella quale vengono colte le istanze tipiche della poesia verbo-visiva e della mail art, con qualche escursione *optical*, configurandosi come un mezzo privilegiato per la diffusione di idee di giustizia sociale. Campagne simili saranno organizzate per altri temi scottanti come l'aborto, l'opposizione al neofascismo e la lotta per la casa.

Punto Zero è presente anche in contesti artistici ufficiali, come l'Expo Arte di Bari, dove partecipa abitualmente, presentando un consuntivo dei propri progetti e facendosi promotore di dibattiti. Ne è una prova quello organizzato in occasione dell'edizione del 1977, quando Restany, Fernando De Filippi e Del Piano si confrontarono sul tema dell'emigrazione degli operatori estetici dal proprio territorio di provenienza e sulle difficoltà di chi sceglie di rimanere, lottando contro le 'baronie' locali[8]. A partire dal 1974, spesso in collaborazione con gli enti pubblici e con le principali realtà dell'associazionismo pugliese, Punto Zero attiva diversi interventi nel tentativo di sollecitare una riflessione sulla necessità di una riappropriazione libera e creativa da parte di ognuno del proprio habitat. Nel 1977 è a Gioia del Colle (BA), dove coordina performance, esposizioni e azioni di poesia-visiva, celebrando così la riapertura al pubblico del castello[9]. L'anno seguente è a Oria (BR) per realizzare un videotape sul locale Torneo dei rioni, proiettato in un secondo tempo nella piazza principale del paese. L'evento è parte di un progetto dell'Arci e dell'Associazione delle cooperative culturali della regione, sviluppato in vari centri (Bari, Conversano, Gioia del Colle, Oria) insieme ad alcuni artisti (Ada Costa, Cooperativa Arti Visive di Bari, Punto Zero e Antonio Paradiso)[10]. Nel 1980 Punto Zero partecipa alla rassegna *Palcoscenico di Puglia*, realizzando un'azione sotto l'arco del Castello di Grottaglie (TA), che divide la città vecchia da quella nuova. Una cinquantina di esemplari della locale ceramica, opportunamente riempiti di colore, furono fatti esplodere, producendo un'astrazione cromatica.

Sono solo alcuni esempi di progetti tendenti allo 'spettacolo' e non esenti talvolta da ingenuità, cui si dedica Punto Zero in questi anni. Non mancarono operazioni rilevanti: una di queste fu certamente *Arte totale*, messa in piedi a Martina Franca nell'estate del 1974, in occasione della quale furono organizzati degli interventi nei locali del gruppo Nuove Proposte, con il coinvolgimento di artisti come Eugenio Miccini, Giuseppe Desiato e Oreste Amato. Quest'ultimo trasformò se stesso in un monumento dedicato alle morti bianche dello stabilimento siderurgico,

Eugenio Miccini, *Arte/ Ipotesi e contemporanee ricerche*, Punto Zero 1974 durante una performance filmata da Del Piano e trasmessa a circuito chiuso. Un'azione da contestualizzare nell'ambito della Vertenza Taranto, iniziata nel 1973 e destinata a durare quattro anni: un periodo caratterizzato da ampi scioperi e da un dispiegamento di forze in un serrato confronto con il governo nazionale sulle tutele del lavoratore e sulle principali emergenze economico-sociali del territorio. Sempre sul tema delle morti bianche nel 1974 il Circolo Gramsci di Taranto, assieme ad un comitato composto da rappresentanti della classe politica locale (PCI), del sindacato, dei consigli di fabbrica e di quartiere, nonché del Circolo Italsider, aveva promosso la realizzazione di alcuni murali. All'iniziativa aderirono pittori da ogni parte d'Italia, legati a una figurazione critica, di orizzonte sociologico (Ennio Calabria, Ettore De Conciliis, Rocco Falciano, Mirko Gualerzi, Alfredo Giusto, Tino Vaglieri e Pio Valeriani, tra gli altri); questi artisti, dopo un primo contatto con la realtà dell'area industriale di Taranto, avevano inviato i loro bozzetti perché venissero discussi nelle assemblee dei lavoratori e in incontri a livello dei quartieri della città, prima della loro realizzazione su grande formato[11].

Il muralismo fa registrare un po' ovunque in questo decennio un'ampia ripresa di pratica, sia nell'aspetto connesso con l'immediatezza delle scritte murali, sia come intervento ambientale programmato, di tipo rappresentativo-simbolico e di lotta politica. A questa seconda categoria appartengono ad esempio i grandi murali realizzati a Taranto da Alfredo Giusto per la Festa Provinciale dell'Unità, con la collaborazione di altri artisti, studenti e operai. Figura emblematica di artista e militante comunista, Giusto è fedele a una concezione dell'arte come strumento di analisi e di denuncia sociale, affrontando con la sua pittura le problematiche dell'uomo contemporaneo. Un 'impegno' che lascia trapelare inoltre attraverso la pratica curatoriale (nell'ambito del Festival dell'Unità di Taranto, dal 1973 al 1980, organizza mostre sul tema 'arte e società' con adesioni nazionali) e i suoi contributi sulla stampa periodica.

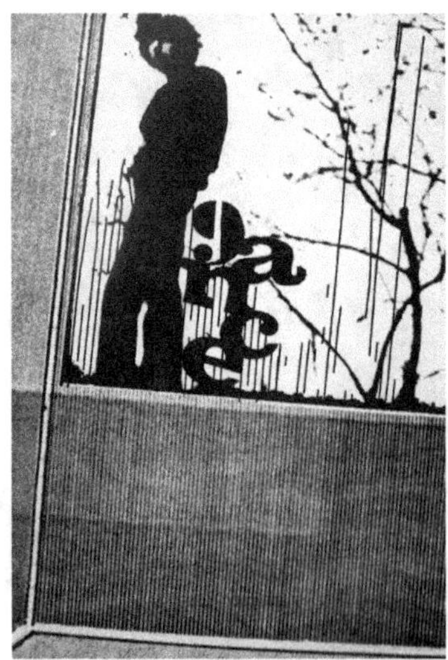

Se nel territorio nascono dunque nuove occasioni di intervento per gli operatori estetici, è sintomatico che negli anni Settanta le tradizionali attività espositive legate alla contemporaneità dei linguaggi, per quanto consolidate, entrino in crisi. È il caso soprattutto della rassegna artistica legata al Premio Massafra. Questa kermesse, di lunga tradizione, si era trasformata nel corso degli anni Sessanta, grazie all'attività di critici come Gianni Jacovelli, Cosimo Damiano Fonseca, Franco Sossi, Pietro Marino e di artisti come Nicola Andreace, in una manifestazione

Nicola Andreace, *Quali possibilità per l'uomo in Europa,* Punto Zero 1979 di rilevanza internazionale, capace di portare avanti un approfondimento critico sui gruppi di ricerca e sulle tendenze artistiche più aggiornate, spaziando dall'arte programmata (*Forme, spazio, strutture*, del 1967) alla neo-figurazione (*Dal contesto all'immagine*, del 1968), dalla mec art all'arte comportamentale (*Co/incidenze*, del 1969), non tralasciando di realizzare focus su esperienze assai peculiari (*50 e uno grafici cecoslovacchi*, del 1970)[12].

Dopo un'attenta riflessione da parte degli organizzatori, nel 1972 la rassegna si convertì in una mostra-dibattito dal titolo *Lo spazio urbano: analisi e proposte di intervento*. Un'iniziativa della durata di due anni che ebbe il suo perno in una serie di tavole rotonde. Si trattò infatti di un progetto nato per suscitare una presa di coscienza sui problemi dello sviluppo delle città meridionali, attraverso la presentazione di studi e di progetti di artisti, urbanisti, sociologi, geografi, storici dell'arte; uno strumento aperto di discussione con la popolazione che va inquadrato nell'ambito del dibattito di allora sulla difesa dei patrimoni culturali specifici e la rivendicazione, da parte della periferia, di nuovi modelli di gestione del proprio territorio, alternativi alle politiche centralizzate[13].

1. D'Elia A.- Carrieri L. (a cura di), *Dall'arte nel sociale al teatro d'artista. Incontri di Martina Franca '79/80/81*, Fondazione Noesi, Taranto 2012.

2. Marinelli Gianluca, *Taranto fa l'amore a senso unico. Esperienze artistiche nei primi anni dell'Italsider (1960-1975)*, Argo, Lecce 2012.

3. Ibi, pp. 66-71.

4. *Comunicazione e Comunità. 1° Censimento gruppi-video nel mondo radio e TVC locali in Italia, Istituti di ricerca nazionali* (a cura di Gruppo permanente di lavoro per l'informazione e i mass media), La Biennale di Venezia, Venezia 1977, p. 185.

5. Gervasoni Marie George, *Gli Art/tapes dell'ASAC*, in *Annuario 1978. Eventi del 1976-77* (a cura dell'Archivio storico delle arti contemporanee), La Biennale di Venezia, Venezia 1979, p. 508.

6. Marinelli Gianluca, *Taranto fa l'amore...*, op cit., pp. 62-66.

7. Carrino Nicola, *Costruttivi/ Testo 11, Ideologia. Metodo. Partecipazione. 1975*, riportato in Solmi Franco, *Nicola Carrino. Opere e interventi 1959-1979*, catalogo della mostra presso il Castello Aragonese, Taranto, 22 maggio-16 giugno 1979), 1979, pp. 25-26.

8. "Pierre Restany polemico con Expo Arte 1977. Una cultura borbonica che esalta le baronie", in "Corriere del Giorno", 13 aprile 1977.

9. Marino Pietro, "Arte al Castello di Gioia e in piazza: bilancio stimolante", in "La Gazzetta del Mezzogiorno", 24 settembre 1977.

10. D' Elia Anna, "Proposte nuove di cultura sulle piazze e nei castelli", in "La Gazzetta del Mezzogiorno", 31 agosto 1978.

11. Marinelli Gianluca, *Taranto fa...*, op. cit., pp. 47-53. Altri artisti impegnati sul tema delle morti bianche sono Nicola Andreace e Emanuele de Giorgio.

12. Basile Antonio, "Tradizione e innovazione nell'arte degli anni Sessanta. Il Premio Massafra 'Lucerna D'Argento'", in "Cenacolo", N.S. XV (XXVII), 2003, pp. 139-155

13. Battino G. – Catucci V. – Lembo F. – Cappellini M. (a cura di), "Lo spazio urbano: analisi e proposte d'intervento", in "Corriere del Giorno", 24 novembre 1972.

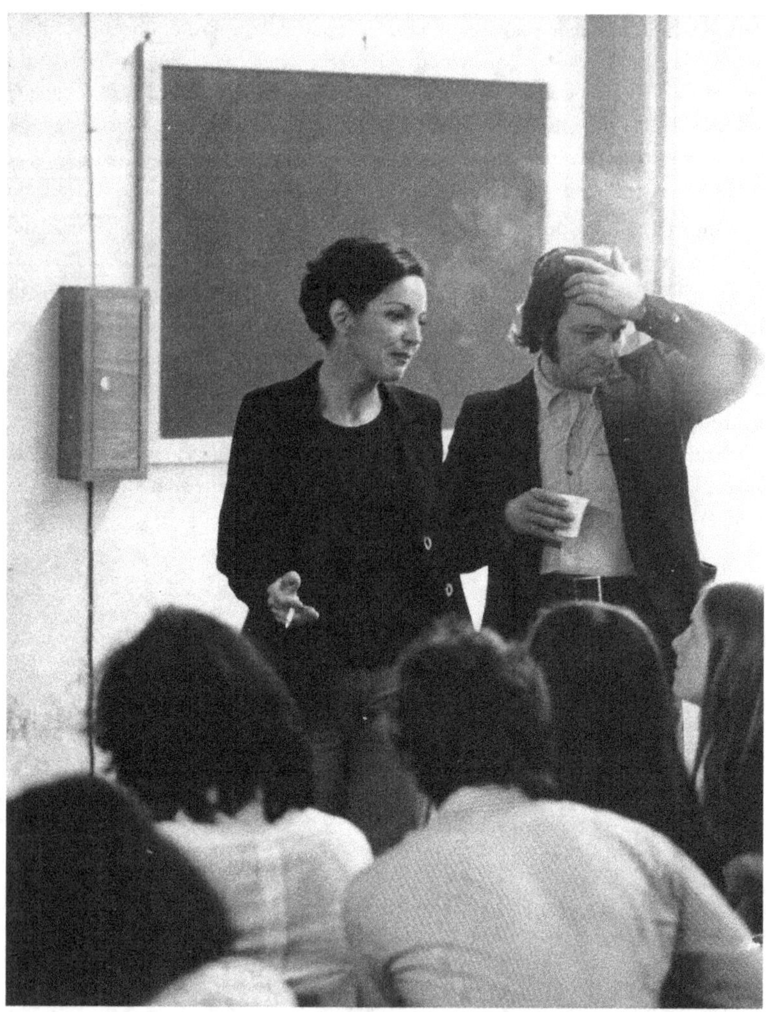

Gianni Pettena e Ketty La Rocca dopo la performance *Le mie parole, e tu?,* presso la Facoltà di Architettura di Firenze, 1975. Courtesy: Archivio Gianni Pettena

Dalla *Scuola di ghiaccio* ai *Nuovi Alfabeti*: Gianni Pettena, Ketty La Rocca e l'uso 'pedagogico' della performance

Caterina Iaquinta

Secondo uno dei più importanti 'descolarizzatori' del XX secolo, Ivan Illic, per scuola si intende quel "processo caratterizzato dall'età dei discenti, dal rapporto determinante con l'insegnante e dalla frequenza a tempo pieno di un programma obbligatorio"[1]. Secondo Illic, in questo senso, il rapporto inscindibile tra 'scuola e istruzione' o il binomio 'apprendimento-insegnamento', trasforma questi stessi termini nei limiti entro cui può attuarsi la trasformazione di una società.

Una 'scuola fuori dalla scuola' diventa così lo schema per intendere una serie di esperienze che, tra gli anni Sessanta e Settanta, usarono misure e piani di apprendimento per fondare i caratteri di nuovi soggetti sociali.

In Italia l'aspetto dell'educazione toccò solo tangenzialmente l'arte e non prima degli anni Settanta, ma con esempi fondamentali: la Scuola di Barbiana di Don Milani dal 1956 al 1968, gli asili autogestiti di Elvio Fachinelli in corso di Porta Ticinese a Milano dal 1970, le 150 ore di Via Gabbro a Milano di Lea Melandri dal 1976 e l'esperienza di Carla Accardi presso la Scuola Media Statale Papini di Roma nel 1971.

Questi sono da considerarsi momenti chiave della contestazione e riformulazione del sistema scolastico su basi anti-autoritarie a favore di tutte le classi sociali, dove a rivestirsi di nuova 'autorità' è il ruolo dello studente. Tali 'scuole', nei diversi livelli di formazione, si ispiravano fondamentalmente a una valorizzazione del dominio sulla parola e sull'uso del linguaggio per favorire così, in concomitanza con le contestazioni sociali, la costituzione di nuove soggettività, bambini, donne, studenti, operai, contadini, pronti a mettersi in gioco per la rivendicazione di più adeguati diritti sociali.

La forte spinta performativa che pervadeva il fare artistico negli anni Settanta era in linea con questo nuovo approccio 'pedagogico'. Nel prefigurare nuovi linguaggi artistici a carattere partecipativo, molte delle manifestazioni artistiche proposte in quel periodo nascevano con l'intento di promuovere anche una rigenerazione del pubblico in individui in grado di ipotizzare attraverso l'arte una visione emancipata dell'esistenza.

Tra le diverse esperienze che in Italia, a partire dalla metà degli anni Settanta, videro protagonisti artisti o collettivi in esperienze di educazione liberata dai luoghi e dai tempi scolastici, è forse in ambito non propriamente artistico e universitario che si ebbero i primi esempi di sperimentazione didattica volti a stimolare la collaborazione diretta tra docenti e studenti.

Prima in ambito internazionale poi italiano, Gianni Pettena è stato uno tra i primi a rivisitare la classica disposizione della formazione universitaria come professore e da architetto 'radicale'. Creando un reale momento di incontro tra pratica e teoria e a partire da un suo peculiare modello di osservazione e progettualità sul territorio, Pettena si rivolgeva all'architettura con un approccio performativo e non invasivo, basato in prima istanza su interventi di risemantizzazione dello spazio, dal punto di vista teorico e visivo[2].

Dal 1971, nominato *visiting professor* presso il College of Art and Design di Minneapolis, iniziò a sperimentare queste forme di progettualità dentro l'attività didattica statunitense, modificando e contaminando ulteriormente la propria visione dell'architettura[3].

È infatti con il congelamento delle pareti esterne di un edificio scolastico nella città di Minneapolis nel 1971, *Ice House I*, che Gianni Pettena diede avvio alla sua esperienza americana. Come affermò in uno dei suoi primi resoconti di quell'evento iniziale: "un ex-liceo in una cittadina del Middlewest, abbandonato, è stato rivisitato con acqua e temperatura glaciale: da tubi forati disposti lungo il cornicione, una pioggia che gela"[4].

Una sorta di manifesto o una dichiarazione d'intenti, dove oltre alla messa in discussione di architetture tipiche del *landscape* americano, ri-trasformate in paesaggio dall'intervento di agenti naturali, si manifestava in parte anche la volontà di isolare e congelare un'istituzione come quella scolastica per proiettarsi al di fuori.

Dopo la 'scuola di ghiaccio', a cui seguì il rivestimento di un'abitazione in ghiaccio ancora a Minneapolis, *Ice House II*, Pettena avviò una serie di esperienze legate all'appropriazione del territorio sotto forma di azioni estemporanee, realizzate con gli studenti dei suoi corsi e volte a esplorare il valore dell'apprendimento al di fuori della scuola: *Weareable Chairs* che chiude nel 1971 le esperienze a Minneapolis[5] e quella che viene definita la 'trilogia di Salt Lake City' sulla revisione dell'abitare *middle-class* americano (*Clay House*, 1972), intorno alla conquista del territorio indagando il senso del confine e gli spazi di libertà (*Red Line* e *Tumbleweed Catcher*, entrambe del 1972).

Durante l'esperienza californiana di Salt Lake City, Pettena si interessò ad esperienze come quella dello *Whole Earth Catalog* e di *Drop City*[6], nate anch'esse sulla scia di una rivoluzionaria formazione scolastica come quella portata avanti dal Portola Institute e soprattutto dalla Pacific High School. Pettena descrisse quest'ultima come

> una scuola senza fissa dimora, per chi senza fissa dimora non è, un villaggio vocabolario di recuperi semantici e assonanze strane. Baracche montate lì per lì, tende, domus, autobus, è tutto un modo di abitare di vivere di essere molto più lontano dell'ora di macchina che separa San Francisco da questo sistema. È una scuola con tanto di riconoscimento legale-statale, per chi ama collezionare pezzi di carta o intraprendere una carriera di concetto nell'apparato burocratico-amministrativo della repubblica, immaginabile solo per chi non ha ricevuto in dotazione dalla natura un'avara porzione di fantasia [...][7].

Nel 1973 Gianni Pettena rientrò in Italia e accettò l'incarico presso la Facoltà di Architettura di Firenze per l'insegnamento di Lingua Inglese che lui poi declinò in

Storia dell'Architettura (in inglese) per l'anno accademico 1974-1975. Come per la prima esperienza a Minneapolis nel 1971, anche questo nuovo incarico come docente inizia per Pettena con un evento che in parte determina l'andamento del suo programma didattico, almeno per il primo anno: al suo arrivo l'università è occupata dagli studenti.

Una documentazione ciclostilata prodotta dagli studenti promotori dell'occupazione nel 1975, presenta in maniera puntuale e organizzata un resoconto fotografico e testuale dell'esperienza di autogestione universitaria della Facoltà di Architettura, sia rispetto ai corsi tecnici che a quelli più teorici di cui Pettena fu tra i promotori, dimostrando come il ruolo del corpo studentesco al centro della riformulazione didattica, avesse prodotto sia una contestazione nei confronti dell'istituzione universitaria, ma anche come questo avesse messo in pratica un nuovo modello formativo organico e sistematico[8].

Il modello adottato fu definito dagli studenti 'Seminario Verticale Autogestito' sottolineando in questo modo l'approccio 'verticale' che metteva l'accento su una capacità collaborativa finalizzata a interrompere l'isolamento della condizione del docente trasformandolo in un attivo collaboratore e viceversa, dedicando all'interno dei singoli corsi attenzione allo studente, alle sue specificità, inclinazioni e proposte.

La pianificazione dell'intero programma avvenne in accordo col corpo docente che nell'Aula Anfiteatro dell'Università, propose il coordinamento in verticale dei propri corsi. Trattandosi della Facoltà di Architettura i primi a essere messi in questione e ribaltati dalla partecipazione degli studenti furono quelli inerenti le materie di progettazione.

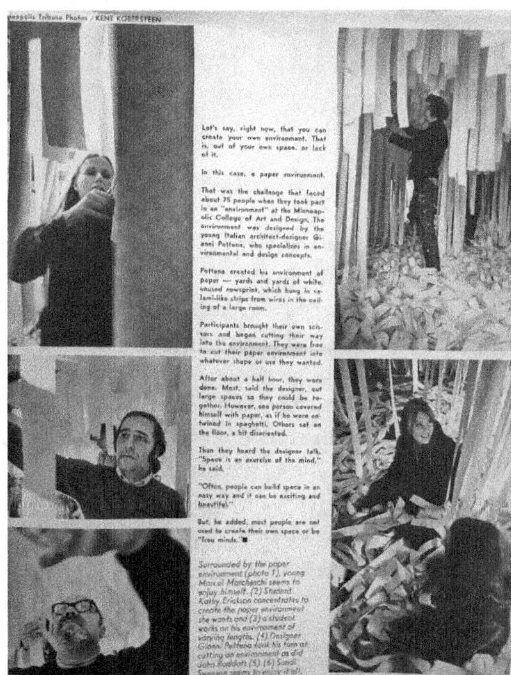

Gianni Pettena e gli studenti del Minneapolis College of Art and Design durante "Do-it-yourself environment, Minneapolis Tribune", 1970. Courtesy Archivio Gianni Pettena

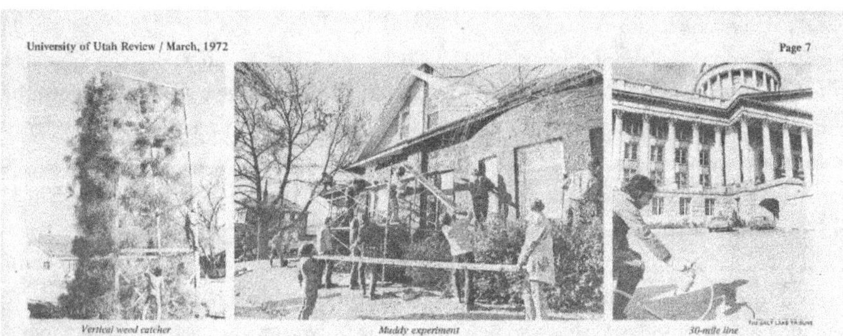

Vertical weed catcher

Muddy experiment

30-mile line

THE SALT LAKE TRIBUNE

Visiting Italian architect reveals creative expression

"What an eyesore!" exclaimed a white-haired spectator as he suspiciously eyed the fresh layer of red clay plastered on the walls, roof and windows of a vintage home in Salt Lake City's residential avenues area.

"I think it's the best looking house on the block," countered a teenaged neighbor as she pitched in to help the broom-wielding class of University architecture students touch up the spots where telltale traces of gray paint were still visible.

So went the dialogue all afternoon while the 29 students in Gianni Pettena's fourth year architectural design class smeared 35 cubic feet of mud on the home of fellow faculty member Morton Rosenfeld.

Creative Trilogy

The mud house completed what Mr. Pettena refers to as his "Salt Lake City Trilogy." The 31-year-old designer, a visiting associate professor of architecture from Florence, Italy, has completed two other dramatic works during his stay on campus — a three-dimensional vertical fence which catches weeds, and a red line around Salt Lake City.

Unconventional ideas have become a trademark of Mr. Pettena, who maintains a professional studio in Florence and has displayed his works in a half dozen other nations. By exposing his students to purely experimental ventures, he hopes to demonstrate that practicality is but one phase of their profession.

The red line — less than an inch wide and roughly 30 miles in length — took three hours to complete. The visiting architect, along with students and friends, painted the line with a rented paint sprayer and bright red water-based paint, while hanging from the back of a borrowed pickup truck.

The tower made of tumbleweeds, which adorned a vacant lot in downtown Salt Lake City, was another creative expression of Mr. Pettena who believes students need to have physical rapport with ideas. "They can't just look at pictures," he says.

The most controversial part of the trilogy, from the neighborhood point of view, was the mud house. "I thought it would be refreshing to see a structure with a completely natural surface sprouting up in the middle of an otherwise conventional middle-class neighborhood," explains Professor Pettena. "The casual appearance of a mud surface in contrast with the planned, formal look of surrounding houses changes the whole feeling of the area."

Mud is Versatile

"We chose mud partly for its informal appearance but also because, unlike steel or glass, it has the quality of a living substance. It changes color and texture as it dries. Other materials are passive by comparison. In a sense, the builder must kill glass and steel before he can use them. Just the opposite is true with mud," suggests Mr. Pettena.

He argues that the increasing demand for function, efficiency and economy has forced architects to abandon artistry in favor of commercialism, depriving modern society of an aesthetically rewarding environment. "It is no longer possible to walk through a modern city and see a variety of buildings with individual architectural personalities. They all look essentially the same. That feeling of mandatory conformity has a subtle but stifling impact on the inhabitants," he insists.

Although the mud was removed from Mr. Rosenfeld's house within a week after being installed, the technique will be employed again as Mr. Pettena visits other campuses in search of new ways to spark the imagination of budding architects.

La *trilogia di Salt Lake City* recensita sull'"University of Utah Review" nel 1972.
Courtesy Archivio Gianni Pettena

Nelle intenzioni degli studenti c'era l'idea della "realizzazione di un nuovo tipo di didattica sconosciuta in facoltà che si basava sull'attuazione pratica, manuale di proposte di studio alternative, evitando la documentazione tradizionale composta da disegni, relazioni e revisioni come mezzo di comunicazione ed espressione"[9].

Nel cortile accanto alla facoltà, luogo per la prima volta aperto agli studenti e concesso loro dal preside, ebbe luogo la prima assemblea per discutere le possibilità d'uso di un cantiere-laboratorio e soprattutto definire quali fossero gli obiettivi del seminario.

La proposta alternativa era infatti quella di organizzare uno spazio che fosse un luogo di studio e confronto ma anche di progettazione e costruzione. Per fare questo si predispose una sorta di archivio di tutte le industrie o aziende presenti nel territorio circostante disposte a fornire materiali di risulta, come lamiere di alluminio, ferro, tubi innocenti, laminati, utili a mettere in essere i progetti degli studenti studiati con i docenti. Sul fondamentale esempio di Buckminster Fuller al Black Mountain College il primo progetto realizzato con tubi innocenti e profilati di alluminio di risulta fu una cupola geodetica.

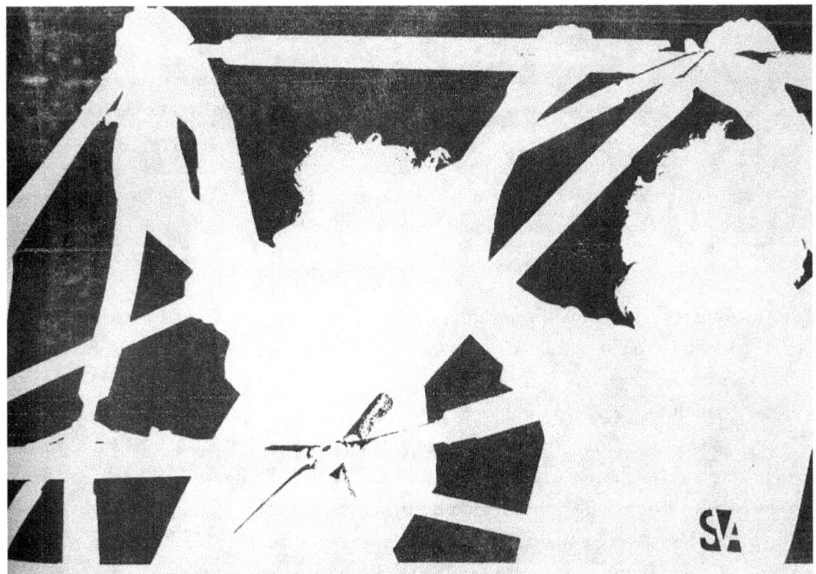

Interno della documentazione "Seminario verticale autogestito", 1975.
Courtesy Archivio Gianni Pettena

L'avvio del cantiere era riuscito nell'intento di rovesciare le più classiche modalità didattiche nell'ambito della progettazione. Allo stesso modo il ciclo di conferenze 'verticali' proposte da Pettena all'interno del suo corso di Storia dell'Arte e dell'Architettura, si trasformarono in *lecture* e dibattiti con un pubblico di studenti.

Le conferenze videro coinvolti artisti italiani e internazionali come Allan Kaprow, Chris Burden Terry Fox, Bill Viola e alcuni tra i più importanti rappresentanti dell'arte povera come Fabro, Boetti, Kounellis, Merz, Chiari e infine Ketty La Rocca, che tra il 1974 e il 1975 tennero incontri circa a cadenza mensile nell'aula magna di San Clemente o nella Sala delle Colonne della Facoltà[10].

Le conferenze erano pensate come *lecture* frontali, in cui gli artisti invitati mostravano diapositive, materiali documentali o testi che riguardavano il loro lavoro, raccontavano e descrivevano le loro performance ad un pubblico attivo di circa due o trecento studenti, mentre Pettena traduceva dall'inglese all'italiano[11].

La scelta degli artisti internazionali, dettata dalla loro presenza in Italia, denota la particolare attenzione da parte di Pettena per l'avanguardia artistica e soprattutto per le tematiche legate ai linguaggi più attuali, video, happening, performance, da affiancare all'architettura. Dimostrava inoltre come Pettena avesse inteso il suo ruolo all'interno del programma di autogestione, nel mettere a disposizione le sue competenze 'extra-curriculari', aveva intrapreso con gli studenti un programma di formazione basato sull'esperienza e il confronto diretto con linguaggi non strettamente connessi all'architettura.

Come lui stesso ha affermato:

> La mia scuola di architettura furono le gallerie d'arte, la scuola di architettura era ed è una scuola professionale che istruisce per diventare un professionista, non insegna il linguaggio dell'architettura ma il meccanismo strutturale e funzionale, nessuno ti spiega che se vuoi esprimere certe cose devi usare questo alfabeto e questa sintassi. Era nelle gallerie d'arte che trovavo i miei coetanei che sapevano trascrivere il loro pensiero in linguaggio visivo, facevo arte concettuale usando l'architettura con installazioni, mostre temporanee in Italia e all'estero[12].

Protagonista dell'ultimo appuntamento delle conferenze fu Ketty La Rocca che nel 1975 concluse il ciclo con la performance *Le mie parole, e tu?*, a sostituzione di una lezione frontale.

Per evitare di 'storicizzarsi', attraverso un commento critico al suo lavoro[13], Ketty La Rocca decise di far parlare gesti, movimenti, voci, e di focalizzare l'azione sul tema del linguaggio e della comunicazione. Inoltre, seppure mai dichiarato dall'artista, il fatto di aver scelto un'aula universitaria come prima sede per lo svolgimento dell'azione, rafforzava questi aspetti con un rimando ai metodi dell'istruzione e dell'apprendimento, accezione meno manifesta ma comunque presente nella sua ricerca[14].

La performance poneva su uno stesso piano il problema del codice linguistico della comunicazione verbale e la difficoltà del suo uso, potenziate dalla condizione di *presentness* di fronte a un pubblico di studenti e docenti e dal confluire nell'azione dei suoi interessi già espressi in ambito fotografico e intermediale[15].

Ma forse la necessità manifestata dall'artista di pensare ad un'azione e sperimentarla in un'aula universitaria, rimandava anche ad alcune sue esperienze vissute precedentemente nell'ambito dell'insegnamento e del linguaggio dei segni. In uno scritto del 1962 successivo all'esperienza di insegnante in una scuola elementare, affermava l'importanza dell'"apprendimento di una terminologia attuale aderente e specifica ad ogni argomento, che possa così diventare patrimonio dei ragazzi per una buona espressione e per vincere la genericità [...] spronandoli a uscire da un modo di esprimersi logoro"[16]. Quasi dieci anni dopo, nel 1972, iniziò a collaborare con la trasmissione per sordomuti "Nuovi Alfabeti", mandata in onda sulla RAI dalla primavera del 1973, dove l'artista è sempre più coinvolta fino a comparire nella puntata del 19 giugno 1973, come consulente per la realizzazione della sigla, con la collaborazione di un mimo[17].

Afferma Ketty La Rocca: "Nuovi Alfabeti è una rubrica molto interessante e attuale non soltanto per il pubblico al quale si rivolge: i sordomuti, ma anche per tutti. Intanto perché si impegna a realizzare un collegamento comunicativo e affettivo con una comunità esclusa dalla comunicazione auditiva"[18]. Sostiene inoltre l'importanza di quell'esperienza per "capire le ambiguità, le contraddizioni, la genericità del linguaggio normale, cioè del linguaggio articolato che predilige, nel rapporto di comunicazione il lato informativo piuttosto che il lato emozionale e affettivo"[19].

È in questo frangente che si accorge che il 'gesto delle mani', una volta espropriata la comunicazione verbale, mostra una sensibilità espressiva come la 'memoria di una funzione' o una 'suggestione estetica', e sottolinea quanto siano più efficaci i processi di sintesi gestuale sviluppati dai sordomuti ad esempio in parole come 'pace', 'guerra', 'casa', 'giustizia'[20].

Tutta l'azione si può spiegare nelle parole dell'artista come un complicato processo di 'coniugazione'[21], termine da intendersi sia come il complesso delle forme assunte dal verbo per indicare tempo, numero, genere, ma anche come necessità di un collegamento, una fusione tra elementi diversi. Da una parte la coniugazione separa, indica, determina l'individuo nel linguaggio dall'altra la coniugazione che sottolinea la vicinanza fisica a questo dramma che è l'impossibilità di una condivisione attraverso il linguaggio.

Si conclude così il ciclo dei seminari promossi da Gianni Pettena alla Facoltà di Architettura di Firenze, dentro un'aula universitaria e con un'azione collettiva, lasciando emergere l'ipotesi per l'articolazione non tanto di un nuovo linguaggio quanto di un 'nuovo alfabeto' da imparare e da insegnare, attraverso il gesto che sopra ogni codice linguistico dà voce e parola a chi questa non la conosce, non può esercitarla o l'ha perduta.

1. Illic Ivan (1972), *Descolarizzare la società*, Mimesis, Milano 2010, p. 33.

2. Si prendano ad esempio l'opera *Dialogo Pettena-Arnolfo* del 1968, concepita per un palazzo rinascimentale fiorentino attribuito ad Arnolfo di Cambio che prevedeva la chiusura di portici e loggiati con pannelli a strisce diagonali bianco-nere, il testo *L'anarchitetto*, pubblicato da Guaraldi nel 1973 e infine *About non conscious architecture*, una serie di fotografie realizzata tra il 1972 e 1973 presso la Monument Valley in USA in cui Pettena evidenzia la sua visione trasversale e non settoriale dell'architettura.

3. Per una lettura sui rapporti tra Pettena e l'ambiente americano si veda Piccardo, Emanuele, Wolf, Amit, *Beyond Environment*, Actar, New York 2014, pp. 50-119.

4. Pettena Gianni, "Conversazione a Salt Lake City", in "Domus", 516, novembre 1972, p. 53.

5. Tra queste si ricorda anche l'esperienza "Do-it-yourself environment". Si veda per questa azione Kobersteen, Kent, "Do-it-yourself environment" in "Minneapolis Tribune", 1970, 20 dicembre, pp. 13-14.

6. La prima edizione del *Whole Earth Catalog* di Stewart Brand fu pubblicata dal Portola Institute nel 1968, mentre la comunità di Drop City fu fondata nel sud del Colorado nel 1965.

7. Pettena Gianni, "Hog Farm e Pacific High School", in "Humus", I, n. 2-3, ottobre 1973, pp. 53-55.

8. Si tratta di un documento ciclostilato dal titolo "Seminario Verticale Autogestito", composta da 71 pagine non numerate. Il documento, realizzato per la grafica e le fotografie da tre allora studenti del corso di Gianni Pettena, Gabriella Argentiero, Leonida Principe e Nicola Amandonico, testimonia le fasi di sviluppo del seminario attraverso l'inserimento di testi e immagini numerate. Il volume è presente al momento in unica copia originale presso l'Archivio Gianni Pettena.

9. Citazione del Comitato studentesco tratta dal documento.

10. La maggior parte degli artisti internazionali coinvolti da Pettena, in quel periodo si trovavano a collaborare con il circuito più attivo delle gallerie fiorentine, la Galleria Art Tape 22 di Maria Gloria Bicocchi, la Galleria Schema di Alberto Moretti, Roberto Cesaroni e Raul Dominiguez e la Galleria Area di Bruno Corà. http://www.domusweb.it/it/arte/2016/07/11/un_art_pauvre.html (consultato il 2 febbraio 2016).

11. Nel documento sono presenti alcune immagini che ritraggono i protagonisti delle *lecture* come Allan Kaprow con in mano una copia di *Assemblage Environment & Happening* mentre ne mostra una pagina con le immagini di alcuni pannelli "da riutilizzare" (come riporta la nota del testo); o Mario Merz che presenta al pubblico forse per la prima volta, disegnandoli su una lavagna, i 'tavoli' a spirale realizzati dal 1976.

12. Gianni Pettena, intervistato dall'autrice il 12 Luglio 2016.

13. Cfr. Gallo Francesca, *Ombre e riflessi del corpo* in Gallo F. - Perna R. (a cura di), *Ketty La Rocca. Nuovi Studi*, Postmedia Books, Milano, 2015, p. 67.

14. La performance si svolse in seguito presso la Galleria Nuovi Strumenti di Brescia nel marzo 1975 e presso la Galleria La Tartaruga di Roma nell'aprile 1975. Per una descrizione della performance si veda Gallo, Francesca, *Ombre e riflessi del corpo* in Gallo F. – Perna R. (a cura di), *Ketty La Rocca. Nuovi Studi*, Postmedia books, Milano, 2015, p. 66.

15. Si fa riferimento in particolare al libro d'artista *In principio Erat* del 1971 e al video *Appendice per una supplica* (1972).

16. Saccà Lucilla, *Ketty La Rocca. I suoi scritti*, Martano Editore, Torino 2015, p. 111.

17. Per un'analisi della collaborazione di Ketty La Rocca con la RAI nell'ambito della trasmissione "Nuovi Alfabeti" si veda Del Bacaro Elena, *Intermedialità al femminile. L'opera di Ketty La Rocca*, Electa, Milano, 2008, pp. 184-188 e Mari Chiara, *Artisti e Rai. 1968-1975. La televisione pubblica italiana come spazio d'intervento artistico*, tesi di dottorato di ricerca in "Studi Umanistici. Tradizione e contemporaneità", S.S.D.: L-ART/03, Storia dell'arte contemporanea, Università Cattolica del Sacro Cuore, Milano, ciclo XXVII, a. a. 2013-2014, pp. 213-217.

18. Saccà Lucilla, *Ketty La Rocca. I suoi scritti*, Martano Editore, Torino 2015, pp. 130.

19 Saccà Lucilla, *Ketty La Rocca. I suoi scritti*, op. cit., pp. 130.

20. Saccà Lucilla, *Ketty La Rocca. I suoi scritti*, op. cit., pp. 130-131.

21. Saccà Lucilla, *Ketty La Rocca. I suoi scritti*, op. cit., pp. 103. Il testo scritto da Ketty La Rocca è stato pubblicato per la prima volta in "Data", n.16-17, 1975, pp. 68-69.

Archiviare l'inarchiviabile

Marco Scotini

Nel breve intervento che devo tenere oggi non vorrei tanto cercare di delineare (o piuttosto schizzare) la storia di un movimento artistico piuttosto che quella di un gruppo attivista, la storia di una configurazione culturale piuttosto che di un'altra. L'ipotesi che, qui, vorrei avanzare è quella di uno sguardo eterodosso che si sforza di definire l'impianto teorico (per quanto provvisorio possa risultare) di una rivolta culturale e sociale. Ciò significa non rinunciare innanzitutto a quel carattere di 'stato gassoso' o a quella matrice eventuale che sono sempre i contrassegni di una rivolta come tale. Tanto più in questo caso. Quando cioè molti salti paradigmatici di allora richiedono, con urgenza, di essere adottati come necessari parametri di lettura attuali della nostra stessa contemporaneità.

E, dunque, visto che siamo qui a riaprire questi archivi della storia recente, a dis-archiviare opere e documenti rimasti chiusi e rimossi per trent'anni, la prima domanda da porci è: quali sono i grimaldelli che ci permettono di aprirli? Quali sono le possibili chiavi di lettura con cui decifrarli? Siamo sicuri di non averne smarrito la lingua, le procedure discorsive, il segreto dei segni? Siamo certi di dovere re-inquadrare questi archivi all'interno dei paradigmi di una storia tradizionale quando il loro compito è stato proprio quello di far saltare il regime di una storicità lineare e univoca? E, con esso, tutti i suoi tempi e i suoi soggetti classici?

L'intervento metterà a fuoco, quindi, alcuni concetti chiave e procedure di discorso raccolti all'interno di quella realtà che sono gli anni Settanta italiani: l'urgenza di un'arte e di una politica all'altezza dei tempi che abbiamo vissuto e che, da allora, non abbiamo cessato di vivere.

Una prima domanda di natura metodologica è dunque la seguente: perché continuare ancora a parlare di politica in un'accezione classica del termine? (E quando dico classica mi riferisco alla sua accezione moderna). E la stessa cosa vale per il termine 'arte'. Un po' di chiarezza semantica è ancora tutta da fare.

In quel momento, nel post 1968 per essere precisi, credo cominci ad installarsi una nuova configurazione tematica e semantica che sottopone a un vaglio fortemente trasformativo anche tutti i termini che vengono utilizzati ancora oggi. Tanto per fare un esempio, se penso al libro che Sylvère Lotringer e Christian Marazzi (due miei carissimi amici) editano all'inizio degli anni Ottanta per Semiotext(e) e che prende il nome di *Autonomia*, ecco che il termine ad emergere (anche nel sottotitolo) è quello di "post-politica". Quindi si apre una nuova condizione esistenziale che è relativa ad un inquadramento della fine del politico, nell'accezione moderna del termine. Credo che di conseguenza sia molto importante, per addentrarci nei Settanta, riuscire a riconfigurare semanticamente e simbolicamente i termini che noi utilizziamo. Nel caso in questione: post-politica al posto di politica.

Detto questo, vi domanderete anche perché da anni non mi stanco di tirare fuori (o, meglio, di convocare) questa figura o parola primaria che è 'archivio', soprattutto in riferimento ad una generazione che è finita piuttosto dentro i registri e i dossier giudiziari, mentre io parlo di 'archivio estetico' in rapporto ad essa.

Questo secondo me è un buon argomento da cui partire. Di fatto, se è vero che in quel momento fortemente dirompente si liberano energie creative a livelli che tutt'ora dobbiamo interpretare, è altrettanto vero che non possiamo continuare a parlare del rapporto 'arte-vita' riducendolo a un problema di trasformazione formale o stilistica dentro categorie storiografico-critiche accreditate. Quantomeno è difficile ricondurre la sua filiera di produzione semiotica sotto un dominio culturale già dato. Dovremmo piuttosto parlare di un mutamento paradigmatico.

La posta in gioco, in quella fase, è quella di un grande sisma paradigmatico con cui ci confrontiamo tutt'oggi: nel momento in cui riscopriamo la grande attualità della ricerca sperimentale, della innovazione radicale, degli anni Settanta, e a tutti i livelli.

Questo momento non è riducibile neppure al 1968 perché, se penso al 1968 francese, lì abbiamo una configurazione di rottura esplosiva, dirompente, ma non possiamo affermare che i Settanta siano la stessa cosa. C'è un primato del cantiere sociale italiano che viene rimosso immediatamente sulla soglia degli anni Ottanta, per tutta una serie di ragioni che ormai dovrebbero esserci anche troppo note. Ecco allora che l'importanza di questo momento richiede di essere misurata a partire da quello che le sue soggettività definiscono, da ciò che ribaltano, e cioè la condizione della modernità come tale, che da allora non è più la stessa.

Quindi dopo questa constatazione, se vogliamo utilizzare l'accezione di 'postmodernità' non la dobbiamo recuperare affatto dentro la favola della Transavanguardia o del 'pensiero debole' e di ciò che è successo in Italia all'inizio degli anni Ottanta, ma altrove dobbiamo prendere le categorie giuste. Per far ciò ci si muove più facilmente magari nel territorio americano, con categorie che sono state quelle della post-politica, del post-colonialismo, del post-femminismo e così via... Penso a figure come Edward Said, Benedict Anderson, Leonie Sandercock, per citarne alcune, ma soprattutto al filone radicale del pensiero operaista italiano.

Qui abbiamo a che fare con una fase della nostra storia (ma sarebbe meglio dire 'della storia' *tout court*) che non si è chiusa assolutamente e che non cessa di ritornare, continuando a fornire elementi che però saremo impossibilitati a leggere se non ripartiamo da quel vocabolario concettuale o da quell'idea di archivio che abbiamo messo in discussione.

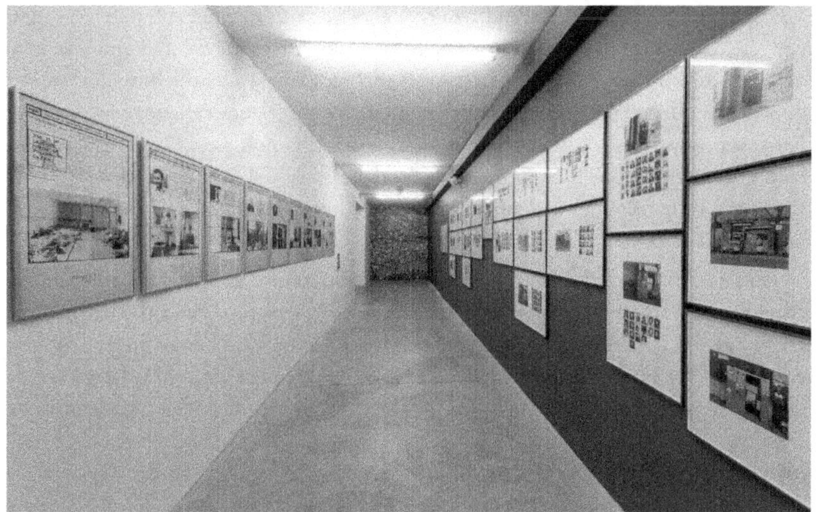

Veduta della mostra *L'inarchiviabile* (8 Aprile - 15 Giugno 2016), FM Centro per l'Arte Contemporanea, Milano. Sezione *General Intellect*: Gino de Dominicis, Ugo La Pietra, Uliano Lucas, Franco Vaccari. Foto: Paolo Emilio Sfriso

Ma perché ritrovare proprio in questa generazione la figura concettuale dell'archivio? Credo che una prima risposta a questa domanda si trovi in parte nella mostra che ho aperto a FM Centro per l'Arte Contemporanea dedicata al decennio dei Settanta e dal titolo *L'Inarchiviabile*.

Io provengo da quella tradizione degli storici dell'arte italiani che tanto s'erano accaniti tra di loro, come Carlo Ludovico Ragghianti, Giulio Carlo Argan e tutta una serie di altre figure.

Ragghianti, che è stato per me una sorta di nonno affettivo, affermava che le opere d'arte si avvalgono di due realtà interpretative: una è quella dell'enunciato verbale una è quella dell'enunciato formale e strutturale, cioè quella che loro chiamavano 'poetica esplicita' e 'poetica implicita'. Per muoverci in questo campo (e per muoverci dentro l'idea dell'archivio) per me è stato fondamentale partire da questa cosiddetta 'poetica implicita' e cioè è stato sufficiente raccogliere e cumulare una serie di opere d'arte di quel periodo per vedere come la tassonomia, l'accumulo, la classificazione (tipiche dell'archivio e del catalogo) diventano veramente configurazioni fondamentali che non vorrei prendere soltanto nella loro accezione artistica, perché lì si realizza uno slittamento paradigmatico davvero molto forte.

Perché dunque l'archivio'? Il termine 'archivio', come ci dice Derrida, contiene al suo interno la parola *archè*, nell'accezione di archetipo, di cominciamento ma anche *archè* quale forma del potere e del comando. C'è questa duplice configurazione che entra in gioco dentro questa stessa e unica realtà.

Sicuramente un movimento radicale così come è stato quello degli anni Settanta, non fisso a una dimensione estetica semplice ma a un'estetica come enunciazione ampliata (eccedente), usa l'archivio non come paradigma scientifico ma all'interno di quella condizione attuale del paradigma estetico. La figura dell'archivio nasce, di fatto, nel positivismo, così come tante altre realtà che non sto qui ad elencare. Mi basti citare il ruolo degli organi polizieschi dello stato e il loro controllo sulle folle insorgenti nelle prime lotte di classe attraverso l'impronta digitale o altri processi di identificazione come la foto segnaletica.

Non è un caso allora che la mostra *L'Inarchiviabile* si apra con una figura straordinaria che è Franco Vaccari con il suo vasto atlante delle *Photomatic d'Italia* che secondo me è esplicativo e dirompente. Nel senso che lì dove la fototessera è stata fin dalle origini la componente indiziaria per eccellenza di catalogazione, di cattura e classificazione dell'insorgenza delle folle (così come le chiamavano alla fine dell'Ottocento) che dovevano essere indicizzate, catturate e catalogate, ecco che lì si fa avanti un uso che potremmo dire 'profanatorio', con Giorgio Agamben, quando parla del dispositivo e della restituzione all'uso comune di ciò che il dispositivo a catturato.

Per la prima volta queste persone dentro il formato della fototessera sono sorridenti, fumano, non stanno dentro il *frame*, sono uno e sono tanti allo stesso tempo. Pensate alla fototessera in cui il massimo dell'espressione consentita è la serietà, la neutralità psicologica presupposta. Ti fanno addirittura togliere gli occhiali, stare con il busto eretto e lo sguardo fisso in macchina. Invece qui c'è questo estremo momento liberatorio dal vincolo documentale, dalla prova certificante, dalla realtà supposta: questo tema del ribaltamento del paradigma scientifico secondo me è uno dei problemi principali di questa generazione.

Prima si parlava del collettivo Laboratorio di Comunicazione Militante, ma che cos'è il gruppo di Paolo Rosa, Tullio Brunone e sodali se non una teatralizzazione della verità documentale?

Lì il documento vacilla. Lo vedevamo prima nell'immagine della criminalizzazione di queste figure, in seguito loro compiono questa performance di tipo pedagogico, che è veramente una sorta di teatro del documento, una diffrazione dei nuovi media. Diffrazione perché la comunicazione come forma di ammissione viene continuamente deviata, si usa la fotografia, la polaroid, il ritaglio del giornale, la camera da presa e si riusano in un teatro della registrazione, in una messa in scena fittizia del documento come tale.

Penso all'uso del video rispetto alla performance, come forma di registrazione: non si accetta assolutamente che sia un 'documento', ma deve rientrare nell'ambito dell'opera d'arte e per farlo deve passare sotto il vaglio del paradigma estetico ancora una volta.

Lo stesso si può dire per tantissime altre forme di produzione semiotica che vengono messe allora a fuoco: penso all'idea nuova del catalogo, della rivista e come queste non siano più aspetti appendicolari della critica di tipo modernista, ma diventino essi stessi opera d'arte, diventino gli emblemi di un'estetica del supplemento (registrare, documentare, distribuire).

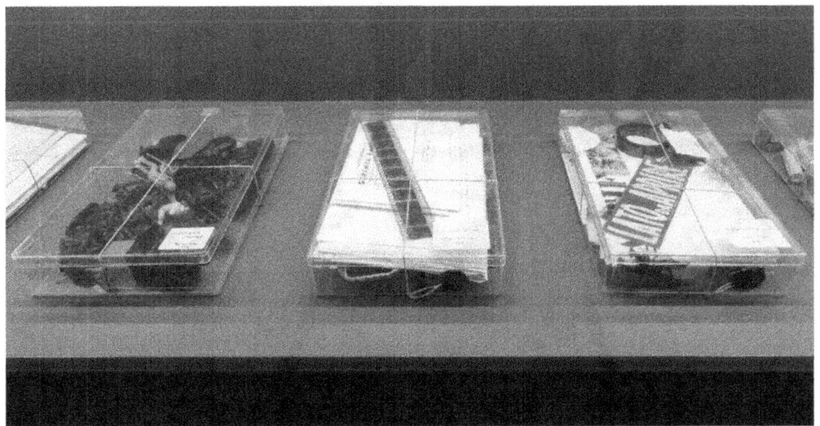

Veduta della mostra *L'inarchiviabile* (8 Aprile - 15 Giugno 2016), FM Centro per l'Arte Contemporanea, Milano. Sezione *Non serve fare cose nuove (basta spostare quelle vecchie): archiviare*: Alighieri Boetti, Gianfranco Baruchello, Gino De Dominici, Maurizio Nannucci/Zona Archive, Michelangelo Pistoletto. Nella foto Gianfranco Baruchello, *Leftovers*, 1975. Foto: Paolo Emilio Sfriso

Ma, a questo punto, se è vero che la condizione della politica non è più la stessa, mi sento di dire che non si dovrebbe più parlare di politicità solo all'interno di quelle configurazioni classiche che hanno fatto direttamente la lotta di classe modernista. Faccio parte dell'archivio di Piero Gilardi che è un esponente fondamentale di questa generazione, ma non mi sento di dire che tutte le altre figure, come Vaccari, Zaza, La Pietra, Dadamaino, chi più chi meno, non facciano parte di questa realtà post-politica: l'ambientalismo, il genere, la contro-informazione, l'antipsichiatria sono altrettanti ambiti di scontro. Parlare in un'accezione tradizionale del termine significherebbe non capire il fenomeno dalla radice (e qui 'radice' ha un senso perché si tratta di radicalizzazione, di estremizzazione, di inclusione).

Ebbene questa è l'idea all'origine dell'archivio, della tassonomia, della foto tessera che sono le *Photomatic d'Italia* (questa generazione ridente e straordinaria dell'Italia che si affaccia per la prima volta dentro uno strumento di cattura per profanarlo e liberarlo).

L'archivio è una delle prime figure in cui questa nuova configurazione sociale e culturale, questo *format* radicale, acquista un senso: proprio quando viene meno la narrativa principale che è quella del grande racconto politico moderno e per la prima volta si ha bisogno di qualcosa che tenga assieme costellazioni infinite, molteplici, non più sintetizzabili.

Il grande racconto politico, il grande racconto della modernità, è una sequenza lineare perché come tutte le narrazioni abbiamo un rapporto implicito di causa effetto, cioè c'è una successione che conduce a un *telos* di natura espiatoria, a venire, che è l'idea del futuro rispetto al passato e rispetto al presente.

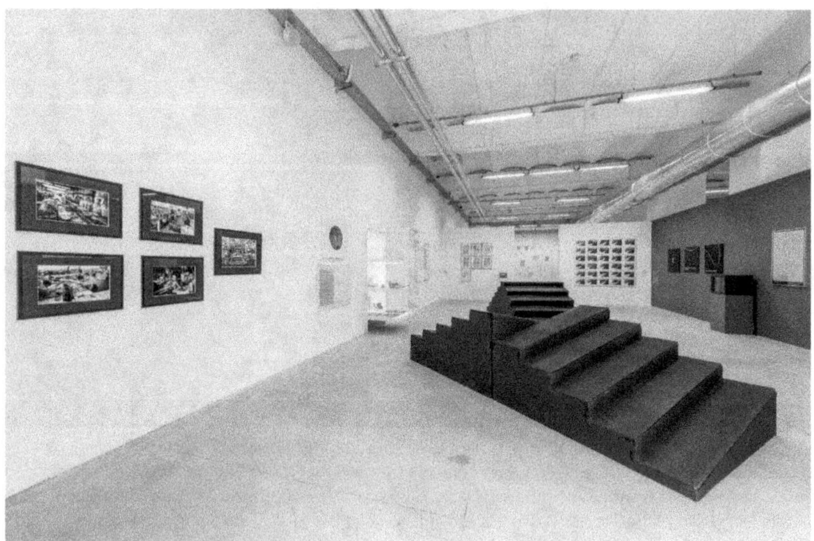

Veduta della mostra *L'inarchiviabile* (8 Aprile - 15 Giugno 2016), FM Centro per l'Arte Contemporanea, Milano. Sezione *Discorsi sui discorsi*: Vincenzo Agnetti, Giuseppe Chiari, Gianni Colombo, Gino De Dominicis, Mario Diacono, Emilio Isgrò, Uliano Lucas, Maurizio Nannucci, Claudio Parmiggiani. Foto: Paolo Emilio Sfriso

Ma questa configurazione del tempo ha una matrice narrativa dove, non a caso, il romanzo assume un ruolo fondamentale proprio perché si autodefinisce attraverso un rapporto di causa-effetto. L'archivio permette, al contrario, di esporre, raccogliere, cumulare materiali senza che essi entrino a far parte di un rapporto causale. Quello che mi interessa dell'archivio, alla fine delle grandi narrazioni che questa generazione mette in atto, è che tale figura non solo raccoglie ma produce (tutt'altro che passivamente) un determinato ordinamento.

E quando questa generazione si trova di fronte la friabilità dei suoli modernisti, ha la necessità in qualche modo di trovare una formazione, come dice Jean Luc Godard, che non presuppone il prima e il dopo, che non sia sequenziale, ma sia definita invece da una giustapposizione: una cosa accanto all'altra. Questo è tipico del cinema di Godard che non lavora sulla successione temporale lineare, ma su una orizzontalità di tipo cumulativo, pensate al film di Godard sulla Palestina. Ma anche ai 'concatenamenti' di Deleuze e Guattari.

L'archivio porta con sé una volontà di ridare un ordinamento e, allo stesso tempo, di fare una critica istituzionale nella maniera più radicale. Pensate a quello che scrive Foucault nel gennaio 1976, durante le lezioni al College de France, su ciò che c'era stato negli anni immediatamente precedenti. Il fatto che sia in atto un'insurrezione vera e propria dei saperi, che si scopre la fragilità delle narrative, la complicità tra sapere e potere e questa generazione naturalmente si trova a fare i conti con questa implicazione reciproca.

Per cui come si fa a 'sapere' senza questa implicazione con il potere?

L'archivio è stato sicuramente il detentore delle forme di ordinamento classiche di cattura che hanno permesso al potere di agire e, guarda caso, proprio l'archivio diventa l'oggetto e il mezzo della condizione di liberazione da questa stessa affermazione.

Naturalmente quando parlavo della consequenzialità narrativa, parlavo anche di un'idea del tempo. Da quel momento il tempo non sarà più lo stesso: il tempo sarà costituito da virtualità e attualità in cui il passato non è più il segno della fine di qualcosa (vedi il lavoro *Leftovers* di Gianfranco Baruchello in cui i prodotti non sono legati al processo, ma sono un resto che viene registrato come tale, quale indice di uno spostamento su qualcos'altro).

Questa fine del tempo e della storia, è la fine della costruzione della soggettività modernista e della soggettività classica. Penso alla crucialità del discorso femminista e post- femminista, se lo si vuol chiamare così. Non si riconosce più la polarità maschile e femminile, si creano altre configurazioni che non rientrano nelle forme canoniche che il potere ha catturato come soggettività originarie. Da questo punto di vista il riferimento è a Marcella Campagnano e alla sua ricerca sull'*Invenzione del femminile: Ruoli*, in cui la tassonomia delle configurazioni è ancora una volta una teatralizzazione, una fiction. Penso anche a Mario Mieli, all'idea di una soggettività moltiplicata, che per la prima volta si apre a una configurazione che è fuori dalle polarità classiche.

E per chiudere penso a quel lavoro che da anni e anni è diventato per me una sorta di terra ferma, ma che è anche uno dei più grandi affreschi dal punto di vista della società contemporanea: *Parco Lambro* di Alberto Grifi (che chiude la mostra *L'Inarchiviabile* e che apriva un'altra mia mostra storica durata dieci anni e che è *Disobedience Archive*).

Qui Grifi fa un film che non si chiude, che dichiara una molteplicità irricomponibile e la sua impossibilità di assumere il ruolo di regista che filma e monta i materiali. Lascia al contrario che questa costruzione sia aperta, per cui veramente per la prima volta abbiamo un film che non è un film, ma è molti film allo stesso tempo. Naturalmente anche qui il discorso sul documento, sullo statuto di veridicità del documento, sarebbe ancora una volta da rimettere in gioco, ma ci vorrebbe altro tempo. Mi piace terminare, così, con questo straordinario lavoro di Grifi che non si conclude e si moltiplica, lasciando aperte le possibilità combinatorie a venire. Mi pare che *Parco Lambro* sia il segno più eloquente di una soggettività che, in questo momento, non s'è ancora ricomposta, non s'è ancora chiusa.

Il testo è stato redatto a partire dalla lecture tenuta dall'autore durante la prima giornata del convegno Anni Settanta. Arte fuori dall'arte *il 12 ottobre 2016.*

3 COMUNICARE OLTRE LO SPECIFICO

Dal rifiuto dei "deliri formali dell''arte pura'" alla pratica militante: il caso Videobase[1]

Christian Uva

Il collettivo Videobase rappresenta in Italia la prima realtà ad avvalersi del video per fini militanti in maniera sistematica e con una consapevolezza teorica del mezzo via via sempre più strutturata.

Il gruppo nasce nel 1971 dall'unione di Anna Lajolo e Guido Lombardi, già coppia rodata nell'ambito della produzione sperimentale, con Alfredo Leonardi, anch'egli proveniente dall'esperienza dell'underground.

Mentre quest'ultimo, dopo la realizzazione di una serie di opere sperimentali, vive una vera e propria 'conversione' sulla via del sociale dovuta all'"impatto del movimento studentesco del 1968 e alla riscossa operaia del 1969"[2], per gli altri due la transizione dall'esperienza underground a quella videomilitante è meno netta visto che i germi di una forma di politicità sono già presenti nei loro primissimi lavori. È proprio a causa dell'emersione di quella che si va configurando come una precisa istanza politica che, anzi, Lajolo e Lombardi diventano sempre più marginali rispetto alla produzione sperimentale più dura e pura, che i due cineasti considerano del resto quale espressione di un solipsismo narcisistico e quindi, più che altro, come un'occasione mancata. Secondo il loro punto di vista infatti il filtro della ricerca linguistica interponeva una sorta di schermo dinanzi a una realtà che sembrava reclamare un approccio diverso, anche dal punto di vista tecnologico.

Ed ecco dunque il passaggio al video, che viene preparato da una fase di studio e sperimentazione del nuovo mezzo. Questo avviene perché Videobase è pur sempre un collettivo di addetti ai lavori, di professionisti che non credono in alcuno 'spontaneismo tecnologico', come quello propagandato da *Senza chiedere permesso*, manuale all'epoca molto in voga curato da Roberto Faenza[3].

Videobase, da questo punto di vista, è un esempio di 'autorialità collettiva' in cui la coscienza del mezzo e del linguaggio impiegati (che condurrà alla vera e propria teorizzazione di un metodo) convive con una (con)divisione dei ruoli sul set. Quel che soprattutto conta per Videobase è legarsi a un contesto concreto di intervento politico sfruttando le peculiarità dell'elettronica per 'stare in situazione' in modo continuativo, come supporto alla lotta e mezzo rapido di comunicazione e discussione.

Diversamente dal cinema militante, i membri del collettivo ritengono che il video possieda un carattere più profondamente rivoluzionario da individuarsi "nella maggiore accessibilità e possibilità di comunicazione alla base"[4]. Questo significa rifiutare risolutamente, come dicono gli autori, le "posizioni disumanizzate e reazionarie di quanti si dedicano ai deliri formali dell'arte pura' computerizzata e alla metafisica dell'espansione di coscienza", ma anche l'"abbaglio tecnologico senza obiettivi politici diretti, fuori di una strategia rivoluzionaria e quindi destinati a essere riassorbiti a vantaggio della reazione"[5].

Il percorso di Videobase, tuttavia, tenderà progressivamente a evitare "programmatiche finalità politiche"[6] per mirare al raggiungimento di una posizione etica, pur sempre orgogliosamente 'di parte', fondata sull'ascolto dell'altro (d'altronde "filmare uguale ascoltare" secondo Jean-Louis Comolli[7]. Assumendosi una precisa responsabilità, la missione di Videobase sarà pertanto quella di "far parlare le persone senza dover spiegare, senza interpretare", come ricorda Anna Lajolo[8].

Da tale posizione scaturisce un'opera iniziale come *Il fitto dei padroni non lo paghiamo più* (1972), realizzato all'interno del comitato di quartiere della Magliana (alla periferia di Roma), e soprattutto *Carcere in Italia* (1973). Quest'ultimo, confermando i tentativi di dialogo tra arte e attivismo politico che comunque si tenta di praticare in quegli anni, insieme a *Policlinico in lotta* e *Quartieri popolari di Roma*, fa parte della serie di lavori prodotti su richiesta della sezione 'Informazione Alternativa' (curata da Bruno Corà, Leietta Gervasio e Paolo Medori) della Mostra 'Contemporanea', allestita nel grande parcheggio di Villa Borghese a Roma con l'ideazione e la direzione di Achille Bonito Oliva. Nella convinzione che filmare politicamente significhi prima di tutto servirsi dello strumento audiovisivo "per capire il momento politico in cui si filma"[9], l'obiettivo dei tre video è quello di affrontare le situazioni più conflittuali verificatesi durante quell'anno a Roma.

In *Carcere in Italia*, "registrazione della rivolta dei detenuti asserragliati sui tetti di Regina Coeli durante le cinque ore di assalto al carcere da parte della polizia e dei carabinieri nel pomeriggio del 28 luglio 1973"[10], spicca in particolare il lungo colloquio con un ex detenuto di origini sarde che apre e chiude il lavoro. Si evidenzia qui la disponibilità del mezzo di ripresa ad (ac)cogliere in tutte le sue sfumature il flusso di coscienza del protagonista che, senza alcun tipo di intervento esterno, viene lasciato libero di scorrere in un lungo monologo. La politicità del 'metodo Videobase' emerge con forza proprio attraverso la semplice ma radicale rivoluzionarietà di un gesto teso a restituire non solo la parola a coloro che abitualmente vengono ignorati dalla comunicazione ufficiale, ma soprattutto il tempo che, ancor meno, viene di solito dedicato alla loro espressione.

Qui in particolare entra in gioco quel "balzo che separa la chimica dall'elettronica" di cui parla Sandra Lischi[11], ovvero appunto il cinema dal video, dove quest'ultimo, per essere valutato anche rispetto alle sue più profonde articolazioni politiche, deve essere ricondotto al suo significato primo, quello così descritto da Philippe Dubois:

video è anche un verbo coniugato: è la prima persona singolare dell'indicativo presente del verbo vedere. In altre parole, *video* è l'atto dello sguardo nel suo costituirsi, compiendosi qui e ora (un processo), un agente all'opera (un soggetto) e un adeguamento temporale al presente storico (*io vedo*, è in diretta, non è *io ho visto,* la foto passatista, né *io credo di vedere,* il cinema illusionista, né *io potrei vedere* – l'immagine virtuale, utopista). [...] *Video*: un'immagine-atto[12].

In questo pensiero di Dubois sono sintetizzate tutte le principali implicazioni politiche che le immagini elettroniche acquisiscono effettivamente nel corso degli anni Settanta in Italia.

In primo luogo vi è appunto la questione (basilare già per tutta la videoarte) del tempo. La temporalità del video, come è stato da più parti sottolineato, non è quella del cinema visto che nel primo il tempo non risulta solo riprodotto ma prodotto, cioè mostrato nel suo consumarsi: i *pixel* infatti "trascorrono incessantemente sullo schermo mostrandoci l'immagine ripresa non com'era ma com'è mentre la vediamo"[13].

In questa luce si capisce come l'"adeguamento temporale al presente storico" di cui parla Dubois a proposito della natura del video risponda più in generale a quell'urgenza, già propria del cinema militante, di porsi in presa diretta con la realtà. Si fa qui avvertire lo "spirito inestinguibile di Dziga Vertov" che, come ricordano Lajolo e Lombardi, contagia quei cineasti i quali "nel miraggio di un'onda ideale e politica si erano immersi nella realtà con i loro obiettivi silenziosi, [prendendo] alla lettera il concetto avvincente del 'cine occhio' di registrare la realtà"[14].

Nelle opere successive si andrà sempre più radicalizzando non già l'idea, bensì la vera e propria ideologia di regia sposata da Videobase: la regia cioè come "fatto condiviso", per usare i termini di Comolli, come "relazione", come accoglimento delle "messe in scena che regolano quelli che sono filmati"[15].

La posta in gioco di questo nuovo rapporto tra filmante e filmato riarticolato dal video, sulla scorta di quanto già annunciato dall'utopia del 'cinema diretto', è una dimensione apparentemente scontata proprio per il suo carattere fondativo: la vita. La vita colta all'improvviso è del resto il sogno vertoviano che già il cinema militante aveva tentato di realizzare avvalendosi delle potenzialità delle strumentazioni leggere e che ora il video vuole radicalizzare, grazie alle sue caratteristiche tecniche, conferendogli nuovo significato politico ed etico.

La vita dunque, soprattutto quella delle categorie sociali più deboli e svantaggiate, si impone come orizzonte in cui immergere con decisione la nuova tecnologia. È la parola ricorrente di tanti slogan militanti di quegli anni (uno per tutti valga l'esempio del celebre 'Riprendiamoci la vita', di matrice femminista) e, non a caso, anche di alcuni titoli di opere di Videobase, come *Lottando la vita* (1975), documentario realizzato all'interno della comunità dei lavoratori italiani di Berlino.

"Lottando la vita" è l'espressione usata da uno dei tanti emigrati intervistati dagli autori, riportata nell'italiano scorretto, dialettale, spesso ibridato con parole tedesche, tipico di queste persone trapiantate bruscamente in Germania e provenienti dai luoghi più disparati d'Italia, ma soprattutto dal Meridione. In questa forzatura linguistica che rende transitivo un verbo intransitivo è condensata efficacemente la sostanza politica che è al cuore del concetto di militanza così come inteso da buona parte del movimentismo degli anni Settanta e quindi anche da un collettivo attivo in tale ambito quale Videobase: l'idea cioè di un'inscindibile associazione tra la dimensione della lotta e quella appunto della vita laddove la prima viene intesa come strumento per riappropriarsi della seconda.

Nel contesto umano e sociale descritto da Videobase tuttavia tale aspetto si arricchisce drammaticamente di un nuovo significato. Quella messa in atto dagli emigrati italiani in Germania, soprattutto dai più giovani, non è infatti soltanto una lotta per la vita, ovvero una battaglia biopolitica finalizzata alla conquista di una serie di diritti fondamentali che assicurino un'esistenza dignitosa, ma soprattutto, paradossalmente, una lotta contro la vita (di qui la forzatura transitiva del verbo nel titolo), nel momento in cui quest'ultima assume agli occhi degli autori una valenza opposta al suo stesso significato derivata non solo dalle condizioni di sfruttamento messe in atto dal sistema capitalista nei confronti dell'essere umano, ma anche dalla difficoltà di inserimento in una situazione ambientale molto diversa da quella d'origine.

Ne sono testimonianza paradigmatica, come si accennava, soprattutto i giovani. Il riferimento va in particolare ai lavoratori raccontati nella prima parte del video in un piano sequenza della durata di circa quindici minuti, uno dei più lunghi tra quelli presenti nelle opere di Videobase. Emerge qui la condizione di alcuni ragazzi, colti all'inizio di una giornata probabilmente festiva (molti di loro appaiono infatti ancora seminudi nei loro letti), di cui colpisce la dimensione visiva dei loro corpi giovani e prestanti eppure tutt'altro che vitali, ripresi come sono, perlopiù, ancora adagiati nei giacigli in cui hanno trascorso le ore del riposo notturno. Ci si trova in presenza appunto di corpi stanchi, spossati, immobili da cui fuoriescono voci altrettanto monocordi, spente, che parlano di un tempo libero inesistente perché, d'altra parte, volutamente non ricercato.

Ulteriore esempio al quale, in conclusione, è necessario fare riferimento per comprendere appieno la pratica videomilitante del collettivo formato da Lajolo, Lombardi e Leonardi è *L'isola dell'isola*, realizzato in due fasi, tra il 1974 e il 1977, e trasmesso in due puntate dalla Rai nel 1978 con l'introduzione di Italo Moscati.

Sono gli stessi autori a considerare quest'opera la tappa più matura del loro percorso, l'occasione in cui il loro metodo viene palesato in maniera più esplicita con "le riprese mostrate e commentate in pubblico per produrre nuove immagini, come in uno specchio"[16]. La realtà del tutto particolare di un'isola, visto che quella di San Pietro, su cui si stabilisce per due distinti e prolungati periodi la troupe, è un'isola della Sardegna, è l'occasione e il luogo in cui Videobase decide di verificare una volta per tutte, nella sua essenza più profonda, il proprio metodo.

Il nucleo di Carloforte sull'isola di San Pietro, con la sua gente di antiche origini liguri, agli occhi di Lajolo-Lombardi-Leonardi si candida quale ideale emblema della comunità umana circoscritta e sopravvissuta al tempo in cui si vogliono immergere le telecamere per dare conto delle contraddizioni di un tessuto umano e sociale simbolo di qualcosa di più ampio. Partendo dalla vicenda storica dei 'tabarchini' (gli abitanti dell'isola di San Pietro), ne *L'isola dell'isola* in effetti si arriva a parlare di lotte sociali, di femminismo, di ecologia al punto che questo *videotape*, calato in una realtà così peculiare, diviene di fatto il compendio di alcune delle tematiche nevralgiche trattate dalla videografia del gruppo e, più in generale, di questioni particolarmente scottanti relative al decennio in cui si inserisce.

La concezione dell'audiovisivo come processo trova qui, grazie al consapevole sfruttamento del medium video, una sua esemplare attuazione culminante in quelle che gli stessi autori definiscono 'rappresentazioni', cioè le occasioni in cui si mette a frutto la pratica della visione collettiva dei materiali audiovisivi precedentemente registrati dalla quale si vuole far scaturire un dibattito a sua volta oggetto di nuove registrazioni.

Colpiscono di tale scelta, nel contempo politica e stilistica, alcuni elementi. Prima di tutto l'ennesima e forse più radicale concretizzazione del progetto politico del collettivo, fondato sulla concezione del video quale memoria e specchio messi a disposizione degli ultimi, perché, come ricordano gli autori, "molti avevano bisogno di identificarsi, anche coloro che soffrivano non avevano l'immagine della loro sofferenza, noi tentavamo di fare questo: di dargli un'immagine, di dargli uno schermo, dove potevano identificarsi"[17].

Connessa a tale istanza è la volontà di far letteralmente comunicare, grazie alle pubbliche visioni dei materiali precedentemente registrati in loco, ambiti umani e sociali differenti assuefatti a una quotidiana convivenza. In queste occasioni si esplicita la dimensione performativa relativa non solo ai corpi prospicienti al mezzo di ripresa, ma anche e soprattutto a quelli che presiedono al loro impiego e che, nelle occasioni delle suddette 'rappresentazioni', diventano protagonisti di veri e propri spettacoli all'aperto fondati sull'uso della 'televisione di strada' messa in atto dal collettivo quando mostra i suoi nastri e la sua stessa tecnologia nei luoghi pubblici di Carloforte.

L'azione politica è del tutto evidente in questa forma di 'happening televisivo di base' in cui gli stessi registi guadagnano una vera e propria parte nella 'messa in scena' in qualità di attori che, secondo le loro stesse parole, recitano "il mito della comunicazione elettronica"[18].

Quando nel video si vede Anna Lajolo che presenta in piazza agli isolani alcuni brani del documentario si ha l'impressione di assistere a uno spettacolo popolare dal sapore arcaico. Il ruolo della regista appare qui, a tutti gli effetti, quello di un menestrello o meglio, come ricordano gli autori, di un "'banditore' che introduce alla rappresentazione" mentre quei televisori rimediati "nelle scuole, presso un laboratorio di riparazioni radiotelevisive e un'agenzia di viaggi"[19], posizionati su sedie prese in prestito nelle case, diventano il corrispettivo dei tabelloni illustrati dei cantastorie o, come suggerisce in particolare l'uso del tettuccio di cartone e di una tela scura per riparare lo schermo dalla luce solare, dei teatrini di burattini.

Il sapore assunto da tali rappresentazioni ha qualcosa di mitico... Mitico è certamente il carattere di alcuni personaggi di quella che, per usare ancora le parole degli autori, viene definita una "rappresentazione corale popolare, in forma di commedia spontanea", di pescatori, naviganti, pastori "depositari e interpreti di certi periodi epici del passato in cui l'isola era stata un centro di fermenti politici, sociali e di lavoro"[20].

I registi parlano addirittura di "teatro elisabettiano" per la sua "fantastica mescolanza di elementi comici e seri, epici e giocosi" 21) che effettivamente trova incarnazione nel video nella compresenza di antico e moderno, passato e presente, a sua volta espressa dalla dialettica tra vecchi e giovani e nell'istanza demistificante da questi ultimi veicolata. La medesima su cui lavora la processualità video messa in atto da Lajolo-Leonardi-Lombardi in direzione del superamento del "limite documentaristico e funzionale del discorso", alla ricerca, qui attraverso l'originale recupero degli "archetipi espressivi della 'commedia' nella sua originaria e più comprensiva accezione"[22], delle più autentiche forme di vita.

Eccola di nuovo quella vita al centro degli interessi dei tre autori già a partire dalle loro prime esperienze, la posta in gioco di quella battaglia biopolitica condotta negli anni Settanta, dentro e fuori dall'arte ufficiale, da coloro che, in senso militante, individuavano foucoultianamente il proprio nemico principale in qualsiasi entità o organismo mirato a governare e sottomettere la vita stessa al comando del Potere.

1. Questo saggio riprende alcuni contenuti presenti nel capitolo *Autorialità "orizzontale" per un'espressione di parte: l'esperienza di Videobase* pubblicato in Uva Christian, *L'immagine politica. Forme del contropotere tra cinema, video e fotografia nell'Italia degli anni Settanta,* Mimesis, Milano, Udine 2015, pp. 116-144.

2. Ungari Enzo, *Video per la base* (intervista a Guido Lombardi, Anna Lajolo e Alfredo Leonardi), in Valentini Valentina, *Dissensi tra film video televisione*, Sellerio, Palermo 1991, p. 273.

3. Faenza Roberto, *Senza chiedere permesso. Come rivoluzionare l'informazione*, Feltrinelli, Milano 1973.

4. Videobase, in *L'altro video. Incontro sul videotape*, Quaderno informativo n. 44, IX Mostra Internazionale del Nuovo Cinema di Pesaro, 12-19 settembre 1973, p. 91.

5. Ibi, pp. 91-92.

6. Lombardi Guido, in Licciardello Annamaria, "Per un cinema prometeico" (incontro con Anna Lajolo e Guido Lombardi), in "Lo Straniero" n. 137, novembre 2011, p. 112.

7. Comolli Jean-Louis, *Voir et pouvoir. L'innocence perdue: cinéma, television, fiction, documentaire,* Éditions Verdier, Paris 2004 [trad. it.: *Vedere e potere. Il cinema, il documentario e l'innocenza perduta*, Donzelli, Roma 2006, p. 128].

8. Lajolo Anna, in Licciardello Annamaria, op. cit., p. 112.

9. Comolli Jean-Louis, op. cit., p. 53.

10. Videobase, in *L'altro video*, op. cit., p. 94.

11. Lischi Sandra, *Cine ma video*, ETS, Pisa, 2000 p. 11.

12. Dubois Philippe, *Video e scrittura elettronica. La questione estetica*, in Valentini Valentina (a cura di), *Il video a venire*, Rubbettino, Soveria Mannelli (CZ) 1999, p. 18.

13. Lischi Sandra, *Visioni elettroniche. L'oltre del cinema e l'arte del video*, Biblioteca di Bianco & Nero/Marsilio, Roma-Venezia 2001, p. 8.

14. Lombardi Guido, Lajolo Anna, *Il video di parte*, in Valentini Valentina (a cura di), *Dissensi tra film video televisione*, Sellerio, Palermo 1991, p. 269.

15. Comolli Jean-Louis, op. cit., p. 128.

16. Lombardi Guido, in Licciardello Annamaria, op. cit., p. 110.

17. Dichiarazione di Lajolo e Lombardi tratta dal documentario a loro dedicato da Paolo Brunatto contenuto nella serie *Schegge d'utopia. L'underground Cinematografico Italiano questo sconosciuto* (Cult Network Italia, 2002).

18. Lajolo Anna, Leonardi Alfredo, Lombardi Guido, "L'isola dell'isola – Videobase", in "Bianco e Nero", n. 5-6, 1979, p. 22.

19. Ibi, pp. 23-24.

20. Ibi, pp. 15-16.

21. Ibi, p. 30.

22. Ibi, p. 33.

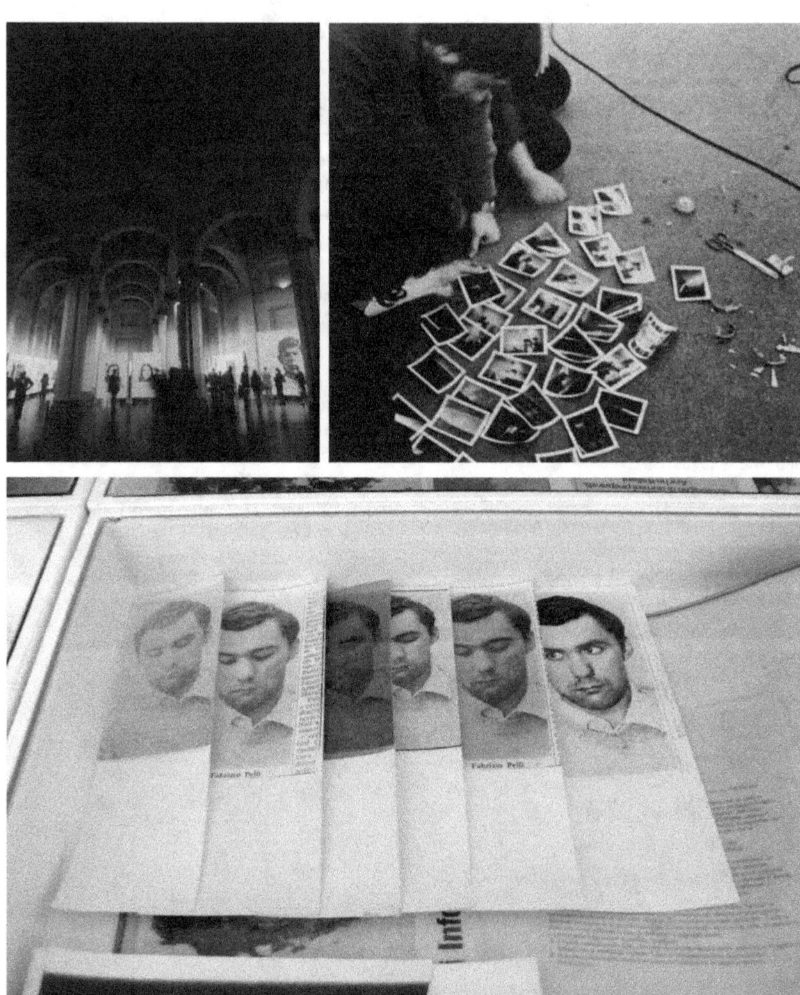

Da sx a dx: Veduta sulla mostra *Strategia d'Informazione, distorsione della realtà e diffusione del consenso*, Rotonda di via Besana, Milano, 4.5.1976 - 6.5.1976, in: Madesani Angela 2012, p. 24.
Le polaroid come materiali didattici, dal capitolo "Nota sull'uso degli strumenti", da *L'arma dell'immagine* 1977, p. 113.
Materiali del workshop, esposti in una vetrina della mostra "L'immagine come controinformazione: le esperienze del Laboratorio di Comunicazione Militante e di Videobase" 9.12.2010 – 31.12.2010, MLAC, Museo Laboratorio di arte contemporanea, Roma

"Workshop-practice has no image".
Come si trasmette un'esperienza.
Il caso del Laboratorio di Comunicazione Militante

Katharina Jesberger

I *workshop* come pratica artistica non hanno un'immagine. In quanto pratica performativa non contengono una forma di rappresentazione visuale e permanente capace di trasmettere l'esperienza del partecipante all'esterno o in grado di tramandarla ai posteri. Nel libro *Artificial Hells. Participatory Art and the Politics of Spectatorship,* Claire Bishop ha descritto questo difficile rapporto tra esperienza e trasmissione visuale dei progetti pedagogici nell'ambito artistico: "Art is given to be seen by others while education has no image. Viewers are not students and students are not viewers". E ancora: "How can we judge these experiences?"[1].

La problematica che Bishop si pone riguardo i progetti pedagogici interessa anche i workshop del Laboratorio di Comunicazione Militante e la sua attività di ricerca scientifica. I workshop intesi all'educazione per un uso consapevole dei media costituiscono l'attività principale del Laboratorio che insieme ad altri gruppi gestiva la Fabbrica di Comunicazione, centro culturale collettivo con sede nella chiesa occupata di San Carpoforo in Brera. Il Laboratorio era attivo a Milano tra il 1976 ed il 1978, dunque in un periodo segnato politicamente in maniera profonda dal movimento del Sessantotto. Nella riflessione artistica di questo periodo non esistevano ancora i termini per un utilizzo dei *workshop* come arte.

La questione della rappresentazione di progetti pedagogici porta Claire Bishop a porsi la domanda sullo spettatore, sulla formazione di nuovi ruoli all'interno di un'arte più o meno istituzionale, che ha la necessità di distinguersi da una strategia neoliberale che ne abusa riducendola a un fattore economico del settore educativo. Per la controcultura d'azione e anti-istituzionale degli anni Settanta di cui le attività del Laboratorio facevano parte, la distinzione di ruoli come 'spettatore' e 'studente' era meno importante, in secondo piano rispetto alla questione più urgente sulla posizione politica dell'arte. Durante gli anni Settanta del secolo scorso il mescolamento o l'applicazione non esatta dei ruoli era frequente e qualche volta faceva parte di una strategia che permetteva un agire artistico-politico. Le osservazioni a seguire mirano a tracciare la problematica di una traduzione dell'esperienza del *workshop* in immagini, secondo il punto di vista del Laboratorio. Infine, cercherò di descrivere come gli oggetti nei *workshop* del Laboratorio passino tra diversi stadi, categorie e funzioni all'interno della produzione artistica. Una tesi centrale intenderà inoltre dimostrare come lo stato labile definitivo dei risultati dei *workshop* gli permetta una posizione artistica equivoca, con il campo dell'arte abbandonato sia spazialmente che formalmente, nonostante agisca da una posizione artistica autonoma. Ed era proprio questa posizione equivoca a consentire al Laboratorio di operare politicamente.

Il problema che si pone il Laboratorio: L'estinzione del prodotto artistico e l'inversione dei termini di strumentalità e finalità tra azione e registrazione

> La rivoluzione contro il quadro e la scultura è già stata fatta: comportamentisti e concettuali hanno abolito la materia, agiscono sul corpo e con le idee. Ma il prodotto rimane, cioè i problemi si affrontano anche per evitare che qualcuno li risolva. Azione, performance, concetto si traducono in immagine, progetto e prodotto; il comportamento individuale e l'intervento sociale sono il mezzo è il pretesto, la registrazione è il fine. Estinguere il prodotto significa cominciare a invertire i termini di strumentalità e finalità tra azione e registrazione. Nell'inversione del rapporto l'opera artistica si ridefinisce in quanto innesco di nuove idee, azione e rapporti sociali[2].

Con questo paragrafo preso dal manifesto del 1977 e intitolato *Estinzione del prodotto artistico* il Laboratorio di Comunicazione Militante criticava la mancanza di un atteggiamento coerente verso l'arte immateriale della performance. Un'apparenza effimera, la mancanza di un prodotto artistico materiale e il conseguente rifiuto della commercializzazione appartenevano al carattere ontologico della performance. Ciononostante i membri del Laboratorio dovevano prendere atto del fatto che l'arte della performance venisse ripresa dalle gallerie attraverso fotografie documentarie, filmati e video.

Il punto principale della critica del Laboratorio non riguardava il ciclo commerciale in sé, ma stava nell'osservazione di come in esso l'azione venisse strumentalizzata dalla documentazione. La critica maggiore interessava il piano estetico che nel caso del Laboratorio diventava politico-sociale. La questione non era su come le fotografie potessero rappresentare fedelmente l'atmosfera dell'evento, bensì quanto il processo di registrazione stesso trasformasse l'esperienza della performance.

L'apparecchiatura e il tecnico addetto ricreavano una barriera ben percepibile tra azione e pubblico, diminuiva dunque il confronto immediato e diretto con l'evento dell'azione e si rinforzava quella linea estetica che delimita il passaggio tra lo spazio reale e quello fittizio dell'arte. Questa demarcazione, che andava scomparendo nel teatro di strada degli anni Sessanta, riappariva. Il processo di registrazione segnalava: "lo facciamo per l'arte" e quindi cambiava il carattere reale dell'azione. Attraverso il carattere reale delle azioni del (post) Sessantotto si cercava di provocare un confronto estremo con le forze sprigionate dalle condizioni politiche, ricreate durante l'azione. Questo confronto reale si indeboliva nel momento in cui la registrazione enfatizzava nuovamente la linea estetica tra arte e mondo reale. La possibilità di sensibilizzare il passante a un cambiamento e di motivarlo ad agire e a posizionarsi politicamente era diminuita. Poiché la fotografia era ambita in quanto permanente, il protagonista dell'azione indirizzava i propri gesti più verso la macchina fotografica che alle persone presenti al momento della performance. La situazione dell'evento non era più pensata e creata per il suo valore sociale-politico ma per essere registrata.

Questa cognizione del Laboratorio contiene alcune svolte interessanti. Da un lato è solo il dissociarsi dal mercato e dalle istituzioni espositive liberando l'arte dalla necessità di fornire un prodotto artistico, dall'altro viene accordata ai *workshop* un'autonomia, l'autonomia dell'arte che ha valore di per sé. Ai *workshop* viene così confermato lo status di pratica artistica indipendente e, in quanto attività principale del Laboratorio, senza l'obbligo di legittimazione o produzione. Allo stesso tempo era possibile un'implementazione nella vita reale proprio grazie a questa indipendenza e negazione di qualsiasi riferimento al mondo dell'arte. Formalmente i *workshop* non si distinguono dai progetti pedagogici non-artistici. È interessante come proprio per queste ragioni il modo di operare del Laboratorio diventi politico e quindi non più solo fine a se stesso.

Polaroid e video. Uso processuale e non documentario

Seguendo questa linea guida, il processo di registrazione doveva sussidiare l'obiettivo dell'azione e rinforzarne il gesto sociale. Nei *workshop* nei licei il Laboratorio sviluppava la propria pratica artistica in accordo con questi principi. Sull'uso degli strumenti di registrazione il Laboratorio si esprime come segue:

> Nel corso del lavoro il videotape si è rivelato uno strumento molto importante: inizialmente si era partiti con l'idea di usarlo semplicemente come strumento di *documentazione* per registrare le esperienze e i dibattiti degli studenti; successivamente invece il videotape è entrato organicamente a far parte del lavoro come strumento di *sperimentazione* delle specifiche tecniche del linguaggio televisivo e, inoltre, fatto importantissimo, come strumento di *animazione* del lavoro di gruppo[3].

La fotografia Polaroid e la tecnologia video supportavano i *workshop* attraverso la propria capacità di produrre l'immagine quasi simultaneamente, un'immagine fissa e tangibile nella Polaroid, passeggere e processuali nel video. La videocamera munita di monitor si trovava sempre nello spazio del *workshop*, permettendo la sperimentazione con le qualità dell'immagine televisiva e stimolando la partecipazione alle attività del gruppo. Gli studenti potevano infatti vedere se stessi sullo schermo, al posto del Papa o del giornalista televisivo e percepirsi parte della comunicazione pubblica. Riuscivano inoltre a vedersi mentre agivano come parte del gruppo, facendo di videocamera e monitor "strumenti di animazione e di coinvolgimento collettivo"[4].

Le rappresentazioni sullo schermo o sulla Polaroid erano altresì importanti strumenti di auto-osservazione utili allo studio e all'apprendimento della semantica visuale del proprio corpo, dove la sperimentazione consisteva nel posizionarsi sia come oggetti di fronte all'obiettivo sia come soggetti, azionandone i meccanismi con le proprie mani e osservandone le immagini con i propri occhi.

In linea con questo approccio, i *workshop* del Laboratorio sul linguaggio dei mezzi di comunicazione non venivano documentati su nastri video. Nelle diverse pubblicazioni il numero delle foto che potrebbero dimostrare questo approccio processuale e non-documentario è limitato rispetto al numero di quelle scattate durante i *workshop* e usate come sussidi didattici; appaiono inoltre poco pretenziose, chiaramente senza alcuna intenzione di fornire un panorama completo sulle persone coinvolte e sulla situazione nella sua interezza. Piuttosto, sembrano un sottoprodotto poco dimostrativo e tecnicamente imperfetto.

Nell'ambito della storia dell'arte, o a me in quanto ricercatrice, questa situazione risulta difficile e inconsueta. Come Claire Bishop mi chiedo come sia possibile scrivere su una prassi performativa che non è stata documentata e a cui non ho assistito. Non esistono nella storia dell'arte metodologie per descrivere una prassi di questo genere, solo approcci singoli e sperimentali. Utili sono i testi del gruppo stesso, scritti negli anni Settanta e in parte pubblicati nel libretto *Arma dell'immagine* del 1977, che mostrano l'alto livello di auto-riflessione del Laboratorio. Con questi presupposti, sarebbe facile tralasciare il collettivo e trascurarne le attività considerando il fenomeno una vicenda fuori dall'ambito artistico. Allo stesso tempo, lo sguardo consueto proprio alla storia dell'arte non sembra adatto a catturarne le posizioni. Includere il Laboratorio all'interno della storia dell'arte a partire da parametri tradizionali significherebbe depoliticizzarlo.

I risultati dei workshop. Un tentativo di approccio

Invertendo i termini di strumentalità e finalità tra azione e registrazione, il Laboratorio enfatizza i *workshop* come parte principale della propria pratica. Gli oggetti materiali sviluppati durante i *workshop*, talvolta pannelli di dimensioni di 180 cm, venivano esposti in una mostra alla fine dei *workshop*. L'esibizione pubblica complica lo status degli oggetti e rende impossibile la loro visione come semplice risultato del *workshop*. Sono degli oggetti instabili che attraversano stadi differenti. Descriverò questi stadi con 4 termini: materiali didattici, oggetti educativi, oggetti esibitivi, relitti.

Materiali didattici: lo stadio iniziale è quello dello sviluppo durante i *workshop*. Qui non si tratta ancora di oggetti completi ma di materiali didattici, che vengono valutati e modificati manualmente con forbici e colla. Gli studenti scelgono ritagli di giornale o scene televisive come oggetto di indagine. I materiali possono e devono essere trattati e trasformati: le immagini cartacee vengono tagliate, incollate, confrontate e ingrandite per metterne in evidenza alcuni dettagli. Le scene televisive vengono imitate in un *re-enactment* e registrate con impostazioni tecniche diverse, ed i modi delle varie autorità studiati e riprodotti per provarne l'effetto diretto. In un *détournement*, gli studenti applicano gli stessi metodi usati dai giornali e dalla televisione. Il Laboratorio descrive così questo approccio: "I nostri maestri d'arte sono Giovanni Leone, Indro Montanelli, Paolo VI e i vari ministri all'interno, dei quali studiamo le tecniche di comunicazione per mostrarne i significati repressivi e rovesciarne la poetica"[5]. Strategie di decontestualizzazione attraverso ritagli, di affiancamento di immagini prese da contesti diversi, ingrandimenti di dettagli non riconoscibili o l'uso di certe impostazioni della camera vengono applicate dagli studenti per mettere a nudo la posizione dei mezzi di comunicazione di massa nazionali, per rovesciarla o rivelarne l'aspetto assurdo.

Oggetti educativi: i materiali diventano oggetti che in parte vengono allestiti su tavoli di circa 150 cm x 100 cm. Dapprima diventano oggetti educativi. La loro origine ed il processo di produzione sono visibili a partire dal loro aspetto. In questo modo viene ricordato che anche i ritagli di giornale originari sono il risultato della stessa procedura poiché svelano le strategie di manipolazione dietro la comunicazione dei mass media. Le grandi dimensioni intensificano l'effetto di alterazione. Sul pannello *Scelta e deformazione di un'immagine di criminale*, una gigantografia di 180 cm x 135 cm, le parti ritagliate dai giornali sono ancora riconoscibili. Le testate dei giornali battute a macchina sotto i vari volti ne indicano l'origine: "Il Giorno", "La Stampa", "Il Giornale", "Il Corriere della Sera". L'ingrandimento ne accentua ancora di più la rasterizzazione, rimandando alla mediaticità dell'immagine giornalistica. I quattro ritagli sono allineati l'uno accanto all'altro e tutti ancorati al punto più alto della chioma del soggetto in questione, sempre lo stesso. La disposizione in un ordine quasi burocratico mette in risalto le misure relativamente diverse dei ritagli originari. La rasterizzazione eccessiva del ritaglio de "Il Giornale" crea come un velo a coprire il volto, enfatizzando la mediaticità della riproduzione e creando una rottura con l'illusione prodotta dall'immagine. Le differenze tra le quattro immagini e tra gli effetti che provocano sono sottili e riguardano soprattutto la luminosità. Salta agli occhi che si tratta di quattro riproduzioni della stessa foto. Ad attirare maggiormente l'attenzione sono gli occhi aperti dell'immagine del "Il Corriere della Sera". Posta accanto alle altre tre fotografie, in cui il soggetto volge gli occhi verso il basso, la manipolazione è evidente. Gli occhi aperti, lo sguardo diretto all'esterno, sembrano coincidere meglio con l'impressione di un'aggressione diretta, mentre lo sguardo originario rivolto verso l'interno dà l'impressione di una persona pensosa e distante. Nell'immagine manipolata del "Il Corriere della Sera", anche il contrasto reso più accentuato da capelli e sopracciglia inscuriti, diminuisce la distanza.

Il nome della persona dell'immagine contraffatta non viene menzionato. Si tratta di Fabrizio Pelli, figura emblematica della lotta armata, riconoscibile agli italiani del tempo anche senza didascalia. In mancanza del nome però, la criminalizzazione di questo volto viene rappresentata su un piano generico, al di là del conflitto tra lo Stato italiano e le Brigate Rosse. Nella mia prospettiva attuale questa contrapposizione sembra raffigurare le due facce di Fabrizio Pelli, ancora oggi in discussione tra l'opinione pubblica: il volto del ragazzo erudito di teoria marxiana di cui cerco di comprendere le ragioni che hanno condotto sulla strada della lotta armata, e l'immagine del terrorista violento delle Brigate Rosse.

Oggetti esibitivi: allo stesso tempo, i pannelli prodotti durante i *workshop* sono degli oggetti esibitivi perché esposti in luoghi appropriati all'approccio artistico e sociale del Laboratorio. Attraverso l'atto dell'esibizione diventano oggetti dello sguardo estetico e poiché trattasi di opere d'arte non devono essere toccate o modificate. Durante le mostre inoltre, le distinte aree tematiche venivano attribuite ai singoli membri del gruppo in quanto autori. Il passaggio all'ambito artistico avviene dunque attraverso la situazione espositiva e l'attribuzione autoriale. Gli ingrandimenti sovradimensionali e l'architettura della Rotonda della Besana a Milano, caratterizzata da grandi portici ed in cui il Laboratorio aveva allestito una sua esposizione, rafforzano la distanza dal fruitore. L'allontanamento di quest'ultimo dagli oggetti potenzialmente tangibili favorisce l'impressione di un'opera d'arte elevata ed intoccabile. Allo stesso tempo, gli ingrandimenti esagerati in bianco e nero dei semplici materiali dei *workshop* sono un'affermazione sovversiva che rende di nuovo insicuro lo status di opera d'arte. Questo effetto è percepibile in modo particolare su un panello di tre metri quadrati sull'antropometria. Qui, misurazioni e misure in quanto categorie di collocazione vengono messi in dubbio sotto molti aspetti.

Tramite discussioni che avvenivano durante la mostra, il Laboratorio trasportava il carattere discorsivo dei *workshop* all'interno della mostra stessa. Un'installazione a circuito chiuso ne era a questo scopo parte integrante: una videocamera, orientata sullo spazio espositivo con un monitor collegato, consentiva nel provare l'esperienza convalidata durante il *workshop*, vedere se stessi sullo schermo. In questo modo gli oggetti mantengono il loro status di oggetti didattici ed educativi anche all'interno dell'esposizione; il confronto con essi si svolge però su un piano verbale-discorsivo. L'interazione multidimensionale tra materiali diversi, persone, mezzi di comunicazione e il proprio corpo risulta essere limitata all'interno della mostra.

Relitti: visti oggi, a distanza di ormai quasi quarant'anni, gli oggetti appaiono come relitti di una pratica artistica effimera che consisteva principalmente in *workshop*. Senza una documentazione fotografica o filmica, sono gli oggetti l'unica testimonianza rimasta delle attività del Laboratorio, accanto alla piccola

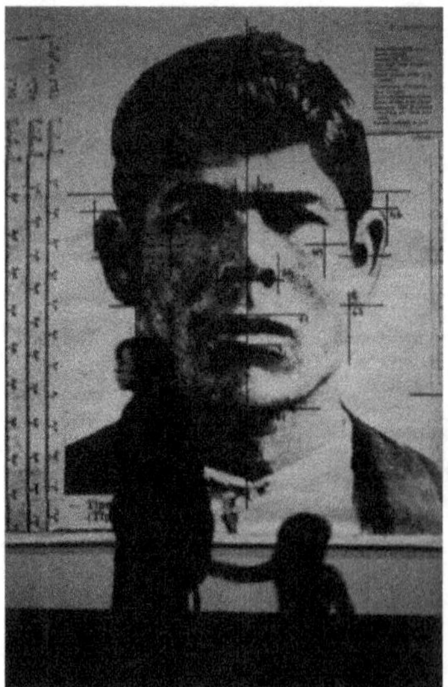

Laboratorio di Comunicazione Militante, *Misurazioni antropometriche*, gigantografie cm 300 x 300, parte della mostra nella Rotonda di via Besana 1976, in: Madesani Angela 2012, p. 38, titolo dal catalogo *L'arma dell'immagine* 1977.

pubblicazione *L'arma dell'immagine*. I pannelli erano rimasti inaccessibili per trent'anni e le attività del Laboratorio non avevano fatto a lungo parte della storia dell'arte. Solo dal 2008 in poi gli oggetti sono stati esposti nuovamente in diverse mostre e anche dopo decenni i pannelli sono la prova e la testimonianza che il Laboratorio ha seguito i principi dichiarati nel manifesto del 1977. Essi costituiscono il materiale d'archivio nel quale possiamo rileggere le attività dei *workshop*.

Conclusione con Paolo VI maestro d'arte

Involontariamente, gli oggetti sviluppati durante i *workshop* ottengono anche uno status di documentazione, per quanto non nel senso di una rappresentazione iconica della pratica performativa. Essi fungono da strumenti didattici ed educativi e diventano oggetto dello sguardo estetico e di ricerca della storia dell'arte; sono testimoni di una pratica artistica che ha fruito della strategia di collocare la linea estetica all'interno di un passaggio oscillante tra spazio fittizio e spazio reale. Questa strategia è significativa per il decennio in cui il Laboratorio era attivo, perché agire in questo modo era possibile solo all'interno della controcultura degli anni Settanta. Questo stato labile e oscillante è percepibile sia dagli oggetti stessi sia dalla forma dei *workshop*. I *workshop* hanno luogo come evento reale e non vengono percepiti come una messa in scena. Eventi mediatici della vita reale come l'apparizione del Papa sono dichiarati "arte", la pratica artistica nella forma di *workshop* diventa una parte della vita reale. All'interno dei *workshop* gli eventi mediatici vengono inscenati con un gioco di imitazione, "come se". Nella pratica del Laboratorio i diversi livelli di realtà confluiscono. Non vengono contrapposti l'uno all'altro per poi dissolvere il conflitto sotto lo sguardo scioccato dello spettatore, provocando sconvolgimento e riflessione come facevano i *beatnik* per incoraggiare a cambiare i modi di pensare. Il Laboratorio non operava attraverso shock e provocazione, anche se sceglieva motivi come Fabrizio Pelli e toccava temi profondi e sconcertanti che dividevano la società. I diversi livelli di realtà erano presentati come equivalenti: equivalentemente reale ed equivalentemente artificiale. Questa strategia spogliava i gesti ufficiali della loro autorità e non permetteva alla comunicazione di massa regolata dallo Stato il monopolio nell'interpretazione delle condizioni sociali.

1. Bishop Claire, *Artificial Hells. Participatory Art and the Politics of Spectatorship*, London, New York 2012, pp. 241, 245.

2. Quinto punto del manifesto del Laboratorio, L'estinzione del prodotto artistico", in: Madesani Angela (a cura di), *Armamentari d'arte e comunicazione. L'esperienza del Laboratorio di Brunone, Columbu, Pasculli, Rosa negli anni della rivolta creativa*, Tortona (AL) 2012, p. 28.

3. Dal capitolo "Nota sull'uso degli strumenti" in: Laboratorio di Comunicazione Militante, *L'arma dell'immagine. Esperimenti di animazione sulla comunicazione visiva*, Milano 1977, p. 111, corsivo dal testo originale.

4. Ibi, p. 113.

5. *L'arma dell'immagine* 1977 (come sopra), p. 14.

Ringrazio Antonella Desini per la traduzione e l'editing del testo italiano.

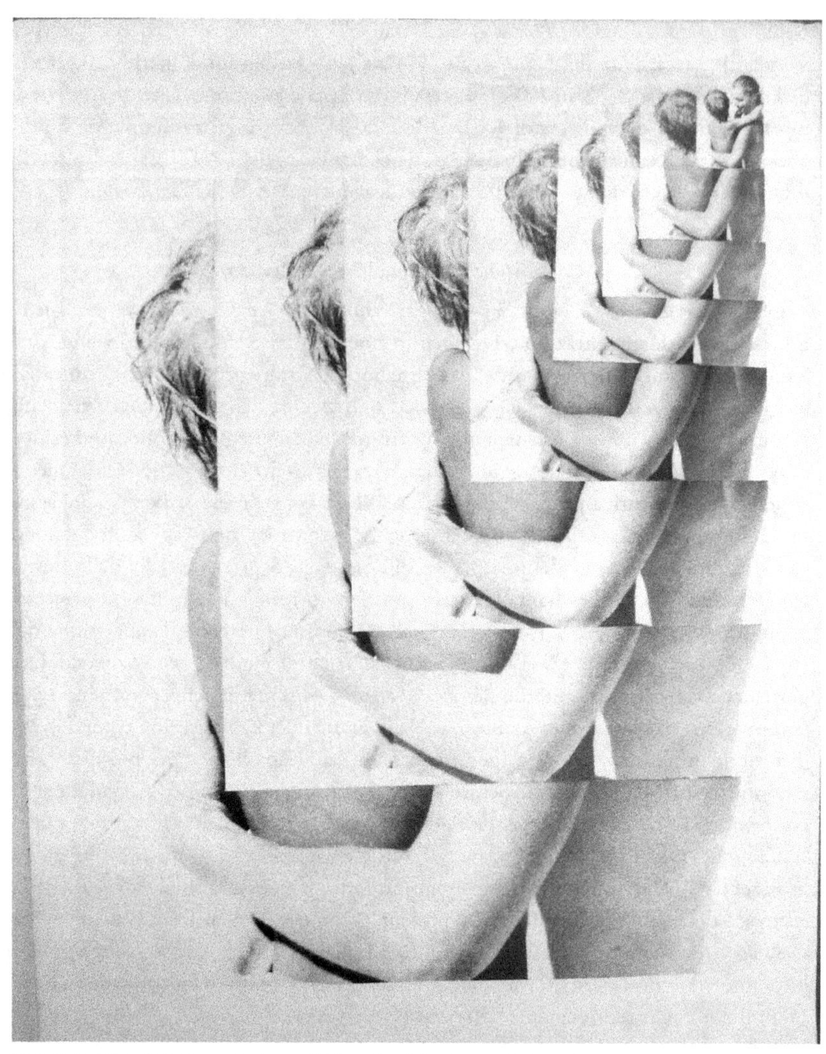

Romy Schneider, da "effe", n. 6, giugno 1974, p. 21. Foto: Agnese De Donato

Agnese De Donato, il movimento femminista e la rivista "effe"

Laura Iamurri

Laura Iamurri

"effe" come femminismo e come fotografia

Agnese De Donato ha cominciato a scattare fotografie alla fine degli anni Sessanta. Fino alla metà di quel decennio aveva gestito insieme a Gina Severini una libreria rimasta celebre a Roma, la libreria Al Ferro di Cavallo, che prendeva il nome dallo slargo antistante l'Accademia di Belle Arti a via Ripetta: una libreria che tra il 1957 e il 1966 era stata non solo uno dei luoghi *clou* della mondanità culturale romana, ma anche uno dei pochi spazi in cui venivano regolarmente allestite mostre di fotografia[1].

Secondo la testimonianza di De Donato, il passaggio dal primo contatto con la macchina fotografica alla pubblicazione delle immagini sulla stampa periodica, e dunque l'assunzione del nuovo ruolo di fotografa, è stato pressoché immediato grazie alla vendita di un ritratto del fratello Diego a "L'Espresso"[2]; questo passaggio, anche per i tempi e per la destinazione degli scatti, ha significato da subito la scelta dei modi e dei temi del *reportage*, da intendersi tuttavia non tanto nel senso della ricerca spasmodica dell'attimo cruciale o dell''istante decisivo', quanto piuttosto di una attitudine a cogliere gli eventi nel loro svolgersi e soprattutto le persone nel loro contesto. Un modo di stare in mezzo alle cose che, dopo i primi interessi per le arti visive e soprattutto per il teatro, avrebbe trovato nell'esplosione del movimento delle donne un terreno ideale, quello di un succedersi continuo e permanente di avvenimenti da documentare dall'interno, condividendone le battaglie e le scelte. De Donato è stata parte di un nutrito gruppo di fotografe che ha fissato in immagini la stagione del femminismo a Roma, appropriandosi di un mezzo di documentazione e di comunicazione visiva la cui gestione diretta si sarebbe rivelata cruciale. Basta ricordare, oltre a quelli di Agnese, gli scatti di Paola Agosti, Daniela Colombo, Rosanna Cattaneo, Luisa Di Gaetano, Gabriella Mercadini (per non citarne che alcune) per richiamare alla mente le immagini festose e i momenti di tensione dei cortei, le assemblee affollate e i gruppi di studio, i volti sorridenti e la nuova visibile autorevolezza che le donne sperimentavano, forti della militanza e della scoperta, come ha scritto Silvia Bordini, di "una soggettività politica che investiva non solo il contesto sociale ma anche la dimensione di solito ignorata del quotidiano, lo spazio domestico, famiglia, sesso, relazioni"[3].

"Fotografare per il femminismo è stata una liberazione. Tutto era diverso", ha scritto recentemente De Donato[4]. La storia di questo ulteriore transito dai ritratti e dalla cronaca degli spettacoli delle cantine romane alla documentazione delle attività dei movimenti femministi è legata in maniera particolare a "effe", la rivista che divideva i locali di via della Stelletta 18 con il teatro La Maddalena e con la libreria MaddalenaLibri[5]. "effe" era stata fondata da un collettivo formato dalla stessa De Donato insieme a Danielle Turone, Lara Foletti, Daniela Colombo, Donata Francescato, Alma Sabatini e Adele Cambria: autoproclamatasi "settimanale di controinformazione al femminile" al momento del lancio del numero zero nel febbraio 1973, "effe" avrebbe iniziato le sue pubblicazioni regolari solo nell'autunno di quell'anno.

Il "primo magazine femminista in vendita in edicola in Europa"[6] aveva fatto molto rumore con la copertina del numero pilota, sulla quale campeggiava l'immagine di un ragazzo in pelliccia di mongolia bianca aperta sul torso nudo e i jeans mezzi slacciati, fotografato in una delle pose insensate tipiche dei servizi di moda; la didascalia esplicitava il senso di quella scelta: "Chi è costui? Assolutamente nessuno. È l'equivalente delle donne seminude che si vedono sulle copertine dei rotocalchi". La rivista si annunciava dunque dissacrante e battagliera, e tanto bastava per perdere in un sol colpo editore e direttrice[7]; la fotografia, e la pelliccia, erano di Agnese De Donato: la commistione tra vissuto personale e impegno professionale, tra spazi e oggetti della quotidianità e invenzione del lavoro appare da subito molto intensa, e su questo punto tornerò più avanti. Qui vorrei ricordare alcuni scatti realizzati da De Donato nella stessa occasione ed esposti di recente, perché oltre a esplicitare l'ambientazione nello Stadio dei Marmi di Roma, monumentale e celebrativa di una mascolinità decisamente muscolare, permettono di capire meglio il processo di costruzione dell'immagine attraverso le differenti opzioni (con o senza pelliccia, con o senza un gilet di tessuto colorato, di fronte o di spalle) e della successiva scelta dello scatto più efficace[8].

Intermezzo americano

Tra il febbraio 1973 e il ritorno di "effe" nelle edicole, nei mesi in cui si lavorava al nuovo assetto e soprattutto alla ricerca di un nuovo editore, De Donato chiese e ottenne dall'"Espresso" un contratto per andare negli Stati Uniti a Cambridge, Massachusetts, dove ai primi di giugno 1973 si teneva la prima *International Feminist Planning Conference*. Il convegno, organizzato dalla NOW (National Organization for Women), riuniva donne provenienti da tutto il mondo intorno ai temi cruciali della maternità consapevole, della contraccezione e dell'aborto[9], dopo che nel gennaio dello stesso anno una storica sentenza della Corte Suprema degli Stati Uniti aveva dichiarato incostituzionali le leggi che vietavano l'interruzione di gravidanza e stabilito che la decisione spettava alle donne in accordo con il personale medico[10]. A Cambridge De Donato ha registrato i volti, tra le centinaia di donne accorse, di Yoko Ono e John Lennon; l'organizzazione del convegno non prevedeva inizialmente presenze maschili, e la decisione di accoglierne una così nota era dovuta, ha raccontato Agnese, soprattutto alla disponibilità dell'ex-Beatle a fare delle riprese video, pratica ancora decisamente poco diffusa ma di cui si coglieva ovviamente la rilevanza. E in effetti la Sony Portapak di Lennon compare tra le mani di un'altra figura maschile, probabilmente un collaboratore del musicista, in tutte le fotografie in cui si vede Lennon seduto tra tante donne, o a un tavolino con Betty Friedan, e infine in una rara immagine a colori in cui, seduto sui gradini con la chitarra davanti a un cartello scritto a mano a righe alternate rosse e nere (*First International Feminist Conference*), improvvisa un concertino con Yoko Ono in piedi accanto al pianoforte.

La testimonianza di Agnese De Donato si è rivelata preziosa anche per comprendere il destino di questo servizio fotografico: nonostante la portata internazionale del convegno e la presenza di un musicista famoso, la serie di immagini fu giudicata poco interessante, e "L'Espresso" non la pubblicò, molto probabilmente a causa della sua 'normalità', del suo apparire in fondo come una sequenza di immagini assembleari, dunque di scene estremamente comuni in quegli anni di intensa discussione politica; o ancora, secondo l'ipotesi di De Donato, a causa di una sorta di delusione: "chissà cosa si aspettavano, erano foto di donne in assemblea, non avevano nulla di 'piccante'"[11]. Le fotografie scattate negli Stati Uniti non rimasero tuttavia inedite, ma confluirono in un'inchiesta sul femminismo americano pubblicata sul primo numero 'ufficiale' di "effe", quello che nel novembre 1973 ne segnava finalmente il ritorno in edicola: introdotta da un altro scatto già pubblicato sul numero zero e poi divenuto celebre, una ragazza che avanza con il pugno alzato, la camicia aperta, la minigonna e l'aria sfrontata, quasi l'incarnazione della soggettività inedita delle 'donne nuove' degli anni Settanta[12], l'inchiesta mostra il desiderio e la capacità di connettere e diffondere le istanze di una rivoluzione che attraversava almeno tutto l'Occidente.

Nuove immagini per donne nuove

Dunque nel novembre 1973 "effe" tornava in edicola, con una nuova grafica, un nuovo editore, e una cadenza mensile che permetteva un certo grado di approfondimento nei confronti dei temi in discussione senza tuttavia perdere completamente di vista l'attualità.

La copertina del numero 1 mostra una pacifica avanzata di donne fotografate da De Donato a Villa Pamphilj. È qui che si comincia davvero a percepire il senso di "liberazione" connesso al "fotografare per il femminismo"; lo stile diretto messo a punto come fotoreporter trova nella rivista una sede speciale e una evoluzione tutta da inventare. Nelle pagine interne un articolo di Germaine Greer, "Il nudo non è in vendita", era accompagnato da due scatti di Agnese che ritraevano due donne nude, una sulla spiaggia e una incinta affacciata su un paesaggio: due immagini "senza giochi di luce, senza trucchi", fatte non per compiacere lo sguardo maschile ma al contrario per mostrare l'inedita libertà conquistata dalle donne anche e soprattutto nel rapporto con il proprio corpo[13].

Nei numeri successivi, editi come si è detto da Dedalo e poi, dal febbraio 1975, interamente autogestiti dalla redazione, "effe" avrebbe accolto una pluralità di interventi, idee, elaborazioni, ricerche dei collettivi principalmente ma non solo romani; le fotografie non sono più firmate singolarmente, e soltanto nell'indice sono elencati i nomi di fotografe e occasionalmente fotografi: dunque, soprattutto nel caso di immagini che non sono state ripubblicate in altra sede, è solo attraverso il lavoro di archivio e la testimonianza diretta che si può risalire con certezza all'autrice. Ma restano come costanti di fondo l'importanza della fotografia nell'impaginazione della rivista, e il gusto ricorrente per l'inserimento delle immagini in montaggi grafici di grande efficacia, alternati questi ultimi alle illustrazioni di Cloti Ricciardi e di altre artiste a sostegno delle rivendicazioni, delle lotte e delle campagne che via via si imponevano all'ordine del giorno[14]. Insieme e accanto al confronto calibrato sulla misura dei piccoli gruppi di autocoscienza, ai 'processi' allestiti nei confronti dei compagni intellettuali (come nel caso di Bernardo Bertolucci), e ancora alla invenzione di luoghi dove stare solo tra donne, come il Giraluna aperto nel 1974 a Trastevere, via della Pelliccia[15], è la dimensione collettiva che irrompe e rende visibile la forza e la potenza del movimento femminista.

Prima il referendum sul divorzio, poi l'indignazione contro la violenza sessuale e contro l'assenza di una legge sull'aborto portarono in piazza negli anni Settanta centinaia di migliaia di donne. Le immagini si fanno collettive, l'invenzione dei manifesti in mano alle verduraie al mercato dà il senso della condivisione interclassista di obiettivi politici, la creatività dispiegata nelle piazze e il gesto femminista ripetuto all'infinito compaiono in decine di fotografie che colgono con sguardo felice e perfetto tempismo l'invasione pacifica della città da parte delle donne: le movenze di danza e i momenti di festa non diminuiscono la consapevolezza e la lucidità di una lotta durissima e vitale combattuta da donne di diverse generazioni.

Il personale e il politico

Ma c'è anche una dimensione diversa che sottende il lavoro di De Donato, o piuttosto una transizione molto fluida tra la quotidianità dell'esistenza e delle frequentazioni e l'esercizio della professione di fotografa: tra le immagini pubblicate su "effe" non sono rare quelle che ritraggono il figlio di Agnese, o gli scatti che riflettono la passione della fotografa per la danza e per il teatro, talvolta risalenti anche a qualche tempo prima. Si tratta di fotografie scattate talvolta nel corso delle prove o degli spettacoli, come nel caso di un'immagine di Carla Fracci utilizzata per illustrare una intervista al sociologo Franco Ferrarotti, pubblicata nel numero zero di "effe" con il titolo "Beethoven femmina strangolata sul nascere"[16]: accanto alla sollecitazione di un 'esperto' uomo, e al contrasto tra la leggiadria del gesto di Fracci e la crudezza del titolo, colpisce l'assonanza con il tema del celebre saggio di Linda Nochlin *Why Have There Been No Great Women Artists?*, uscito un paio di anni prima negli Stati Uniti e non ancora noto in Italia, come si evince chiaramente dalla lettura dell'intervista[17].

Carla Fracci, in quel momento all'apice della sua lunga carriera e talmente celebre da meritare un programma RAI intitolato *Serata con Carla Fracci*[18], torna di nuovo nel ruolo di Mélisande, alle prese con una corda che sembra imprigionarla e dalla quale la danzatrice pare sul punto di liberarsi, a fare da sfondo al testo di quella che credo sia la prima versione italiana di *A Black Woman Speaks...*, tradotto come "Io negra ti parlo, bianca" nel secondo numero di "effe" uscito alla fine del 1973[19]. Accanto alla rima un po' scontata tra il gesto di liberazione di Fracci e il testo di Beah Richardson, vale la pena di sottolineare come una nuova eco del femminismo americano coincida in questo caso con una precoce, almeno in Europa, tematizzazione della specificità delle posizioni delle donne afroamericane.

La stessa libertà di utilizzazione di fotografie realizzate in contesti evidentemente lontani dalle lotte femministe si ritrova soprattutto nei primi numeri di "effe", dove può accadere che i ritratti scattati in un giro ampio di frequentazioni mondane, e in particolare nell'ambiente del cinema, siano impiegati per illustrare gli articoli della rivista. Così la riflessione critica di Danielle Turone sul nuovo diritto di famiglia, ancora in via di definizione all'altezza del febbraio 1973, era illustrata con un doppio ritratto di Romy Schneider e Ugo Tognazzi che potrebbe con buona approssimazione risalire al 1970, anno d'uscita della *Califfa* di Alberto Bevilacqua[20]. Qualche tempo dopo, altre fotografie di De Donato appartenenti a una sfera estranea al vissuto quotidiano del femminismo vengono utilizzate per scandire le pagine di un dibattito sulla psicoanalisi, cioè su un tema controverso in quanto espressione della cultura patriarcale; in questo caso, appare interessante il modo in cui il rapporto madre-figlio viene interpretato attraverso una elaborazione grafica derivata da un'altra bellissima fotografia di Romy Schneider, anche questa risalente all'inizio del decennio, nella quale l'attrice viene ritratta da Agnese mentre abbraccia il suo bambino sul bordo di una piscina in un momento di affettuosa intimità[21].

L'aspetto quotidiano, spesso artigianale, emerge in molte invenzioni grafiche e fotografiche. Le foto di Agnese De Donato per "effe" illustrano un aspetto non trascurabile della continuità tra personale (e talvolta anche privato) e politico messa a fuoco nella dimensione dell'elaborazione teorica del femminismo. Quell'elaborazione teorica, inclusi alcuni testi di Rivolta Femminile, trovava posto nella sezione di "effe" dedicata ai documenti, e al tempo stesso transitava,

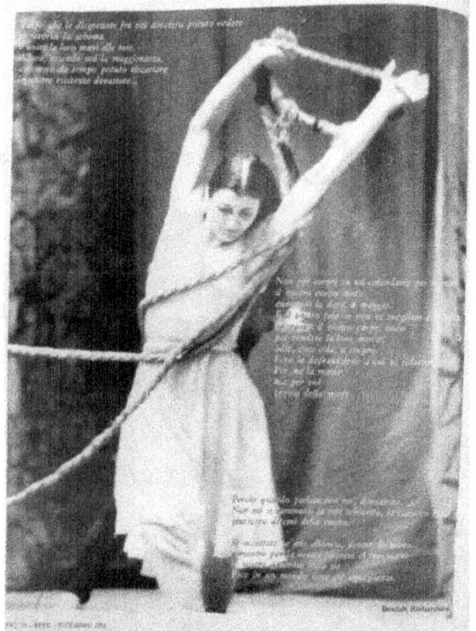

Carla Fracci, da "effe", n. 2, dicembre 1973, p. 20.
Foto: Agnese de Donato

in maniera forse meno ragionata ma certo molto efficace, nell'aspetto visivo di una rivista femminista, che naturalmente era una cosa tutta da inventare così come era tutto da inventare il linguaggio per sottrarsi alla cultura patriarcale.

Cultura patriarcale all'interno della quale, dopo la *tabula rasa* di Rivolta Femminile[22], si comincia a cercare una linea genealogica nella quale riconoscersi; e dunque si ripubblicano, o si pubblicano per la prima volta, alcuni testi ben selezionati di Dolores Ibárruri, di Rosa Luxemburg, Clara Zedkin, Alexandra Kollontai[23]: nonostante i rapporti non esattamente idilliaci con il partito comunista, è nella grande tradizione del comunismo internazionale che vengono individuate alcune figure chiave, riferimento prezioso in termini teorici e pratici. Allo stesso tempo, la curiosità nei confronti delle nuove forme del vivere e dell'abitare convoca sulle pagine di "effe" l'unica immagine proveniente dall'ambito dell'architettura radicale, e nel caso specifico da Superstudio, per una stralunata quanto felice evocazione delle comuni come sperimentazione di un modello di convivenza alternativo alla famiglia tradizionale[24].

Tuttavia è sulla dimensione collettiva che una rivista come "effe" misura la forza e la ricchezza del movimento femminista. Le immagini delle manifestazioni scandiscono le annate del mensile e veicolano la nuova sovranità femminile, che naturalmente è in primo luogo la sovranità su se stesse, e l'euforia gioiosa che questa nuova condizione genera. Nel corso degli anni anche De Donato sembra abbandonare lo sguardo intimo e diretto a favore della registrazione dei momenti collettivi; l'uso di fotografie appartenenti a un ambito affettivo familiare o amicale diminuisce a favore di una maggiore presa sulla presenza pubblica del movimento. De Donato avrebbe continuato a far parte del collettivo redazionale di "effe" ancora per buona parte del decennio; una delle sue ultime copertine, quella del numero estivo del 1977, riassume nel montaggio di volti, sguardi e gesti la storia intensa di quegli anni e del modo in cui lei stessa li ha vissuti. Di lì a pochi mesi l'incalzare degli eventi politici avrebbe imposto una violenta torsione anche al femminismo italiano, e le conseguenze si sarebbero viste a tutti i livelli. "effe" avrebbe continuato le pubblicazioni fino a tutto il 1982, reagendo al mutare dei tempi con consistenti modifiche sia nell'assetto della redazione sia nelle soluzioni grafiche dell'impaginazione.

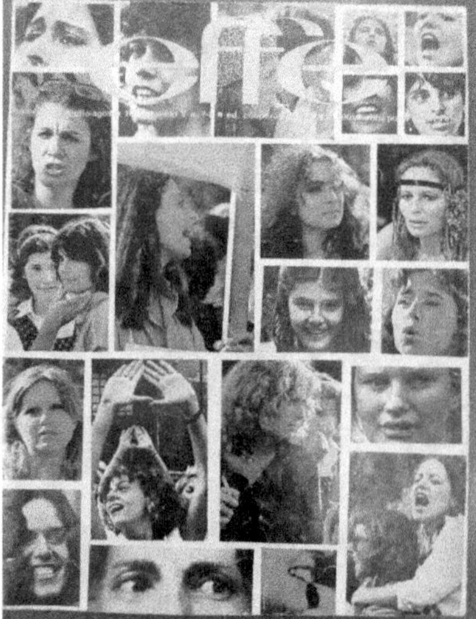

Copertina di "effe", n. 7-8, luglio-agosto 1977.
Foto: Agnese De Donato

1. De Donato Agnese, *Via Ripetta 67*, Dedalo, Bari 2005; cfr. Boldorini Greta, *L'archivio della libreria-galleria "Al ferro di cavallo"*, relazione al convegno *Archivi fotografici e arte contemporanea in Italia*, Roma, Istituto Centrale per la Grafica, 13-14 aprile 2016 (atti in corso di stampa).

2. La notizia è in De Donato Agnese, *Fotografare per il femminismo? È stata una liberazione*, in Perna R. – Bussoni I. (a cura di), *Il gesto femminista*, DeriveApprodi, Roma 2014, pp. 52-54. Il fratello di Agnese, Diego, era il fondatore e proprietario della casa editrice De Donato, sulla quale si veda Di Bari Luca, *I meridiani. La casa editrice De Donato fra storia e memoria*, Edizioni Dedalo, Bari 2012. Molte delle informazioni contenute in questo scritto provengono dalla testimonianza diretta di Agnese De Donato, che ringrazio; gli incontri si sono svolti tra il settembre 2015 e il febbraio 2016.

3. Bordini Silvia, *Il dentro e il fuori*, in Perna R. – Bussoni I. (a cura di), *Il gesto femminista*, p. 42. Si veda la testimonianza di Agosti Paola, *Una fotografa degli anni Settanta ricorda il movimento femminista*, ivi, pp. 46-51. Una fonte essenziale è in Agosti Paola – Bordini Silvia – Spagnoletti Rosalba – Usai Annalisa, *Riprendiamoci la vita. Immagini del movimento delle donne*, Savelli, Roma 1976. Una ricognizione parziale è in Perna Raffaella, *Arte fotografie e femminismo in Italia negli anni Settanta*, Postmedia books, Milano 2013.

4. De Donato Agnese, *Fotografare per il femminismo?*, p. 53.

5. Per le sedi delle associazioni e dei collettivi romani si veda il sito web http://www.herstory.it (e relativa app) progettato da Archivia, Casa Internazionale delle Donne, Roma.

6. Cambria Adele, *Nove dimissioni e mezzo*, Donzelli, Roma 2010, p. 197. Il primo *magazine* femminista statunitense, "Ms.", nato nel 1971 come inserto del "New York Magazine", usciva in veste autonoma dal gennaio 1972.

7. Sugli inizi di "effe", la brevissima direzione di Gabriella Parca e il passaggio dal primo editore Franco Angeli alle edizioni Dedalo si veda Cambria, *Nove dimissioni e mezzo*, pp. 196-199. Sull'attenta costruzione visiva della rivista, sulla collaborazione con le artiste e sull'ampio spazio riservato alle fotografie si veda Seravalli Marta, *Arte e femminismo a Roma negli anni Settanta*, Biblink editori, Roma 2013, pp. 28-36. Sulla stampa periodica femminista si veda Codognotto P. – Mazzei E. – Moccagatta F. (a cura di), *Le riviste femministe dal 1970 ad oggi: catalogo*, La libreria delle donne, Firenze 1988.

8. Una serie di quattro stampe fotografiche a colori è stata esposta in occasione della mostra *L'altro sguardo. Fotografe italiane 1965-2015 dalla Collezione Donata Pizzi*, (Milano, Triennale, 5 ottobre 2016-8 gennaio 2017); gli scatti sono riprodotti nel catalogo della mostra a cura di Raffaella Perna, Silvana Editoriale, Cinisello Balsamo 2016, p. 95. Pur trattandosi in questo caso di fotografie appartenenti a una collezione privata, ritengo comunque utili le riflessioni di Serena Tiziana, "La profondità della superficie. Una prospettiva epistemologica per 'cose' come fotografie e archivi fotografici", in "Ricerche di Storia dell'Arte", 106/2012, pp. 51-67; Ead., *Per una teoria dell'archivio fotografico come "possibilità necessaria"*, in *Forme e modelli. La fotografia come metodo di conoscenza*, atti del convegno di Noto del 7-9 ottobre 2010, a cura di Francesco Faeta e Giacomo Daniele Fragapane, Corisco edizioni, Roma-Messina 2013, pp. 23-40.

9. Drinker Ballard E. – Byrne J. (a cura di), *International Feminist Planning Conference*, (Cambridge, MA, Lesley College and Harvard Divinity School, June 1-4, 1973) National Organization for Women, Cambridge (MA) 1973.

10. La sentenza Roe v. Wade, 410 U.S. 113, fu emanata dalla Corte Suprema il 22 gennaio 1973. Il testo completo è consultabile sul sito della Cornell University Law School: https://www.law.cornell.edu/supremecourt/text/410/113 (ultimo accesso: 18 gennaio 2017).

11. De Donato in conversazione con l'autrice, Roma, 29 gennaio 2016.

12. Prendo la definizione in prestito da Fraire Manuela, *Donne nuove: le ragazze degli anni Settanta*, in Bertilotti T. – Scattigno A. (a cura di), *Il femminismo degli anni Settanta*, Viella, Roma 2005, pp. 69-79.

13. Greer Germaine, "Il nudo non è in vendita", in "effe", n. 1, novembre 1973, pp. 46-47. Dopo la pubblicazione di *The Female Eunuch* (McGraw-Hill, New York 1971; trad. it.: *L'eunuco femmina*, Bompiani, Milano 1972) Greer viveva all'epoca nella campagna toscana.

14. La recente e meritoria digitalizzazione dei testi pubblicati su "effe" (http://efferivistafemminista.it/) è corredata da molte immagini ma non ha conservato, purtroppo, l'impaginazione della rivista (ultimo accesso: 25 gennaio 2017). Alcune pagine sono riprodotte nelle sezioni dedicate alle associazioni e ai collettivi di http://www.herstory.

it. Per il contributo di Ricciardi si veda Seravalli, *Arte e femminismo a Roma*, pp. 30-33.

15. Sul Giraluna la documentazione è molto scarsa. Qualche notizia si trova sul sito http://www.herstory.it/giraluna (ultimo accesso 18 gennaio 2017). Ringrazio Agnese De Donato per la testimonianza orale.

16. "Beethoven femmina strangolata sul nascere", intervista di Lara Foletti a Franco Ferrarotti, in "effe", n. 0, febbraio 1973, pp. 12-14.

17. Cfr. Nochlin Linda, "Why Have There Been No Great Women Artists? Implications of the Women's Lib Movement for Art History and for the Contemporary Art Scene, or, Silly Questions Deserve Long Answers", in "Art News", n. 9, vol. 69, 1971, pp. 22-71; poi, con il titolo leggermente modificato, in Gormick V. – Moran B.K. (a cura di), *Woman in Sexist Society. Studies in Power and Powerlessness*, Basic Book, New York 1971, pp. 344-366 (trad. it.: *La donna in una società sessista. Potere e dipendenza*, Einaudi, Torino 1977, pp. 195-229; una prima parziale traduzione italiana era già stata pubblicata in "DWF": Nochlin, "Perché non ci sono state grandi artiste donne?", in "DWF", n. 4, luglio-settembre 1976, pp. 149-157, seguita da un commento della traduttrice: Paolini Maria Grazia, "Nota della storica dell'arte", in "DWF", n. 4, luglio-settembre 1976, pp. 158-168). Si veda ora Trasforini Maria Antonietta, *Perché non ci sono state grandi artiste? Ovvero come stupide domande richiedano lunghe risposte*, in Nochlin, *Perché non ci sono state grandi artiste?*, Castelvecchi, Roma 2014, pp. 5-19 (nuova traduzione a cura di Jessica Perna).

18. *Serata con Carla Fracci*, regia di Antonello Falqui, produzione RAI 1973.

19. Beulah (Beah) Richardson, *A Black Woman Speaks of White Womanhood, of White Supremacy, of Peace: a Poem*, American Women for Peace, New York 1951; cfr. "Io negra ti parlo, bianca" [sic], in "effe", n. 2, dicembre 1973, pp. 19-20. Il balletto documentato nella foto è *Pelléas et Mélisande*, coreografia di Loris Gai su musica di Jean Sibelius, andato in scena al Teatro dell'Opera di Roma a partire dall'8 maggio del 1973 per sei recite. Ringrazio Donatella Bertozzi per queste precisazioni.

20. Turone Danielle, "Nasce già vecchio il nuovo diritto di famiglia", in "effe", n. 0, febbraio 1972, pp. 22-23. Il nuovo diritto di famiglia sarebbe entrato in vigore con la legge 151 del 19 maggio 1975.

21. "Psicanalisi nostro pane quotidiano", in "effe", n. 6, giugno 1974, pp. 18-23. Al dibattito partcipavano Erika Kauffmann, Donata Francescato, Dacia Maraini e Silvia Rosselli, con il coordinamento di Adele Cambria.

22. Rivolta femminile è stata fondata da Carla Lonzi, Carla Accardi e Elvira Banotti nei primi mesi del 1970. Il Manifesto di Rivolta femminile venne affisso sui muri di Roma e Milano nell'estate 1970. I primi testi sono raccolti in Lonzi Carla, *Sputiamo su Hegel*, Scritti di Rivolta femminile, Milano 1974 (poi et al. edizioni, Milano 2010).

23. Ibárruri Dolores, "Mi perdonino le spose felici", in "effe", n. 4, aprile 1974, pp. 38-39; seguito da Di Gioacchino Rita, "La pasionaria non rinuncia", Ibi, p. 40. Cfr. Di Gioacchino Rita, "Luxemburg, Zedkin, Kollontai... 'e io ho detto a Lenin...'", in "effe", n. 2, febbraio 1974, pp. 35-38; e a seguire Luxemburg Rosa, "Mi fa male il pensiero", ivi, pp. 39-40. Su Kollontai si era già soffermata Gramaglia Mariella, "Alexandra Kollontai", in "effe", n. 1, gennaio 1974, p. 55 (recensione di Kollontai Alexandra, *Autobiografia di una donna sessualmente emancipata*, Palazzi, Milano 1973).

24. "Utopia o realtà? Le comuni", in "effe", n. 9, settembre 1974, pp. 6-9. L'immagine scelta era il fotomontaggio *L'accampamento*, 1971, da *Gli atti fondamentali, Vita (Supersuperficie)*, ora riprodotta in Mastrigli G. (a cura di), *Superstudio. Opere 1966-1981*, Quodlibet, Macerata 2016, p. 391.

Artiste a confronto sulla riflessione di genere: la cartella per la libreria delle donne di Milano

Anna Cristina Caputi

La cartella di grafiche realizzata da nove artiste per finanziare l'apertura della *libreria delle donne di Milano* nel 1975 è un'operazione interessante nel panorama artistico degli anni Settanta per l'occasione che offre di indagare il rapporto di ciascuna aderente con il femminismo. Infatti la libreria nasce per diffondere testi scritti da donne e riscoprire l'identità femminile liberandola dai codici maschili ma, tra le autrici delle grafiche, si riscontrano diverse posizioni: alcune affermano l'esistenza di una differenza femminile eventualmente rintracciabile anche in arte, altre invece insistono sul concetto di uguaglianza tra i generi e negano un'influenza del femminile sul loro lavoro. Partecipano Carla Accardi, Mirella Bentivoglio, Valentina Berardinone, Tomaso Binga, LeoNilde Carabba, Dadamaino, Amalia Del Ponte, Grazia Varisco, Nanda Vigo.

Valentina Berardinone è la più vicina alla libreria, di cui è socia. Condivide la visione delle fondatrici dello spazio sul femminile, ovvero rifiuta l'idea di uguaglianza sostenendo la necessità per una donna di "assum*ere* il concetto di differenza ... cioè ... di avere uno sguardo diverso, che non vuol dire formalmente evidente, è un'assunzione di sé"[1]. Nella sua arte porta avanti un'indagine che dichiara ambiguità e rifiuta le asserzioni assolute, in questo senso condividendo con il pensiero femminista italiano l'esigenza di nuove ricerche e linguaggi capaci di creare un'alternativa alle pratiche discorsive maschili. La grafica per la cartella riflette il coevo studio sul valore conoscitivo dell'immagine che oscilla tra la semplice restituzione del fenomeno e la possibilità di intuire l'essenza del reale[2]. Infatti sulla grafica sono disegnate tre scale su cui cola resina, rappresentazione quindi dell'istallazione *Invasioni*, ed appare la didascalia "Ogni immagine è l'orma dell'essenza: un momento tra ipotesi e memoria".

Mirella Bentivoglio invece frequenta sporadicamente la libreria ma si impegna in un'intensa attività da curatrice che dal 1972 la vede attiva nell'organizzazione di mostre di sole artiste volte sia a dare loro visibilità, sia a sviluppare una riflessione sullo specifico femminile. Già nel 1972 rileva che la donna in arte esprime una "minore concettualità che nell'uomo"[3], "maggiore fisicità"[4], "fragilità"[5] e che abbia una particolare attenzione verso "radicalità, archetipo, primario"[6]. Sostiene che tale diversità propria dell'arte femminile sia figlia dei diversi ruoli storicamente attribuiti ai due sessi ed afferma quindi che l'appartenenza ad un genere possa produrre la predilezione per determinate scelte e procedimenti. Inoltre nel 1976 rintraccia come molte artiste abbiano dato vita ad un "linguaggio sterilizzato dall'emisfero maschile nei codici della scissione"[7], grazie proprio alla loro capacità di muoversi nello spazio del non codificato. Non è un caso che negli anni Settanta la Bentivoglio operi nell'ambito della poesia concreta lavorando sul significante che diviene l'oggetto del significato. Tale operazione è visibile anche nella grafica ideata per la libreria, una pagina bianca su cui si stagliano le lettere nere della parola "Rumore" con la *R* formata da sagome di automobili. La forma della *R* infatti, restituendo la stilizzazione di autovetture, è un significante che è già significato e rivela quindi come il linguaggio ordinario sia solamente una "realtà presignificata"[8]. L'artista utilizza quindi lo stesso codice della scrittura ma è capace di volgerlo a significati molteplici e inediti.

Anche Dadamaino in quegli anni frequenta saltuariamente le riunioni della libreria e pratica l'autocoscienza. Proprio nello stesso 1975 la sua ricerca artistica raggiunge un punto di svolta influenzato anche dalla sua riflessione sul femminile. Dà vita infatti alla serie *Inconscio razionale*, di cui un esemplare verrà prodotto per la grafica della cartella, ed in merito al nuovo lavoro l'artista racconta:

> Era di nuovo 'la tabula rasa'… C'è un altro particolare, l'insorgenza del movimento femminista. Senza farne parte e neanche troppo condividerlo, va detto che per far l'artista una donna doveva, e forse deve ancora, dimostrare maggiore credibilità di un uomo e di conseguenza cercare di emulare, o che so, tentare di essere anche più brava, o meglio più perfezionisticamente professionista per essere attendibile. Affiorata e presa coscienza di tale realtà, ho lavorato come sentivo, senza preoccupazione di essere più brava o meno brava: dovevo essere io e basta[9].

Dadamaino attraversa quindi una fase di meditazione sul suo essere donna che la libera dal confronto con il codice del professionismo maschile. Sceglie così di abbandonare la geometria prodotta con il tiralinee preferendo il gesto a mano libera, che coltiva nella solitudine e ripetitività del movimento approdando alla serie *Inconscio razionale*, primo tassello di tutto il suo *Alfabeto della mente*.

A questa altezza cronologica invece Carla Accardi sta maturando il passaggio dal "femminismo ideologico"[10] verso la "pratica del fare"[11]: dopo essere stata cofondatrice di *Rivolta Femminile*, si sta allontanando dalla militanza attiva per accettare di rientrare nelle istituzioni culturali ed impegnarsi nella diffusione della cultura prodotta da donne. Non a caso l'anno successivo fonda la *Cooperativa beato angelico*, luogo che come la libreria realizza un separatismo atto alla rivalutazione culturale del portato femminile evitando di dichiarare l'aderenza a movimenti femministi. Entra in contatto con la libreria tramite il gruppo di *Rivolta* poiché molte fondatrici dello spazio praticano l'autocoscienza in un gruppo che riunisce *Rivolta* e *Demau*. La Accardi inizia anche a ripensare il concetto di differenza di genere, conferendogli una minore assolutezza e vivendolo come una delle varie componenti dell'identità personale non più formalmente evidente in arte. Infatti anche nella grafica per la libreria non c'è

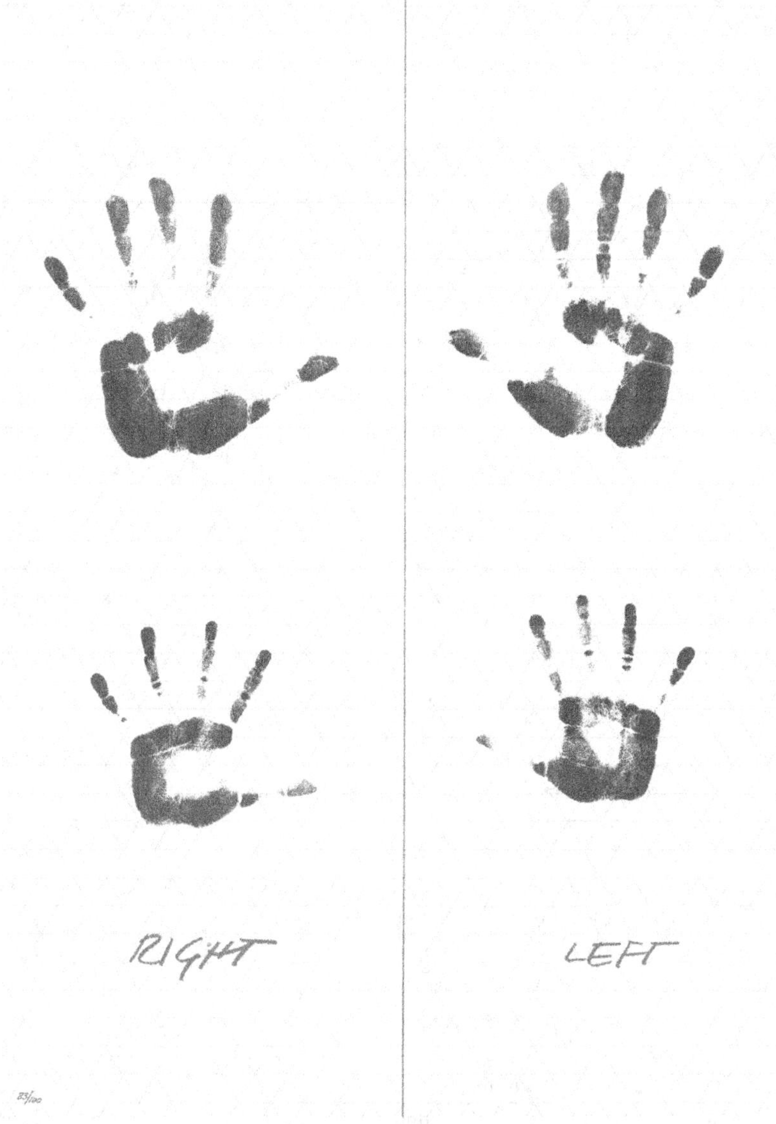

Amalia Del Ponte, grafica per la cartella della *libreria delle donne di Milano*, 1975

legame con il tema della donna, come invece era stato in passato per opere come *Tenda* e *Triplice Tenda*. Tuttavia non si può non rintracciare come l'intera poetica del segno, oltre a condividere con molte artiste donne la "volontà di giungere ad un 'grado 0' per formulare un nuovo linguaggio"[12], venga legata al femminile direttamente dall'artista: "Quando ho scoperto che i miei segni fitti in bianco e nero erano sempre segni di compenetrazione, ho capito millenni di condizione femminile alle spalle"[13].

Tomaso Binga viene coinvolta nell'operazione della cartella ma non frequenta la libreria né altri gruppi di donne, tuttavia assume un nome maschile per contestare ironicamente il mondo degli uomini e reagisce all'emarginazione del sesso femminile attraverso la creazione di un linguaggio nuovo, "che si ponga al di fuori del canone stesso"[14]. In questa ricerca la differenza di genere ha una netta centralità per il mezzo attraverso il quale l'artista articola il nuovo alfabeto: i gesti del suo corpo. La grafica che dona per la libreria è una delle *scritture asemantiche*, opere che avviano la sua riflessione sul tema.

Neppure Amalia Del Ponte frequenta lo spazio o altre realtà collettive, conduce una ricerca appartata ed infatti ragiona sul femminile in modo peculiare, ovvero attraverso una meditazione sulla maternità. Proprio attraverso la grafica per la cartella, per la prima volta declina nella propria storia personale di madre il ragionamento sull'evoluzione della materia, che porta avanti dagli anni Sessanta. Nel lavoro per la libreria la parte alta della pagina ospita le impronte delle due mani dell'artista, mentre la parte bassa del foglio ha impresse le due impronte di sua figlia Nicol. Una linea rossa divide il foglio a metà isolando le due mani destre e le due mani sinistre di madre e figlia: sembra che la linea evochi un filo rosso che riveli la discendenza di una mano dall'altra alludendo alla filiazione. La grafica è l'antecedente di *Culturae: florum omnium varietas (Nascita)*, una mappa diaristica che raccoglie foto, disegni, ed altri elementi che ripercorrono gli otto anni di vita con Nicol. L'opera è presentata all'interno di *Ipotesi '80* su invito di Lea Vergine che cura una sessione di sole artiste donne con opere "chiuse... come un pugno, ad indicare una crescita esplosiva del fare arte da parte degli individui femmina ed del fare politica sulle donne. [...] Son tutte opere che hanno lo stile e il sapore del diario e del diario hanno la forza di attentare alla commedia dei rapporti tra le persone, la lucidità di rivelare l'impostura del quotidiano"[15].

Originale anche la posizione di LeoNilde Carabba, per cui l'essere donna è sì una differenza, che però si può superare. Infatti l'artista inizia a scrivere il nome LeoNilde con la *N* maiuscola per sottolineare la presenza di una radice maschile ed una femminile nella propria interiorità: riconosce che la realtà sociale è modellata sugli uomini, ma ogni donna ha la possibilità di liberarsi iniziando "quel Viaggio Alchemico che ti porterà ad essere totale. Iniziare il viaggio alchemico significa esprimere nella sua totalità sia la parte maschile che la parte femminile di sé"[16]. Frequenta il gruppo di autocoscienza di *via Cherubini*[17] da cui parte l'iniziativa di fondare la libreria e l'artista dichiara che nella prima riunione di discussione su come aprire lo spazio è lei ad avere l'idea della cartella per il finanziamento. L'avvicinamento al movimento delle donne inoltre ha un riflesso diretto sulla sua poetica: abbandona i quadri geometrici auto-

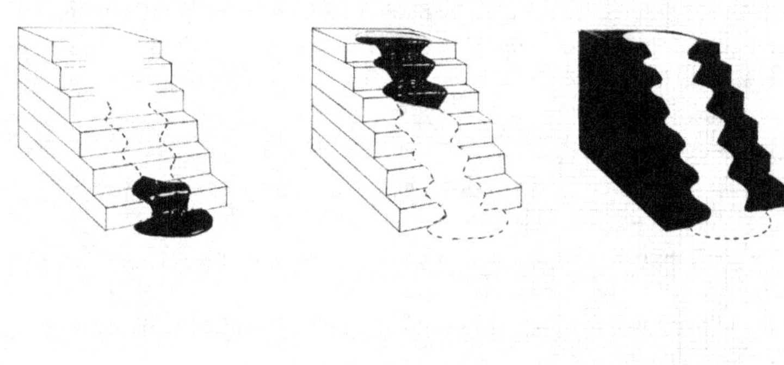

Valentina Berardinone, grafica per la cartella della *libreria delle donne di Milano*, 1975

rifrangenti ed inizia a rappresentare elementi naturali in cui si individuano simboli direttamente legati al femminile. Tra questi il mare, protagonista anche della grafica per la libreria poiché le onde "sono tutte uguali e tutte diverse, come le donne: siamo uguali perché siamo donne ma siamo diverse"[18].

Sostanziale distanza invece intercorre tra le tipologie di femminismo trattato, incentrate sulla differenza, e la posizione di Nanda Vigo e Grazia Varisco che propendono per il concetto di uguaglianza fra i sessi e negano un'influenza della tematica di genere nel loro operare artistico.

Grazia Varisco frequenta la libreria ma afferma chiaramente: "non ho mai pensato che il problema della discriminazione riguardasse l'identità della donna ma piuttosto che fosse una questione giuridica, bisogna ricercare la parità con l'uomo sia nei diritti che nelle opportunità"[19]. Accetta di partecipare all'iniziativa della cartella perché vede l'apertura dello spazio come una possibilità per le scrittrici di acquisire maggiore visibilità e quindi di potersi confrontare alla pari con gli uomini. La grafica che dona per la cartella infatti non è legata alla tematica di genere ma è uno dei lavori della serie intitolata *recupero di spazio* che, insieme alle coeve opere dal titolo *assenza*, riflettono un momento di azzeramento rispetto alla produzione precedente volto a ripensare la sua arte.

Simile la posizione di Nanda Vigo che però non frequenta la libreria ma si limita ad inviare il lavoro. L'artista inizialmente non percepisce la problematicità dell'essere donna, ma ne prende coscienza solo durante la relazione con Pietro Manzoni, racconta: "Era un uomo terribilmente maschilista, diceva 'non siamo la famiglia *Curie*, l'artista sono io tu stai a casa', io però ero innamorata ed ho tollerato questi atteggiamenti che comunque alla fine mi hanno fatto prendere coscienza della discriminazione femminile e mi hanno spinto ad impegnarmi"[20]. Infatti per Vigo l'impegno si concretizza nell'aiutare le artiste donne ad avere riconoscimento nella loro carriera professionale tanto che sempre nel 1975 finanzia lei stessa la mostra di sole donne *Il Mistero svelato "L.H.O.O.Q."* alla galleria del Milione. Avulsa anche da rivendicazioni di diritti politici, il sostegno alla libreria ha dunque l'unico scopo di contribuire alla diffusione della professionalità femminile, siano le donne artiste o scrittrici. A tal fine accetta una riduzione del suo lavoro in quanto per la cartella propone la scritta "light project" non costituita da neon ma su carta, dove comunque la tautologia, significato primario dei *light projects*, rimane attiva.

Nonostante la diversità dei 'femminismi' delle artiste, la cartella è comunque portatrice di un significato collettivo rintracciabile anche grazie alle due introduzioni che accompagnano le grafiche.

Nella prima, redatta da Lea Vergine, si sottolinea come il lavoro costituisca "un'operazione contro la 'separatezza' delle donne nella sfera del far cultura"[21], poiché le artiste, riconosciute in un mondo maschile come professioniste grazie alla qualità delle loro opere, si impegnano ora affinché anche altre donne, scrittrici in questo caso, possano affermarsi come modelli culturali grazie alla diffusione delle loro opere.

Il secondo testo è invece direttamente redatto dalle autrici delle grafiche che raccontano come la creazione della cartella sia stata un'occasione per "assumere in prima persona il *loro* essere artista-donna"[22] e per "intravvedere la possibilità di nuovi comportamenti"[23]. Tra questi la scelta del prezzo politico di 200 mila lire, volto a superare le logiche di mercato ed ampliare la possibilità di fruizione dell'arte. Infine, le artiste inquadrano l'operazione in una prospettiva storica, ipotizzano cioè che più donne daranno un apporto personale al superamento della discriminazione femminile e che l'insieme dei contributi dei singoli riuscirà incidere sulla società: "È un piccolo inizio. Altre donne compiono altre azioni, inventano altri gesti. Un giorno tutti questi gesti si potranno incontrare"[24].

1. Archivio Ricerca Visiva, *Il ruolo del pubblico nell'arte contemporanea. Intervista a Valentina Berardinone*, video online, arteperchi.org [consultabile https://vimeo.com/140002878, ultimo accesso 5 gennaio 2017]

2. Berardinone Valentina, *L'arte dell'immagine a mia immagine e somiglianza*, La Nuova Foglio Editrice, Pollenza, Macerata, 1978.

3. Bentivoglio Mirella (a cura di), *Tra linguaggio e immagine. Esposizione internazionale operatrici visuali*, catalogo della mostra,, Galleria d'Arte Il Canale, Venezia, 8 - 29 ottobre 1976, pp. 1-3.

4. Ibi, s.p.

5. Ibi, s.p.

6. Ibi, s.p.

7. Bentivoglio Mirella, *Materializzazione del linguaggio. La Biennale di Venezia 1978. Arti visive e architettura*, catalogo della mostra "Magazzini del Sale alle Zattere", Venezia, 20 settembre - 15 ottobre 1978, p. 3.

8. Bentivoglio Mirella, *Percorso*, in Gramiccia Anna (a cura di), *Mirella Bentivoglio dalla parola al simbolo*, catalogo della mostra Palazzo delle Esposizioni, Roma, 10 ottobre - 28 ottobre 1996, p. 49.

9. Varga Miklos Nicola, "Prima l'alfabeto poi… (intervista a Dadamaino)", in "Gala International", n. 96, Milano, giugno 1980, p. 42.

10. Libreria delle Donne di Milano, *Non credere di avere dei diritti: la generazione della libertà femminile nell'idea e nelle vicende di un gruppo di donne*, Rosenberg & Sellier, Torino 2005, pp. 89-102.

11. Ibi, s.p.

12. Verzotti Giorgio, *Autonomo, reciproco*, in Giannelli Ida (a cura di), *Carla Accardi*, catalogo della mostra presso il Museo d'arte contemporanea, Castello di Rivoli, Rivoli, 24 giugno - 28 agosto 1994, p. 19.

13. Accardi Carla, in Sauzeau Boetti Anne Marie, "Creatività femminile: Lo specchio ardente", in "Data", n. 18, settembre - ottobre 1975, p. 52.

14. Perna Raffaella, *Arte, fotografia, e femminismo in Italia negli anni Settanta*, Postmedia Books, Milano, 2013, p. 43.

15. Vergine Lea, *La schizofrenia della donna nel quotidiano*, in Schito Giuseppe (a cura di), *Expo arte. Fiera internazionale di arte contemporanea*, catalogo della mostra Fiera del Levante, Bari, 26 marzo - 3 aprile 1977, p. 283.

16. Carabba LeoNilde, "In viaggio con LeoNilde Carabba", in "Collezione da Tiffany", 22 settembre 2016 [consultabile a http://www.collezionedatiffany.com/viaggio-leonilde-carabba/ ultimo accesso 6 gennaio 2017]

17. Collettivo nato nel 1972 che riunisce diverse realtà del femminismo milanese: gruppi che praticano autocoscienza come Demau, Anabasi e Rivolta Femminile; movimenti legati alla rivendicazione di diritti politici come Lotta Femminista; le promotrici dell'asilo di Quarto Oggiaro; donne generalmente interessate ad un confronto sui temi del femminismo ma non legate a specifici gruppi. Per testimonianze dirette sul collettivo si veda Calabrò A. R. – Grasso L., *Dal Movimento femminista al femminismo diffuso: storie e percorsi a Milano dagli anni '60 agli anni '80*, Fondazione Badaracco, Franco Angeli, Milano, 2004.

18. Carabba LeoNilde, intervista a me rilasciata a Milano il 7 ottobre 2016.

19. Varisco Grazia, intervista a me rilasciata a Milano il 2 gennaio 2017.

20. Vigo Nanda, intervista a me, rilasciata a Milano il 13 Gennaio 2017.

21. Vergine Lea, introduzione alla cartella per la Libreria delle Donne di Milano, novembre 1975, Milano.

22. Accardi Carla, Bentivoglio Mirella, Berardinone Valentina, Binga Tomaso (Menna Pucciarelli Bianca), Carabba LeoNilde, Dadamaino (Maino Edoarda Emilia), Del Ponte Amalia, Varisco Grazia, Vigo Nanda introduzione alla cartella per la Libreria delle Donne di Milano, novembre 1975, Milano.

23. Ibi, s.p.

24. Ibi, s.p.

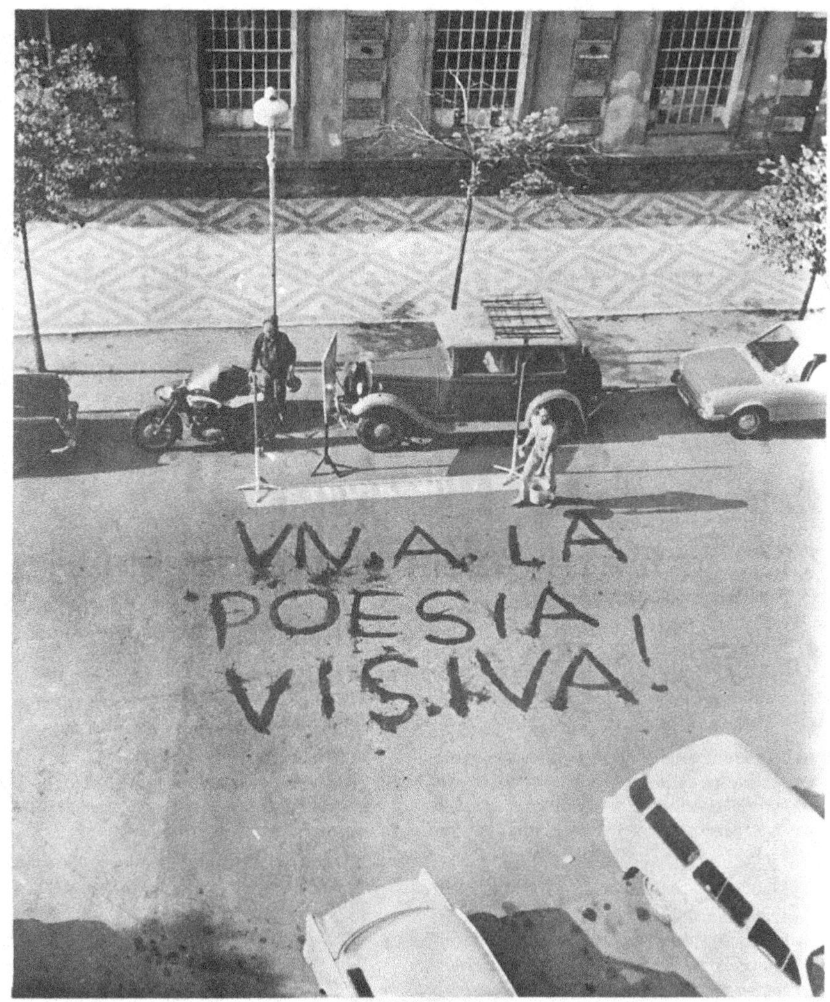

Karel Trinkewitz, *Praga 1974*, in "Lotta Poetica", serie I, annata IV, 1974 n. 32, s.p.

La Rassegna dell'esoeditoria di Trento: scambi e confronti internazionali

Anna Zinelli

Il termine 'esoeditoria' viene proposto in occasione dell'esposizione curata da Bruno Francisci che si tiene a Trento nel 1971 per indicare ogni forma di esperienza editoriale autogestita e quindi esterna ai sistemi di produzione e diffusione ufficiali della cultura[1]. Il neologismo è entrato nel dibattito degli anni Settanta, soprattutto in ambito letterario, relativo alla crisi della neoavanguardia ed alla progressiva radicalizzazione del rapporto tra letteratura e lotta politica[2] ed è stato ripreso recentemente nello studio sulle riviste d'arte degli anni Sessanta e Settanta di Giorgio Maffei e Patrizio Peterlini; in particolare secondo quest'ultimo l'esoeditoria "identifica chiaramente un fenomeno legato alla controcultura, o come si usava dire in quegli anni, alla 'alternativa culturale'"[3], recuperando l'utilizzo della rivista in chiave di informazione attiva tipico delle avanguardie storiche e declinandolo in chiave di 'guerriglia semiologica', ossia come strumento di ribaltamento del rapporto gerarchico con il fruitore sotteso ai processi comunicativi dei media[4].

Lo stesso sottotitolo della rassegna, *Per una verifica di alternative culturali, culture alternative contemporanee*, insiste appunto su questo concetto di 'alternativa' a una cultura ufficiale, mentre l'utilizzo del termine 'verifica' indica come l'intento del curatore non fosse solo quello di fornire una panoramica del fenomeno, quanto piuttosto di proporre una riesamina critica del ruolo e delle funzioni svolti da esso. Il catalogo, a sua volta esoedito in mille copie presso La Tipografica di Abano Terme per conto dell'Associazione Pro Cultura di Trento, propone infatti in apertura quattro interviste relative alle strategie e agli strumenti disponibili per esercitare una prassi "resistenziale alla cultura dominante" e al rapporto tra la dimensione culturale e quella politica[5]. La molteplicità delle possibili direzioni emerge chiaramente nella differenza delle posizioni assunte: il critico letterario Giorgio Bàrberi Squarotti[6] esprime un certo scetticismo nel rifiuto sistematico di un confronto con l'esterno e sostiene la necessità di una demarcazione tra la forma poetica, che "non può che essere utopica", e quella ideologica[7]. Franco Manescalchi[8] vede invece nell'esoeditoria la principale forma di resistenza al potere culturale dominante, in linea con le posizioni espresse anche attraverso le edizioni di Collettivo R[9], proposte alla rassegna di Trento e sorte con il preciso scopo di creare un canale di collegamento tra contestazione politica e orizzonti culturali. Anche l'intervento di Francesco Leonetti[10] si sofferma sulla questione delle "riviste militanti" sostenendo una possibile convergenza tra riviste "clandestine" e produzione editoriale del movimento marxista-leninista. Egli ritiene inoltre che questa collaborazione possa realizzarsi soprattutto attraverso la 'cinecassetta', menzionando a questo riguardo il film *Processo Politico*, dedicato al processo Calabresi, che aveva girato nel 1970 con l'aiuto di Arnaldo Pomodoro e con la fotografia di Carla Cerati. Il cinema militante, che ha un particolare sviluppo in questi anni[11] viene quindi inteso come possibile strumento di innovazione anche su un piano linguistico a partire, come nell'esoeditoria, dal rifiuto per i sistemi di produzione e distribuzione tradizionali.

Un ulteriore aspetto che emerge fin dal titolo della rassegna è la compresenza di un'attenzione per la scena italiana e per quella internazionale. L'evento, come ricordato dal curatore[12], avrebbe infatti dovuto porsi come prima edizione di una rassegna periodica e dare esito ad un 'Archivio dell'Esoeditoria Internazionale'. Nonostante la mancata realizzazione del progetto, a causa del venire meno dei fondi previsti, l'iniziativa del 1971 rappresenta il primo tentativo di storicizzazione e definizione del fenomeno esoeditoriale, che tornerà ad essere indagato nel 1975 con la mostra curata da Maurizio Nannucci *Small Press Scene*[13], sempre considerandolo in un'ottica internazionale. A Trento troviamo infatti, assieme a una panoramica dell'esoeditoria italiana a partire dalla fine degli anni Cinquanta[14], numerose esempi di quanto prodotto in altri contesti, come le edizioni americane di Dick Higgins "Something else Press" o le "New Eter" realizzate in Svezia dall'artista francese Paul-Armand Gette. Alcuni dei casi proposti risultano particolarmente esemplificativi del complesso sistema di scambi legato a questa produzione. Ad esempio le edizioni francesi "Agentzia", realizzate da Jochen Gerz e da Jean-Francois Bury, propongono una panoramica internazionale di "poesia visiva, poesia concreta, poesia d'azione, arte concettuale, non-art, anti-art, arte di contestazione"[15]. In questi stessi anni Gerz lavora nell'ambito della poesia sperimentale, ma inizia anche le sue prime azioni nello spazio pubblico, analogamente incentrate su una radicale messa in discussione dell'arte a partire da un nuovo utilizzo dei mezzi linguistici[16]. Tra le diverse pubblicazioni di "Agentzia" proposte a Trento, numerose sono quelle che mostrano gli scambi con artisti italiani legati a una tipologia di indagine tesa a problematizzare lo statuto dell'opera[17]. Anche le edizioni belghe "Amenophis", realizzate da Jean-Michel Pochet, Robert Kayser e Marie-Claire Gouat, testimoniano questo sistema di rimandi, in particolare con il numero del 1971[18] dedicato alle ricerche italiane, in cui sono proposti artisti come Ugo Carrega, Eugenio Miccini, Michele Perfetti; costituito da semplici fogli sciolti inseriti in una busta e spediti, esso restituisce il carattere autoprodotto delle edizioni, in questo caso arrivando a proporsi in modo analogo a operazioni di mail art.

A Trento sono proposte, inoltre, delle edizioni d'artista di Timm Ulrichs[19], artista tedesco promotore di una poetica concettuale improntata sul continuo scambio tra arte e vita (ad esempio, nel 1961 espone se stesso come opera d'arte; nel 1965, in chiaro riferimento a documenta, sceglie la propria tomba al cimitero di Kassel; nel 1969 si iscrive alla banca dello sperma di Brema in omaggio, in chiave ironica, a *L'opera d'arte nell'epoca della sua riproducibilità tecnica* di Walter Benjamin)[20]. Tra i lavori presenti nella rassegna risultano anche dei "manifesti egocentrici monomaniacali", uno dei quali mostra una fotografia dell'artista accompagnata dalla frase *Ich bin ein Gedicht* che, in perfetta coerenza con la sua poetica, è una citazione della frase *Io sono una poesia* proposta da Adriano Spatola in occasione della rassegna di Fiumalbo *Parole sui muri*, a cui lo stesso Ulrichs aveva preso parte[21]. La mostra collettiva, il cui catalogo per le edizioni Geiger[22] è a sua volta un esempio di esoeditoria, aveva rappresentato infatti un fondamentale momento di incontro e confronto tra artisti europei e non solo, proponendo anche ricerche esteuropee e jugoslave.

Un aspetto ancora poco indagato è proprio quello relativo a come la produzione esoeditoriale abbia costituito un fondamentale strumento di confronto, che ha permesso anche un'ampia circolazione di artisti di provenienza balcanica ed esteuropea (negli anni in cui l'arte definita come 'non allineata' iniziava a godere di una sempre maggiore fortuna espositiva e di mercato)[23]. Di particolare interesse è quindi la presenza a Trento della rivista jugoslava "Signal", periodico pubblicato a Belgrado dal 1970 da Miroljub Todorović, ideatore appunto del movimento Signalism, che si prefiggeva l'obiettivo di avvicinare la sfera poetica e quella scientifica interrogando il linguaggio a partire dal segno inteso come suo elemento fondante. La rivista è in formato bilingue (serbo e inglese) e fin dal primo numero[24] mostra un'attenzione per la scena internazionale: accanto al manifesto del movimento e a lavori di artisti jugoslavi[25] viene infatti dato ampio spazio alle ricerche italiane[26], guardando inoltre alla poesia visiva francese e cecoslovacca. La stessa linea è proposta anche nei numeri successivi, che continuano a guardare alle ricerche internazionali, proponendo ad esempio nel 1973 delle opere di mail art di Sol LeWitt e On Kawara[27] mandate a Todorović.

Nelle ultime due interviste proposte in catalogo gli artisti Adriano Spatola[28] e Sarenco (Isaia Mabellini)[29], rispettivamente presenti nella rassegna con le edizioni Geiger e Amodulo/ Lotta Poetica, sostengono una sostanziale convergenza di intenti tra esoeditoria culturale e politica e sottolineano la necessità di una maggiore coesione tra le diverse realtà. Entrambe le edizioni restituiscono appunto tanto i termini del dibattito sul rapporto tra attività artistica e militanza quanto la volontà di porsi come luogo di confronto internazionale, con un'attenzione rivolta anche alle ricerche

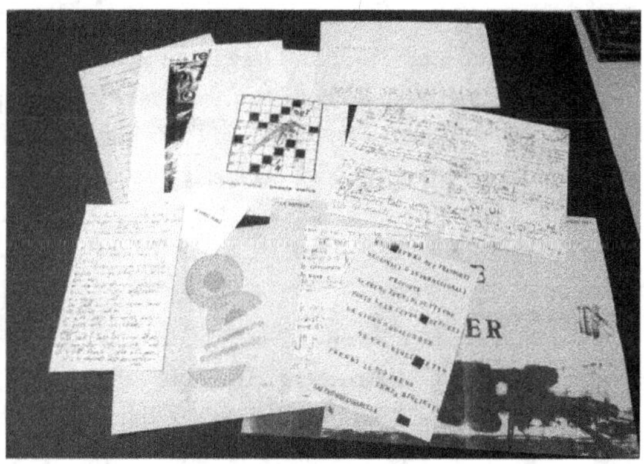

"Amenophis" n. 12. Made in Italy, 1971. Contiene 12 fogli di differenti dimensioni di Andre Morlain, Michele Perfetti, Eugenio Miccini, Ugo Carrega e altri. Courtesy: Fondazione Bonotto

realizzate nella Jugoslavia 'non allineata', nella Cecoslovacchia che era appena stata teatro della repressione sovietica e in altre zone del blocco orientale come la Germania dell'Est e l'Ungheria. Realizzate dal 1967 dai fratelli Adriano, Maurizio e Tiziano Spatola tra Torino e Mulino di Bazzano (PR), anche grazie alla collaborazione con Julian Blaine, le edizioni Geiger propongono sia libri d'artista, sia un'antologia periodica 'di testi sperimentali'[30]. Fin dal primo numero[31] vengono accostate alle ricerche italiane di artisti come Maurizio Nannucci, Franco Vaccari e Gianfranco Baruchello, quelle francesi con Henri Chopin e Jean-François Bury, tedesche con Franz Mon e Timm Ulrichs (che ritornerà regolarmente nei numeri successivi) e vengono proposti lavori di due esponenti della poesia visiva cecoslovacca: Ladislav Novák e Jiří Valoch (quest'ultimo proposto anche nel numero 1 di "Signal" e riproposto nel terzo numero dell'antologia).

L'attenzione per le ricerche cecoslovacche, che si sviluppa in Italia nella seconda metà degli anni Sessanta[32], in particolare grazie alle mostre curate da Enrico Crispolti *Alternative Attuali,* al ruolo della galleria di Arturo Schwarz e agli articoli di Pierre Restany[33], vede tra la fine del decennio e i primi anni Settanta un ulteriore incremento. La repressione sovietica della primavera di Praga nel 1968 non segna infatti una battuta d'arresto per questi scambi, che rappresentano soprattutto per artisti spesso perseguitati e censurati in patria, un'occasione per far circolare la propria opera. Ladislav Novák, uno dei fondatori del Gruppo Ceco di Poesia Sperimentale (assieme a Jiří Kolář e Josef Hiršal), è esposto fin dagli anni Sessanta in Italia (ad esempio proprio ad *Alternative attuali* del 1965 e del 1968), dove soggiorna spesso a partire dal 1968 e dove gode di particolare fortuna negli anni Settanta. Dal 1964 le sue opere sono inoltre proposte su "Antipiugiù", rivista fondata da Arrigo Lora Totino, con cui mantiene una corrispondenza che si protrae fino al 1979 che documenta un costante scambio di informazioni, materiali e progetti[34]. Jiří Valoch, della generazione successiva, è un esponente del *Klub konkretistů* (Club Concretista) e propone una poetica improntata su elementi linguistici e fotografici di matrice concettuale. Anche in questo caso la sua opera ha una particolare circolazione in Italia nel corso degli anni Settanta, ad esempio con i due libri d'artista usciti rispettivamente per "Amodulo"[35] e per la collana Poesia Visiva curata da Luciano Ori[36].

Considerando anche i successivi sviluppi rispetto a quanto proposto a Trento, Geiger mantiene nel corso del decennio un'attenzione costante per artisti come Ulrichs, Gerz e Blaine e per numerosi esponenti dell'arte jugoslava ed esteuropea tra cui si possono menzionare Bálint Szombathy, anch'egli parallelamente in contatto con Lora Totino[37], il gruppo d'avanguardia di Subotica BOSCH + BOSCH e l'artista cecoslovacco Milan Knížák, promotore dei primi festival Fluxus a Praga, nominato da George Brecht "Director of Fluxus East".

Anche "Lotta poetica", diretta da Paul de Vree e Sarenco e nata dall'unificazione delle riviste "Tafelronde" di Anversa e "Amodulo" di Brescia, si pone programmaticamente lo scopo di coniugare la componente internazionalista con quella dell'impegno politico[38]. Nel primo editoriale[39] sono preannunciati i temi che Sarenco riprenderà anche

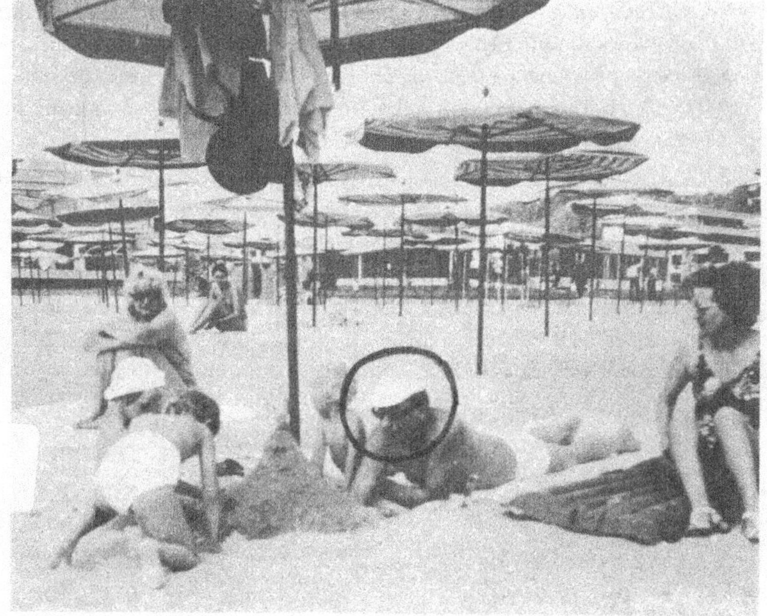

"Lotta poetica" Numero Monografico su Jiri Kolar, serie I, annata V, n. 49-50, giugno-luglio 1975.
Courtesy: Fondazione Bonotto

nell'intervista del catalogo della rassegna trentina: l'inscindibilità tra azione poetica e militanza e la necessità di unire le forze, spesso disperse e frammentate, di artisti di contesti differenti. Per questo fin dal primo numero essa propone una redazione molto più strutturata rispetto alle altre riviste esoedite, con un ampio numero di collaboratori esteri, tra cui ritroviamo Jochen Gerz per la Francia, Jiří Valoch per la Cecoslovacchia, Miroljub Todorović per la Jugoslavia e a cui si aggiungeranno dal secondo numero Timm Ulrichs per la Germania occidentale e Carlfriedrich Claus per quella orientale. Nel corso del decennio 'Lotta Poetica' mantiene un interesse costante per le ricerche esteuropee, ad esempio nel quarto numero con l'approfondimento *Something poetical from C.S.S.R*[40], con opere di Jan Wojnar, Jiří Valoch, Karel Trinkewitz, fino al numero monografico del 1975 dedicato a Jiří Kolář. Trinkewitz, inoltre, artista tra i protagonisti della primavera di Praga, a cui era stata interdetta dal regime la possibilità di lavorare in patria durante la cosiddetta 'normalizzazione', è riproposto anche nel 1974[41] con un'opera basata su un intervento urbano, esplicitamente diretta all'Italia: in una strada di Praga egli propone infatti la scritta di grandi dimensioni: *W la poesia visiva!*. Anche Szombathy, già visto sulle antologie Geiger, viene proposto su "Lotta Poetica" nel 1972, con la documentazione della performance dello stesso anno *Lenin a Budapest*, in cui l'artista percorre le strade della capitale ungherese con un'immagine del leader della rivoluzione sovietica su un cartello, come se si trattasse di un'immagine pubblicitaria. A proposito dell'operazione, posta in relazione con l'analoga performance dello stesso anno *BAUHAUS*, egli afferma di aver svolto "un esperimento semiotico", proponendo un parallelismo con la pratica di Enzo Mari[42].

Per concludere, un ultimo aspetto su cui vale la pena soffermarsi e che rende particolarmente evidente il sistema di scambi veicolato da queste ricerche, è il convegno sulla poesia visiva di Belgrado del 1971 organizzato da Biljana Tomić e recensito su "Lotta Poetica"[43] in un articolo non firmato (riportato in francese e inglese, probabilmente riconducibile a Paul De Vree). In questa occasione le stesse tematiche al centro della rassegna di Trento quali il ruolo sociale della poesia visiva, i rapporti tra azione estetica e politica, sono poste al centro di un dibattito che vede confrontarsi artisti come Vaccari, Sarenco, Miccini e Todorović.

1. Francisci Bruno, *Rassegna dell'esoeditoria italiana: per una verifica di alternative culturali, culture alternative contemporanee: catalogo dell'esposizione internazionale*, Pro Cultura, Trento 1971.

2. Cfr. Rosso Delfino Maria, *La esoditoria in Italia. Rassegna della editoria che intende essere "alternativa" ai canali di diffusione della "cultura borghese"*, in "Pianeta", n. 45, marzo-aprile 1972, pp. 3-6; Carlucci Carlo, *Esoeditoria perché: le ragioni di Panaro*, in "Prospetti", anno VII, n. 28, dicembre 1972, pp. 80-81.

3. Peterlini Patrizio, *Esoeditoria in Italia negli anni Sessanta e Settanta*, in Maffei G. - Peterlini P. (a cura di), *Riviste d'Arte d'avanguardia. Gli anni Sessanta/ Settanta in Italia*, Edizioni Sylvestre Bonnard, Milano 2005, p.7.

4. Cfr. Eco Umberto, *Per una guerriglia semiologica*, intervento al convegno "Vision '67", New York 1967; rist. in Eco Umberto, *Il costume di casa*, Bompiani, Milano 1973, pp. 290-298.

5. In relazione al dibattito degli anni Settanta su arte e militanza si rimanda a Casero Cristina, *Il linguaggio come strumento politico e sociale*, in Casero C. - Di Raddo E. (a cura di), *La parola agli artisti*, Postmedia Books, Milano 2016, pp. 7-29.

6. Francisci Bruno, *Intervista a Giorgio Barberi Squarotti*, in *Rassegna dell'esoeditoria italiana*, op. cit., s.p.

7. Ibidem.

8. Francisci Bruno, *Intervista a Franco Manescalchi*, in *Rassegna dell'esoeditoria italiana*, op. cit., s.p.

9. Cfr. Manescalchi Franco, *Collettivo R*, in "Collettivo R: trimestrale di poesia," n. 1, gennaio-marzo 1970, n. 1.

10. Leonetti Francesco, *Che cosa si può fare*, in *Rassegna dell'esoeditoria italiana*, op. cit., s.p.

11. Cfr. Malvezzi Jennifer, *Immagini e parole per la rivoluzione. Film e video militanti nella Milano del "lungo decennio"*, in Casero C. - Di Raddo E. (a cura di), *La parola agli artisti*, op. cit., pp. 59-71.

12. Mail di Bruno Francisci ad Anna Zinelli del 25 marzo 2015.

13. Cfr. Nannucci Maurizio, *Small Press Scene*, Zona, Firenze 1976.

14. La rassegna propone in particolare il periodico fondato a Genova nel 1958 da Martino Oberto, Anna Oberto e Gabriele Stocchi "Ana Eccetera", che ha rappresentato un fondamentale punto di riferimento per i successivi sviluppi. Dello stesso periodo si possono ricordate inoltre le riviste, non proposte a Trento, "Azimuth", "Documento Sud" e "Appia Antica". Cfr. Maffei Giorgio, *Riviste. Quello che c'è e quello che non c'è*, in Maffei Giorgio, Paterlini Patrizio, *Riviste d'arte d'avanguardia*, op. cit., p. 30

15. *Agentzia*, in *Rassegna dell'esoeditoria italiana*, op. cit., s.p.

16. Cfr. Holfeldt Marion, *Attenzione l'arte corrompe*, in *Jochen Gerz. Res Publica: the public works 1968-1999*, catalogo della mostra tenuta a Bolzano, Kiel, Windsor (Ontario), Tonder nel 1999-2000, Museion, Bolzano 1999, pp. 9-15.

17. Cfr. Vaccari Franco, *Streep street*, Agentzia, Parigi 1969; Perfetti Michele, *Point Poem*, Agentzia Parigi 1969; Sarenco, *Le mois thermographique* Agentzia, Parigi 1970; Miccini Eugenio, *Poésie est violence*, Agentzia, Parigi 1971.

18. "Amenophis", n. 12, Made in Italy, marzo 1971.

19. Timm Hulrichts (sic), in *Rassegna dell'esoeditoria italiana,* op. cit., s.p.

20. Cfr. *Timm Ulrichs. Betreten der Ausstellung verboten! Werke von 1960 bis 2010,* Hatje Cantz Verlag, Ostfildern 2010.

21. Cfr. Gazzola Eugenio, *Parole sui muri. L'estate delle avanguardie a Fiumalbo*, Diabasis, Reggio Emilia 2003.

22. Parmiggiani C. - Spatola A. (a cura di), *Parole sui muri*, Geiger, Torino 1968.

23. È emblematico il caso delle Biennali degli anni Settanta che rivolgono una sempre maggiore attenzione nelle mostre allestite ai padiglioni centrali all'arte "non ufficiale", fino alla celebre Biennale del dissenso del 1977. Cfr. Bignotti Ilaria, *Splendide utopie e mitiche contraddizioni. Appunti per un'analisi sul mito dell'URSS in Italia dal 1968 al 1977*, in Strukelj V. - Zanella F. - Bignotti I. (a cura di), *Guardando all'URSS. Realismo socialista in Italia dal mito al mercato*, catalogo della mostra (Fruttiere di Palazzo Te, Mantova 30 maggio - 24 ottobre 2015), Skira, Milano 2015, pp. 143-153.

24. "Signal. International review of signalist research", n. 1 settembre - novembre 1970.

25. Tra cui una foto della prima performance di Bogdanka Poznanovic, *Action Heart-Object*, lavori grafici di Marina Abramovic, all'epoca ancora studentessa, ed esempi di "typoetry",una tipologia di indagine sul segno grafico elaborata da Biljana Tomic.

26. Nel primo numero sono proposti lavori di: Michele Perfetti, Sarenco, Giulia Nicolai, Adriano Spatola, Arrigo Lora Totino, Ugo Carrega, Giusi Coppini, Eugenio Miccini.

27. "Signal. International review of signalist research", n. 8/9, gennaio 1973, s.p.

28. Francisci Bruno, *Intervista a Adriano Spatola*, in *Rassegna dell'esoeditoria italiana*, op. cit., s.p.

29. Francisci Bruno, *Intervista a Sarenco*, in *Rassegna dell'esoeditoria italiana*, op. cit., s.p.

30. Cfr. Bazzini M. - Maffei G. (a cura di), *Geiger - Tèchne : edizioni di poesia e arte*, Gli Ori, Pistoia 2002.

31. Spatola Maurizio, *Geiger, Antologia di testi sperimentali*, Geiger, Torino 1967.

32. Cfr. Kràtkà Eva, "Noi facciamo l'arte per battere la morte sulla linea del traguardo. L'arte ceca nel segno della poesia visuale italiana degli anni Sessanta-Ottanta", in "eSamizdat", v. III, 1, 2005, pp. 117-140.

33. Restany Pierre, "I Cecoslovacchi", in "Le Arti", febbraio 1964, vol.14, n. 2, pp. 8-10; "Che cosa fanno oggi gli artisti a Praga", "Domus" n. 450, maggio 1967, pp. 50-54; "Cecoslovacchia: normalizzazione e speranza", in "D'Ars", n. 10 gennaio-aprile 1967, vol.8, n. 34, p.26.

34. Al momento in fase di catalogazione presso la Fondazione Bonotto. Si ringrazia Patrizio Peterlini per la consultazione di questi materiali.

35. Valoch Jiří, *Optical book*, Amodulo, Brescia 1970.

36. Valoch Jiří, *Jiri Valoch*, Carucci, Roma 1975; testi introduttivi di Aldo Rossi e Jan Pavlik.

37. Lettera di Bálint Szombathy a Arrigo Lora Totino, 19 aprile 1972. Fondazione Bonotto, in corso di archiviazione.

38. Cfr. Peterlini Patrizio, *Sarenco: Le riviste, la lotta*, Nomadnomad 2006.

39. "Lotta poetica", n. 1, giugno 1971, p. 4.

40. "Something poetical from C.S.S.R", in "Lotta poetica" n. 4, settembre 1971, p.8.

41. Trinkewitz Karel, "Praga 1974", in "Lotta Poetica" n. 32-33, gennaio-febbraio 1974, s.p.

42. Szombathy Baliant, "Landmarks in the work of the group BOSCH + BOSCH", in Susovski Marijan, *The New Art Practice in Yugoslavia 1966-1978*, catalogo della mostra, Gallery of Contemporary Art, Zagreb 1978, p. 52.

43. [De Vree Paul], "Un convegno a Belgrado", in "Lotta poetica", n. 6, novembre 1971, p. 4.

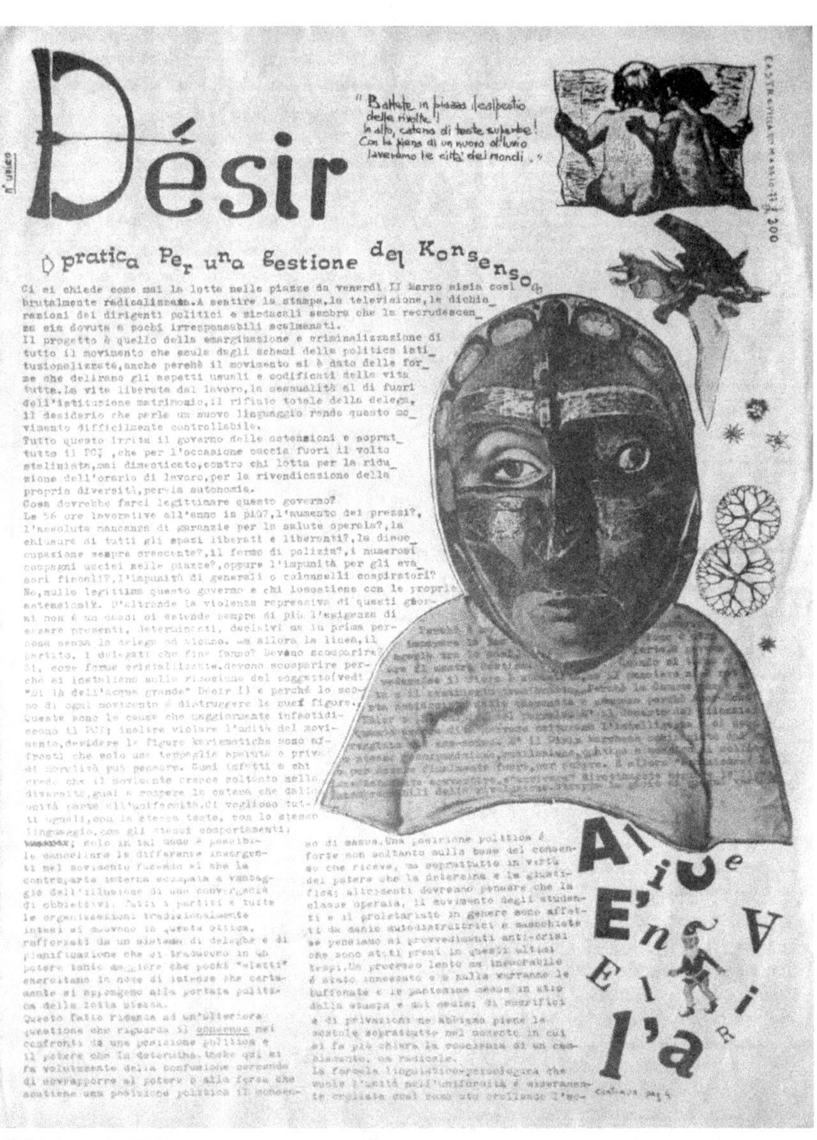

"Désir", maggio 1977

Raffaella Perna

Negli anni Settanta il rapporto tra arte e politica non riguarda soltanto il diffuso impegno espresso dalla critica e dagli artisti italiani, messo a fuoco da molti degli interventi raccolti in questo volume e, più in generale, dalle recenti pubblicazioni dedicate ai legami tra arte e militanza nel nostro Paese[1]: nel decennio in questione si assiste anche a un importante fenomeno di recupero e riuso delle strategie artistiche dell'avanguardia storica e della neoavanguardia da parte dei gruppi antagonisti legati al movimento del '77[2]. In questo frangente avviene, infatti, un repentino processo di "massificazione dell'avanguardia", individuato con tempestività da Umberto Eco e Maurizio Calvesi, tra i più lucidi e precoci interpreti del fenomeno. Guardando alla ricerca artistica del primo Novecento e degli anni Cinquanta e Sessanta, il movimento giovanile si appropria di pratiche come il collage, il *détournement*, l'happening, al fine di operare una trasformazione dei linguaggi dominanti, ritenuta inscindibile dall'azione socio-politica. La sperimentazione artistica esce quindi dal laboratorio ristretto dell'avanguardia per diventare patrimonio condiviso della massa di studenti, giovani lavoratori precari e proletari scolarizzati che compone il movimento: diviene, nelle parole di Calvesi, appunto, 'avanguardia di massa'[3]. Il movimento ha un orizzonte di riferimenti artistici sfaccettato, in cui convergono fonti alte e basse, e molteplici richiami al Futurismo russo, a quello italiano, al Surrealismo e al Situazionismo[4]. Il rapporto del movimento del '77 con il Dadaismo e Marcel Duchamp costituisce un caso a sé stante. Il Dada, infatti, non è visto semplicemente come una fonte a cui ispirarsi e da rileggere in chiave militante, ma è l'avanguardia di cui il movimento si sente erede, tanto da definirsi anche come Mao-Dadaista, e della quale intende sviluppare e portare a termine idee rimaste incompiute, in particolare l'erosione dei confini tra l'arte e l'esistenza quotidiana.

Prima di provare a individuare le ragioni del fenomeno e di capire come e perché le pratiche del Dada e di Duchamp vengono rilette dal movimento del '77, occorre fare alcune considerazioni sulla natura e la composizione sociale dei gruppi antagonisti. Pur derivando dall'esperienza contestataria del Sessantotto, il Settantasette ha infatti una fisionomia autonoma. Nel corso di quasi dieci anni, il quadro storico ed economico italiano è profondamente mutato, e lo shock petrolifero ha contribuito a determinare una fase di forte recessione economica, con picchi di disoccupazione altissimi. La compagine sociale che forma il nuovo movimento è composta in larga parte da studenti fuori corso o con occupazioni saltuarie, da precari e marginali non inseriti nel sistema produttivo. Gli intellettuali legati al PCI sono tra i primi a prendere atto della frattura generazionale, in particolare Alberto Asor Rosa: sulle pagine dell'"Unità", egli interpreta il movimento composto dalle masse di giovani 'non garantiti' come l'affermarsi di una "seconda società"[5], che non si integra con la prima, né si riconosce nella sua rappresentanza politica e sindacale. Le rivendicazioni e i valori della nuova generazione sono differenti da quelli dei compagni di dieci anni prima: il movimento del '77, infatti, non riconosce una continuità con la tradizione storica dell'operaismo e rifiuta la politica dell'austerità e dei sacrifici proposta dal PCI, reclamando la soddisfazione immediata dei desideri dell'individuo e rivendicando, sull'onda del pensiero femminista emerso già all'inizio del decennio, il diritto alle differenze e al piacere[6].

In questo mutato quadro socio-politico, tra il 1975 e il 1977, in tutta Italia, e in particolare a Roma, a Milano e a Bologna, si moltiplicano le iniziative di stampa autogestita. In questi anni vede la luce una miriade di nuovi progetti editoriali: riviste e fogli come "A/traverso", "Zut", "Oask?!", "Désir", "Wow", "Viola", "L'occulto", "Il complotto di Zurigo" vengono fatti circolare attraverso una rete di distribuzione alternativa. "A/traverso" costituisce l'esperienza forse più significativa dell'editoria del Settantasette: fondata a Bologna nel 1975 dall'omonimo collettivo, di cui fa parte, tra gli altri, Franco Berardi "Bifo", la rivista è un riferimento per le altre testate del movimento, che da essa riprendono alcune scelte grafiche, specialmente l'uso del collage, la commistione di scritte a stampa e a mano, e la sperimentazione linguistica basata su giochi di parole, onomatopee, *calembour* e slogan che irridono il linguaggio della sinistra tradizionale. "A/traverso", e più in generale la stampa alternativa del Settantasette, perseguono una linea culturale basata sul concetto che la rivoluzione politica faccia tutt'uno con il cambiamento linguistico. Il movimento riprende l'idea dadaista del superamento dei confini tra la sfera dell'esistenza e quella della cultura, reinterpretandola secondo la prospettiva della lotta proletaria: "Il dadaismo", si legge su "A/traverso", "voleva rompere la separazione fra linguaggio e rivoluzione, fra arte e vita. Rimase un'intenzione perché Dada non era dentro il movimento proletario, e il movimento proletario non era dentro Dada"[7]. Il movimento del '77 considera quindi Dada come un modello a cui riferirsi, ma nello stesso tempo ritiene che esso non abbia sviluppato le sue premesse rivoluzionarie, e non abbia avuto una presa diretta sulla realtà sociale e politica: "Quel che dada ha progettato ma non ha saputo realizzare, il trasversalismo saprà farlo"[8], si legge nel libro curato dalla redazione di "A/traverso" *Alice è il diavolo. Sulla strada di Majakovskij: testi per una pratica di comunicazione sovversiva.* E ancora: "Ripartiamo dalla lezione del dadaismo", scrive il collettivo bolognese, "ma quella separazione tra arte e vita che il dadaismo vuole abolire nel regno (illusorio) dell'arte, il trasversalismo la abolisce sul terreno pratico dell'esistenza, del rifiuto del lavoro, dell'appropriazione. Trasformazione del tempo, del corpo, del linguaggio"[9].

Prima di entrare nel merito di alcuni esempi di prelievo e riuso delle opere del Dada e di Duchamp da parte del movimento del '77, occorre fare un'ulteriore precisazione: in Italia la fortuna del Dada e soprattutto di Duchamp, come è noto, è strettamente legata al lavoro di promozione condotto da Arturo Schwarz. Quest'ultimo negli anni Sessanta organizza una fitta serie di mostre e pubblicazioni dedicati all'artista; nel 1964 produce otto repliche autorizzate dei *ready-made* e nel 1969 pubblica il catalogo generale delle opere dell'artista. Queste iniziative hanno ampia risonanza nel mondo dell'arte, ma la diffusione del lavoro e del pensiero del Dada e di Duchamp tra i militanti del movimento passa anzitutto attraverso la pubblicazione dei libri antologici ad alta tiratura *Manifesti del dadaismo e Lampisterie* di Tristan Tzara, edito da Einaudi nel 1964 (ripubblicato nella collana economica Piccola Biblioteca Einaudi nel 1975) e l'*Almanacco Dada. Antologia letteraria-artistica, cronologia, repertorio delle riviste*[10], pubblicato da Feltrinelli nel 1976, a cura dello stesso Schwarz. Il lavoro di divulgazione e commercializzazione messo in atto da quest'ultimo, lo si vedrà a breve, viene però contestato duramente dal movimento.

Numerosi sono i casi di appropriazione e rielaborazione di opere dadaiste pubblicate nei fogli e nelle riviste del Settantasette; si è deciso di sceglierne alcuni, particolarmente significativi, tra quelli presenti nella collezione della Fondazione Echaurren-Salaris, che conserva uno dei fondi più cospicui dei materiali prodotti dalla controcultura italiana[11]. Nel maggio del 1978 su "A/traverso" viene riprodotta la *Sante-Vièrge* di Francis Picabia, opera comparsa nel maggio del 1920 su "391", scelta dal collettivo bolognese perché in essa l'oltraggio alla cultura e all'iconografia cattolica è lampante. L'immagine è giustapposta a un testo scritto dalla redazione, in cui viene ribadita l'idea secondo cui il movimento ha operato una rottura "dello specchio ideologico della rappresentazione e dello spettacolo"[12], e si appresta ora a definire nuovi sistemi di socializzazione e di esistenza. Lo scritto scorre su tutti e quattro i lati dell'opera di Picabia: l'ordine canonico di lettura, da sinistra a destra, viene alterato, riprendendo un modello più volte sperimentato dallo stesso Picabia, ad esempio in *Le double monde* (1919) o *Portrait de Cézanne, Portrait de Rembrandt, Portrait de Renoir, Natures Mortes* (apparso su "Cannibale" n. 1, aprile 1920).

Il lavoro di Picabia è una fonte anche per il foglio "L'indice dell'umidità", dove è pubblicata una poesia composta dal montaggio di versi estrapolati dal volume *Jésus-Christ rastaquouère* edito dall'artista nel 1920 all'interno della Collana Dada. La scelta cade su versi caratterizzati dal gusto per il *nonsense*, il paradosso, l'ossimoro e, anche in questo caso, dalla *vis polemica* nei confronti della cultura cattolica. "La congiura dei Pazzi" si apre invece con un appello firmato da Tristan Tzara, altro autore che ricorre spesso nella stampa alternativa del Settantasette. Su "Désir", rivista pubblicata a Castrovillari (a dimostrazione della diffusione

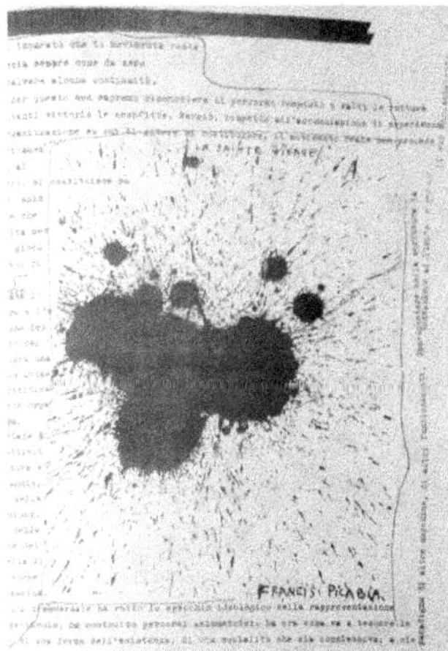

"A/traverso", maggio 1978

ramificata del movimento giovanile) compaiono invece alcuni riferimenti al Dada berlinese, come ad esempio l'opera *Der Geist unserer Zeit. Mechanischer Kopf* (1919) di Raoul Hausmann, usata per illustrare un articolo dedicato ai rapporti tra corpo, linguaggio e alienazione prodotta dal sistema capitalista, o il fotomontaggio di Hannah Höch *Mutter: Aus einem ethnographischen Museum* (*Madre: da un Museo Etnografico*) pubblicato in prima pagina[13].

Numerosi riferimenti al Dada sono presenti anche nella rubrica *Dietro lo specchio* pubblicata tra il luglio e l'agosto del 1977 su "Lotta Continua" da Pablo Echaurren e Maurizio Gabbianelli, entrambi legati al movimento romano. Nel luglio del 1977 nella rubrica compare la copertina della rivista *Le Coeur à barbe. Journal trasparent* pubblicata da Tzara nel 1922, qui contrabbandata per un «testo teorico attualmente in libreria»[14]. Nella stessa rubrica, i due pubblicano il falso annuncio di un nuovo mandato di cattura per Bifo, accusato di avere ritoccato la Gioconda. Come prova del misfatto gli autori presentano la foto di *L.H.O.O.Q.* (1919) di Duchamp. L'articolo esce a firma, oltre che dello stesso Duchamp, di Nanni Balestrini, Alberto Lupo, i Vianella, Félix Guattari, Giulio Carlo Argan ecc.

La diffusione di informazioni contraffatte, al centro di tanti fogli ed eventi prodotti dal movimento, e che raggiungerà l'acme con le finte copertine de "Il Male", è alla base anche del foglio "Il complotto di Zurigo", ideato sempre da Echaurren e Gabbianelli. L'edizione esce nel settembre del 1977 a cura di *391* (omaggio all'omonima rivista di Picabia); in prima pagina una foto di barricate è accompagnata dalla didascalia "Ancora una giornata di tensione in città alimentata dai gruppi più avventuristici". Il servizio riporta la falsa notizia della recente chiusura del Cabaret Voltaire e l'arresto con l'accusa di eversione di Tristan Tzara, Hugo Ball, Hans Harp, Emmy Hennings, Hans Richter e Marcel Janco:

> "Il Cabaret Voltaire", uno dei principali centri delle provocazioni di questi giorni, è stato chiuso d'autorità. Una ventina di agenti sono penetrati nel locale sito al n. 1 della Spiegelgasse, interrompendo lo spettacolo che in quel momento aveva luogo ed effettuando nell'ambito delle indagini riguardanti la possibilità di collegamenti eversivi tra gruppi di vari paesi, una serie di arresti sia tra il pubblico che tra gli animatori del Cabaret[15].

Nelle pagine centrali è riprodotta una serie di fotografie e documenti legati al Dada di Zurigo e a Duchamp, corredati da didascalie fittizie usate per comprovare la veridicità del fatto, come nel caso dell'immagine di *Fountain* accompagnata dalla scritta "La porcellana sanitaria posta sotto sequestro da Fouché"; del ritratto di Hugo Ball mentre recita il suo poema *Elefantenkarawane* (23 giugno 1916) seguito dalla frase "Hugo Ball nel momento dell'arresto"; o della riproduzione del terzo numero di "Dada", indicata come la rivista diffusa durante "i gravi episodi di violenza dei giorni scorsi". "Il complotto di Zurigo" viene presentato nella facoltà di Lettere e Filosofia della "Sapienza" di Roma: in quest'occasione Echaurren e Gabbianelli denunciano pubblicamente la reclusione del gruppo dadaista, riportando la notizia come autentica e attuale.

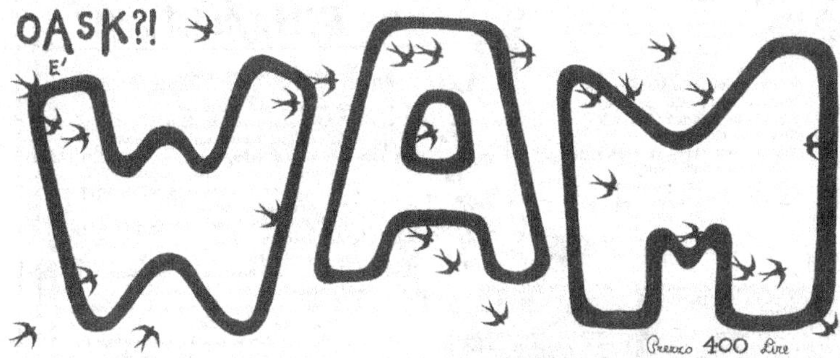

Strani bagliori si disegnano nel cielo...sinistri
lampi accecano le menti dei semplici:tempeste
magnetiche si preannunciano?Forse l'ignoto sta
definitivamente frantumando lo Specchio?Questi sono
giorni decisivi......PER NOI IL TEMPO SCORRE
VELOCISSIMO...OGNI GIORNO ANNI LUCE.IL DESIDERIO
HA SCONVOLTO L'ORDINE CODIFICATO DI ESISTENZA.
Chiedete chiedete,pensate pensate ma non vi aiutano
le vostre coscienze autoblindate?
Dall'esilio vi diciamo:provate per un attimo ad
essere inconsuenti,a farvi a/traversare da WAM;
provate a finalizzare a no stesso il fatto,provate
a meravigliarvi di tutto ciò che é abituale e normale
per voi.
Ma forse é troppo tardi?Dietro lo Specchio vediamo
che il faccino paranoico del potere vi rende ansiosi
della realtà.Stupenda mutazione antropologica,provate
a specchiarvi:pensate di essere indivisibili e siete
indi visibili.
QUISQUILIE,BAZZECCOLE,PINZELLACCHERE,Totò dove sei?
(ciao Dario,OH!)
Le file aliene si ingrossano quale fiume in piena...
qualcuno muove i primi passi timidamente squagliando
la cioccolata nell'area della marginalità dis/organi-
zzata e noi ,generosi,gli susurriamo:ancora uno
sforzo...disgregazione é bello,WAM vivida macchin/azi
one per liberare il Desiderio.

Ci sarà ancora posto sul vascello fantasma?
WAM é una   strega che s'aggira nell'etere..
WAM é disgregazione.Mentre scrivo queste righe vedo
già i bagliori dei vascelli alieni sulla via dell'esilio
SIAMO FORSE DIRETTI VERSO MONDI IPERSENSORIALI?
Lampi nel cielé,siamo già invisibili..presto il fatto
sconvolgerà mille fogli.
Perché WAM e pront..a scommettere con le vostre
coscenze che un giorno vale mille anni luce...perché
WAM é inconscio,WAM é movimento sur/reale che
a/traversa gli ordini separati di esistenza ricomponendo
l'essere nel delirio dell'inconscio.
WAM é moltiplicazione delle contraddizioni...
WAM é eversione perché irriconoscibile ai codici..
WAM é soggetto,tempo liberato che distrugge l'ordine
separato di esistenza.WAM é testo in movimento,
scrittura che osa di muoversi nella separatezza
dell'arte.WAM é DADA,WAM é una strega.WAM urla,
teorizza,crea,delira,si strugge,distrugge;WAM é
simpatia per la liberazione(Bifo,OH!)marginalità,
esilio,autonomia,WAm é divenire perfettissimo.
Chiamiamo WAM il movimento comunale che ignora
i bisogni in quanto pratica di liberazione e
moltiplicazione dei Desideri.
WAm é lo spettro della disgregazione che vi soffia
tra i capelli,WAM sono io.
Fuori dal tempo vivide aurore si disegnano nell'etere:
i Vascelli Alieni sono già oltre il presente.....

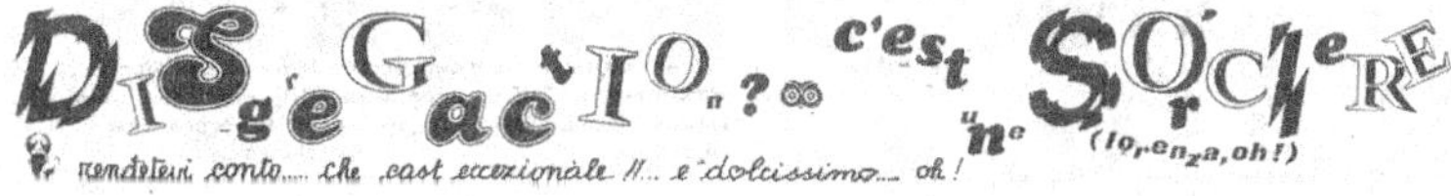

"Wam", aprile 1977

Dagli esempi appena riportati emerge come l'esperienza del Dada e di Duchamp siano una fonte determinante alla quale il movimento attinge; una scelta che sembra quasi obbligata, non solo perché Duchamp ha messo in discussione l'ordine del linguaggio, ma anche perché si è sottratto alle logiche di valorizzazione economica dell'opera e, coerentemente con la lettura di Maurizio Lazzarato, ha concepito il 'rifiuto del lavoro' (anche artistico) e l'azione oziosa come strade che aprono nuove possibilità di senso, capaci di produrre altre soggettività e modi diversi di "abitare il tempo"[16]. Per il movimento l'esempio di Duchamp e del Dadaismo deve infatti essere recuperato in chiave anticapitalista in modo che l'arte si dispieghi nell'esistenza quotidiana, e che all'idea di opera come invenzione e produzione individuali subentri il concetto di creatività diffusa e collettiva. Sul modello di Dada, il movimento del '77 considera l'arte come conflitto permanente e fuoriuscita dal mercato e dalle istituzioni. Da queste premesse nasce l'aspro attacco al lavoro di divulgazione e commercializzazione dell'opera di Duchamp condotto da Schwarz, contenuto nell'articolo *Dada in carta lucida antibatteriologica*, pubblicato sulla rivista romana "Zut":

> Schwarz: Duchamp: simbolista e alchemico, Dada a 33 mila lire [...] Nella sua splendida antologia il corpo è rimosso [...] Di Dada si può vendere tutto ciò che non è Dada: la ricercatezza grafica; la cura filologica, il peso e il volume, la carta lucida. Dada diventa merce ed è merce solo in quanto conferma e valida la divisione del lavoro. L'antologia Dada ossia il gioco prestigioso del professionismo. Dada in carta lucida e poliziotti a salvaguardia dei negozi. Gli idioti irresponsabili che fanno della merce un Valore facciano attenzione [...] I Calvesi, gli Schwarz e i loro complici editoriali sono sulle nostre agendine[17].

Sono dunque principalmente due gli aspetti del Dada che il movimento recupera e rilancia: il rifiuto della logica mercantile, sino al rifiuto stesso del lavoro e dell'abilità manuale propri del *ready-made*, e la fuoriuscita dalle istituzioni e dagli spazi canonicamente deputati all'arte, nell'ottica di un'avanguardia che non si cristallizzi nella produzione di oggetti-feticcio, ma sia un flusso di idee, azioni e comportamenti. Il Dada è recuperato in quanto strumento di lotta politica, attraverso il quale operare una trasformazione dei rapporti di potere, dei modelli di vita e di socializzazione. La diffusione delle pratiche e dei linguaggi del Dada prefigura l'irruzione sovversiva del desiderio, del gioco e del piacere all'interno degli assetti borghesi della società tardocapitalista:

> È Dada che terrorizza i grigi ottusi pericolosi custodi dell'ordine dello sfruttamento e della miseria [...]. Quel che dada ha progettato ma non ha saputo realizzare, il trasversalismo saprà farlo: abolire la separazione di segno e vita, scatenare il soggetto-significante non più nello spazio (illusorio) dell'arte, ma in quello (scandaloso) della pratica[18].

L'utopia Dada è dunque riletta nel segno di un superamento dell'arte, intesa come ambito specialistico separato dal quotidiano, a favore del suo dispiegamento nella collettività. Il carattere effimero della produzione creativa del movimento, gli happening in strada, le feste di primavera, gli slogan degli indiani metropolitani, i murales, le trasmissioni radiofoniche, i fogli e le fanzine, rispondono all'urgenza di abolire la distinzione tra la sfera estetica e quella dell'esistenza, per portare, riprendendo il titolo di questo convegno, *Arte fuori dall'arte*. A ridosso del Settantasette, per un breve momento, 'l'avanguardia di massa' sembrò a molti una possibilità reale.

1. Tra queste si ricordano in particolare: Casero C.-Di Raddo E. (a cura di), *Anni Settanta: l'arte dell'impegno*, Silvana Editoriale, Cinisello Balsamo (Milano) 2009 e *Anni Settanta. La rivoluzione nei linguaggi dell'arte*, Postmedia books, Milano 2015; Meloni Lucilla, *L'arte si fa politica/l'arte resta arte*, in Lancioni D. (a cura di), *Anni 70: arte a Roma*, op. cit., pp. 64-71; Belloni Fabio, *Militanza artistica in Italia 1968-1972*, L'Erma di Bretschneider, Roma 2015.

2. Nell'articolo vengono ripresi e sviluppati alcuni temi già trattati in Perna Raffaella, *Pablo Echaurren. Il movimento del 1977 e gli indiani metropolitani*, Postmedia Books, Milano 2016.

3. *Avanguardia di massa* è il fortunato titolo della raccolta di saggi pubblicata nel 1978 da Maurizio Calvesi per la casa editrice Feltrinelli.

4. Sulle fonti artistiche del movimento si v. Salaris Claudia, *Il movimento del Settantasette. Linguaggi e scritture dell'ala creativa*, AAA, Bertiolo 1997; Mariscalco Danilo, *Dai laboratori alle masse. Pratiche artistiche e comunicazione nel movimento del 1977*, Ombre corte, Verona 2014.

5. Asor Rosa Alberto, *Le due società*, in "L'Unità", 11 febbraio 1977, ripubblicato in Id., *Le due società. Ipotesi sulla crisi italiana*, Einaudi, Torino 1977, pp. 57-62.

6. Per un approfondimento sul quadro storico si rimanda a Falciola Luca, *Il Movimento del 1977 in Italia*, Carocci Editore, Roma 2016; Balestrini N.- Moroni P. (a cura di), *L'orda d'oro 1968-1977. La grande ondata rivoluzionaria e creativa, politica ed esistenziale* (ed. orig. 1988), Feltrinelli, Milano 2011; Grispigni Marco, *1977*, Manifestolibri, Roma 2006.

7. "A/traverso", febbraio 1977, op. cit., in Salaris Claudia, *Il movimento del Settantasette. Linguaggi e scritture dell'ala creativa*, AAA, Bertiolo 1997, p. 15.

8. Capelli L. - Saviotti S. (a cura di), *Alice è il diavolo. Sulla strada di Majakovskij: testi per una pratica di comunicazione sovversiva*, L'erba voglio, Milano 1976, p. 53.

9. Collettivo A/traverso, *Scrittura trasversale e fine dell'istituzione letteraria*, in "A/traverso", giugno 1976, ripubblicato in Bianchi S. - Caminiti L. (a cura di), *Gli autonomi. Le storie, le lotte, le teorie*, DeriveApprodi, Roma 2008, vol. 3, pp. 154-155.

10. Tzara Tristan, *Manifesti del dadaismo e Lampisterie*, prefazione di Volta Sandro, Einaudi, Torino 1964 e Schwarz Arturo (a cura di), *Almanacco Dada. Antologia letteraria-artistica, cronologia, repertorio delle riviste*, Feltrinelli, Milano 1976.

11. Ringrazio Pablo Echaurren e Claudia Salaris per la disponibilità a farmi consultare il loro archivio e per il generoso sostegno nelle ricerche. Ringrazio, inoltre, Claudio Zambianchi per i consigli preziosi.

12. "A/traverso", maggio 1978, p. 15.

13. "Désir", maggio 1977, s.p.

14. *Dietro lo specchio*, rubrica a cura di Echaurren P. – Gabbianelli M., in "Lotta Continua", 15 luglio 1977, p. 9.

15. Echaurren P. - Gabbianelli M., "Il complotto di Zurigo", settembre 1977, p. 1.

16. Lazzarato Maurizio, *Marcel Duchamp e il rifiuto del lavoro*, edizioni temporale, Milano 2014, p. 15.

17. "Zut", 15 giugno 1977, p. 1.

18. Capelli L. - Saviotti S. (a cura di), *Alice è il diavolo. Sulla strada di Majakovskij: testi per una pratica di comunicazione sovversiva*, op. cit., p. 53.

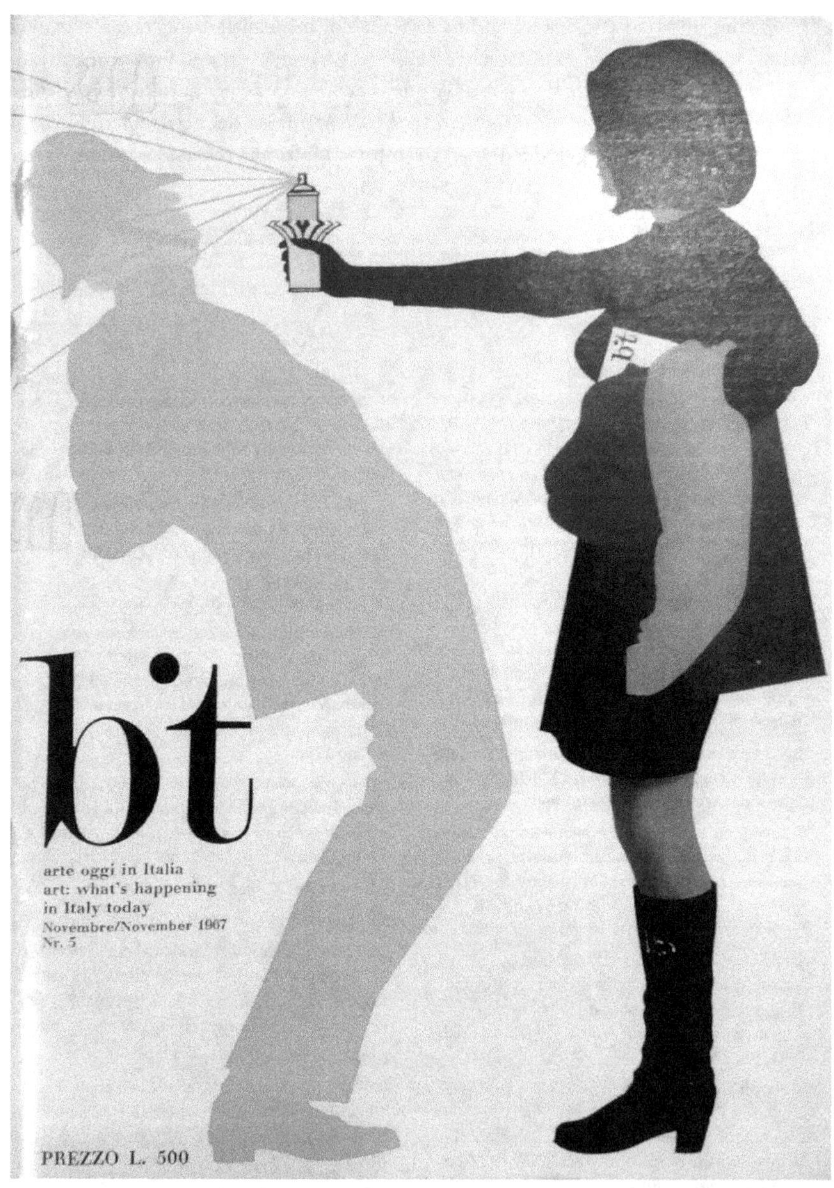

Copertina di "B°t". #5, I, ED912, Milano, novembre 1967

Prolegomeni dell'esoeditoria: il caso ED912

Federica Boragina

> ED912 è la sigla editoriale d'incontro della cultura contemporanea nazionale e
> internazionale.
> ED912 è la sigla editoriale di sostegno dell'attività sperimentale e di ricerca culturale.
> ED912 è la sigla editoriale di programma della nuova-nuova avanguardia.
> ED912 è la sigla editoriale di anticipo sulle aspettative culturali[1].

Con queste parole, nel 1966, sulle pagine di "Da-a/u delà", comparve una sorta di manifesto delle intenzioni della prima casa editrice italiana riconducibile al fenomeno dell'esoeditoria.

Negli studi sugli anni Sessanta e Settanta, la realtà esoeditoriale è spesso tralasciata o, per lo meno, confinata a un ruolo marginale fra editoria, informazione e ricerca visiva, nonché ridotta al *cliché* di 'linguaggio dell'impegno'.

In questa sede, attraverso l'analisi di alcuni progetti dell'ED912, ci si propone di indagare l'esperienza esoeditoriale come possibile strumento di lettura del decennio, quale concreto tentativo di attuare una rivoluzione culturale e proposta di un alfabeto anticipatore dell'allora nascente cultura visuale.

L'ED912 nacque nel 1966, a Cologno Monzese, per iniziativa di Sergio Albergoni, Gianni Sassi, Gianni Emilio Simonetti, con la partecipazione di Giovanni Neri e Bruno Pedrini, proprietari della tipografia Arti Grafiche La Monzese; ai quali, successivamente, si aggiunsero Daniela Palazzoli, il grafico Till Neuburg e altri personalità che gravitavano intorno al circolo "Giaime Pintor", fondato a Milano negli stessi anni da Sassi.

Il nome si compone dall'abbreviazione di edizioni (ED) e da 912, prime cifre del numero telefonico di Cologno Monzese, sede della tipografia, già luogo di stampa di molte pubblicazioni legate al mondo della controcultura.

La specificità dell'ED912 fu la sperimentazione in bilico fra editoria e arte, con particolare riferimento all'Internazionale Situazionista e a Fluxus, alla luce del ruolo di Simonetti e Palazzoli nella diffusione e promozione di Fluxus in Italia[2] già avviato con l'attività dell'Arc/do[3]. Tale sperimentazione travalicò l'ambito artistico a favore di "[...] una rivoluzione culturale permanente in ogni luogo, in ogni momento, con ogni mezzo"[4]; accanto all'esplicita identità contestatoria, sia nei confronti dell'autorità politica, sia dell'autorità economica, concretizzata nell'offerta gratuita delle pubblicazioni: "a tutti i profughi internati nei campi di raccolta internazionali e a tutti i carcerati civili e militari in ogni parte del mondo che ne facciano richiesta"[5].

La prima pubblicazione proposta dall'ED912, nell'ottobre 1966, fu la rivista "Da-a/u Delà".

Il titolo, scelto da Simonetti, è riconducibile ai *non-sense* surrealisti e fu accompagnato dal sottotitolo "a magazine of arts and literature".

Il primo numero, stampato in offset, in 1500 copie, con il progetto grafico di Sassi, fu composto da due fogli piegati a fisarmonica con un'apertura centrale, contenenti opere di artisti Fluxus e di poesia concreta, a partire da Ben Vautier a Mario Diacono, da Alexandro Jodorowsky a Gianfranco Baruchello nonché con uno spartito di Sylvano Bussotti, proposto a forma di fascetta a chiusura della rivista.

Questa edizione fu preceduta da un numero zero, la cui forma, una radio a galena, simulò una bomba e fu inviata al DIAS[6], un raduno internazionale di cultura underground, tenutosi a Londra nel settembre del 1966.

Le edizioni successive furono oggettuali: il quarto, edito nel 1968, fu un sampietrino legato con uno spago alla cui estremità era attaccato un cartellino con un testo in francese: "Proletari, ecco la vostra scheda elettorale!"; il quinto, intitolato *Bit*, una tanica da un litro, con due scritte sui lati: da una parte "Fire now!", dall'altra "Mettila fra Marx e Freud nella tua biblioteca!".

Queste ultime due edizioni, alle quali va affiancata la produzione di scatolette di fiammiferi, realizzate come gadget pubblicitario, evidenziano chiaramente la connotazione politica e battagliera dell'ED912, ribadita da una serie di manifesti d'autore pubblicati a partire dal 1967.

In vendita a 1200 lire l'uno, numerati da 1 a 500, stampati in tipolitografia su carta bianca goffrata da 170 gr., di formato 50 x 70 cm, furono prodotte tre serie tematiche di dieci poster ciascuna: la serie "No", dedicata a temi politici e contro le guerre, la serie "Situazione", in cui furono ospitate sperimentazioni Fluxus e di poesia verbo-visuale e la serie "dEDsign" con elaborazioni grafiche d'avanguardia. L'anno seguente, in tiratura di 1000 copie e al prezzo di 1000 lire, furono stampate la seconda serie dei manifesti "No. Manifesti del dissenso realizzati con l'efficacia e l'obbiettività delle immagini"; "Situazione. Manifesti della nuova letteratura"; la serie "Erothica" dedicata a "l'erotismo come pornografia sublimata, da Sotade di Maronea a Barbarella" e "Crudeltà. Manifesti del sesto senso, la crudeltà culturale!".

Significativi alcuni esempi, fra cui il n. 4, "No" (serie I), dal titolo *CoGIto ergo...* di Sassi in cui campeggia la scritta a caratteri ornamentali "Non voglio morire", accompagnata dal testo: "Quando John Cage partecipò al giuoco televisivo *Lascia o raddoppia* Mike Bongiorno gli domandò perché lui, che di mestiere faceva il musicista, si fosse presentato per una materia così lontana e differente come la micologia. Cage rispose, con uno dei suoi disarmanti e candidi sorrisi, così: 'Perché di funghi si muore!'"

Sempre appartenente alla prima serie di "No", il n. 8, *Telegram from Vietnam* di Cavan McCarthy dove la fotografia di un soldato americano fa da sfondo alla riproduzione ingrandita del telegramma inviato alle famiglie dei soldati morti in Vietnam, sui quali lo spazio destinato al luogo di morte era occupato dalla parola 'Vietnam' prestampata. Questa pubblicazione fu anche allegata ad un numero di "Quindici", la rivista edita dal Gruppo 63.

Nelle produzioni del secondo anno la proposta di contenuti fu ancora più pungente, al punto che alcuni manifesti furono oggetto di censura, come nel caso del n. 2 della serie "Erothica", progettato da Simonetti, sul quale comparvero tre fotogrammi tratti da *Fluxifilm Anthology*. La censura obbligò la copertura con vernice nera delle immagini in cui compariva l'inguine di una donna, ripresa di profilo, con una banana a pois e la casa editrice aggirò il provvedimento impiegando una vernice solubile e indicando sul retro il procedimento per cancellare la copertura.

Di queste produzioni appaiono rilevanti soprattutto due aspetti: la scelta della forma editoriale del manifesto, strumento di una "rivoluzione murale permanente"[7], non esauribile nella definizione di operazione artistica, ma dispositivo linguistico attivo nelle dinamiche della comunicazione di massa; e il portato internazionale, raggiunto sia attraverso il parterre di partecipazioni che la distribuzione in contesti internazionali come l'ICA di Londra.

Il progetto editoriale più riuscito e noto dell'ED912 è sicuramente "B°t", la rivista edita per dieci numeri, tirata in un migliaio di copie, fra il 1967 e 1968. Pubblicata in lingua italiana, con testo in inglese a fronte, ebbe una diffusione internazionale attraverso la distribuzione in gallerie d'arte e librerie europee, giungendo fino negli Stati Uniti e in Giappone. Il titolo, un riferimento all'universo delle nuove tecnologie, fu accompagnato dal sottotitolo *Arte in Italia oggi / Art: What's Happening in Italy Today*, poi modificato a favore di una progressiva apertura alle realtà straniere, giungendo, nell'ultimo numero, a essere solo in inglese: *Underground and Overground in Art Today*. La periodicità fu irregolare, così come il progetto grafico in continuo cambiamento e il comitato redazionale, inizialmente composto da Palazzoli, nel ruolo di direttrice, Germano Celant, Mario Diacono e Tommaso Trini, ai quali si aggiunse Marisa Volpi e, a seguire, fra gli altri, Wolf Vostell, Mark Boyle e Peter Stansil.

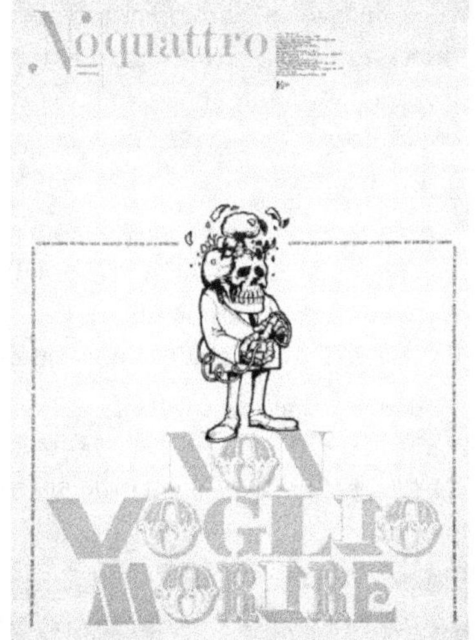

Gianni Sassi, No #4, I, ED912, Milano 1967

L'interesse della rivista fu, fin dagli albori, orientato all'ambito dell'arte contemporanea, ma, ben presto, "B°t" si qualificò come strumento di informazione socio-politica e rappresentativo della cultura underground, sia per i contenuti, che per l'impianto grafico. Nel 1968, infatti, l'informazione riferita all'arte contemporanea riguardò principalmente le vicende di protesta che in quegli anni caratterizzarono la scena artistica, attraverso, ad esempio, la pubblicazione di documenti e cronache delle esperienze di occupazione della Triennale di Milano e della Biennale di Venezia[8], e la rubrica *Flashback note notizie lodi e dilazioni*, in cui furono riportati informazioni, slogan e considerazioni relative alle contestazioni politiche, al conflitto in Vietnam e alle movimentazioni studentesche.

Profondamente influenzato dall'underground americano e dalla musica rock, l'impianto grafico della rivista, curato da Sassi, Neuburg e Angelo Sganzerla, fu caratterizzato da colori sgargianti, psichedelici, impiegando spesso l'inchiostratura arcobaleno, abolendo la gabbia del testo e fondendo testi e titolo in un unico *corpus*. Il formato restò il medesimo (24x17 cm) per tutti i numeri, così come la rilegatura in punto metallico; mentre luogo di sperimentazione fu la copertina, oltre al già innovativo logo, pensato da Sassi, in cui la "i" fu sostituita da un carattere romano moderno formato da un cerchietto che crea l'illusione di leggere la lettera mancante. Alcuni esempi: sulla copertina del quinto numero, la prima in carta patinata, fu riportata la scritta "Dipingi di giallo il tuo poliziotto" e la silhouette blu di una donna di profilo, con in mano la rivista "B°t", la quale spruzza uno spray contro la sagoma gialla del poliziotto. L'immagine, realizzata da Pietro Gallina, divenne fin da subito molto nota per la sua incisività provocatoria, ulteriormente rafforzata dalla pubblicità della bomboletta stessa all'interno della rivista, al punto tale da generare una denuncia della polizia per vilipendio e il sequestro delle copie presso la sede romana dell'editore Feltrinelli che si occupava della distribuzione[9]. Altrettanto interessante la copertina del numero successivo, ideata da Sassi, realizzata con la carta di grammatura più pesante e raffigurante un seno femminile il cui capezzolo è una vite in ottone da svitare per poter sfogliare la rivista. Evidenti, qui, i riferimenti[10] all'avanguardia storica, dai libri bullonati di Depero a *Priére de toucher* di Duchamp.

La sperimentazione grafica si concretizzò anche nella proposta di gadget, come la mascherina di cartoncino realizzata da Gianni Bertini, allegata al primo numero con la scritta "Anche l'arte è una tigre di carta!", parafrasando la nota citazione di Mao Tze Tung, "La rivoluzione è una tigre di carta".

Quando l'esperienza dell'ED912 si concluse, il termine "esoeditoria" non era ancora comparso: si dovettero aspettare le riflessioni di Celant[11] in merito all'assalto della Galassia Gutenberg da parte degli artisti, la mostra *I denti del drago*[12] di Palazzoli e Simonetti e l'esposizione di Trento[13] del 1972; ma ciò che appare rilevante è come il caso ED912 possedesse *in nuce* tutti gli aspetti fondanti dell'esoeditoria.

In un editoriale comparso su "B°t", Palazzoli scrisse:

Una rivista è una forma e una relazione. Essa instaura dei contatti fra la vita in generale e una specifica attività, in questo caso la cultura [...]. Il nostro modo di stabilire questo rapporto è che il giornale non è più materia mediata, ma materiale, media. [...] Bisogna inventare dei mezzi che siano la presa diretta dell'evento. [...] Delle cose non ci interessa, per ora, né il perché né il come; ci interessa il momento-in-cui. [...] L'informazione è alterità rispetto alla propria illustrazione, proprio perché quest'ultima non sussiste. La sua evenienza dipende dalla possibilità di produrre un campo funzionale che appaia nelle sue relazioni di congiunzione. [...] Inventare l'efficacia dell'azione e poi solo un'altra azione[14].

Non fu solo luogo di sperimentazione formale, dunque, ma azione: stampare come sinonimo di operatività responsabile in parte alimentata dalle retoriche illusioni della politica e, al contempo, strumento di suspicione sulla politica. Fu l'affermazione della possibilità di inventare il mondo piuttosto che subirlo, della volontà di inverare la propria presenza sottraendosi alle logiche della tecnica e dell'economia. Lo strumento d'azione fu la comunicazione stessa, considerata in un'ipotetica 'logica della cospirazione', intravista nella lettura intrecciata di Paul Nizan, Marshall McLuhan e Harold Adams Innes[15]. Accanto a ciò, l'operatività precaria, quasi primitiva, è da leggersi in linea con le riflessioni di Claude Lévi Strauss, sulla questione del bricolage, comparse proprio in questi anni, come risvolto pratico di un'attività mitopoietica[16].

I cosiddetti "fiori di Gutenberg"[17] furono il proclama di indipendenza dalla tecnica dell'industria culturale, affermazione della presenza critica nel mondo e, a distanza di decenni, possono essere letti quali interferenze con il dato storico, potenziali strumenti del risveglio, animati dall'idea utopica che la stampa indipendente potesse essere la lancia delle democrazie.

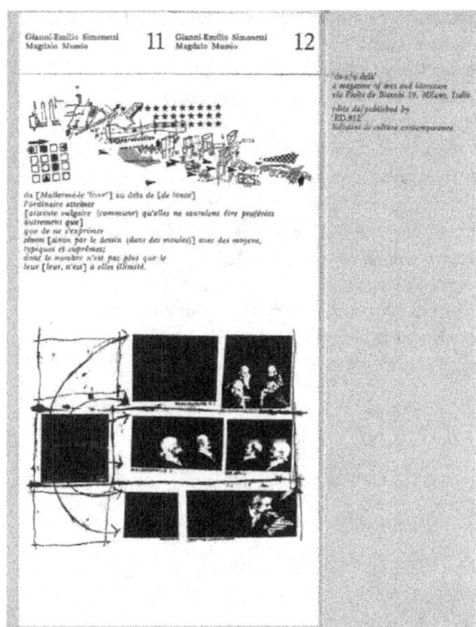

"Da-a/u delà", s. n., ED912, Milano 1966

1. "Da-a/u delà", s. n., 1966.

2. "È in Italia – con qualche testo della Palazzoli, certe sue iniziative, dei lavori di Simonetti, l'attività dell'ED912 – che alla seconda metà degli anni Sessanta si profila un inspessimento critico che già fa avvertire gli appuntamenti con la storia", Romano C., "Su Fluxus: lineamenti", in "Alfabeta", n. 31, dicembre 1981, s.p.

3. Arc/do, Archivio di archeologia contemporanea e di documentazione sul vandalismo creativo, fondato da Daniela Palazzoli e Gianni Emilio Simonetti a Milano nel 1966.

4. "B°t", I, 3, giugno1967, p. 2.

5. Ibidem.

6. *The Destruction in Art Symposium* si tenne presso l'Africa Centre in Covent Garden, dal 9 all'11 settembre 1966 e riunì protagonisti della scena internazionale dell'underground culture, provenienti sia da ambiti artistici che scientifici, guidati da Gustav Merzger, in un dialogo circa il tema della distruzione in arte. Il simposio fu accompagnato da happening, reading di poesia e performance in tutta la città. Cfr. *Art & The 60s: This Was Tomorrow*, Londra, Tate Modern, 30 giugno – 26 settembre 2004.

7. Trini Tommaso, "La rivoluzione murale permanente", in "Domus", n. 456, novembre 1967, p. 47.

8. "B°t", I, 6, dicembre 1967, "B°t", II, 1, aprile 1968. Su "B°t", II, 3, giugno 1968 fu pubblicato un volantino distribuito dalla Lega degli Studenti Socialisti di Berlino, intitolato *Invito*: "Sul territorio della Biennale di Venezia vengono esposti 6000 poliziotti italiani. Il gruppo SDS Cultura &Rivoluzione (Lega degli Studenti Socialisti Tedeschi di Berlino) dichiara che questi poliziotti sono opere d'arte e invita la popolazione ed i turisti ad andare ad ammirare queste opere d'arte e a discutere con loro. (Noi deploriamo che siano esposti solo i poliziotti italiani e richiediamo la presenza anche dei poliziotti della Grecia, della Spagna, Portogallo, Francia, Germania Federale E Stati Uniti d'America). Appuntamento per questa vernice aperta al pubblico il giorno 19 giugno 1968 dalle ore 15 in poi. ENTRATA LIBERA".

9. Carlo Feltrinelli, nella biografia del padre, racconta: "E la famosa bomboletta spray 'Dipingi di giallo il tuo poliziotto'? Quando a Roma la polizia viene per il sequestro, se la prende con Conticelli, il direttore. 'Ci vorrebbe dipingere di giallo?' gli dicono. E lui: ' Per carità! È solo uno scherzo. Magari il padrone, oppure mia moglie possono essere il mio poliziotto'. Segue denuncia con relativo rapporto agli Interni", Feltrinelli Carlo., *Senior Service*, Feltrinelli, Milano 2001, p. 261.

10. Cfr. Salaris Claudia, *Underground Italiano*, in *L'oggetto libro 2000*, Edizioni Sylvestre Bonard, Milano 2001, p. 193.

11. Celant Germano, "Book as Artwork", in "Data", 1, 1971, p. 44.

12. *I denti del drago e le trasformazioni della pagina e del libro*, catalogo della mostra, Milano, L'uomo e l'arte, giugno-luglio 1972.

13. *Rassegna dell'esoeditoria italiana per una verifica di alternative culturali e culture alternative contemporanee*, Pro Cultura Editrice, Treno 1971

14. Palazzoli Daniela, *Introduzione*, in "B°t", I, 4, luglio 1967, p. 4.

15. Cfr. Nizan Paul, *La Conspiration*, Gallimard, Parigi 1938 [trad. it.: *La cospirazione*, Milano, Baldini & Castoldi, 1997]; McLuhan Marshall, *The Mechanical Bride: Folklore of Industrial Man*, The Vanguard Press, New York, 1951 [trad. it.: *La sposa meccanica. Il folklore dell'uomo industriale*, SugarCo, Carnago 1994]; Innis, Harold Adams, *The Bias of Communication*, University of Toronto Press, Toronto e Buffalo 1951 [trad. it.; *Le tendenze dalla comunicazione*, SugarCo Edizioni, Milano 1982].

16. Lévi Strauss Claude, *La Pensée sauvage*, Presses Pocket, Parigi 1962 [trad. it.: *Il pensiero selvaggio*, Il Saggiatore, Milano 1964, pp. 30 - 45].

17. Cfr. Alferj P. – Mazzone G., *I fiori di Gutenberg. Analisi e prospettive dell'editoria alternativa, marginale, pirata in Italia e Europa*, Arcana Editrice, Roma 1979.

Italy: The New Domestic Landscape.
Arte e design negli anni Settanta

Matteo Fochessati

Nel campo delle arti visive gli anni Settanta furono caratterizzati in Italia da una grande vivacità espressiva, ma anche da una forte incidenza della componente ideologica che spesso, nell'equazione estetica tra azione politica eversiva e morte dell'arte, determinò una clamorosa e trasgressiva fuoriuscita dai consueti circuiti espositivi e dalle convenzionali norme operative. L'estrema politicizzazione dei contenuti diede dunque vita, in quegli anni, a un'estetizzazione della ribellione, declinata in genere attraverso il filtro concettuale. La decifrazione della complessa realtà del tempo, per quanto scaturita da liberatorie forme comportamentali che, da tendenze radicali, divennero comuni modelli di riferimento per la società dell'epoca, trovò infatti espressione nella freddezza dei nuovi mezzi tecnologici o in azioni nelle quali gli artisti, all'interno dell'inedita dimensione "pubblica" assunta dal rapporto tra individuo e società, misero direttamente in gioco (sovente adoperando il proprio corpo) la loro identità.

Il crescente disagio socio-culturale, provocato dalla concomitanza di una serie di drammatici fenomeni politici, economici e ambientali, contribuì tuttavia al progressivo ritorno a forme espressive tradizionali, maturate, nel nascente clima *postmodern*, come riflesso di collettive aspirazioni di fuga verso le dimensioni dell'immaginario, dell'esotico o di un passato rielaborato dalla pratica citazionistica.

Al contesto di ricerca artistico qui sinteticamente tracciato corrisposero analoghi indirizzi nel campo del design, attraversato all'epoca da un acceso dibattito tra consumismo e anticonsumismo e orientato verso una radicale avversione alla tradizione del movimento moderno[1]. Le nuove forme di modernità espresse da una società ibrida, in cui stavano progressivamente crollando certezze e ideologie sino allora dominanti, decretarono infatti, anche in questo ambito, la fine del tracciato culturale delle avanguardie storiche: la forza propulsiva delle loro sperimentazioni linguistiche si esaurì di fronte a un nuovo scenario, in cui stavano radicalmente mutando i rapporti tra industria, mercato e consumismo. Come registrato nel campo delle arti visive, dove l'uscita dalle gallerie e dagli spazi espositivi istituzionali sancì una rottura con i preesistenti modelli comportamentali dell'artista, anche in questo caso l'obiettivo di un definitivo affrancamento dalla servile e strumentale relazione con l'industria contribuì a mettere in discussione il ruolo del designer. L'abiura del consumismo e dei modelli di produzione capitalistici e l'affermazione di un design della protesta che, inteso come momento di riflessione e critica della società contemporanea, esordì in occasione delle contestazioni alla Triennale di Milano del 1968, non ostacolarono tuttavia, anche in tale contesto, l'attrazione verso nuove tecnologie e materiali sperimentali.

Questo complesso e variegato scenario, in cui le contaminazioni linguistiche tra il design e le emergenti tensioni estetiche (in particolare lo spirito della pop americana) coesistevano con il rigore progettuale di inedite sperimentazioni sul concetto dell'abitare, fu documentato all'inizio del decennio dalla mostra *Italy: The New Domestic Landscape: Achievements and Problems of Italian Design*. L'esposizione (allestita dal 26 maggio all'11 settembre 1972 al Museum of Modern Art di New York e curata da Emilio Ambasz, Curatore del Dipartimento di Architettura e Design) inquadrò simbolicamente, nella sua impostazione critica, la fondamentale svolta intrapresa all'epoca dal design italiano che, nelle sue peculiarità espressive e culturali, rappresentò un ponte tra le tendenze estetiche e progettuali degli anni Sessanta e la cultura *postmodern* degli anni Ottanta.

A vent'anni dalla mostra *Italy at work: Her Renaissance in Design Today*, inaugurata nel 1950 al Brooklyn Museum di New York[2], l'esposizione al MoMA rappresentò il primo significativo riconoscimento oltreoceano per il design italiano[3]. Un profondo divario culturale separava infatti i due progetti espositivi. La mostra al Brooklyn, seguita da un tour espositivo in dodici musei americani, era stata organizzata (all'interno dei piani di sostegno all'economia italiana avviati negli Stati Uniti al termine della seconda guerra mondiale) per rilanciare un vitale settore produttivo come l'artigianato, ma anche per assecondare i legami con la tradizione mantenuti dall'ampia comunità italoamericana. La mostra al MoMA sancì invece l'acquisito valore internazionale del design italiano contemporaneo, assunto per il suo carattere policentrico a modello delle complessità della società contemporanea. Come sottolineato da Ambasz[4], il design italiano a differenza di quello scandinavo o tedesco non presentava infatti, nella sua modernità linguistica, una conformazione univoca, coerente e ben definita, ma una struttura articolata che contribuiva a trasformarlo in un micro-modello internazionale, dalla cui composita varietà di esperienze, spesso tra loro differenti e contrastanti, emergeva un nuovo approccio progettuale, condizionato da un inedito rapporto con l'industria e da una crescente sfiducia nel consumismo.

Documentando le principali tendenze del design contemporaneo italiano, la mostra *Italy: The New Domestic Landscape* si focalizzò in particolare sul legame espressivo tra il radical design e la cultura pop d'oltreoceano che, impostasi in Italia con la partecipazione degli artisti americani alla Biennale del 1964, trovò significativi riscontri anche nei più recenti orientamenti della musica rock e della moda: si pensi ad esempio al lancio nel 1970 della collezione di Elio Fiorucci il quale, dopo aver fatto conoscere attraverso il suo negozio di Milano i trend della Swinging London, nel 1976 aprì un punto vendita a New York, che fu scelto da Andy Warhol per presentare la sua rivista "Interview".

Il gusto e gli stilemi di quest'articolato scenario costituirono una fondamentale fonte di ispirazione per il radical design e per i suoi peculiari caratteri formali e operativi: il gigantismo e la dimensione fuori scala dei manufatti; l'irriverente ironia progettuale; la sperimentazione sui nuovi materiali libera dalle esigenze funzionaliste del movimento moderno e, infine, la ricerca di forme ispirate alla quotidianità.

Come rilevava Germano Celant, nel suo intervento nel catalogo dell'esposizione, il radical design non doveva essere analizzato dal punto di vista del progetto, ma considerato come un 'tautological medium'[5]: privo di riferimenti con la realtà o con una dimensione di concretezza e in grado, comunque, di attivare (spesso attraverso progetti realizzati collettivamente) un influsso determinante sulle contemporanee ricerche nel campo dell'architettura e del design. Franco Raggi, in una sua recensione della mostra apparsa su "Casabella"[6], mise invece in rilievo le affinità tra i fenomeni emergenti del design e la dimensione comportamentale sviluppatasi all'interno delle nuove tendenze artistiche: una tangenza espressiva con le coeve esperienze visive che si può pure ritrovare nelle contiguità tra i progetti del designer Riccardo Dalisi e le tensioni estetiche dell'arte povera.

Pur reagendo ai convenzionali processi operativi del design industriale, la cultura radical continuò tuttavia a operare all'interno di tale sistema, anche se attraverso la realizzazione di multipli, più che attraverso prodotti seriali.

Tra le formazioni maggiormente attive, all'interno di questo contesto di ricerca, bisogna qui ricordare, oltre al torinese Studio 65, noto per il divano *Bocca* del 1970, e al Gruppo Strum di Giorgio Ceretti, Piero Derossi e Riccardo Rosso, i gruppi Archizoom e Superstudio che nel 1966 esordirono alla Galleria Jolly 2 di Pistoia con la mostra *Superarchitettura*, esponendo prototipi di arredi di matrice pop. Il gruppo Superstudio, composto da Adolfo Natalini, Cristiano Toraldo di Francia, Roberto Magris, Gian Piero Frassinelli e Alessandro Magri, si distinse per un 'design d'evasione', estraneo alle logiche razionaliste e funzionaliste; mentre gli Archizoom, di cui facevano parte Andrea Branzi, Gilberto Corretti, Dario e Lucia Bartolini, Paolo Deganello, Massimo Morozzi, realizzarono per Poltronova due tra le principali icone del design dell'epoca: i divani *Superonda* (1967) e *Safari* (1968). Altrettanto significativa fu l'esperienza di Jonathan De Pas, Donato D'Urbino e Paolo Lomazzi, autori di celebri progetti come quello della poltrona in PVC *Blow* per Zanotta (1967), che fu presentata nel 1968 all'Eurodumus di Torino in un padiglione in PVC trasparente corredato da grandi ritratti maschili e femminili di matrice pop.

Tutte queste esperienze furono documentate all'interno della mostra di New York, che non mancò di celebrare anche, a un anno dalla sua scomparsa, Joe Colombo, protagonista di uno sperimentale percorso di ricerca impostato su una coerente e rigosa applicazione delle potenzialità tecnologiche dell'industria.

L'esposizione anticipò inoltre temi progettuali e stilistici che avrebbero iniziato a svilupparsi solo alla fine del decennio, per poi affermarsi nel clima *postmodern* degli anni Ottanta: è il caso delle esperienze di Ettore Sottsass Jr., di Gaetano Pesce e di

Alessandro Mendini il quale, come direttore di "Casabella", diede in questo periodo un fondamentale sostegno critico al fenomeno del radical design.

Italy: The New Domestic Landscape rappresentò infine una novità anche dal punto di vista dell'allestimento che, in sintonia con il clima culturale e ideologico del periodo, si sviluppò all'interno del contesto istituzionale del museo, ma fuori dai suoi convenzionali spazi espositivi. Le opere della sezione *Objects*, che presentava centottanta prodotti del design italiano dal 1962 al 1972, furono infatti esposte sul *roof-garden*, all'interno di enormi vetrine: una sessantina di torri modulari in legno alte circa sei metri e con una grande apertura vetrata che, realizzate da un'azienda americana sotto la supervisione di Giancarlo Piretti, crearono un percorso labirintico sulla terrazza del museo. Le opere, illuminate con un sistema predisposto da Artemide e esposte sullo sfondo di gigantografie realizzate dallo Studio Ballo di Milano, acquisivano in tal modo una presenza iconica che accentuava il processo di estrapolazione dal loro contesto abituale. In questa soluzione espositiva gli oggetti di design erano avvolti dall'aura creata dalla cornice museale, ma allo stesso tempo le strutture che li contenevano, non dissimili da quelle di uno shopping center, accentuavano la loro dimensione consumistica e standardizzata.

Ambasz aveva suddiviso il percorso della mostra in tre filoni tematici corrispondenti, nella sua lettura critica, alle fondamentali tendenze del design italiano di quegli anni. Un primo ambito di *Objects selected for their formal and technical means*[7] indicato come design conformista, includeva progetti impegnati a raffinare le forme e le funzioni stabilite dalla società, attraverso innovative soluzioni cromatiche, materiche e tecnologiche. Questi prodotti confermavano nel loro rigore progettuale una certa continuità con la tradizione modernista, ma manifestavano anche una piena fiducia nella funzione del designer all'interno di una società avanzata e pluralista. Esemplari in tal senso erano il progetto di Joe Colombo per la sedia impilabile in plastica della Kartell (1968); la lampada da tavolo *Eclisse* di Vico Magistretti (Artemide, 1965); l'innovativo e pratico guscio del telefono *Grillo* di Marco Zanuso e Richard Sapper (Sit-Siemens, 1967); la macchina da scrivere rossa *Valentine* di Ettore Sottsass Jr. e, infine, la lampada *Boalum* di Livio Castiglioni e Gianfranco Frattini (Artemide, 1970) che, nella sua struttura libera, svincolava l'illuminazione dalle restrizioni dello spazio domestico, e la sedia *Plia* di Giancarlo Piretti per Anonima Castelli che, presentata al Salone del Mobile di Milano del 1970, si impose per il suo rigore formale e per la sua praticità: un elemento divenuto essenziale all'apice della crisi economica e sociale di quel decennio.

Il secondo filone, definito riformista e relativo a *Objects selected for their sociocultural implications*[8], afferiva a progetti che intendevano ridisegnare forme e oggetti convenzionali, attraverso differenti e innovative impostazioni. Con l'intento di contribuire al miglioramento della vita dei loro fruitori, i prodotti inclusi in questa sezione presentavano, spesso con una vena ironica, evidenti richiami alla ricerche della pop americana di quegli anni e in particolare al gigantismo delle opere di Claes Oldenburg e di James Rosenquist: come nel caso della dimensione fuori scala sperimentata dal divano *Joe* di De Pas, D'Urbino e Lomazzi (prodotto da Poltronova nel 1971 in poliuretano espanso e rivestito di pelle) e dalla lampada *Moloch* di Gaetano Pesce (Bracciodiferro, 1972) che riprendeva, ingigantendolo di quattro volte, un modello originale dello svedese Naska Loris; oppure dell'ambivalenza naturale/artificiale delle sedute *I sassi* di Piero Gilardi (Gufram 1968) e del divano *Pratone* del Gruppo Strum (Gufram, 1971). Tra questi oggetti erano tuttavia rappresentati anche stimoli derivanti dall'immaginario industriale: come nel caso della celebre lampada *Toio* di Achille e Pier Giacomo Castiglioni (Flos, 1962), sorta di ready-made realizzato assemblando un trasformatore con un faro di automobile.

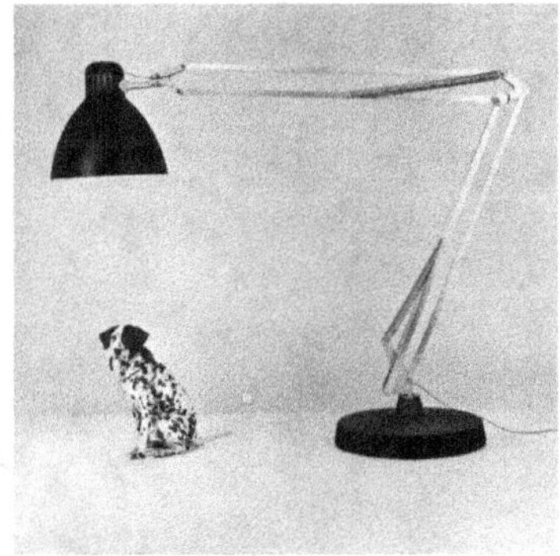

Gaetano Pesce, *Moloch*, 1972, da *Italy: The New Domestic Landscape*, New York 1972

La terza tendenza, riguardante il design contestatario espresso da *Objects selected for their implications of more flexible patterns of use and arrangement*[9], incarnava le aspirazioni di cambiamento politico e sociale e di radicale affrancamento dalla cultura tradizionale. Gli oggetti qui selezionati proponevano infatti, nelle loro flessibili soluzioni strutturali e nella loro molteplicità d'uso, un approccio più informale all'ambiente domestico e originali norme di condivisione sociale. Il progetto che incarnò per antonomasia queste caratteristiche fu quello della poltrona *Sacco* di Piero Gatti, Cesare Paolini e Franco Teodoro (Zanotta, 1969): nella sua struttura informe e modellabile sul corpo dell'utente si concretizzarono infatti i sogni dell'epoca rispetto a comportamenti sociali non convenzionali e a una totale autonomia nella modellazione del proprio habitat. Tema questo che si poteva riscontrare anche nelle potenzialità di snodo del divano in schiuma poliuretanica *Serpentone* di Cini Boeri (Arflex, 1971) o nella scomponibile struttura del divano *Malitte*, disegnato da Sebastian Matta per Gavina (1967).

La mostra presentava inoltre, nella sezione *Environments*, dodici installazioni sul tema della vita domestica. Tutte focalizzate su un motivo progettuale predefinito (l'abitacolo) e su una riflessione relativa alla mobilità e alla trasformabilità dei nuclei abitativi, esse presentarono esiti progettuali molto differenti tra loro: i piramidali ambienti componibili di Gae Aulenti; la funzionale *Unità mobile di abitazione* di Zanuso e Sapper; i blocchi autonomi (cucina, bagno, zona letto e soggiorno) della *Total Furnishing Unit* di Joe Colombo; la visionarietà apocalittica e catastrofica dell'*Ambiente sotterraneo postatomico* di Gaetano Pesce; la dimensione multimediale della *Cellula abitativa* di Ugo La Pietra o gli elementi trasportabili in PVC del *Sistema di mobili contenitori multiuso* di Sottsass Jr.

Una soluzione d'allestimento più radicale su questi temi fu proposta dagli Archizoom che, rinunciando a esporre un loro specifico elaborato, presentarono un ambiente grigio e vuoto, animato dalla voce registrata di una bambina che descriveva una grande

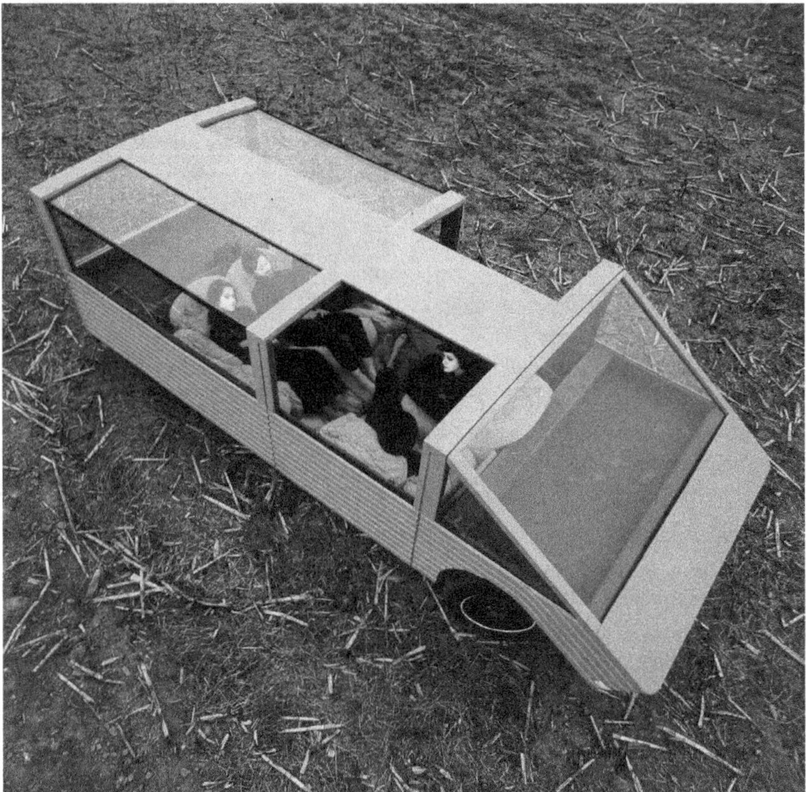

Mario Bellini, *Kar-a-Sutra*, 1972, da *Italy: The New Domestic Landscape*

casa luminosa e colorata. Lasciando spazio all'immaginazione del visitatore, si favoriva la sua partecipazione al progetto installativo, rilanciando in tal modo quell'idea che l'utente potesse essere parte attiva nella realizzazione dell'opera, che connotò le sperimentazioni artistiche dell'epoca, come ben esemplificato dall'installazione *Lascia su queste pareti una traccia del tuo passaggio*, esposta da Franco Vaccari alla Biennale di Venezia del 1972.

Il gruppo Superstudio presentò invece una caleidoscopica installazione *Microevent/ Microenviroment*, in cui analizzò le potenzialità di un'esistenza neo-nomadica; il Gruppo Strum produsse, ispirandosi alle pratiche della poesia visiva, una serie di fotoromanzi sul tema della casa[10]; Enzo Mari, con un'azione di matrice concettuale, si limitò a scrivere una lettera ai responsabili della mostra; mentre Mario Bellini presentò, infine, il prototipo della *Kar-a-Sutra*, un'autovettura che, attraverso innovativi canoni di abitabilità, proponeva il tema del viaggio e della mobilità come esperienza collettiva.

Pur consacrando definitivamente il successo internazionale del design italiano, la mostra del MoMA annunciò anche, tuttavia, la radicale svolta che esso assunse nel clima di *austerity* degli anni Settanta: influenzato dalla crisi delle grandi imprese e dalla nascita di piccoli laboratori artigianali legati al territorio, il design di questo decennio si connotò per il graduale abbandono dei materiali plastici, determinato dalla crisi petrolifera, e per il progressivo rigetto di inedite e provocatorie soluzioni estetiche, in favore di prodotti funzionali, rassicuranti, durevoli nel tempo, poco soggetti alle mode e dal disegno il più possibile anonimo e neutro.

Contestualmente, l'angoscioso clima sociale determinato dall'eversione politica favorì una fuga nel privato che, in una comparazione tra musica e design, può essere ben esemplificata, in un'epoca in cui la ritualità mitica dei concerti era stata ridimensionata dal rifiuto di molte *rock stars* internazionali di venire a suonare in Italia, a causa degli scontri che puntualmente infiammavano tali eventi, dal passaggio dal mangiadischi al Walkman, lanciato dalla Sony nel 1979. Nel contesto di questo clima culturale maturò pertanto, in sintonia con l'emergere della cultura *postmodern*, una nuova sensibilità che, attraverso un'attitudine citazionistica e una rivisitazione di modelli del passato, diede vita a innovativi esiti linguistici (si pensi alla complessa elaborazione del concetto di memoria nella poltrona *Proust* di Mendini del 1978), in parte già annunciati proprio dall'articolato percorso espositivo della mostra al MoMA.

1. Cfr. Fochessati Matteo, Piazza Mario, Solimano Sandra (a cura di), *In pubblico. Azioni e idee degli anni Settanta in Italia*, catalogo della mostra, Museo d'arte contemporanea di Villa Croce, Genova, Skira, Milano 2007 e Belpoliti M. - Canova G. - Chiodi S. (a cura di), *Anni settanta. Il decennio lungo del secolo breve*, catalogo della mostra, La Triennale di Milano, Skira, Milano 2007.

2. Rogers Meyric R. (a cura di), *Italy at Work: Her Renaissance in Design Today*, Compagnia Nazionale Artigiana, Roma 1950.

3. La mostra *The Modern Movement in Italy: Architecture and Design*, aperta al MoMA nel 1954, era stata infatti principalmente focalizzata sul legame tra le esperienze degli anni Trenta e quelle degli anni Quaranta. È comunque opportuno ricordare che nel 1972 contestualmente alla mostra del MoMA, inaugurò a Vienna al Museum des 20. Jahrhunderts l'esposizione *Industrial Design aus Italien*, con una parte storica e una sezione dedicata agli anni Sessanta. Nel 1973 si tenne invece a Berlino all'Internationales Design Zentrum la mostra *Design als Postulat am Beispiel Italien*.

4. Ambasz Emilio (a cura di), *Introduction*, in *Italy: The New Domestic Landscape: Achievements and Problems of Italian Design*, catalogo della mostra, The Museum of Modern Art, New York, Centro Di, Firenze 1972, pp. 19-21.

5. Celant Germano, *Radical Architecture*, op. cit., p. 383.

6. Raggi Franco, "Italy: The New Domestic Landascape", in "Casabella", n. 366, giugno 1972, p. 26.

7. Ambasz Emilio (a cura di), *Italy: The New Domestic Landscape*, op. cit., pp. 25-91.

8. Ibi, pp. 93-109.

9. Ibi, pp. 111-133.

10. Il tema della casa fu al centro nello stesso anno della quarta e ultima edizione di Eurodomus a Torino con la mostra *Il codice, incontri e scontri sulla casa*.

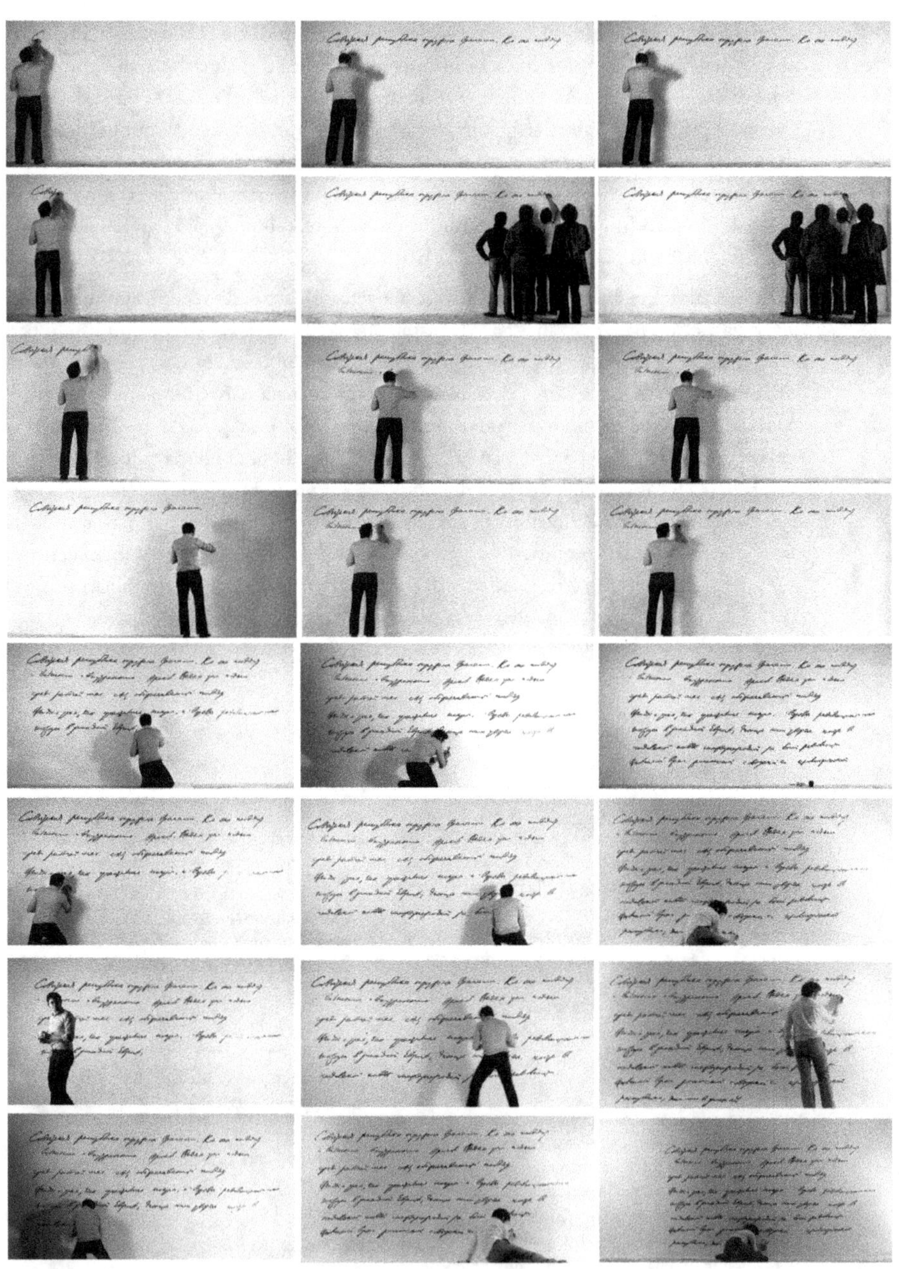

Fernando De Filippi, *Compagni operai andiamo all'ultima decisiva battaglia,*
realizzazione del film nello studio di via Maroncelli, Milano, 13 giugno 1974.
Courtesy Fernando De Filippi

Per un cinema d'artista nel sociale.
La rassegna *Arte e Cinema* al Centro Internazionale di Brera e alcuni casi di studio.

Jennifer Malvezzi

> *Direi che non sono dei "tentativi di discorso politico".*
> *Sono piuttosto film politici nella misura in cui hanno come oggetto il condizionamento*
> *dell'uomo, non generico, ma l'uomo storico. Naturalmente non penso che questi film*
> *possano contribuire oggi alla lotta di classe; essi sono tuttavia testimonianza di uno stato*
> *di allarme permanente, al quale è improntato da anni il mio lavoro*
> Valentina Berardinone, Milano, 1973

Sfogliando con lo sguardo di oggi le riviste italiane di cinema degli anni Settanta si può notare come dal vivace, talvolta incendiario, dibattito sulle possibili forme di 'cinema politico', dalle più militanti alle più commerciali, risulti sistematicamente escluso il cinema d'artista. Questo rifiuto era logicamente motivato dalla differente circolazione del 'prodotto' filmico d'artista che in quanto tale era spesso un pezzo unico destinato a un 'consumo' elitario nelle gallerie, modalità che di fatto ne segnava l'unico reale distinguo dalle coeve esperienze underground che, al contrario, erano comunemente riconosciute dalla critica cinematografica innanzitutto come vero e proprio cinema e in secondo luogo come politicamente impegnate proprio in virtù della loro fruizione 'indipendente' da qualsivoglia commercio mercantile.

Ma all'interno di questa contrapposizione, nello stretto giro d'anni in cui a Roma gli ex *film-maker* underground Anna Lajolo, Alfredo Leonardi e Guido Lombardi avevano programmaticamente abbandonato l'intellettuale supporto pellicolare a favore del più 'proletario' videotape costituendo il collettivo Videobase[1], a Milano, singoli artisti cercavano, proprio attraverso quei vituperati "deliri formali dell'arte pura e teorizzando la metafisica dell'espansione di coscienza"[2], di dimostrare come il cinema d'artista potesse anch'esso essere uno strumento politico.

Questi due diversi approcci ai cambiamenti in atto nella società esemplificano quella distinzione che fa Ugo La Pietra quando parla di "arte *per* il sociale" e "arte *nel* sociale"[3], separando coloro i quali decisero di rinunciare alla propria riconoscibilità da chi invece decise di mettere il proprio specifico linguaggio 'autoriale' al servizio della collettività. Come ha raccontato Fernando De Filippi durante questo convegno, si trattava di 'portare' le esperienze *d'engagément* che nascevano da un 'sociale' interno al mondo dell'arte a un sociale differente, a un 'pubblico' più ampio.

Un'occasione in cui questo intento venne espresso con forza e chiarezza furono le due edizioni di "Arte e cinema" tenutesi nel 1976 e nel 1977 al Centro Internazionale di Brera, curate dal critico d'arte Vittorio Fagone. L'importanza di queste due edizioni della rassegna è dovuta a diversi fattori. Innanzitutto la sede, il Centro Internazionale di Brera, conosciuto dai milanesi come Centro Formentini, dal nome della piazzetta dove aveva sede, creato nel 1973 da una associazione di artisti e di intellettuali di area socialista, capitanati da Ugo La Pietra, Franco Mazzucchelli e Fernando De Filippi. Questo spazio, che si poneva da statuto in antitesi alle gallerie d'arte, proponendosi, secondo una fortunata formula dell'epoca, come "circolo culturale polivalente", fu teatro per tutti gli anni Settanta di importanti manifestazioni politiche e culturali[4].

Nel 1976, stilando sulla neonata rivista del circolo un bilancio consuntivo dei primi tre anni di attività, il Segretario Generale del Centro Cornelio Brandini precisava come, sebbene l'obbiettivo di offrire uno spazio alla produzione culturale "emarginata dai tradizionali circuiti, commerciali da un lato, eccessivamente settoriali dall'altro" fosse stato raggiunto, fosse necessario "un salto qualitativo" da attuare attraverso un più stretto "coinvolgimento degli abitanti del quartiere e parallelamente un radicamento del Centro nei problemi del medesimo". Nello stesso rapporto si precisava come le sole attività del Cine Club, coordinato da Francesco Casetti, Alberto Frassino e Paolo Mereghetti, avessero garantito "un'attività organica con programmi e scadenze precise"[5]; non sorprende quindi il tentativo di coinvolgere ulteriormente la cittadinanza proprio partendo dal cinema, alzando l'asticella con la proposta di una rassegna dedicata alla produzione filmica d'artista, in nome della capacità di questi film di trasformare "lo spettatore in attore chiamato ad analizzare immagini e situazioni in una prospettiva diversa da quella corrente"[6].

Dal 17 al 21 maggio del 1976 si tenne con discreto successo la prima edizione di "Arte e Cinema": ciascuna serata era dedicata a una *personale cinematografica* di un artista, Gianfranco Baruchello, Cioni Carpi, Ugo La Pietra, Ugo Nespolo e Luca Patella, contraddistinto da una "diversa *indipendenza*". Al di là della sede della rassegna, un ulteriore motivo d'interesse di questa manifestazione risiedeva proprio nel tentativo di "fornire una riconoscibile fisionomia [del cinema d'artista] che valga tanto per l'espansione di un ambito specifico come quello delle arti visive oggi, tanto per il reale contributo a un *cinema altro*"[7].

Il desiderio di riconoscimento nell'ambito del cinema si fa ancora più esplicito nella seconda edizione[8], testimoniata dalla presenza di una "antipresentazione" alla rassegna ad opera di Alberto Frassino, quasi a fungere da placet allo svolgimento della manifestazione nella sala del Cine Club; ed è curioso come sia lo sguardo esterno del critico cinematografico a far emergere quelli che ritengo essere gli elementi di maggior interesse della rassegna. Quel cinema d'artista nasceva dalla precisa esigenza dei suoi autori di opporsi alla mercificazione dell'opera d'arte, nel tentativo rivelatosi quasi sempre vano di portare l'arte *fuori* dai luoghi a essa storicamente deputati, la galleria e il museo. In quest'occasione però, questi film si trovarono allestiti per la prima volta "in uno spazio cinematografico" che, precisava Farassino, richiedeva "al film e al pubblico una presenza del tutto diversa"[9] col preciso intento, come ribadito più volte da Fagone, di avvicinarli a un pubblico più ampio.

In proposito, è interessante notare come questa sorta di inversione che definirei di "opposta" *rilocazione*[10] dato che il cinema viene 'riportato' in sala, sia vista come necessaria non solo per avvicinare il pubblico, ma anche per avvicinare i cineasti e gli addetti ai lavori a nuovi, vivificanti, linguaggi cinematografici, così prosegue Farassino:

> C'è un cinema in crisi che ha bisogno di idee e di opere e che offre degli spazi e un pubblico. Non si chiede agli artisti di trasformarsi in professionisti della regia cinematografica, di girare *Biennale violenta* o *Colpo grosso all'Arte Fiera*, ma di inserirsi con le loro ricerche nel processo di rinnovamento che il cinema sta subendo. Per questo la rassegna avrà avuto un successo e un senso non tanto se vi sarà stato molto pubblico ma se saranno venuti molti autori a vedere che cosa, finora, non hanno fatto[11].

I propositi dei critici si rivelarono in entrambi i casi utopici. L'appuntamento successivo della rassegna "Arte e Cinema" fu infatti ricondotto nel contesto 'ufficiale' della Biennale di Venezia del 1978 con un'ampia mostra retrospettiva che includeva anche le avanguardie storiche[12]. Se esistono indubbiamente delle continuità visive tra il cinema delle avanguardie e quello qui oggetto di studio, mi sembra che la scelta di mantenere la stessa denominazione della rassegna in continuità con le precedenti faccia incappare Fagone in un'evidente contraddizione rispetto alle osservazioni fatte nemmeno un anno prima, quando precisava che i film d'artista degli anni Settanta corrispondevano sì "a una particolare congiuntura estetica", ma che questa coincideva "con una ben più viva congiuntura sociale e politica"[13].

A questo punto vorrei portare brevemente all'attenzione tre casi di studio per dimostrare come in questo insieme eterogeneo di film presentati nelle varie edizioni di "Arte e cinema" vi fossero artisti che, distinguendosi da tutte le sperimentazioni precedenti, avevano elaborato un proprio linguaggio corrispondente a una presa di coscienza tanto artistica quanto politica[14].

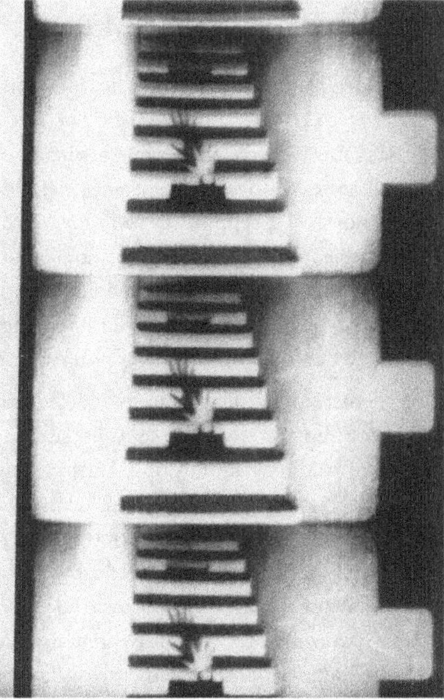

Valentina Berardinone, *Letture n. 3*,
Super 8 mm, col. e b/n, 18', 1972
still da pellicola Super 8
Courtesy Galleria Milano

Valentina Berardinone è certamente una di questi. Quasi tutte le sue opere degli anni Settanta sono incentrate sull'uso simbolico della scala, su di essa vengono posate pietre, rotolano oggetti o, ancora più spesso, colano inquietanti sostanze dense, vischiose, di colore bruno o rossastro. Dal 1971 Berardinone inizia a dedicarsi al cinema con assiduità, producendo in pochi anni nove film. Molti di questi sono circolari, inizio e fine coincidono in una sorta di eterna salita/discesa di infiniti gradini, metafora di un sistema socio-politico senza vie di fuga. Se questo senso di angoscia costante dominava già il primo film *Silent Invasion* (1971, 16mm, 15'), in cui una densa colata nera travolge i gradini "in un accadere senza fine" e dove "l'ordine stabilito produce un disordine che a sua volta si mimetizza in ordine apparente"[16], nel successivo *Letture n.3* (1972, S/8, 18'; perduto) la scala diviene una prigione che intrappola l'individuo, il cui volto è infatti negato alla vista. Con fare espressionista emergono dalla pestata solo le mani, una delle quali nel finale si aprirà simbolicamente in un pugno chiuso.

Nei film successivi il messaggio politico di Berardinone si fa più esplicito. In *Eventi* (1973, S/8, 10'; perduto) viene ripreso il concetto di perpetuo "accadimento" che permeava *Silent Invasion,* ma agli anonimi gradini sostituisce la scalinata del Palazzo di Giustizia di Milano sulla quale fa rimbalzare incessantemente una sfera nera che ricorda, non credo casualmente, una 'palla al piede' carceraria. Il finale mostra l'incessante scorrere di una scala a mobile, anticipando il successivo *Urbana* (1974, S/8, 16'), girato dall'artista nell'inverno del 1973. In questo film l'immagine della scala, divenuta meccanico dispositivo di sopraffazione della persona che "vomita fuori"[17], è alternata a quella nevrotica di una mano che si affanna a pulire un vetro nel "tentativo di *far* luce"[18]. Queste sequenze sono a loro volta alternate a quelle di "un corteo di operai in sciopero che con il loro andare insieme *cosciente* si contrappone all'andare insieme *casuale* degli uomini-fantasmi che emergono dalle scale mobili"[19]. Tutto il girato è inframezzato da spezzoni televisivi che secondo l'artista hanno la funzione di creare un "diaframma tra la vita reale e artificiale"[20]. Quest'ultima affermazione mi sembra curiosamente in linea con le istanze dei videomaker militanti riuniti sotto lo slogan "VT is not TV" e seppure *Urbana sia* girato in pellicola la tipologia di immagini che lo compone, al netto del 'taglio', non è così diversa dal repertorio di tanti video di controinformazione dell'epoca. Molto spesso infatti sono state le limitazioni del mezzo elettronico, e non la mancanza di impegno politico, ad agire da discrimine nella scelta del mezzo da utilizzare e *Urbana* non è l'unico caso.

Per Fernando De Filippi non solo realizzare, ma nemmeno concepire *Sostituzione* (1974, 16mm, 12') sarebbe stato possibile senza l'uso della pellicola. Coadiuvato dai creativi di Studio Metamorphosi, l'artista si riprende mentre compie una trasformazione della propria immagine in quella di Lenin ottenuta grazie all'uso combinato di *make up* e dissolvenza incrociata. Non si tratta di un *divertissement* intellettuale, Lenin da icona pop diventa icona privata, quando l'artista negli anni Settanta smette di dipingerne ossessivamente l'immagine e inizia ad appropriarsene. Il processo di sostituzione è parte di un rituale compiuto "nel tentativo di superare il possesso della sola immagine esteriore" cercando insistentemente di "far scorrere il pensiero" attraverso l'azzeramento

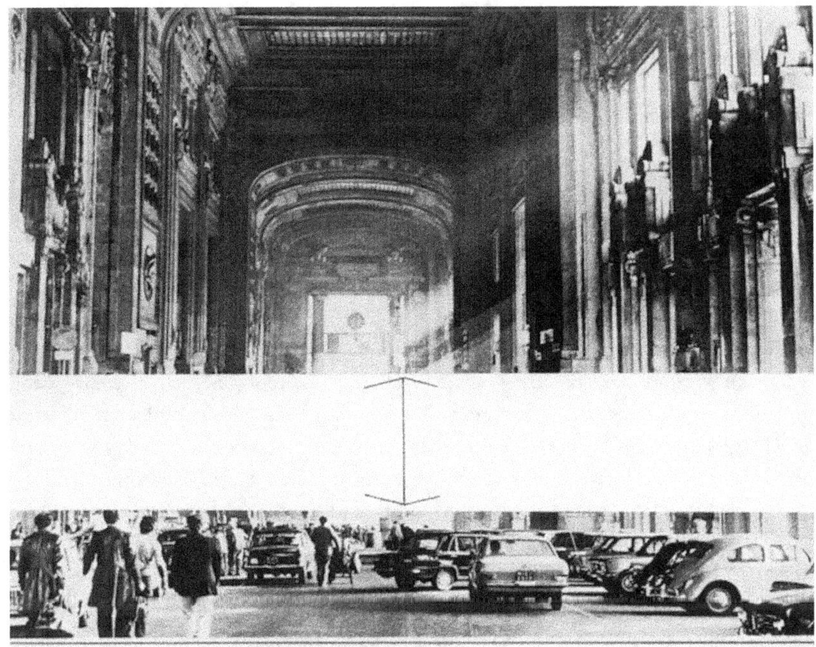

Ugo La Pietra, *Il Monumentalismo*, 1972
Courtesy: Archivio Ugo La Pietra, Milano

di quella che De Filippi definisce come "immagine impropria"[21]: l'ideologia si trasforma in una vera propria fede in cui, letteralmente, identificarsi.

Stesso atteggiamento in *Compagni operai andiamo all'ultima decisiva battaglia* (1974, 16mm, 12') dove l'artista, come un monaco, ricopia ossessivamente un manoscritto di Lenin provando a imitarne la calligrafia. Le parole vengono così private della loro funzione comunicativa, divengono reliquia, mentre al contempo l'artista attua quella che lui identifica come la sua "rivoluzione privata": il soggetto rappresentato non si piega più allo stile dell'autore, ma si impone all'autore sino a sostituirsi ad esso. Il successivo *Introspezione* (1975, S/8, 8'), apre a un discorso sull'impossibilità della percezione che continuerà anche nei successivi film dell'artista (*Slogan I, Slogan II, Rosso*) non presenti in queste rassegne. Con un atteggiamento via via sempre più concettuale De Filippi si pone contro i miti della comunicazione e della visibilità intesi come forme di conoscenza.

Più ironici, ma non meno impegnati i film dell'operatore estetico Ugo La Pietra presentati in rassegna. *Per oggi basta!* (1974, 16mm, 14') illustra l'uso del *Commutatore*, uno strumento da lui ideato attraverso il quale è possibile, per gradi, "superare la fisicità urbana"[22]. Nel film i cambi di posizione del *Commutatore* vengono alternati alle soggettive di chi lo utilizza (in questo caso La Pietra stesso); posto in posizione semi-orizzontale, attraverso una lunga carrellata in soggettiva del cielo, compiamo un viaggio, che forse è un sogno, dalla città alla campagna. Ma come annuncia la *tagline* "la possibilità di uscire dagli schemi si scontra ogni giorno con chi li controlla", e il film si chiude con una voce autoritaria che esclama "La Pietra, per oggi basta!" facendo rintanare l'artista nel suo studio.

Milano è protagonista anche de *Il Monumentalismo* (1974, 16mm, 13'). Girato dentro e fuori dalla Stazione Centrale ne utilizza l'architettura come "modello di comprensione" atto a dimostrare che "nell'ambiente in cui viviamo e operiamo quasi sempre non esiste una relazione tra spazio e uso dello stesso"[23]; questo "scollamento" diviene evidente nella seconda parte del film, la prima è realizzata come un documentario fascista, con tanto di magniloquente voce *off*, quando alle immagini retoriche vengono giustapposte quelle 'reali' del comportamento sofferente degli umani microscopici che si affannano all'interno di un apparato completamente fuori scala rispetto ai loro bisogni e alle loro esigenze. Le due parti sono separate da una scenetta in cui La Pietra ridimensiona un'immagine della Stazione, comprimendola, per riportarla a proporzioni più umane. Parafrasando il titolo di un suo film successivo alla rassegna, è *la riappropriazione della città* da parte dei suoi abitanti il tema centrale di tutti i film di La Pietra, momenti di sintesi progettuale ispirati dalla necessità di modificare attivamente lo spazio urbano, attraverso l'esperienza 'creativa' dello stesso.

È proprio questa volontà di cambiare il sociale attraverso i linguaggi dell'arte, pur rivelatisi utopica, a rendere interessanti queste esperienze filmiche, oggi più che mai meritevoli di nuove letture che trascendano finalmente le superate categorizzazioni del passato.

1. In merito rimando all'intervento di Christian Uva in questo volume.

2. *Poscritto: La Videobase di Anna Lajolo, Alfredo Leonardi e Guido Lombardi*, in Bacigalupo M. (a cura di), *Il film sperimentale,* numero monografico di "Bianco e Nero", n. 5/8, 1974, p. 141.

3. Qui mi riferisco invece allo scritto di Bianca Trevisan, sempre in questo volume.

4. Tra le tante iniziative qui organizzate val la pena di ricordare che il Centro fu la sede milanese della "Biennale del dissenso" del 1977, voluta dall'allora presidente della Biennale di Venezia il socialista Carlo Ripa di Meana e dedicata al tema del dissenso nei paesi dell'Est, iniziativa che venne fortemente osteggiata dal PCI e da numerosi intellettuali che non volevano 'rompere' l'alleanza con Mosca. Nel 1978 il centro divenne la prima sede italiana dell'organizzazione umanitaria Amnesty International e punto di riferimento

italiano per i dissidenti dell'est, ma anche di molti antifascisti greci, cileni e spagnoli; lo stesso anno vi si tenne anche il "Controconvegno di antipsichiatria" organizzato in risposta a quello di Armando Verdiglione.

5. Brandini Cornelio, *L'attività del centro*, in "Brera Flash", n. 1, 1976, s.i.p. L'importanza strategica del Cine Club per le attività del Centro Internazionale è ribadita da nel censimento dei cineclub italiani del 1978: *"All'insegna dell'inedito* potrebbe essere lo slogan del cineclub situato nel quartiere 'intellettuale' di Milano. Il pubblico è composto, per la maggior parte, da studenti e da professionisti tra i 35 e i 40 anni [...] Tra le rassegne più importanti il Super 8 'lungo' di autori italiani, la rassegna 'storica' del cinema pornografico, *Kinomata*, Wim Wenders, Fassbinder e tutti i giovani autori del nuovo cinema tedesco. La presenza femminile è notevole; completamente assente l'operaio. Il cineclub va sempre più stagliandosi come una 'sonda teorica' di quartiere, una faccia del centro culturale cittadino" Cit. in Giovanna Grassi, *L'altro schermo. Libro bianco sui cineclub, le sale d'essai e i punti di diffusione cinematografica alternativa*, Marsilio, Venezia, 1978, p. 131

6. *Arte e cinema*, in *La Biennale di Venezia. Annuario 1979. Eventi del 1978*, La Biennale di Venezia, Venezia 1979, p.184.

7. Fagone Vittorio, *Per un catalogo del cinema d'artista in Italia, 1965-1976*, in Ibi (a cura di), *Arte e Cinema*, Marsilio, Venezia 1976, p. 6. La necessità di collocare il cinema d'artista in un orizzonte disciplinare più ampio è ribadita dallo stesso Fagone in un altro testo, molto simile a questo, intitolato *Arte e Cinema due e seguito* pubblicato nel succitato n. 1 di "Brera Frash".

8. In questa seconda edizione della rassegna (17-25 giugno 1977) vengono presentati film di: Valerio e Giancarlo Romano Adami, Massimo Becatini, Gabriella Benedini, Valentina Berardinone, Ugo Carrega, James Coleman, Dadamaino, Fernando De Filippi, Jole De Freitas, Nato Frascà, Yervant Gianikian & Angela Ricci Lucchi, Paolo Gioli, Andrea Granchi, Silvio e Vittorio Loffredo, Plinio Martelli, Alberto Moretti, Magdalo Mussio, Nagasawa, Suzanne Newell, Martino e Anna Oberto, Luigi Ontani, Gianfranco Pardi, Antonio Paradiso, Fabrizio Plessi, Arnaldo Pomodoro, Renato Ranaldi, Sergio Sarri, Mario Schifano, Helmut Shober, Gianni Emilio Simonetti, Franco Vaccari.

9. Farassino Alberto, *A proposito di "artisti e cinema"*, in Fagone V. (a cura di), *Arte e Cinema*, Marsilio, Venezia 1977, p. 3.

10. Mi riferisco alla nota teoria di Francesco Casetti che riguarda lo spostamento del film in contesti fruitivi diversi dalla sala di proiezione, elaborata e definita in diversi scritti e recentemente riassunta nel capitolo *Rilocazione* in *La Galassia Lumière. Sette parole chiave per il cinema che viene*, Bompiani, Milano 2015, pp. 33-71.

11. Farassino Alberto, *A proposito...*, op. cit., 1977, p. 3.

12. La scelta fu essenzialmente motivata dall'occasione di disporre sul territorio nazionale di alcune rare pellicole provenienti dalla rassegna *La mano dell'occhio* tenutasi a Firenze dal 16 al 27 giugno 1978 e curata da Andrea Granchi.

13. Fagone Vittorio, *Per un catalogo del cinema d'artista in Italia, 1965-1976 (2)*, in Ibi, p. 7.

14. Chiaramente non sono gli unici film attenti al sociale o politicizzati presenti nella rassegna. Per motivi di spazio escludo da questa casistica i film di Gianfranco Barruchello, Cioni Carpi e Antonio Paradiso privilegiando invece le pellicole realizzate negli anni immediatamente precedenti alla manifestazione da artisti milanesi frequentatori, quando non addirittura animatori come nel caso di De Filippi e La Pietra, del Centro.

15. *Intervista di Lea Vergine a Valentina Berardinone*, in *3 Film*, Galleria Milano, 1973, s.i.p.

16. Berardinone Valentina, in Fagone V. (a cura di), *Arte e Cinema...*, op. cit., 1977, p. 23.

17. Ibidem.

Berardinone mi ha raccontato di aver girato questa parte di film nella metropolitana di Piazza San Babila ponendo la mdp in basso su un cavalletto davanti all'uscita e all'entrata delle scale mobili. Isolando in fase di montaggio solo le teste delle persone, queste sembravano apparire all'improvviso proprio come se venissero "sputate" dai gradini. Alcuni passanti scoprendosi ripresi reagivano con espressioni di stupore o di fastidio contribuendo, involontariamente ad acuire la sensazione di "sopraffazione" che l'artista voleva restituire attraverso il film.

18. Ibidem.

19. Ibidem.

20. Ibidem.

21. De Filippi Fernando, in Ibi, pp. 29-30.

22. La Pietra Ugo, in Fagone V. (a cura di), *Arte e Cinema...*, op. cit., 1976, p. 39.

23. Ibidem

Desidero ringraziare Valentina Berardinone, Fernando De Filippi, Andrea Granchi, Ugo La Pietra, Carla Pellegrini e lo staff della Galleria Milano per la disponibilità.

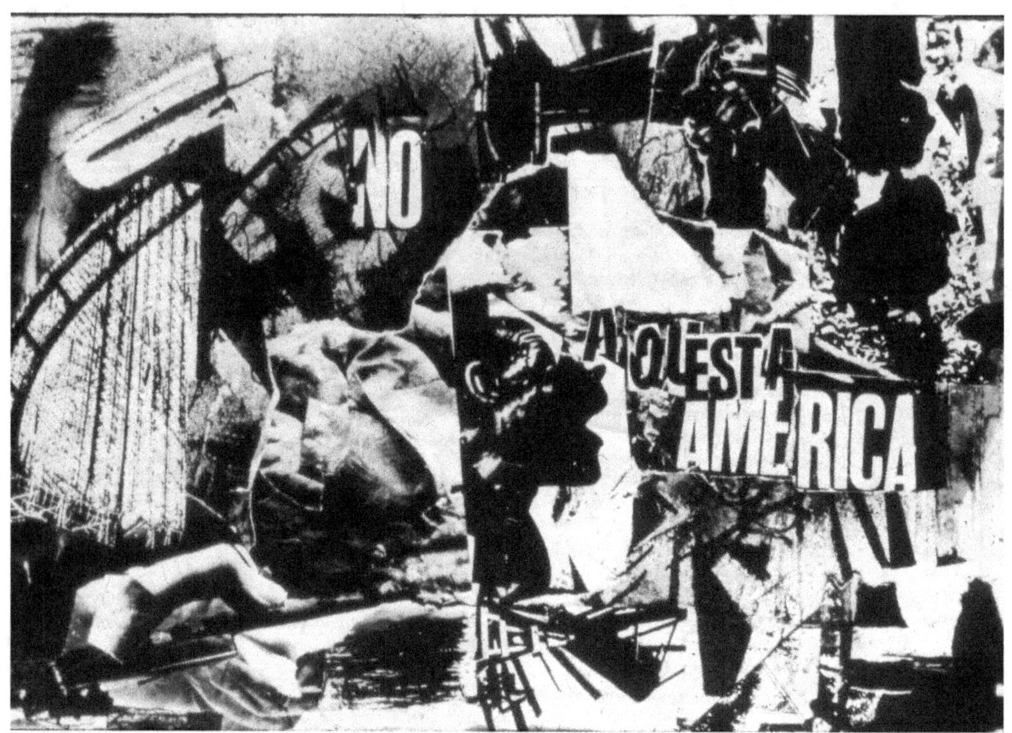

Emilio Vedova, *No a questa America*, 1968 - 1969. Foto: Giuseppe Mazzetto,
Venezia. Courtesy: Fondazione Emilio e Annabianca Vedova

Il confronto della "tendenza pop"
con l'impegno politico degli anni Settanta:
la ricezione postuma della contestazione

Ginevra Addis

Il confronto del linguaggio "pop" con gli anni della contestazione e dell'impegno politico è divenuto necessario dati i risultati dei più recenti studi che mostrano come lo stile e l'immaginario appartenente a tale corrente artistica sia stato un fenomeno globale, talvolta con aspetti politici. Si parla infatti di *global pop*[1]: non più di un pop rappresentativo della cultura popolare nord-americana, ma di svariate forme sviluppatesi singolarmente. Tali declinazioni hanno permesso di rilevare differenze stilistiche e di linguaggio che sembrano comunque essere derivate dalla *Popular culture* inglese e dalla Pop art americana contemporaneamente o successivamente[2].

Nel settembre del 1974, per esempio, due artisti dell'est europeo, Vitaly Komar e Alexander Melamid, esposero quattro opere d'arte a Mosca in una mostra di arte anticonformista, permessa con riluttanza dalle autorità dopo la demolizione della *Bulldozer Exhibition* qualche settimana prima[3]. A Mosca Komar e Melamid presentarono una versione di *32 Campbell's Soup Cans* (1962) di Andy Warhol e una di *The Confederacy* di Robert Indiana: entrambe volutamente danneggiate davano l'impressione di essere state salvate da una catastrofe dai cittadini dell'Unione Sovietica.

Da questo momento in poi le loro opere, interpretate in termini escatologici, vengono incluse tra i lavori utilizzati per analizzare la storia dell'Unione Sovietica. In Italia osserva Elena Di Raddo:

> la nascita di un'arte consapevole del proprio messaggio e della sua 'necessità' sociale è stata preceduta dallo sbarco della Pop art americana alla Biennale di Venezia e, in seguito alla sua diffusione, in particolare a Roma. Le opere degli artisti americani, infatti, riflettevano l'idea che il consumismo era oramai divenuto l'ideologia dominante della società contemporanea. Ma la sottile ambiguità di quel linguaggio artistico, che si serviva dei mezzi della stessa comunicazione di massa e che operava all'interno del sistema dell'arte mercantile, sebbene coinvolse qualche artista italiano, in particolare romano, e spinse alcuni al viaggio negli Stati Uniti, avrebbe presto lasciato il posto a una decisa arte di opposizione [...][4].

In questa sede si intende indagare in particolare se e come, in Italia, gli artisti considerati sotto l'etichetta "pop", esclusivamente da un punto di vista di linguaggio (questa è la chiave di lettura della ricerca) si sono confrontati con la cosiddetta necessità di "politicizzare il quotidiano"[5] identificata in tale periodo. A tale scopo si è scelto di partire dallo studio di fonti secondarie per osservarne la ricezione postuma, nello specifico le mostre sulla Pop art italiana legate alla contestazione, per poi passare all'analisi delle fonti primarie, le opere. La ricerca ha investigato costantemente la relazione tra linguaggio "pop" e politica esaminando se le opere fossero state realizzate come espressione di un impegno degli artisti in tale direzione, come intento di denuncia, o se avessero offerto occasioni di riflessione collettiva. Tali punti interrogativi hanno avuto un esito affermativo, tanto che è stato assai rilevante costatare come tra il 1968 e il 1975 alcuni artisti italiani abbiano creato opere ad intento politico o, usando le parole di Crispolti, con una "rifluenza immaginativa sempre più connessa alla quotidianità politicamente implicata secondo l'urgenza dei temi del momento, nazionali e internazionali"[6]. Secondo Rossana Bossaglia gli artisti ispirandosi ai contenuti e alle situazioni maturatesi negli anni della contestazione sessantottesca avevano a disposizione un linguaggio già dato (successivo allo sbarco della Pop art alla Biennale nel 1964), non legato ad un programma ideologico, portatore di un messaggio sociale, distaccandosi pertanto dalla spersonalizzazione ed astoricità di cui spesso venivano accusati. La bibliografia circa la Pop art, evidenzia come il nesso di tale linguaggio con il contesto politico-sociale sia stato un tema discusso e sia tuttora oggetto di studi. Alcuni dei riferimenti internazionali più recenti sono: *The World Goes Pop* di Jessica Morgan e Chiara Frigeri, Yale University Press, pubblicato nel novembre 2015, dove vi è una sezione dedicata al *Political Pop*, ed ai *Pop Effects in Eastern Europe* sotto le regole del comunismo; o ancora *Decade of Protest: Political posters from the United States, Vietnam, Cuba 1965-1975*, del 1996.

Per analizzare la ricezione postuma del pop in Italia negli anni della contestazione si è deciso di considerare alcuni cataloghi di mostre circa tale argomento: *Il Pop Art e l'Italia* (Pavia, 1983), *Immagine d'impegno. Impegno d'immagine* (Roma, 2000), *L'immagine critica: Milano anni Sessanta. Tra pop art e contestazione* (Milano, 2006).

Il Pop Art e l'Italia (Pavia, 1983), mostra curata da Rossana Bossaglia e Susanna Zatti, dichiara sin da subito l'obiettivo di meditare su "quale peso abbia avuto la formula pop alla fine degli anni Sessanta, nel momento della contestazione e di tutta la produzione artistica che intendeva interpretarne temi e ruoli"[7]. Bossaglia osserva come i vari moti del Sessantotto si siano trovati di fronte alla necessità di utilizzare immagini perentorie, dal contenuto evidente e linguisticamente partecipabili. Riconosce inoltre come in quegli anni stessi è stato attuato un importante recupero dei modelli messicani degli anni Venti e Quaranta, ritenuti emblematici, vicini all'ipotesi di un atteggiamento di un America industrializzata e di una sorta di "comunismo americano". Osserva che nei medesimi anni era tuttavia cambiato il modo di presentare sia i murali anomali sia l'arte personalizzata. Inoltre dietro lo stimolo del linguaggio pop, individua come la pittura d'impegno civile aveva finito di guardare allo stile di *Guernica*, proprio quando la storica distinzione culturale di diversi strati sociali aveva perso di plausibilità. In mostra i curatori avevano scelto di inserire un'opera di Vedova all'interno di una sezione di lavori di carattere più realistico che presentava una pertinenza interpretativa, "una

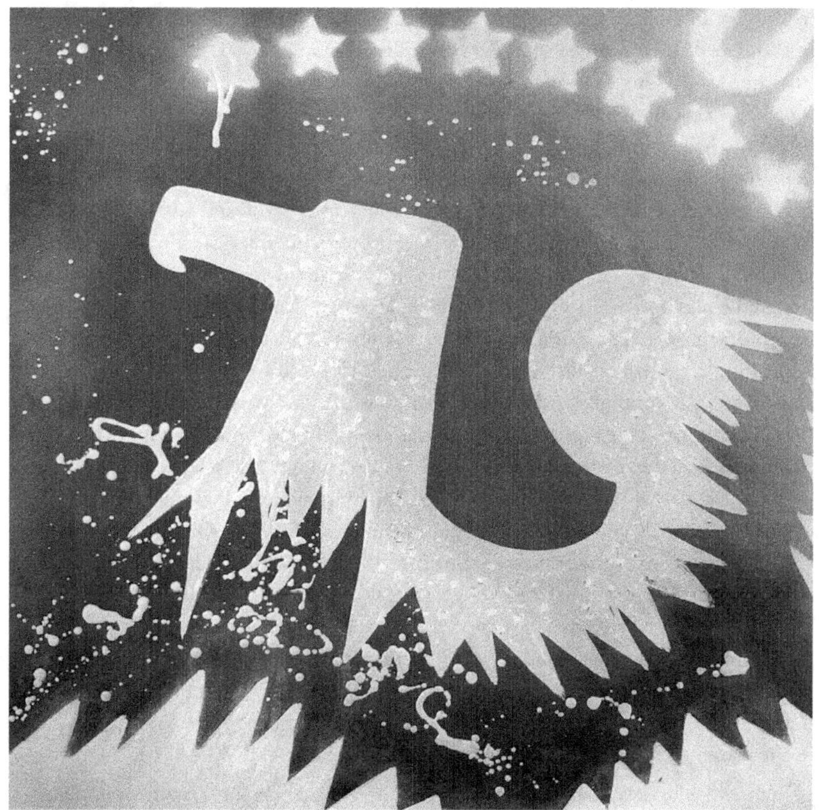

Franco Angeli, *Frammento*, 1965, Courtesy Archivio Franco Angeli

congruità non appena ideologica"[8]. Degna di nota è inoltre l'opera scelta a chiusura della mostra *i Funerali di Togliatti* di Guttuso del 1972, esposta al fine di evidenziare, all'interno della sua chiara caratterizzazione personale, cosa Guttuso avesse individuato e fatto suo di siffatta sfera artistica. In quest'opera emerge il concetto di reportage, di trasmissione televisiva in diretta, la presenza in campo del fotografo che sta riprendendo l'avvenimento, attore e spettatore allo stesso tempo ed infine l'uso del bianco e del nero per mimare l'immagine fotografica[9]. Qui alcuni particolari violentemente desunti dall'*imagerie* pubblicitaria si uniscono, si assommano e sublimano nella tensione dell'allegoria[10]. Qui emerge inoltre un interesse documentario, accenti drammatici e gesti idealisti, come le braccia alzate degli uomini sul palco[11]. Bossaglia interpreta l'opera di Guttuso, sin dal dopoguerra ritenuto l'artista che meglio ha tradotto il pensiero comunista italiano, mettendo in luce una novità: il popolo presente al rito non rappresenta la massa contadina e operaia, non il proletariato oppresso, o redento, bensì una collettività varia e omogenea, associata nel nome di una comunanza di costumi e di sistemi di vita. Al di là del diretto significato politico dell'opera e del messaggio di speranza che vi si connette, l'uso di modalità pop segna qui il punto massimo della loro interpretazione positiva. Susanna Zatti, sostiene invece che la Pop art si sia caratterizzata secondo due livelli, uno iconografico e l'altro linguistico: il primo ha assunto un'*imagerie* oggettuale desunta dai mass media, propria del fenomeno americano, perché legato ad una situazione socio-economica che in Europa tarda ad arrivare; il secondo è nato invece dalla consapevolezza del ruolo dell'artista nella società, diffusosi negli stessi anni in Europa e in America, soprattutto dove la crisi dell'Informale si è fatta sentire. In seguito riflette sul gruppo milanese e su quello romano che, dopo aver rifiutato il condizionamento di un'ideologia di sinistra, aveva scelto di esprimere la propria esigenza etica con un linguaggio pittorico soggettivo, di stampo espressionistico. Proprio per questo afferma che gli artisti hanno tratto la propria ispirazione dai contenuti e dalle situazioni maturate nel periodo della contestazione sessantottesca, di cui nel catalogo si può rilevare una vera e propria sezione. Per questa ricerca sono state selezionate alcune delle opere esposte maggiormente significative circa il legame con il tema politico e dell'impegno: l'opera di Emilio Vedova, *No a questa America*, 1968, *Barricata* di Attilio Steffanoni, 1968, *Una rabbia* di G. Spadari, 1968, *I funerali di Togliatti*, Renato Guttuso, 1972. Gli artisti indicati erano coinvolti attivamente nella politica, come Guttuso eletto nel 1951 nel *Comitato Centrale* o Spadari che con la sua pittura di storia mostrava uno sguardo vigile ed attento sulla realtà. In particolare la seconda e la terza opera sopra citate sono strettamente legate agli eventi del Sessantotto: evidenziano sin dal titolo una volontà di opposizione, di lotta; contribuiscono a formare un'iconografia tra realismo e Pop art, utilizzando colori e chiarezza nell'immagine che ricorda soprattutto le opere di Warhol e Lichtenstein.

Riguardo alla seconda esposizione presa in considerazione *Immagine d'impegno. Impegno d'immagine. Anni Sessanta e Settanta: figurazione in Italia* (Roma, 2000), curata da Domenico Guzzi, è rilevante costatare come siano riproposti alcuni degli artisti presentati nella mostra precedentemente esaminata, ma con nuove opere. Guzzi commenta *Potemkyn n. 1* di Spadari del 1976 evincendo i riferimenti al valore sociale dell'arte che emerge attraverso memorie storiche, talvolta adombrate e talora evidenti, nonché ai modi e ai mezzi di un linguaggio "mediale". Riguardo alle opere esposte Guzzi scrive: "L'artista manipola il reperto fotografico sino alla suggestione d'una resa negativo-positiva. La coscienza di essere parte di una storia che, per sue vie, si rinnova nel presente, propone la scena di *Potemkyn n. 1* che potrebbe essere quella di un giorno in Vietnam"[12]. Tra queste un'opera che sembra avere influssi sui *Funerali di Togliatti* è *Episodi della vita di Lenin* di Fernando De Filippi, 1971: presentata per la prima volta alla Quadriennale del 1972 risulta essere pittura di testimonianza e di aspirazione, partecipe degli accadimenti attuali. Creata nel 1965, ma esposta *a posteriori* nel 1974 ad una mostra romana del pittore presso la galleria "Il Collezionista" è l'opera di Franco Angeli, *Frammento*. Qui l'aquila, simbolo americano di quell'America che avvia il suo impegno in Vietnam, diviene icona della voce dichiaratamente critica dell'artista, interprete della *Scuola di Piazza del Popolo* che per approssimazione e per analogie,

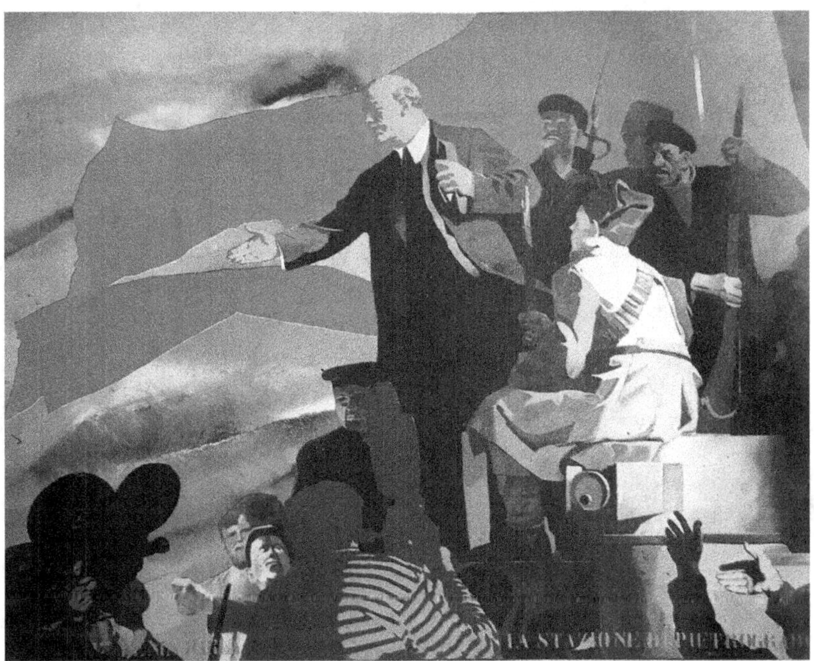

Fernando De Filippi, *Episodi della vita di Lenin*, 1975

si dice essere per l'appunto stata una delle voci della nostra cosiddetta Pop art[13]. Le opere di questa seconda mostra sono state inserite in una sezione dedicata intitolata "Realtà come referente obiettivo" in cui si evidenzia come il mezzo fotografico abbia sostituito il referente naturale chiedendo all'immagine di essere il più possibile prossima "alle evoluzioni del circostante e alla capacità di cogliere in un istante la velocità stessa del divenire"[14]. I codici di ogni artista in questo caso sono la chiave per la comprensione idiomatica, rivelando non generalizzazioni, ma piuttosto singolarità inventive. Si identifica in particolare un gruppo di artisti che in più occasioni si è presentato pubblicamente (ad esempio al Palazzo delle Belle Arti di Bruxelles nel 1973 o al Museo d'Arte Moderna di Parigi del 1974): Paolo Baratella, Giangiacomo Spadari, Umberto Mariani e Fernando De Filippi. Attilio Steffanoni, nonostante non sia inserito in questo gruppo, ma accanto agli altri menzionati in mostra, ha realizzato opere in cui è apparso ideologicamente impegnato: in *Passante*, esposta per la prima volta alla personale dell'artista alla Galleria 32 a Milano nel 1969, utilizza lo strumento fotografico come mezzo di sperimentazione per indagare il quotidiano.

Gli stessi artisti presentati da Guzzi sono riproposti nell'ultima mostra analizzata, *L'immagine critica: Milano anni '60. Tra Pop Art e contestazione*, tenutasi presso lo Spazio Annunciata nell'autunno 2006 e curata da Walter Guadagnini. Paolo Baratella, in *Colpevole* del 1968 mostra un utilizzo del collage in chiave politica. In quest'opera il curatore sostiene che l'artista giochi "sul ribaltamento dei messaggi, sulla stretta connessione tra parola e immagine, sul rapporto immediato che si viene ad instaurare tra l'autore e lo spettatore, al quale viene proposta un'immagine chiara, riconoscibile a prima vista, in una sorta di identificazione che si trasforma poi in un'interrogazione, sia sulla natura dell'immagine sia sul significato di cui essa è portatrice"[15]. De Filippi in *Cuba* del 1971 elabora invece l'immagine a partire dalla memoria, anche qui riferendosi a figure di attualità, dando così vita ad una pittura di frammenti narrativi. Infine Spadari e gli altri artisti in mostra hanno operato, secondo Guadagnini, su icone appartenenti alle mitologie quotidiane della contemporaneità, cercando una via, una strada percorribile per inserirsi nei meccanismi della comunicazione di massa[16].

La presente ricerca condivide tale affermazione in quanto gli artisti considerati, politicamente impegnati, dipingendo immagini attuali, adottano il linguaggio fotografico, quello del cartellone, del mezzo televisivo, dando alle opere titoli che sembrano slogan di partiti (*No a questa America!),* tutti elementi che contribuiscono a storicizzare ciò che stava accadendo.

In conclusione, a partire dalle fonti prese in considerazione, si osserva come la bibliografia circa la relazione tra linguaggio pop ed impegno politico sia esigua, probabilmente per la mancanza di molteplici osservazioni scientifiche circa tale tendenza nel territorio italiano. Sarebbe necessario pertanto un lavoro di re-identificazione del fenomeno e di catalogazione. Da tale mancanza deriva in secondo luogo un'ulteriore vaghezza nell'identificazione degli artisti e delle opere all'interno delle mostre considerate, in cui se da un lato vi è stata una chiara e nitida linea interpretativa, dall'altro si nota una reticenza mista a timidi tentativi da parte degli esperti di individuare lo stile "pop" unito ad un'iconografia di forte interesse politico. Infine, l'analisi effettuata sulle mostre e sulle opere indica come l'Italia sia stata fucina per la commistione tra linguaggio "pop" ed impegno politico, presentando una denuncia delle situazioni storiche, ed occasioni di riflessione sul sociale.

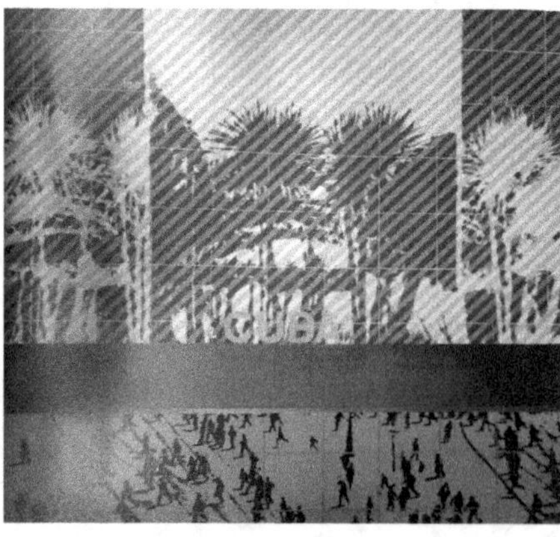

Fernando De Filippi, *Cuba*, 1971

1. Morgan J., Frigeri F. (a cura di), *The World Goes Pop*, Yale University Press, Yale 2015, p. 15.

2. Secondo quanto afferma Lucy Lippard la Pop art ha avuto origine in Inghilterra in rapporto agli studi sulla cultura popolare dell'*Independent Group* di Londra, e negli USA, dove ha trovato nell'"american way of life", nell'industrializzazione, nel consumismo e nella massificazione ideologica, il terreno più adatto per svilupparsi ed approfondirsi"(L. Lippard, *Pop Art*, Milano 1967).

3. Morgan J. - Frigeri F. (a cura di), *The world goes pop*, Yale University Press, Yale 2015, p. 29.

4. Casero C. - Di Raddo E. (a cura di), *Anni '70: l'arte dell'impegno. I nuovi orizzonti culturali, ideologici e sociali nell'arte italiana*, Silvana Editoriale, Cinisello Balsamo 2009, pp. 10 -11.

5. Ibi, p. 10.

6. Guadagnini Walter, *Milano anni '60. Tra Pop Art e contestazione*, Spazio Annunciata, Milano 2006, p. 6.

7. Bossaglia R. – Zatti S. (a cura di), *Il Pop Art e l'Italia*, Mazzotta, Milano 1983, p. 11.

8. Ibi, p. 12.

9. Cfr. Ibidem

10. Cfr. Ibidem

11. Cfr. Ibidem

12. Guzzi Domenico, *Immagine d'impegno. Impegno d'immagine. Anni Sessanta e Settanta: figurazione in Italia*, Associazione culturale "Aldo Tozzetti" Onlus, Roma 2000, p. 191.

13. Cfr. Ibi, pp. 183 -195.

14. Ibi, p. 70.

15. Guadagnini Walter, *Milano anni '60. Tra Pop Art e contestazione*, Spazio Annunciata, Milano 2006, p. 5.

16. Cfr. Ibi, pp. 5-7.

Associazionismo di base e movimenti, tra politica, società e cultura

Lidia Piccioni

Per delineare un quadro di riferimento da un punto di vista storico penso sia importante partire da una sequenza di date che, nel loro veloce incalzare, hanno segnato profondamente gli anni Settanta:

1970, definizione del meccanismo referendario; istituzione delle Regioni; approvazione dello Statuto dei lavoratori e della legge sul divorzio; liberalizzazione dell'accesso alle facoltà universitarie;

1974, referendum popolare che respinge la proposta di abrogazione della legge sul divorzio (59% di no, con punte fino all'80%); riforma fiscale (introduzione di una moderna imposta progressiva sul reddito); riforma della scuola (con istituzione di organi collegiali elettivi);

1975, riforma del diritto di famiglia (stabilito il principio della parità tra i coniugi); abbassamento della maggiore età a 18 anni (con conseguente abbassamento dell'età del voto e successo senza precedenti del Partito comunista italiano alle successive scadenze elettorali, con formazione in diverse città, tra cui Roma dal 1976, di 'Giunte rosse');

1978, elezione di Sandro Pertini, figura emblematica di socialista e partigiano, alla presidenza della Repubblica; approvazione della legge sull'aborto; legge Basaglia sulla chiusura degli ospedali psichiatrici; istituzione del sistema sanitario nazionale;

1979, prime elezioni per il Parlamento europeo.

Un insieme di tappe che coinvolgono trasversalmente, modificandola in modo significativo, la vita degli italiani, dagli aspetti più quotidiani e privati a quelli sociali e politici, nella direzione di un potenziamento della partecipazione democrazia, dei diritti dei cittadini e del decentramento territoriale, anche se con molti limiti e guasti subito evidenziati dai contemporanei e poi dalla storiografia (alla fine del decennio, è stato sottolineato, l'Italia avrà un suo stato sociale e molte riforme ma profondo è "l'abisso tra l'obiettivo dichiarato [...] e la realtà di quanto si era ottenuto", nella sostanziale incapacità del sistema dei partiti di dare una risposta adeguata alla grande trasformazione economico-sociale vissuta dal Paese nel dopoguerra)[1].

A questo si deve aggiungere, d'altra parte: il dispiegarsi della 'strategia della tensione' (che apre e chiude il decennio, dalla strage di piazza Fontana a Milano, del dicembre 1969, a quella di Bologna dell'agosto 1980); il crescendo di fenomeni terroristici culminati nel rapimento e poi assassinio dell'onorevole Aldo Moro da parte delle

Brigate Rosse, nel marzo 1978, nell'instaurarsi dei così detti 'anni di piombo'; la crisi petrolifera del 1973 che apre a una più generalizzata crisi economica.

Un alternarsi e intrecciarsi di luci e ombre, dunque, ma per componenti non piccole della società italiana e, in particolare, per chi ha vent'anni (quei 'giovani' emersi come nuovi protagonisti nel corso degli anni Sessanta) la sensazione prevalente non può non essere che quella del cambiamento, la speranza che tutto, in qualche modo, si stia aprendo e facilitando. Che dunque, per estensione, 'cambiare il mondo' è possibile, sia a livello collettivo che di percorso individuale.

Ed è in particolare sul dispiegarsi di iniziative a partire dalla 'base' che caratterizza quegli anni, su questo fermento a molteplici livelli della società civile che, in un gioco di specchi, trae alimento dai tanti cambiamenti in corso, reali o immaginati, a sua volta influenzandoli, che qui vorrei focalizzare l'attenzione.

Movimenti nati all'interno delle istituzioni, dai nomi già di per sé evocativi, come 'magistratura democratica' o 'proletari in divisa' (tra i giovani di leva), a cui si affianca il rinnovamento della scuola, aperta all'esterno attraverso i decreti delegati e insieme arricchita dall'istituzione delle '150 ore' (vera fucina, nella sua prima fase, di educazione permanente).

L'incontro tra aree critiche del mondo cattolico e cultura marxista, ricco insieme di fattività e tensione morale, tra comunità di base e singole figure di sacerdoti che sceglieranno di mettersi in gioco lungo percorsi inediti, fino a rischiare la *sospensione a divinis*[2]. Un fenomeno che influenza profondamente l'orientamento di molti giovani delle classi medie, portandoli in particolare ad entrare in contatto con le contraddizioni dell'accelerata urbanizzazione in corso (si pensi solo ai doposcuola organizzati nelle borgate romane, primi nuclei di consapevolezza e riscatto) e su cui sarebbe importante avviare un più sistematico studio d'insieme.

Ma soprattutto una galassia di organizzazioni e iniziative molecolarizzate nel sociale e nei diversi ambiti territoriali dove, questa la prerogativa del decennio, in quell'esplosione della dimensione politica nata dal movimento del Sessantotto, e particolarmente radicata nella realtà italiana, fa prepotentemente irruzione 'la soggettività'. Il personale, è stato detto, si fa politico: il politico deve fare i conti con il personale.

Protagonisti di questa nuova stagione sono movimenti connotati da un forte carattere generazionale e antistituzionale. Organizzazioni spontanee e autonome rispetto ai partiti tradizionali ma anche, in parte, alle formazioni extraparlamentari della nuova sinistra, che rivendicano la loro natura autogestita e autofinanziata. Un universo ampio, variegato, con elementi in comune ma al tempo stesso, come si è detto, geograficamente articolato. Centinaia e centinaia di espressioni esplicitamente 'alternative' rispetto alla cultura ufficiale su cui ancora sappiamo poco in quanto difficili da censire e mappare in modo sistematico. Sia per la dispersione della relativa documentazione sia perché i diversi ambiti spesso si intersecano e sovrappongono in modo non lineare e scontato[3].

Tra queste un ruolo specifico, ma essenziale, è assunto dal Movimento femminista che, preso avvio a cavallo del decennio, decolla e si rafforza nella sua prima metà, volano la mobilitazione per il referendum sul divorzio e la lotta per la depenalizzazione dell'aborto. Qui soprattutto, in questo sfaccettato proliferare di collettivi, consultori autogestiti e associazioni culturali, da più parti è stato individuato il vero ponte verso l'introduzione di nuovi linguaggi, costumi, prospettive: 'autocoscienza' parola d'ordine rivoluzionaria, dove esperienza individuale e di gruppo si fondono divenendo più generale modello di riflessione[4].

Continuando a procedere, inevitabilmente, solo per spunti, un ambito significativo a livello nazionale è poi rappresentato dai Circoli del proletariato giovanile presenti, intorno a metà anni Settanta, in diverse città italiane, espressione del disagio delle periferie cresciute negli anni del miracolo economico e, in particolare, della grande migrazione tra il sud e il nord del Paese, e ora travolte dalla crisi[5]. Realtà aggregative di un 'proletariato urbano' insieme frustrato e aggressivo, alla ricerca di una propria identità, di cui non è semplice definire i confini che possono intrecciarsi, a macchia d'olio, con quelli di altre formazioni, più strutturate e politicamente connotate, come ad esempio l'area dell'Autonomia operaia organizzata, soprattutto lungo il versante delle frange più 'creative'.

Si pensi, nell'ambito del Movimento del Settantasette, in cui molti di questi circoli confluiranno, appunto all'autonomia creativa bolognese[6], prodotto di un ambiente prevalentemente studentesco, o agli Indiani metropolitani di Roma, formazione più eterogenea, ironica e parodistica per eccellenza. Ma si pensi anche, per altri versi, al movimento dei Disoccupati organizzati di Napoli, nato all'interno dei comitati di quartiere che dal 1973 (anno del colera) rivendicano servizi adeguati per la città, e che attraverso occupazioni, scioperi a rovescio e manifestazioni (culminate nel 1975-76) riusciranno ad ottenere migliaia di posti di lavoro nel pubblico impiego[7].

Quali sono i temi comuni a caratterizzare un tessuto così composito, differenziandolo nel volgere di pochi anni dalle lotte e le parole d'ordine del Sessantotto, pure così intense e, inevitabilmente, comunque sempre presenti sullo sfondo? L'anima antiautoritaria (pronta a scivolare verso forme di illegalità); il rifiuto del lavoro come valore assoluto e la ricerca, piuttosto, di una più complessiva 'qualità della vita' ('riprendiamoci la vita', uno degli slogan ricorrenti); un nuovo modo di immaginare la militanza politica impastata, come si è detto, di attenzione per la sfera privata e la sessualità, sino alla teorizzazione di una dimensione 'post-politica'; critica per il consumismo capitalistico e avvio di una sensibilità ecologista insieme, paradossalmente, alla rivendicazione di un libero accesso ai consumi del 'boom' (solo intravisti da aree e fasce sociali del Paese).

Quindi, nel concreto: forme di disobbedienza civile, autoriduzioni di bollette e spesa proletaria, partecipazione al vasto movimento di occupazioni e lotta per la casa che esplode, più complessivamente, in quegli anni. Ma anche: autoriduzione dei biglietti del cinema (una forma di protesta inaugurata a Milano nell'autunno del 1976 e subito ripresa a Roma), spesa proletaria di beni voluttuari e di lusso, una fitta rete di iniziative 'alternative', dai più consolidati cineclub alle scuole di musica e ballo popolare, all'animazione per bambini, a corsi di ogni genere e natura.

In sintesi la ricerca della 'felicità', 'qui ed ora'. Ed una gioiosa leggerezza serpeggia per le manifestazioni del movimento, prima che la componente della violenza progressivamente le risucchi, blindandole e allontanando molti[8]. 'Divertirsi' come diritto.

Un insieme di 'bisogni' e desideri dirompenti a livello privato, che però, è importante ribadirlo, continuano a coniugarsi con i valori di solidarietà, egualitarismo, democrazia di base e impegno civile emersi con forza alla fine del decennio precedente. Con il 'collettivo'.

Non a caso troviamo insieme, a questo punto, in un inedito multistrato, ancora organizzazioni politiche e di lotta, centri polivalenti e cooperative autogestite, stampa periodica di controinformazione, ma dall'impostazione più tradizionale, e fogli dalle improbabili testate (dal fondante "Re nudo", a "Viola" e "Wow" sempre di Milano, a "Zut" e "Oask!?" degli Indiani romani), librerie di controcultura, le prime radio libere (per tutte Radio Alice, vetrina del movimento bolognese con la rivista "A/traverso") e, grazie a queste, i primi fili diretti con gli ascoltatori ('per dare voce a chi non ha voce') ma, soprattutto, tanta musica, un'eclettica 'colonna sonora' che riassume, del movimento, le molte anime e ascendenze[9]. E poi feste nei parchi cittadini e concerti, performance teatrali e, lungo i cortei di protesta, maschere, travestimenti, pupazzi, parole d'ordine fantasiose e variopinti striscioni dove, prendendo a prestito le analisi di protagoniste del movimento femminista per il tutto: "il rapporto con l'arte ha svolto un ruolo cruciale nel progetto di disfare la cultura e la politica [...] l'esperienza artistica si faceva politica"[10].

È chiaro che ogni singolo aspetto qui enunciato così schematicamente necessiterebbe di una analisi a sé per evidenziarne, e provare a comprenderne, fuori da rievocazioni di colore, significati reali e contraddizioni, positività e degenerazioni, analogie e rotture. Quello su cui però vorrei fermarmi a riflettere, per concludere, è come molte delle letture complessive sul periodo finiscano col circoscrivere il cuore di tutto questo magmatico fermento tra il 1973 e il 1976, con il Movimento del Settantasette a fare insieme da culmine e inizio della fine, porta spalancata su quegli 'anni di piombo' che tutto sembrano azzerare. Le più articolate si sono spinte a parlare di "un lungo Sessantotto", una "stagione dei movimenti" che di fatto lo precede e giunge poi fino alla fine degli anni Settanta[11].

Io penso, invece, che in quegli anni, anche grazie a tutto ciò di cui stiamo parlando, sia stato messo in discussione qualcosa di profondo, e più duraturo, nel rapporto dei singoli con se stessi, la famiglia, la società; consolidandosi e diffondendosi in modo capillare in strati sempre più ampi della popolazione quella ridefinizione del rapporto tra alto e basso che il movimento studentesco e le lotte operaie degli anni Sessanta avevano avviato con una potente spallata.

Il passaggio del decennio è di fatto ancora pieno di iniziative. L'*Estate romana*, ideata e messa in atto, tra il 1977 e il 1985, da Renato Nicolini, assessore alla cultura nelle successive 'giunte rosse' della capitale, ne costituisce un esempio importante. I programmi fitti di spettacoli e trovate d'ogni genere che, al di là delle possibili critiche, per la prima volta riempiono di vita le notti della città traghettano, infatti, molte di quelle esperienze 'alternative' e autogestite all'interno delle istituzioni, dandogli da un lato respiro e occasione di continuare ad esistere e aprendole, dall'altro, alla fruizione del grande pubblico. In un coinvolgimento trasversale sia rispetto alle fasce generazionali che alle diverse componenti sociali della città ("portare le periferie al centro", una delle parole d'ordine dell'assessore)[12].

Provando inoltre ad allungare l'osservazione sui decenni successivi, sia pure sempre rispetto ad un contesto specifico come quello romano, troviamo ancora forme di continuità, secondo due livelli diversi: realtà che di fatto portano avanti un loro progetto, anche se con alti e bassi, e realtà che si innestano o prendono le mosse dalle precedenti esperienze, spesso ribadendone i luoghi[13]. Un esempio notevole in tal senso è rappresentato dal quartiere della Magliana dove, come sta emergendo da ricerche in corso, sono tutt'ora attivi e vitali sia comitati, sezioni di partito e iniziative culturali presenti dai primi anni Settanta, che circoli, centri e cooperative sociali espressione di organizzazioni ed esigenze successive, ma subentrati, anche simbolicamente, nei medesimi spazi di iniziative precedenti[14].

Ma soprattutto credo si possa affermare che molti di coloro che si sono trovati a partecipare, in un modo o nell'altro, del particolare mix politico, sociale e culturale di quegli anni, per la gran parte persone 'normali', non in speciale evidenza, hanno poi portato quell'esperienza, in quanto riflessione individuale, nelle scelte private e lavorative della propria vita. E che, ancora più in generale, sono poi rimaste capillarmente, e in parte inconsapevolmente, diffuse nella società civile tensioni culturali e pluralità di valori che hanno contribuito ad aprire a nuove tematiche, come, ad esempio, l'articolarsi di quelle ambientaliste o, ancor più di recente, le crescenti rivendicazioni di cittadinanza attiva, sotto varie forme[15].

Elementi di solidarietà collettiva, aspirazioni a una democrazia partecipata e pratiche di governo del territorio a partire dalla base, ancora una volta di una parte non piccola del Paese, su cui sono andate convergendo ulteriori componenti e risvolti innovativi ancora in gran parte da analizzare, ma anche molti fili lunghi, mai interrotti, dal decennio qui preso in esame.

1. Ginsborg Paul, *Storia d'Italia dal dopoguerra a oggi*, vol. II, Einaudi, Torino 1989, pp. 530-531, testo a cui si rimanda per un inquadramento del periodo. Si veda anche: Colarizi Simona, *Storia politica della Repubblica. Partiti, movimenti e istituzioni*, Laterza, Roma-Bari 2007; Crainz Guido, *Il paese mancato. Dal miracolo economico agli anni Ottanta*, Donzelli, Roma 2005; Bevilacqua Piero ed altri, *Lezioni sull'Italia repubblicana*, Donzelli, Roma 1994.

2. Da un lato, solo per fare alcuni nomi in evidenza tra i "cattolici del dissenso" nella realtà romana, dom Giovanni Franzoni, fondatore della comunità di base di San Paolo, don Roberto Sardelli, animatore della "scuola 725" tra i baraccati dell'Acquedotto Felice, Gerardo Lutte, ex salesiano, osservatore e partecipe di molte lotte delle periferie della capitale. Dall'altro, a partire dal 1973, la proposta di Enrico Berlinguer di un "compromesso storico" tra Democrazia Cristiana e Partito comunista italiano, accompagnata nei discorsi del leader comunista dalla condanna allo spreco e al consumismo incalzante.

3. Un primo, assai utile contributo in tal senso è: Grispigni M.-Musci L. (a cura di), *Guida alle fonti per la storia dei movimenti in Italia (1966-1978)*, pubblicazioni degli Archivi di Stato, Roma 2003, da cui emerge la ricchezza di centri di documentazione nati con i movimenti stessi e le molte raccolte realizzate nel tempo presso gli Istituti di cultura, tra cui la rete nazionale degli Istituti storici della Resistenza, grazie a donazioni

di fondi privati insieme a testimonianze orali e memorie scritte dei protagonisti. Da segnalare inoltre è l'interesse crescente, in questi ultimi anni, per il decennio e le sue dinamiche da parte degli studenti di Storia contemporanea, con conseguente realizzazione di diverse tesi di laurea e di dottorato, che vanno arricchendo il quadro di temi e comparazioni territoriali. E in tal senso, nelle note che seguono, si farà riferimento ad alcune di cui sono stata relatrice.

4. Non mi soffermo su questo aspetto in quanto richiederebbe, per la sua complessità, un'analisi a parte, rimandando per uno studio di approfondimento a: Stelliferi Paola, *Il femminismo a Roma negli anni Settanta. Percorsi, esperienze e memorie dei collettivi di quartiere,* Bonomia University Press, Bologna 2015.

5. Secondo un inventario recentemente tentato, tra il 1975 e il 1976 nascono a Milano, dove il fenomeno prende avvio e conosce più forza, 52 circoli, all'interno di spazi occupati, e se ne possono contare circa una decina a Torino, tra il 1976 e il 1977, ed altrettanti a Roma nello stesso lasso di tempo (Cirese Luca, *"Riprendiamoci la vita". Crisi della militanza e circoli del proletariato giovanile: 1975-77,* tesi magistrale aa. 2014-15, Facoltà di Lettere e Filosofia, Sapienza Università di Roma).

6. Per una lettura in chiave biografica: Ciuferri Nicholas, *A/traverso. Franco "Bifo" Berardi in movimento. 1964-1978, Uno studio sull'azione politica, l'attività culturale e intellettuale di Franco "Bifo" Berardi all'interno della contestazione italiana degli anni Sessanta e settanta,* UniversItalia, Roma 2016, dall'aggiornata bibliografia finale.

7. Ginsborg Paul, *Storia d'Italia dal dopoguerra a oggi,* op.cit., pp. 490-492.

8. Una riflessione sul difficile e spesso ambiguo equilibrio tra questi aspetti nella realtà romana, in Fermi Andrea, *Manifestazioni e violenza di piazza nel Settantasette a Roma,* tesi specialistica aa. 2007-2008, Facoltà di Lettere e Filosofia, Sapienza Università di Roma.

9. Grispigni M.- Musci L. (a cura di), *Guida alle fonti per la storia dei movimenti,* op.cit., pp. 42-43. Vale la pena notare, d'altra parte, come "l'oralità" più in generale rappresenti qui un valore sia negli scambi interpersonali che nella dimensione pubblica, potendo estendere agli anni Settanta quanto notato da Sandro Portelli a partire dal Sessantotto: "la storia orale [una pratica di ricerca che infatti prende forza nel corso del decennio] come la conosciamo oggi è il prodotto di un'ottica e una sensibilità che risalgono a quegli anni: aprire spazi pubblici, di parola e di ascolto [...] il monologo doveva far spazio al confronto" (in *Un anno durato decenni,* Odradek, Roma 2006, p. 5).

10. Stelliferi Paola, *Il femminismo a Roma,* op.cit., p. 35.

11. Ancora: Grispigni M. - Musci L. (a cura di), *Guida alle fonti per la storia dei movimenti,* op. cit., pp. 25-27.

12. Così lo stesso Nicolini ha descritto il pubblico presente alle prime proiezioni della rassegna cinematografica allestita all'interno della Basilica di Massenzio, dove accorrono migliaia di persone: "Accanto a me, a destra un gruppo di ragazzi si passavano uno spinello e, a sinistra, una di quelle tipiche famiglie romane che si pensa non esistano più, arrivata con plaid, nonni, ragazzini, pentole di pasta, sfilatini con la frittata e fiaschi di vino [...]" (Nicolini Renato, *Estate romana. Un effimero lungo nove anni,* Città del Sole, Reggio Calabria 2011). Una documentata rassegna delle principali iniziative è raccolta nella tesi triennale di Valeria Rotili, *1977-1985: l'Estate Romana, un progetto di cultura democratica,* aa. 2014-15, Facoltà di Lettere e Filosofia, Sapienza Università di Roma.

13. Si pensi a una realtà centrale dell'universo femminista come il Governo Vecchio, negli anni Ottanta sede dell'Università delle donne Virgilia Woolf, poi ripresa dal decennio successivo dalla Casa internazionale delle Donne, o al Circolo Gianni Bosio, tra i primi riferimenti per la ricerca con le fonti orali, oggi all'interno della Casa della memoria e della storia del Comune di Roma, e, per altri versi, alla vasta rete dei centri sociali. Una ricostruzione a riguardo, rispetto a uno dei gruppi nati dall'esperienza dell'Autonomia romana e tuttora attivo, il Comitato di lotta Quadraro, è in Cazorzi Emiliano, *L'Autonomia operaia in Italia 1973-1979,* tesi magistrale aa. 2010-11, Facoltà di Lettere e Filosofia, Sapienza Università di Roma.

14. In particolare, per una mappatura diacronica della rete politico-associativa: Zitelli Conti Giulia, *Magliana nuova. Un laboratorio politico nella periferia romana (1971-1983),* tesi magistrale aa. 2016-17, Facoltà di Lettere e Filosofia, Sapienza Università di Roma.

15. Interessanti in questa direzione le testimonianze raccolte da Enrico Franceschini, in *Avevo vent'anni. Storia di un collettivo studentesco (1977-2007),* Feltrinelli, Milano 2007, non tanto rispetto alla militanza svolta, allora, dagli intervistati nell'ambito del collettivo bolognese, ma nel racconto della loro vita 'dopo'.

Come la Biennale di Venezia
ha istituzionalizzato il Sessantotto

Vittoria Martini

Nel 1968 la Biennale di Venezia era stata contestata per la sua arretratezza strutturale, il suo essere scollegata dal dibattito internazionale e per il suo persistente isolamento rispetto alla vita della città in cui si trovava. La Biennale era l'attività culturale principale di Venezia, rappresentandola nel mondo. Proprio il legame tra la Biennale, Venezia e il turismo era stato alla base del lancio dell'ente nel 1894. Poi il Fascismo rese iperproduttiva questa sinergia unica di elementi e la Biennale raggiunse l'apice del suo splendore mondano diventando il più raffinato motore dello sfruttamento turistico della città. Fu in quel momento che venne potenziato il polo petrolchimico di Marghera voluto da Giuseppe Volpi di Misurata nel 1917[1]. Nel 1965 il polo petrolchimico raggiunse la cifra di 33.000 operai toccando, tra il 1971 e 1973, il suo massimo grado di sviluppo. Nel 1968 Venezia era una città in profonda crisi funzionale. Gli interessi erano tutti rivolti allo sfruttamento turistico e ambientale, mentre la città si stava spopolando[2]. Gli studenti fecero del binomio Biennale-turismo lo slogan principale della loro protesta e l'utilizzo strumentale di questo binomio era parte di una strategia più generale di dissenso verso la gestione e lo sfruttamento di Venezia: contestando la Biennale si sarebbe attirata l'opinione pubblica internazionale sulla "questione Venezia" che si era aggravata definitivamente con l'alluvione del 1966. L'evento catastrofico acuì il dibattito per la rivendicazione della specificità di Venezia e fu il momento per il ripensamento generale del futuro della città. La battaglia politica e civile per la salvaguardia della città, diede vita a un peculiare sistema di alleanze che innescò una diffusa e spontanea partecipazione[3].

Su queste premesse, tra il 1968 e il 1973, Venezia divenne un laboratorio per la sperimentazione di un nuovo modello di produzione culturale. Mentre la Biennale era sospesa nel limbo in attesa della legge di riforma, gli autori cinematografici che nel 1968 occuparono il Palazzo del cinema del Lido chiedendo la gestione della Mostra, organizzarono due edizioni delle Giornate del cinema italiano nel mese di agosto del 1972 e di luglio del 1973. Le Giornate del cinema erano una "struttura democratica" autogestita che voleva dimostrare la possibilità delle persone di cultura di saper gestire e creare istituzioni culturali indipendentemente dalla politica[4]. La ricerca di un contatto diretto con il pubblico era alla base della formula delle Giornate del cinema che si articolavano in una decina di giorni di proiezioni, dibattiti, seminari aperti, senza cerimonie ufficiali, nei campi e nei cinema nel cuore di Venezia. Il pubblico, che pagava un biglietto a prezzo simbolico, non era quello che si vedeva tradizionalmente alla Biennale, ma era costituito da giovani provenienti da ogni parte d'Italia che invasero Venezia con zaini e sacchi a pelo. Gli organizzatori delle Giornate del cinema furono i primi a capire che Venezia era l'habitat ideale per manifestazioni culturali aperte e diffuse sul territorio.

In quella stessa atmosfera carica di sperimentazione, nello stesso mese di luglio del 1973, fu organizzato a Venezia il Festival dell'Unità che si inserì in maniera propositiva nel processo di "ripensamento della città"[5]. L'idea sostanziale del festival era di proporre una programmazione aperta non soltanto ai militanti, ma a tutti i cittadini per "portare il festival alla gente e non la gente al festival"[6]. Gli organizzatori del Festival puntarono sul decentramento delle manifestazioni, cioè su un itinerario urbano che portasse il pubblico in zone diverse rispetto a quelle turistiche dove i problemi in discussione fossero visibili e concreti. Il Festival dell'Unità del 1973 diventò "strumento di lettura" della città, recuperandone la dimensione umana e trasformando temporaneamente gli spazi urbani in centri di spettacolo e di vita politica. Nello stesso tempo, come già avevano mostrato le Giornate del cinema, era possibile poter creare una manifestazione culturale anche con pochi mezzi.

Il lungo e partecipato dibattito parlamentare che portò alla proclamazione della legge di riforma della Biennale nel luglio 1973, prese dichiaratamente a modello queste esperienze recenti. La legge di riforma che andava a sostituire quella del 1938 di matrice fascista, dava vita alla cosiddetta "nuova Biennale"[7]. La riforma bandiva il concetto di "festival" accogliendo le istanze della contestazione che lo indicava quale simbolo dello sfruttamento della cultura in senso mercantile. La Biennale cessava poi di essere una mostra d'arte periodica, un festival di cinema, uno di teatro e uno di musica stagionali, per unire le sue anime in un unico istituto di cultura che avrebbe promosso attività in maniera permanente. Era proprio la "permanenza" decretata dal primo articolo dello statuto a trasformare sostanzialmente la natura della Biennale che ora avrebbe dovuto sviluppare con continuità un lavoro culturale.

La nuova legge adeguava la Biennale ai principi della democrazia italiana, garantendo la pluralità attraverso la democratizzazione del suo assetto strutturale. L'organo direttivo, infatti, diventava collegiale: diciannove personalità della cultura e dell'arte, espressione degli enti locali, del governo, delle confederazioni sindacali e del personale della Biennale che aveva ogni potere decisionale. Il Consiglio direttivo elesse Carlo Ripa di Meana alla presidenza. I tre direttori nominati che avrebbero lavorato in sinergia erano Vittorio Gregotti per Arti Visive e Architettura, Luca Ronconi per Musica e Teatro e Giacomo Gambetti per Cinema e Spettacolo televisivo. I direttori erano affiancati da commissioni specifiche di esperti.

Il Consiglio direttivo doveva stabilire gli indirizzi e gli obiettivi per la realizzazione delle manifestazioni 1974-1977 deliberando il Piano quadriennale di massima per le attività. Soltanto il 20 marzo del 1974 il Consiglio direttivo si riuniva per la prima volta per discutere il Piano quadriennale. Iniziava così il lungo percorso di lavoro che prendeva avvio da un'istituzione in stato di abbandono che non aveva a disposizione un bilancio, una sede e delle strutture adeguate e i cui rapporti internazionali erano completamente da ricostruire.

L'opinione pubblica nazionale e internazionale era in attesa della rinascita della Biennale, ma il Piano quadriennale fu approvato soltanto a luglio: il grave ritardo rese impossibile l'organizzazione del 1974 dell'Esposizione internazionale d'arte. Nonostante questo, il presidente ritenne essenziale che la Biennale riformata dovesse dare un segnale di ripresa anche con un'edizione "di emergenza" che mostrasse al mondo i suoi caratteri futuri, quello della permanenza su tutti[8]. Il Piano quadriennale esordiva dichiarando che la Biennale voleva incaricarsi di portare alla luce la revisione del rapporto fra arte e società che aveva segnato le grandi lotte sociali in Italia degli ultimi anni e che erano state di ispirazione. La Biennale riformata e descritta nel Piano quadriennale diventava una "struttura di servizio nell'operazione globale di salvezza e vivificazione della città", la coscienza culturale di Venezia[9].

Per il suo carattere di inizio, l'edizione del 1974 voleva essere di rodaggio e verifica della nuova formula descritta nel Piano quadriennale. Il titolo-manifesto scelto era *La Biennale per una cultura democratica e antifascista*, non una semplice etichetta, ma un vero e proprio progetto di ricerca. La promozione di una cultura democratica e partecipativa, diventava la linea programmatica che qualificava la piattaforma progettuale della nuova Biennale. Dopo la contestazione e la riforma non era pensabile che un'istituzione pubblica di cultura non prendesse una posizione politica, oltretutto se, rispetto al passato, gli organi direttivi avevano un rapporto più forte e diretto con gli aspetti politici e rappresentativi del Paese. Se da un lato l'impegno etico e politico dell'antifascismo posto alla base del Piano quadriennale si legava alla storia stessa della Biennale, dall'altra era una questione di grande attualità confermata dalla bomba neofascista esplosa il 28 maggio in Piazza della Loggia a Brescia e dalla strage nera dell'Italicus avvenuta il 4 agosto dello stesso anno.

Secondo il nuovo statuto la Biennale doveva organizzare manifestazioni d'interesse internazionale, dunque, se si voleva trattare la questione della cultura democratica e antifascista, il Cile era "il gran caso" sul quale lavorare[10]. L'11 settembre 1973 il presidente Salvador Allende fu destituito con un colpo di stato dall'esercito guidato dal generale Pinochet. Il golpe cileno era il caso più attuale di repressione di una cultura democratica che ebbe un enorme impatto internazionale. In particolare in Italia il riscatto del Cile che aveva eletto democraticamente il proprio presidente per costruire una società socialista, aveva incantato i giovani che avevano fatto il Sessantotto rinforzando le speranze della contestazione.

In una gremita Sala dello Scrutinio di Palazzo Ducale, il 5 ottobre 1974 inaugurò la prima Biennale post-riforma senza alcun tipo di celebrazione. Ad aprire le manifestazioni fu il convegno internazionale *Testimonianze contro il fascismo* al quale parteciparono numerosi fuoriusciti cileni, artisti, intellettuali e politici internazionali che portarono le loro testimonianze per un'analisi storica e sociale del fascismo nazionale e internazionale. Ospite d'onore, Hortensia Allende, moglie del presidente "suicidato" da Pinochet. Nel pubblico, moltissimi giovani che potevano seguire il convegno anche dalla Piazzetta San Marco, dov'era stato installato un impianto di monitor a circuito chiuso[11].

Il giorno dopo, il 6 ottobre, prendevano avvio i quarantaquattro giorni di manifestazioni della "nuova Biennale". Contemporaneamente alla programmazione dei settori, si teneva la programmazione *Libertà al Cile* che si svolse dal 6 ottobre al 2 novembre proponendo di suscitare un confronto internazionale sull'esperienza di Unidad Popular[12]. In programma: conferenze, concerti di musica popolare cilena, una mostra fotografica documentaria, una di manifesti, testimonianze cinematografiche sul Cile e la Pittura Cilena dei Murales, la manifestazione che è diventata l'immagine della Biennale del 1974. Dal 6 al 15 ottobre, in diversi luoghi della città e della terraferma, la Brigada Salvador Allende con la partecipazione di Roberto Sebastian Matta, realizzò opere murali a cielo aperto. Queste performance erano seguite con entusiasmo dai veneziani che erano invitati a partecipare.

Le manifestazioni teatrali e quelle di Arti visive e architettura che si tennero dal 6 ottobre al 17 novembre, sono esemplari dell'impostazione della nuova Biennale. Luca Ronconi fece uscire il teatro dalla sede tradizionale della Fenice per portarlo nei luoghi non deputati alla rappresentazione. Obiettivo di Ronconi era portare il teatro a contatto con il pubblico perché, sosteneva, la nuova Biennale aveva bisogno della presenza fisica degli autori in perenne contatto con il pubblico come in happening continuo. Tra gli spettacoli in programma, spiccano la rappresentazione in diverse repliche e in varie sedi di *Che cosa è il fascismo* di Fabio Mauri che rientrava perfettamente nel tema generale. Fu poi presentato in prima assoluta e suscitando polemiche sulla stampa, *La donna perfetta* di Dacia Maraini realizzato dal gruppo femminista romano La Maddalena che affrontava una questione di grande attualità come la depenalizzazione dell'aborto. Sia gli spettacoli che i dibattiti che seguirono fecero il tutto esaurito. Soltanto *Autosacramentales*, creato da Victor Garcia sui testi barocchi di Calderón de la Barca, senza scenografie e nella nudità integrale degli attori, fu presentato nella cornice della Fenice occupata dai suoi lavoratori in protesta. Anche questo spettacolo segnò il tutto esaurito. Si tennero poi due versioni dell'*Otello* una delle quali, quella di Giorgio Manganelli venne proposta in due repliche per il pubblico formato dagli operai del Petrolchimico di Marghera. Per Ronconi il teatro della nuova Biennale doveva tramutare il pubblico in protagonista, stimolando una discussione aperta sui temi che partivano dagli spettacoli e trasformando i luoghi che li ospitavano in sedi per manifestazioni culturali[13]. Per Ronconi l'utilizzo della città delle Giornate del cinema e del Festival dell'Unità del 1973, era stato di grande ispirazione.

La ricerca di nuovi spazi era uno degli elementi di novità introdotti dal Piano quadriennale. L'intento era uscire dal chiuso dei Giardini per entrare nella realtà urbana utilizzando lo scenario naturale di Venezia riscoperto dalla contestazione, dalle Giornate del cinema e dal Festival dell'Unità. Soltanto il Padiglione Italia era stato utilizzato per le due mostre del programma *Libertà al Cile*. Per il resto la programmazione della Biennale del 1974 si tenne in due tendoni eretti in Campo S. Polo e in Piazzale Candiani a Mestre, nel Capannone ex Cantieri Navali della Giudecca, nella chiesa sconsacrata di San Lorenzo, nel Capannone del Petrolchimico di Marghera e in vari spazi dismessi o destinati ad altra funzione in città e sulla terraferma. Ma il simbolo di questa nuova Biennale che si poneva come struttura di servizio per la città, fu certamente il recupero dei "Saloni", cioè dei Magazzini del Sale alle Zattere. Il Comune aveva deciso di abbattere i quattrocenteschi Saloni, tra le più antiche architetture industriali, per costruirvi una piscina comunale. I lavori di demolizione erano già iniziati quando la presidenza della Biennale appena insediatasi chiese al sindaco di sospendere i lavori e dare loro la gestione di quello spazio. Il 2 ottobre due dei nove Saloni furono consegnati ufficialmente alla Biennale e divennero la sede delle mostre di Arti visive e architettura del 1974. La questione dei "Saloni" innescò un dibattito pubblico a livello nazionale sul futuro della città, sull'utilizzo del suo patrimonio storico e monumentale e soprattutto sulla rivivificazione del centro storico, argomento centrale della politica culturale della Biennale riformata e del dibattito che a Venezia risaliva al 1966. La battaglia che la Biennale intraprese per la difesa dei "Saloni", diventò immediatamente il simbolo della concretezza della sua politica culturale: la Biennale ridava una funzione a spazi monumentali in disuso, nel momento stesso in cui dichiarava il proprio ruolo di istituzione di servizio pubblico.

Alle mostre del settore Arti visive e Architettura del 1974, si accedeva attraversando la recinzione di lamiere del cantiere di demolizione. Per l'allestimento delle due mostre, Vittorio Gregotti decise di mettere soltanto in sicurezza lo spazio lasciandolo così come si presentava, come simbolo della rinascita non soltanto della Biennale, ma di un nuovo discorso per il futuro di Venezia.

La mancanza assoluta di tempo per organizzare qualcosa di strutturato per l'edizione del 1974, spinse Gregotti a puntare su una programmazione ridotta, ma mirata in maniera che si posassero i binari metodologici sui quali si sarebbe mosso il settore Arti visive e Architettura nelle future edizioni. La programmazione di Arti visive inaugurò il 16 ottobre 1974 con la mostra *Ugo Mulas. 'Le Verifiche' e la storia delle biennali*[14]. Curata da Tommaso Trini e Nini Mulas, la mostra fotografica innescava un complesso meccanismo critico poiché non si presentava soltanto come una storia per immagini degli ultimi vent'anni della Biennale, ma anche come una riflessione sul pubblico e sul medium fotografico che entrava ufficialmente nel settore delle Arti visive. Per l'esordio dell'architettura in Biennale, Gregotti propose una programmazione realizzata in collaborazione con il settore cinema compiendo il primo tentativo in direzione di uno scambio tra i settori di attività della Biennale. *Cinema città avanguardia: 1919-1939* che inaugurò il 16 ottobre e fu curata da Francesco Dal Co, era una mostra di confronto tra il linguaggio filmico e l'architettura moderna nell'esperienza dell'avanguardia europea[15].

La Biennale per una cultura democratica e antifascista contò 85.400 biglietti venduti. Il pubblico che aveva attirato era proprio quello di tipo nuovo, giovanile e studentesco che aveva cercato. Nel 1974 la Biennale esordiva attuando un nuovo modo di gestione dei fatti e degli eventi culturali trasformandosi in una delle più avanzate istituzioni culturali patrocinate dallo Stato. La nuova Biennale scoprì di avere potenzialità enormi per sollevare reali problematiche culturali, per trasformare una città in declino attraverso la partecipazione dei cittadini alla cultura. La Biennale "democratica e antifascista" presieduta da Carlo Ripa di Meana, decidendo di partire proprio dalla "straordinaria ricchezza" e dalle "novità avanzatissime" che segnarono le lotte sociali italiane, dimostrò come non tutte le istituzioni fossero autoritarie e repressive[16]. Attraverso il decentramento, la dichiarata presa di posizione sociale e politica, l'accoglienza dei movimenti, la ricerca di un nuovo pubblico e di nuovi spazi, la Biennale del 1974 diventò luogo aperto, libero da censura, democratico e profondamente rispondente al suo tempo che istituzionalizzò le pratiche artistiche e intellettuali emerse con il Sessantotto.

1. Giuseppe Volpi (Venezia 1877 – Roma 1947) fu presidente della Biennale di Venezia dal 1934 al 1943

2. Da 145.000 abitanti del 1960 a 111.000 del 1970 cfr. www.comune.venezia.it/archivio/4055

3. Cfr. Montanelli Indro, *Per Venezia*, Sodalizio del libro, 1969 e Dorigo Wladimiro, *Una laguna di chiacchiere: note a margine a tutto Montanelli su Venezia*, Tipolitografia Emiliana 1972.

4. Zanotto Piero, "'Giornate' come struttura", in "Avvenire", 27 luglio 1973.

5. Passi Mario, "Il festival e la città. Parlano gli organizzatori della manifestazione veneziana", in "Rinascita", 6 luglio 1973.

6. Ibidem.

7. È nel *Piano quadriennale di massima delle attività e delle manifestazioni (1974-1977)* che viene introdotto il termine "nuova Biennale", cfr. *Annuario 1975. Eventi 1974*, Archivio storico delle arti contemporanee (a cura di), La Biennale di Venezia, Venezia 1975, p. 61.

8. Finetti Ugo, "Dove va la nuova Biennale", in "Avanti!", 9 aprile 1974.

9. Cfr. *Piano quadriennale di massima delle attività e delle manifestazioni (1974-1977)*, in *Annuario 1975. Eventi 1974* op. cit., p. 62.

10. Ripa di Meana Carlo, "Perché il Cile", in "Libertà al Cile", 5 ottobre 1974.

11. Cfr. "Convegno Testimonianze contro il fascismo", in *Annuario 1975. Eventi 1974* op. cit., pp. 187-188.

12. L'unità di partiti di centro sinistra cileni che sostennero Allende e che dopo il golpe sopravvivevano in esilio

13. Cfr. A.N.S.A., "Biennale: il teatro per tutti", in A.N.S.A., Roma, 9 novembre 1974.

14. La mostra veneziana era una tappa delle retrospettive in omaggio all'artista morto nel 1973, cfr. "Mostra 'Ugo Mulas: Le Verifiche e la storia delle Biennali", in *Annuario 1975. Eventi 1974* op. cit., p. 258.

15. "Rassegna Cinema, Città, Avanguardia: 1919-1939", op. cit., p. 260.

16. Ripa di Meana Carlo, "Presentazione", op. cit., p. 9.

Agricola Cornelia S.p.A.
altri modelli e metodi dell'arte degli anni Settanta

Carla Subrizi

L'*Agricola Cornelia S.p.A.* è stata una lunga 'activity'[1] che Gianfranco Baruchello iniziò nel 1973 e terminò nel 1981. L'aver aggiunto 'S.p.A.' voleva sottolineare l'aspetto di una società che mise l'arte in relazione a coltivazioni, allevamenti e occupazione di terreni.

La scelta di lasciare la città e di acquistare una grande casa (edificio quasi terminato dal vecchio proprietario) circondata da terreni al Km 6,5 della via di Santa Cornelia, alla periferia di Roma, dove avrebbe potuto coltivare prodotti agricoli e allevare animali, 'recuperando lontane esperienze di vita agreste', fu l'avvio, dallo stesso 1973, di *Agricola Cornelia S.p.A.*, il progetto nel 1981 presentato per la prima volta in una mostra e con un libro (presso la Galleria Milano, a Milano). Nel 1983, in *How to Imagine: A Narrative on Art and Agriculture*, un libro pubblicato negli Stati Uniti[2], l'esperienza è raccontata attraverso una lunga intervista realizzata da Henry Martin. Nel libro, nel quale non furono pubblicate le domande ma soltanto le risposte di Baruchello in un quasi interminabile monologo[3], si raccontava questa unica ampia azione in cui arte, estetica e agricoltura, zootecnia e vita si erano intrecciate. Calvin Tomkins vide in questa operazione una sorta di interminabile readymade[4]. Questo è un primo carattere da osservare: per quanto *Agricola Cornelia* fosse stato un esperimento radicale nei modi, nella estensione temporale, ovvero otto anni, nei presupposti estetici e teorici che si poneva, Baruchello continuò ad usare la pittura, il disegno, l'oggetto, riconsiderando continuamente proprio queste pratiche dalla prospettiva particolare con la quale aveva pensato e condotto un lungo happening tra arte, politica e agricoltura. La pittura era una specie di esercizio quotidiano per descrivere, raccontare o riflettere cosa e come, ad esempio, i terreni venivano divisi, utilizzati, immaginati. Una specie di mappa della zona, in quegli anni, è ad esempio *Vue à vol d'oiseau de l'ensemble*, del 1978. Il video era invece utilizzato per registrare la nascita del grano, filmando un minuto al giorno da una stessa finestra un campo in crescita fino alla trebbiatura (*Il grano*, 1975).

Fu un'esperienza abbastanza anomala, recentemente oggetto di nuovi studi, in cui arte, politica, critica alle istituzioni e mercato dell'arte si collegavano a un'azione realmente compiuta nella periferia di Roma, occupando e poi, in seguito, acquistando terreni da coltivare per, in questo modo, sottrarre gli stessi alla speculazione edilizia e restituirli all'agricoltura.

> Invece di comprare la terra da lavorare avevo esercitato semplicemente una specie di diritto
> di occupazione 'da galantuomo' e all'inizio questo mi sembrava una cosa importante da fare
> [...] Toglievo la terra a un gruppo di speculatori e la rimettevo in produzione facendola
> tornare alla sua destinazione propria, l'agricoltura, all'uso cioè cui era stata destinata per
> secoli[5].

Su questi terreni si allevarono pecore e bovini, si coltivarono prodotti, si costruirono serre. Così, nei circa dodici ettari[6] di paesaggio su cui operò l'*Agricola Cornelia* fu impedito un processo di speculazione e abusivismo edilizio. Fu un lungo esperimento di critica alle economie dell'arte, alle strategie che costruiscono il valore di un'opera d'arte. Il confronto tra valore d'uso e valore di scambio del prodotto artistico e, in parallelo, del prodotto agricolo si era esteso anche al confronto tra costo della giornata di lavoro di un agricoltore o di un bracciante e dell'artista, di un chilo di semi rispetto al prodotto da essi ottenuto, alle idee di un artista, fino alla loro formalizzazione e acquisizione di valore economico. Baruchello ha raccolto i documenti relativi alle spese, ai costi di tutto quello che si fece durante questo progetto: ricevute delle giornate di lavoro di agricoltori, allevatori, muratori, braccianti, spese per l'acquisto di semi, pecore, mucche, documenti sulle coltivazioni di bietole, i certificati delle quote che stipulò con la Centrale del latte. In parallelo, Baruchello conservava le bolle di trasporto delle opere per mostre in musei e gallerie, i costi dell'acquisto dei materiali per la loro produzione, costi e ricavi dalla vendita di opere d'arte. Il confronto e lo studio di tali documenti costituiva una delle *azioni* di *Agricola Cornelia*.

In realtà durante gli anni di *Agricola*, questa operazione non è stata quasi affatto conosciuta, non se ne è parlato nelle mostre di Baruchello di quegli anni, se non con accenni. Tuttavia questo è da considerare come un fatto distintivo e speciale dell'idea di non far diventare opera quello che era in corso: l'intenzione era proprio quella di sottrarsi al meccanismo dell'esposizione e della presentazione in senso critico e politico. Questo anche è un aspetto dell'antistituzionalità dell'*Agricola Cornelia*: sfuggire alle regole della presentazione mentre l'esperimento era in atto. La prima mostra e uscita pubblica dell'operazione avvenne infatti, come si è già ricordato, nel 1981, quando l'*Agricola* si chiuse, presso la Galleria Milano a Milano. La mostra raccoglieva documenti, fotografie dei greggi, dei bovini, di vitelli appena nati, di coltivazioni e prodotti venuti male, certificati di acquisto degli animali, certificati di malattie delle pecore curate, opere, disegni, molte bacheche con pannocchie, favi di api, pane seccato per mesi all'aperto, esperimenti sulla putrefazione della carne animale, serpi sotto alcool, un pacco di giornali che era rimasto appeso a un albero per molto tempo e molto altro e, soltanto per sottolineare la contiguità tra forme diverse di pensiero, opere realizzate in quegli stessi anni: era una sorta di grande archivio di quanto era avvenuto dal 1973 al 1981. In occasione della mostra fu anche pubblicato un libro in cui Baruchello, dopo una lunga introduzione sulle relazioni tra mitologia, terra, agricoltura e politica, metteva a punto un lungo elenco di voci, in ordine alfabetico, in cui, ad esempio, la voce 'pecora' richiamava la 'ricerca di volti umani nel gregge', le 'questioni di lana caprina', o 'il perché dell'immagine mitica metà uomo e metà capra': aspetti che forse nessun agricolture avrebbe immaginato. A questo elenco, alla fine del libro, seguiva una lista dettagliata di "attività della Agricola Cornelia nella pratica della agricoltura, zootecnia e produzioni casalinghe" tra le quali: culture agricole, culture arboree, allevamenti e prodotti fatti in casa tra i quali marmellate, sott'olio, conserve, surgelati, etc.[7].

Se *Agricola Cornelia*, come osservavano Jean-François Lyotard[8] o Calvin Tomkins, era anche un ripensamento del readymade duchampiano negli anni Settanta (la barbabietola come readymade ad esempio, osservava Tomkins) l'*Agricola Cornelia* ha in realtà forse rovesciato il concetto stesso di readymade, analizzando valore e funzione di qualcosa quando diviene opera d'arte. Tra gli effetti Duchamp, che costituiscono oramai un capitolo di molte storie dell'arte della seconda metà del XX secolo, ci potrebbe essere quindi anche l'*Agricola Cornelia*. Più che il readymade, è la Société Anonyme, fondata da Duchamp insieme a Katherine Dreier e a Man Ray nel 1920, ad aver forse spinto Baruchello a costituire le società d'artista sin dal 1968, da *Artiflex* (1968) fino a *Agricola Cornelia S.p.A.*. La riflessione politica sul denaro e sul valore di scambio della produzione, lo spirito societario spostava l'autorialità su un piano di anonimia e al contempo di collettività del soggetto autore.

L'*Agricola Cornelia* è stata rivisitata proprio da artisti e critici delle ultime generazioni che indagano le possibilità di un ritorno di attenzione etico oltreché politico alla terra e al cibo, alla biodiversità in natura e alla agricoltura come strumento di decrescita o deviazione dalle economie ancora fondate sullo sfruttamento delle risorse del pianeti a fini consumistici del mercato. Recentemente una mostra sul cibo, al Palais des Beaux Arts, nel 2013, a cura di Nicolas Bourriaud, ha riportato al centro dei temi trattati dalla mostra proprio l'*Agricola Cornelia*[9]. La letteratura è non poca, recenti sono anche saggi molto interessanti[10]; molti critici, poeti, scrittori, filosofi italiani ma anche internazionali visitarono questa anomala fattoria impiantata da un artista che voleva realizzare un esperimento politico più che estetico[11]. Anche il progetto di un film di interviste su il sapore *dolce*, prese avvio con Lyotard e con Alain Jouffroy durante le loro permanenze presso la grande casa fattoria *Agricola Cornelia*, nel 1978-1979.

Baruchello era dunque andato a vivere in Via di Santa Cornelia nel 1973, dopo essere vissuto a Via Baglivi e aver lavorato in uno studio in Via di Montesenario. Più che un trasferimento in campagna si trattava di una fase di svolta personale oltreché politica. I tempi erano cambiati:

Era il 1973, alla fine di tutte le esperienze politiche con le quali eravamo stati connessi dal sessantotto in poi e ci scoprivamo alla ricerca di valori diversi da quelli della normale militanza. [...] Un periodo storico era finito, quello era stato ucciso, quell'altro era in clandestinità altri, tanti, erano in prigione accusati magari a torto e incapaci di difendersi, il movimento stesso andava in pezzi e il peggio era ancora da venire[12].

Queste parole, che raccontano un'epoca e lo stato d'animo di un artista all'inizio degli anni Settanta, sono chiare. Prima di soffermarci tuttavia su *Agricola Cornelia*, è necessario rintracciare alcune radici di questo esperimento in opere e azioni precedenti realizzati da Baruchello scegliendo tra i molti aspetti quelli che filologicamente permettono di capire in cosa si distinse l'operazione *Agricola Cornelia* da operazioni parallele come la *Land Art* ad esempio, nei confronti della quale Baruchello fu molto critico.

Alcuni aspetti sono stati ricorrenti nel lavoro di Baruchello e, almeno a partire dal 1964, alcuni di essi hanno affrontato: la critica alla società del consumo culturale e della spettacolarizzazione con il film *Verifica incerta* tra il 1964 e il 1965[13]; l'invio al Pentagono, nel 1966, di un modello di oggetto provocatorio e ironico che sarebbe potuto essere usato dai soldati americani impegnati nella guerra nel Vietnam, per il loro 'rilassamento', il *Multipurpose Object*; la critica al denaro, alle forme di mercificazione anche dell'arte, alla autorialità: la società *Artiflex* e la sua sezione *Finanziaria Artiflex*, nel 1968, presentata alla Galleria La Tartaruga nel 1968; l'idea dello scambio, sempre nel 1968, come antidoto al sistema della capitalizzazione: ancora con *Artiflex* e in particolare le sezioni *Capitale a fondo perduto* e *Grande Manifesto Artiflex* che prevedevano la partecipazione del pubblico, per posta e corrispondenza, che diveniva coautore a tutti gli effetti dell'operazione; nel 1968 la trasformazione di un'opera pittorica in un manifesto riprodotto in centinaia di copie e la sua affissione nelle strade di città italiane: si chiamava *One man billboard*.

Tra tutti questi aspetti *Agricola Cornelia*, diventava, come lo stesso Baruchello raccontava, un lungo 'happening pseudo politico', che confondeva fin nei minimi dettagli arte e vita.

Quindi anche l'Agricola Cornelia fu un esperimento a 360 gradi, che aveva lo 'scopo sociale di coltivare la terra' così come si leggeva in un testo pubblicato in un catalogo di una sua mostra nel 1977:

> Ma già che siamo in tema di lavori agricoli potrà forse interessare il lettore che, vivendo io in campagna nei pressi di Roma, sto da tempo cercando di realizzare alcune esperienze, complementari e parallele alla produzione di immagini e di oggetti, con una serie di operazioni 'agricole' ai confini del territorio dei valori d'uso, con l'idea di giungere a dimostrare a me stesso che la "creatività" (al di là delle distinzioni negative di ordine estetico e psicologico oggi correnti) non è ormai altro che La *capacità di sopravvivere alla natura e al potere*[14].

Questi dunque alcuni dei propositi che Baruchello poneva alla base del suo esperimento insieme all'idea di arrivare anche alla redazione di un manifesto che fu redatto, come una sorta di provocazione, nel 1976.

Il manifesto si chiamava 'Agricola Antipotere': circolò in spazi non dell'arte e, fase fondamentale della sua distribuzione, fu spedito a intellettuali, artisti, poeti, filosofi.

Nel corso dell'anno 1976, circa due ettari di terreno incolto, nella campagna romana, sono stati messi in coltivazione senza alcun titolo giuridico (proprietà privata, mezzadria, affitto, enfiteusi) seminandovi Kg.5 (cinque) di seme di barbabietola MARIBO' EXTRA POLY 3.50/4.50 UN.

Nel mese di ottobre dello stesso anno da questa superficie di terreno sono stati raccolti Kg. 84.340 (ottantaquattromilatrecentoquaranta) netti di barbabietola da zucchero, come risulta dagli scontrini delle bilance della Società Cavarzere Produzioni Industriali, zuccherificio di Latina, cui il prodotto e stato consegnato mediante tre autotreni con rimorchio della portata rispettivamente di Q.li 271,7; 254,4; 317,3.

Questa azione creativa è stata dunque condotta sulla natura e contro di questa, sottraendosi a ogni tipo di condizionamento critico dello stato, sottostando solo a eventi meteorologici e a leggi economiche di un mercato (quello agricolo) che nemmeno lo stato riesce a controllare, evitando ogni contatto con musei, gallerie d'arte, collezionisti, depersonalizzando al tempo stesso nella valutazione del prodotto finale (legata non al nome dell''artista' ma al peso e al tenore zuccherino della barbabietola) l'operatore e il mito mercantile borghese di questo.

Il presente documento oltre a descrivere e comunicare ai terzi le premesse, i modi, i fini dell'azione, va anche letto come un invito per gli intellettuali di cui all'inizio si è detto, ad abbandonare il loro ruolo di gestori o collaboratori del potere per partecipare anch'essi ad iniziative di questo tipo, apportando il loro contributo manuale e culturale a una serie di 'activities' creative analoghe già in corso di preparazione. La prossima azione consisterà nella gestione di un piccolo gregge di pecore sopravvisane. Per ogni informazione e adesione scrivere a: Baruchello, Via di Santa Cornelia, km 6,5, Roma 00188[15].

Appare evidente una critica all'artista in quanto intellettuale. Il ruolo dell'intellettuale era al centro di tutta l'azione che condusse *Agricola Cornelia*: si cercava di sottolineare la responsabilità dell'intellettuale come individuo che deve capire le logiche e i contesti in cui si trova ad operare. La scelta di una situazione extraurbana era il segno non di un allontanamento dalla città ma di una valorizzazione del fuori centro, della periferia, delle situazioni in cui vivevano e vivono i territori lontani dal centro della città.

In *How to Imagine* così come nella lunga intervista che Baruchello rilascia in occasione della mostra *Agricola Cornelia S.p.A.*, presso la Galleria Milano[16], a chiusura dell'operazione, sono molti i riferimenti alla possibilità che *Agricola Cornelia* aveva tentato di costruire: un'azienda agricola gestita da un artista.

L'aspetto politico di questa attività deve tuttavia essere ancora meglio sottolineato. Cosa c'era di politico dunque nella costituzione di una fattoria da parte di un artista?

All'epoca, diciamolo pure, ero molto politicizzato, avevo fatto film che ritengo fondamentalmente politici nei loro significati e anche la pittura era piena di allusioni politiche, fatti e titoli dei quadri lo erano e così quando l'Agricola Cornelia cominciò lo fu in termini che erano derivati da quei termini. Per un momento ebbe la pretesa, l'aspirazione di essere un gesto fondamentalmente politico. Era attraverso la politica che avevo formulato l'idea di una dimensione *trans-estetica* dell'arte, era in termini di politica e di coscienza politica che avevo all'inizio concepito l'arte come un discorso etico esemplare. Nel voler cambiare il luogo dove vivevo in una specie di teatro totale, o di poesia totale, era inevitabile per me di pensarlo come una specie di poesia totale e politica: era la politica che lo rendeva cioè totale[17].

L'operazione era molto complessa: sottrarre terreni alla speculazione edilizia quindi alla cementificazione e riconsegnarli alla produzione agricola e, per altro verso, riportare l'arte da strategia intellettuale slegata dalla realtà e troppo vicina o sottomessa alle logiche di mercato, a attività produttiva, in un sottile ma forte legame tra creatività e lavoro sulla terra. Erano una sorta di punto zero e un livello base delle forme di creatività, considerare un happening l'allevamento di un gregge di pecore; queste azioni potevano costruire una forma di resistenza, un esercizio individuale antipotere così come si leggeva nel libro di Baruchello del 1978 *Sentito vivere*[18].

Negli anni stessi in cui lavora all'*Agricola Cornelia,* non sono poche le mostre, personali, o i libri in cui Baruchello esprime in modi diversi ma paralleli a quelli dell'*Agricola*, questa idea di trans-estetica. Nel 1975 la mostra *A Scatola chiusa* pone come punto chiave l'identità tra giornata di lavoro di un artigiano e quella di un artista: lire 25000 al giorno comprese di EAPPS, polizze infortuni, e malattia. Questo gesto si traduceva nel confezionamento di scatole di plexiglass contenenti i residui della giornata di lavoro dello stesso Baruchello, rimasti sul tavolo alla fine della giornata. Per il confezionamento di questi oggetti, chiamati *Leftovers*, Baruchello aveva conteggiato una sorta di pareggio tra materiali di confezionamento, spese di produzione e mano d'opera.

Sempre nel 1976 svolge un'indagine sulla pornografia nelle borgate, su invito di Elvio Fachinelli.

Registra le voci dei cortei operai montando in una specie di ripetizione ossessiva la frase "E io scasso la casa", frase registrata durante manifestazioni di migranti del sud d'Italia che tentava di occupare delle case nei quartieri popolari appena costruiti nella periferia di Milano. L'audio in questa forma essenziale fu presente alla mostra *Ambiente come sociale* del 1976[19]. Lo spezzone di audio fu poi anche montato da Baruchello insieme al video corrispondente e ai materiali di diversi autori, nel film *PO 70*. La casa diventa così un altro tema che si connette ai precedenti e soprattutto all'abusivismo e alla speculazione edilizia. L'aspetto politico di *Agricola* si comprende dunque ancora meglio se si osservano anche queste azioni realizzate in parallelo, e a partire dai medesimi proposti negli stessi anni. Quello che Baruchello sembra rifiutare è una sorta di estetizzazione della politica. L'arte non doveva diventare una rappresentazione della politica o di forme della politica che per Baruchello si erano concluse negli anni Sessanta.

Un altro aspetto risiedeva nel fatto che il sociale erano i contadini, gli agricoltori, gli allevatori che collaboravano nell'*Agricola Cornelia*, con i quali l'artista stesso, Baruchello, viveva e con i quali aveva prodotto una identificazione quasi totale. L'artista e l'agricoltore, Alfonso e la sua famiglia in *How to Imagine*, dialogavano tra loro: l'artista si metteva nei panni dell'allevatore, aiutava a far nascere un vitello o a curare, come si è detto, un gregge di pecore. I saperi si scambiavano, senza nessuna gerarchia, entrando l'uno nell'altro. Baruchello sapeva come curare le pecore dalla zoppia e l'allevatore entrava in relazione con il pensiero di un artista. Avveniva una contaminazione dell'arte a partire dalla realtà quotidiana ad esempio di un gregge, di un allevamento di bovini o della semina di un campo di zucchine.

> Si trattava di trascinare l'estetica dentro l'economia e di trarre le più rudimentali e fondamentali forme dell'economia agricola entro il territorio dell'estetica e meglio ancora se quello lo facevo con prodotto derivante da terreno che neppure mi appartenesse[20].

Curare un gregge, occuparsi di un allevamento di bovini e il sottrarre terre alla speculazione edilizia erano dunque arte? Pensare a una specie di comunità agricola, che lavorava la terra e nello stesso tempo sottolineava i costi della produzione del prodotto agricolo e del prodotto artistico erano i gesti che si proponeva Baruchello.

> La politica, in questi primi anni di lavoro non si fermava lì, non era soltanto questione di lavorare la terra che non ci apparteneva. La questione era di lavorarla partendo da un punto di vista molto particolare. Ero sedotto dall'idea che lavorare questa terra potesse essere visto come opera d'arte. Anche il prodotto, come opera d'arte. Coltivare questa terra avrebbe potuto essere un modo attraverso cui leggere il vero significato politico di un'opera d'arte[21].

Come già osservavo all'inizio, e con questo vorrei concludere, con *Agricola Cornelia* Baruchello ha posto l'attenzione su una contraddizione che negli anni Settanta ha raggiunto la fase più acuta.

Il gesto di negare le forme di potere e istituzionalizzazione dell'arte è inscritto nelle pratiche moderniste delle avanguardie ma assume un carattere diverso nelle pratiche degli artisti negli anni Sessanta. Baruchello si colloca a mio avviso in questa revisione da una parte dello spirito d'avanguardia e provocatorio del primo Novecento, oltreché delle sue conseguenze, dall'altra nel delicato punto di svolta culturale più che politico, direi oggi, che faceva i conti con la crisi di un sistema politico fondato sull'ideologia e cercava di ripensare il possibile incontro tra arte e politica su un piano anche individuale di revisione anche personale. La critica diventava critica non solo alle forme del potere ma anche a quanto le forme di potere hanno costruito culturalmente a livello di identità sia individuali che collettive.

La critica all'opera d'arte stessa, alla sua legittimazione, al ruolo dell'intellettuale e al sistema di cui è parte, di cui può divenire portavoce o elemento di contraddizione, assumono con *Agricola Cornelia* le forme di un apparente allontanamento dai centri nevralgici dell'attivismo come si diceva, da parte degli operatori estetici, per assumere i modi di una ricerca che oggi possiamo rileggere come l'apertura di una nuova fase. Non soltanto la cura di un gregge poteva essere un'opera d'arte ma la stessa *Agricola Cornelia* diventava un modo per presentare un sistema autogestito di produzione, costi e ricavi compresi, in una cornice culturale che oggi potremmo leggere come una piccola ma sentita utopia politica. Il passaggio sarebbe stato, da allora, da una critica all'economia del mercato e del potere (la prima fase di *Agricola Cornelia*, fino al 1976) all'invenzione di un'economia degli affetti, delle relazioni, dei linguaggi e dell'immaginazione più intimi o addirittura rimossi. Così in chiave utopica *Agricola Cornelia* pensava che avrebbe potuto dimostrare che dall'economia al servizio del mercato si poteva passare all'arte stessa come meccanismo di produzione e soddisfazione di necessità, di scambio e dono così come ancora sottolineava Baruchello in *How to Imagine*:

> Bene, la mia idea allora era che tutto questo sarebbe stato arte, arte e non economia, che l'arte avrebbe potuto divenire un esempio indicativo nella soddisfazione della fame come bisogno umano su base puramente umana, non più legata allo sfruttamento e che alla fine ci sarebbero state tante patate da poterle regalare a tutti [22].

1. Il termine "activity" è da sempre usato da Baruchello per definire quello che fu *Agricola Cornelia S.p.A.*

2. Baruchello G. - Martin H. (a cura di), *How to Imagine: A Narrative on Art and Agriculture*, McPherson &Company, New York 1983. Dall'edizione di questo libro, ripubblicato da Bantam Books, 1985 (Toronto, New York), sono tratte le citazioni riportate nel testo. Le citazioni sono state tradotte dall'autrice. *How to Imagine* è il risultato di un mese di registrazioni audio realizzate nel 1980.

3. Hall David, *A Wizard of Gab: How to Imagine*, in "New York Times", 15 April, 1984.

4. Tomkins Calvin, *Art is what you call it. Why Duchamp*, in "New York Times", 8 September, 1985.

5. Baruchello G. – Martin H. (a cura di), *How to Imagine: A Narrative on Art and Agriculture*, op. cit., p. 26.

6. I dodici ettari di terreni che circondavano l'abitazione si estendono, nel Comune di Roma, nella campagna a nord di Roma, a 6 km dal quartiere di Prima Porta, e circa 6 km da Formello.

7. Baruchello Gianfranco, *Agricola Cornelia S.p.A. 1973-1981*, Exit, Lugo 1981.

8. Lyotard Jean-François, *La pittura del segreto nell'epoca postmoderna. Baruchello*, Feltrinelli, Milano 1982.

9. *CookBook, l'art et le processus culinaire*, mostra a cura di Bourriaud Nicolas, 18 octobre 2013 – 9 gennaio 2014, Palais des Beaux-Arts, Parigi; catalogo *CookBook, l'art et le processus culinaire*, Beaux-Arts Editions, Paris, 2013.

10. Principe Michael A., *Danto and Baruchello. From Art to the Aesthetics of Everyday*, in Light A. – Smith J. M. (a cura di), *The Aesthetics of Everyday Life*, Columbia University Press, New York 2005.

11. Tra di essi Dore Ashton con le figlie, Henry Martin e Berty Skuber, Alain Jouffroy, Jean-François Lyotard. Vissero presso la fattoria anche famiglie di agricoltori e allevatori, in case separate dalla casa dove abitava Baruchello con la sua famiglia.

12. Baruchello G. – Martin H. (a cura di), *How to Imagine: A Narrative on Art and Agriculture*, op. cit, p. 19.

13. *Verifica incerta* decostruiva il cinema commerciale americano degli anni Cinquanta, spezzettando e rimontando circa 150000 metri di pellicola

14. Baruchello Gianfranco, *Una risposta alla domanda: che vuol dire?*, in *Sulla perdita d'amore*, Galleria La Margherita, Roma 1977, s.p.

15. Documento datato 1976, Archivi della Fondazione Baruchello, Roma.

16. Si tratta di un documento ancora non trascritto, conservato presso gli Archivi Baruchello, alla Fondazione Baruchello. Recentemente l'intervista è stata citata nel libro Rabottini A. – Subrizi C. (a cura di), *Baruchello. Archive of moving images*, Mousse, Milano 2017.

17. Baruchello G. – Martin H. (a cura di), *How to Imagine: A Narrative on Art and Agriculture*, op. cit, p. 23.

18. Baruchello Gianfranco, *Sentito vivere*, Exit, Lugo 1978.

19. *B76. Ambiente Partecipazione Strutture culturali, catalogo generale*, 2 vol. Radice B. - Raggi F. (a cura di), Venezia, Biennale di Venezia, 1976.

20. Baruchello G. – Martin H. (a cura di), *How to Imagine: A Narrative on Art and Agriculture*, op. cit., p. 31.

21. Ibi., p. 26.

22. Baruchello G. – Martin H. (a cura di), *How to Imagine: A Narrative on Art and Agriculture*, op. cit, p.31.

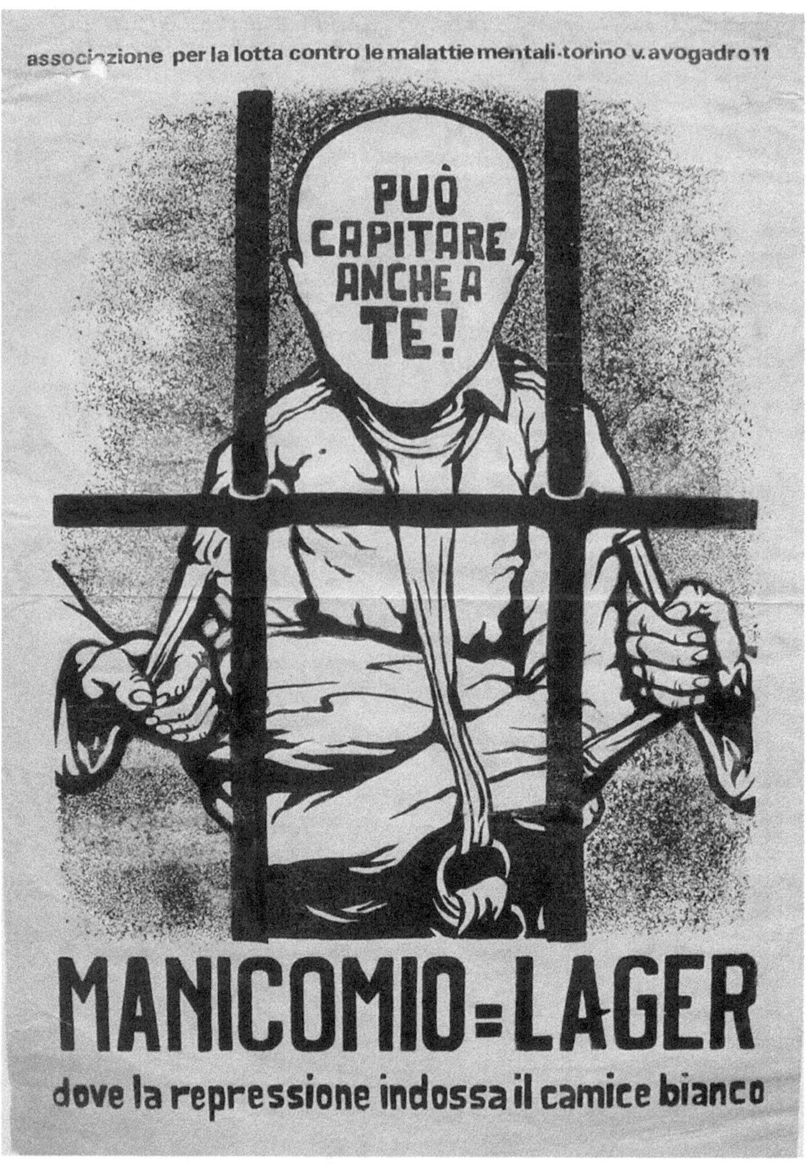

Manifesto Manicomio= Lager, 1969, Associazione per la lotta contro le malattie mentali, Torino

La scelta di Piero

Elisabetta Longari

Gli anni Settanta, lo si ripete spesso e a ragione, vivono della carica propulsiva del Sessantotto e rappresentano senza dubbio una fucina di imprescindibili conquiste sociali e civili, in seguito purtroppo anche largamente tradite e disattese, come nel caso dei presupposti di lotta del movimento antipsichiatrico. A tale movimento, parallelo a quelli studentesco e operaio che Piero anche fiancheggò[1], Gilardi ha prevalentemente prestato le proprie energie nell'arco del decennio di astinenza dal ristretto mondo dell'arte, e, attraverso la cessazione di una produzione soggettiva, andava assumendo una posizione vicina a quella definita allora in gergo militante come "suicidio dell'intellettuale", schierandosi contro la concezione dell'arte come linguaggio specialistico di un'élite.

Proviamo a ripercorrere con un certo ordine i fatti per comprendere la natura di una scelta così radicale che ha in ambito italiano un'unica possibilità di paragone: l'abbandono della critica d'arte per la militanza femminista da parte di Carla Lonzi[2].

Gilardi alla metà degli anni Sessanta, com'è noto, "buca lo schermo" dell'arte con i tappeti natura[3], che superavano i limiti dello spazio metaforico e illusorio per offrirsi come strumento diretto di esperienza polisensoriale del fruitore. I tappeti natura si potrebbero facilmente spiegare, a un primo ed epidermico livello iconografico, in relazione al contesto della nascente sensibilità ecologica, riflesso anche del panteismo diffuso dalla cultura hippy, portatrice inoltre di una forte componente di seduzione cromatica propria dell'universo psichedelico, ma non se ne centrerebbe il senso. In verità, i tappeti natura, che sembrano vicini anche a certe esperienze pop, e che indubbiamente sono anche una forma di esorcismo verso la morte della natura assaltata dall'industrializzazione trionfante, trovano la loro più autentica ragion d'essere nella ricerca di un'arte abitabile, un'arte che instaurasse un rapporto fraterno con colui che fino ad allora era definito "spettatore", chiamandolo fuori dalla posizione passiva della pura contemplazione per incitarlo a passare all'azione, nel tentativo di abbattere la divisione tra artista e pubblico. Il valore d'uso acquista centralità politica e non a caso una delle prime mostre collettive cui Gilardi partecipa nel 1966 è intitolata proprio "Arte abitabile"[4]. I lavori consistevano in oggetti praticabili, tra cui una specie di balcone in tubi di metallo e tela.

Il problema di cui discutevamo [...] era quello della rottura dello 'schermo della rappresentazione' e del passaggio dalla mimesi alla ricreazione, cioè alla produzione di oggetti artistici nello spazio del vissuto[5].

Pertanto ecco i tappeti natura, alla metà degli anni Sessanta, concepiti per essere venduti a metraggio, come già (1958) la pittura industriale di Pinot Gallizio, e utilizzati come oggetti di interazione.

Nel realizzarne i primi tappeti ho mutuato da Oldenburg la poetica sensoriale del "soft", ma per me la gommapiuma aveva principalmente il senso di accogliere e di interagire con il corpo[6].

Sorto in Piero il fondatissimo sospetto che questi venissero recepiti piuttosto come oggetti, feticcio e merce, dopo un breve periodo (1967) connotato dalla creazione manuale/artigianale di pochi "oggetti poveri", umili e necessari, quasi francescani, come un paio di sandali e un pettine, rifiutati da Ileana Sonnabend che lo invitava a restare sui tappeti natura, decise di buttarsi decisamente dall'altra parte, nel lavoro di base, nelle schiere della vita, abbandonando, a posteriori possiamo dire solo temporaneamente, la scena dell'arte ufficiale.

Infatti, se è chiaro che gli intellettuali devono unirsi ai proletari nella lotta di classe, non è invece chiaro come un artista in questa fase della lotta di classe come possa contribuire allo sviluppo della lotta di classe in quanto artista[7].

Dunque, allargando la focale e con il dubbio come stella polare, Piero si dà al tentativo di comprendere e contribuire al cambiamento di sacche di realtà socio-politiche emarginate, si impegna in una forma di azionismo per le cause minoritarie, come artista senza dubbio, ma prima di tutto come membro della comunità umana. Egli trova negli ambienti emarginati le condizioni per operare insieme dando vita a un modello alternativo di relazione interpersonale, non più gerarchico ma orizzontale. Occorre però fare ancora un passo indietro per comprendere meglio la sua posizione.

Attento a captare i mutamenti del clima operativo, Piero funzionò da collettore tra diverse realtà geografiche con i suoi viaggi (1967-1968 in Europa e negli Stati Uniti) e i relativi reportage per "Flash"[8], costituendo una rete tra artisti lontani fisicamente ma vicini per concezione del fare (si noti la continuità tra ieri e oggi: Gilardi attualmente utilizza i *social network* e la rete come sistema di aggregazione).

La dicitura con cui egli designò nel 1968 la tendenza che vedeva manifestarsi tanto negli USA quanto in Europa fu *Arte microemotiva*, ovvero una forma di creatività che si esplicita attraverso l'energia primaria di fenomeni in atto, spesso incline dunque all'*environment*, in opposizione all'esercizio chiuso del linguaggio e i suoi tecnicismi.

Egli auspicava a un'autogestione degli artisti che si affrancassero dal sistema dell'arte, dal potere dei galleristi e che instaurassero un rapporto altro anche con i critici. La sua assenza alla mostra *When Attitudes Become Form* (1969) è emblematica: in buona sostanza sembra che il dossier fotografico che Gilardi aveva messo insieme durante i suoi viaggi servì ad Haarald Szeemann come traccia per realizzare la mostra nella Kunsthalle di Berna da questo diretta, ma l'artista in un secondo tempo si sentì obbligato a defilarsi a seguito delle nuove alleanze del curatore, che si era rivolto a Leo Castelli, coinvolgendolo in modo sostanziale, e che aveva procurato la sponsorizzazione della Philip Morris.

Un sogno comunitario si infrangeva in quella occasione contro le leggi degli interessi particolari e personali, e anche se invece l'esperienza espositiva *Op Losse Schroeven* allo Stedelijk Museum di Amsterdam (1969), curata da Wim Beeren, filò liscia in quanto fu dato ampiamente spazio all'autorganizzazione da parte degli artisti, per Piero era impossibile pensare che l'arte potesse ridursi a sublimazione, a valvola di sfogo dalle frustrazioni, a mera pratica compensativa, anche se condivisa corporativamente. "L'arte deve entrare nella vita, ma dato che la vita è alienata, occorre impegnarsi anche a liberare e disalienare la vita"[9]. Egli dilata quindi lo spazio operativo nella dimensione sociale, per "interagire nel divenire concreto delle relazioni umane"[10], e scende in campo per occuparsi di problemi urgenti, di realtà lasciate ai margini delle preoccupazioni del sistema.

Ecco profilarsi, in modo non distonico dall'idea di Scultura Sociale concepita da Joseph Beuys, autore con cui Piero condivide anche le istanze legate all'urgenza di impegnarsi nella salvaguardia del pianeta, la filosofia del dissenso su cui si fondano tanto l'attività di Gilardi come operatore negli atelier aperti nell'Ospedale Psichiatrico di Collegno[11] quanto, contemporaneamente, il suo asservirsi alla lotta operaia nelle fabbriche, prestandosi come mano capace di dare forma iconografica efficace alle istanze dei più deboli e degli sfruttati.

> Non ho mai smesso di svolgere un'attività grafica in funzione della agitazione e della propaganda: illustrazioni improvvisate su volantini, disegni didascalici per opuscoli, tazebao e disegni satirici realizzati su indicazione degli operai e utilizzati in fabbrica o nelle manifestazioni, striscioni dipinti ecc. [...] In concreto, lavoro nella commissione grafica del Circolo LA COMUNE di Torino: si tratta di un gruppo di compagni che dipingono murales, preparano striscioni, disegnano fumetti, gestiscono momenti di espressione grafica nei quartieri e nelle fabbriche occupate; non si tratta più [in questa seconda fase, 1974-75] di propaganda grafica fatta 'su commissione' ma di lavoro creativo sviluppato collettivamente in un rapporto dialettico con le masse nei luoghi e nei momenti di lotta[12].

Dunque il linguaggio artistico usato in modo elementare e a livello propagandistico lascia presto spazio a una prassi di creatività più diffusa e contagiosa, a una modalità relazionale.

Uno dei dispositivi principali di propagazione delle idee era l'organizzazione delle cosiddette 'feste di lotta', alla cui preparazione partecipavano i portatori di diverse istanze di denuncia e rivendicazione, tra cui quelle operaie, antipsichiatriche, femministe, arricchite dalle problematiche legate all'integrazione sotto il profilo dell'immigrazione, della gestione del tempo nella vecchiaia e dello stato di indigenza di molti pensionati, della disoccupazione del sottoproletariato giovanile e del disagio delle periferie. Si lavorava collettivamente a un evento a tema[13] per parecchi mesi tutti insieme nei laboratori pittorici e teatrali, in cui si combinavano tematiche legate ai bisogni personali con quelli sociali, per poi 'uscire allo scoperto' in strada, nel quartiere, nella città, nello spazio pubblico. Gilardi afferma che nelle sue esperienze degli anni Settanta la creatività stava "nel rapporto emotivo che univa le persone e nella sincronia individuale di pensiero e azione"[14].

Tra i momenti di aggregazione più riusciti egli ama ricordare il Carnevale del 1980 al quartiere Aurora a Torino, emblematico perché riunì spontaneamente degenti psichiatrici, persone con disagi di diversa natura, operai, vecchi e giovani[15]. Questa manifestazione, che chiuse il decennio, rappresentò anche un punto culminante, una specie di 'morte del cigno', causata anche dall'entrata in vigore della nuova normativa di riforma psichiatrica che in realtà irrigidì in protocolli burocratici ogni spinta vitale del movimento di antipsichiatria.

Dal 1981 Gilardi si dedicherà prevalentemente all'arte multimediale e virtuale, avendo già da tempo compreso tempestivamente che l'informazione, e di conseguenza l'informatica, sono i mezzi di manipolazione delle coscienze per eccellenza; dunque la sua nuova scelta non rappresenta in realtà né un cambiamento di direzione e neppure di finalità[16]. Se i tappeti natura funzionano come rimedio contro l'alienazione in quanto suggeriscono un recupero dell'esperienza diretta e polisensoriale necessaria alla ricomposizione della frattura natura/cultura, i lavori collettivi di Gilardi, e per collettivi si intendono tanto quelli in ambito manicomiale o di lotta politica degli anni Settanta, quanto quelli multimediali più attuali, saldano due poli che occorre riavvicinare: estetica ed etica.

Ma torniamo al momento caldo rappresentato dalla metà degli anni Sessanta che preparano alle conquiste sviluppate e ottenute all'inizio degli anni Settanta e in particolare proviamo a chiarire il quadro del Movimento di contestazione in ambito sanitario dei metodi psichiatrici in Italia[17]. Sulla base dell'analisi condotta da Foucault in *Histoire de la folie à l'age classique* (1961), che ricostruiva le forme della repressione psichiatrica messe in atto a partire dal diciassettesimo secolo, il movimento ha criticato radicalmente il concetto di malattia mentale, considerandola come una scelta dell'individuo in risposta a contraddizioni sociali, e non il risultato di disfunzioni e disturbi. Viene sviluppato un pensiero fortemente contrario alla segregazione disumana e degradante e ai metodi di contenzione, che si avvalevano di prassi crudeli quali l'elettroshock, più simili a forme di tortura che non di cura. La denuncia di ciò che avveniva all'interno delle mura dei luoghi di reclusione psichiatrica sotto la responsabilità del personale medico e per mano degli infermieri che, impreparati dal

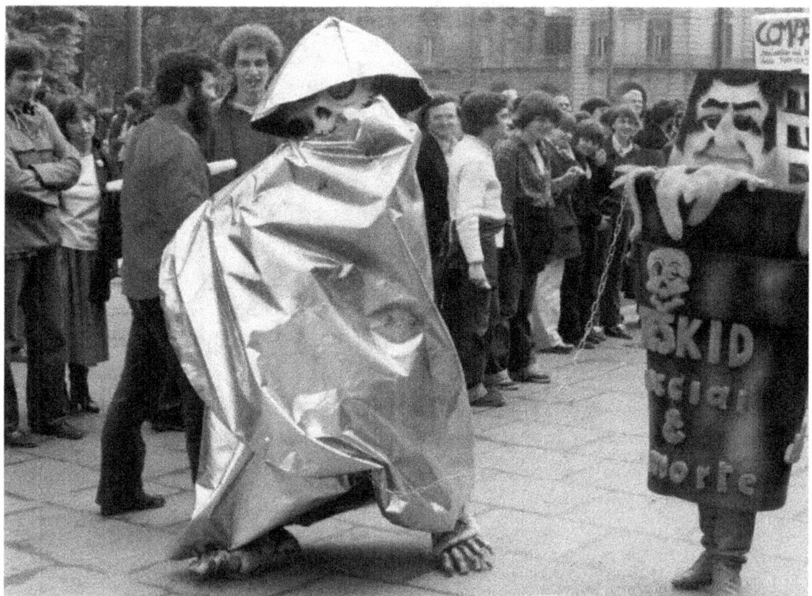

Agnelli/ morte con operai Teksid, Torino 1 maggio 1979

punto di vista psichiatrico, spesso svolgevano il ruolo di veri e propri aguzzini, portò ad una lenta e progressiva sostituzione delle torture corporee con gli psicofarmaci, armi di contenimento del 'malato' psichiatrico meno pericolose e compromettenti. Bisogna anche tenere presente che il manicomio era in quegli anni una sorta di carcere per persone socialmente scomode: individui diversamente abili, persone con turbe psichiche e anche solo con pulsioni ritenute 'deviate', come gli omosessuali. In particolare il lavoro dei membri di Psichiatria Democratica, fondata nel 1973 e di cui una delle anime principali fu Franco Basaglia, con cui peraltro Gilardi ha avuto contatti diretti e stretti, era rivolto al recupero e al rafforzamento dell'identità dei soggetti reclusi ed esclusi nella prospettiva di una loro reintegrazione sociale.

> La ricomposizione della personalità dell'individuo passa attraverso la rottura della falsa coscienza, nella riscoperta dei propri bisogni reali [...] Lo sviluppo di questo processo di ricomposizione della personalità dell'individuo non può procedere se si mantengono intatte le barriere tra 'malati di mente' e 'normali'[18].

Basaglia, il cui apporto alla soppressione degli ospedali psichiatrici[19] fu determinante, iniziò la sua lotta contro la psichiatria ufficiale, che si occupava prevalentemente di rendere innocuo, annichilendolo, il paziente, 'oggettivato', ridotto ai suoi sintomi, senza tenere in alcun conto che si trattava di un essere umano che pativa in una condizione di *apartheid*. Sorretto da uno dei suoi convincimenti principali, che divenne uno slogan: "la libertà è terapeutica", egli tentò di sottrarre campo d'azione ad una psichiatria che coincideva soltanto con una forma di violento controllo coercitivo sul paziente. Lasciò infatti la carriera accademica (1958-1961) per prestare le proprie forze all'interno dell'inferno delle strutture manicomiali (Gorizia, Parma e Trieste). La lotta da lui condotta sfociò, com'è noto, nell'approvazione di una legge (l. 13 maggio 1978 n. 180) che sancisce la riforma psichiatrica, stabilendo l'abolizione della struttura manicomiale e la creazione di nuove strutture intermedie dislocate nel territorio, i centri di salute mentale (con funzione di consulenza, programmazione delle terapie, informazione e assistenza). La legge impone di effettuare i ricoveri, volontari o obbligatori, solo negli ospedali generali come per qualsiasi altro paziente e afferma il principio di 'continuità terapeutica', che prevede l'incarico da parte di équipe di seguire il malato prima, durante e dopo i ricoveri. La prospettiva era quella di svuotare progressivamente le strutture degli ospedali psichiatrici e che i degenti venissero assorbiti in situazioni più a contatto con la 'normale' vita quotidiana, in ambiti protetti ma non reclusi.

La realtà torinese in cui Gilardi si trovava a operare aveva precise caratteristiche: a Torino alla fine del 1967 si costituì l'Associazione contro le malattie mentali (Associazione Lotta Malattie Mentali) che propagandava lo stato scandaloso in cui versavano i 'malati' abbandonati nelle strutture, come per esempio Villa Azzurra, ospedale psichiatrico infantile gestito dalla Provincia, in cui i ragazzini erano legati ai letti con le cinghie[20]. Una volta sensibilizzati gli studenti, soprattutto quelli di architettura, medicina e sociologia, l'associazione, nel dicembre del 1968, organizzò, con il loro pieno coinvolgimento, una mostra fotografica sulle condizioni di vita dei ricoverati nei manicomi italiani, e diverse assemblee a tema, di cui una tenuta il 14 dicembre nell'ospedale psichiatrico di Collegno, gestito dall'Opera pia, ente preposto ad occuparsi dei manicomi torinesi. L'assemblea, svoltasi sotto l'egida del direttore dei manicomi, Prof. De Caro, a cui costò il posto, sfociò in un'occupazione pacifica. Proprio qui iniziò a prestare servizio Piero Gilardi, che poi, una volta svuotati i reparti, animò con la propria presenza i nuovi presidi medici che vennero a costituirsi sul territorio per favorire la socializzazione, nel segno della creatività, di diversi anelli deboli del sistema sociale dominato dal produttivismo capitalistico: emigrati, poveri, vecchi, giovani e i soprattutto i cosiddetti 'malati di mente'. Dal 1977 in Lungo Dora Savona 40, nel quartiere proletario di Porta Palazzo, presso il presidio ambulatoriale/centro socioterapeutico, Gilardi lavorava nell'atelier aperto a 'sani e malati'. In che modo? Il veicolo principale d'interazione era indubbiamente la tecnica dell'ascolto, metodologia per definizione sempre *in fieri*, messa al vaglio e resettata continuamente secondo le forze in campo. Un ascolto empatico, profondo, partecipato, vicino al concetto di simpatia basagliana, dunque una spinta all'immedesimazione umana, comprensiva e sintonica, per tentare di ricomporre i frammenti di un io devastato da diversi traumi, di cui spesso i più violenti erano ascrivibili alle presunte cure in ambito manicomiale. Attraverso la creatività pareva possibile, più che altrimenti,

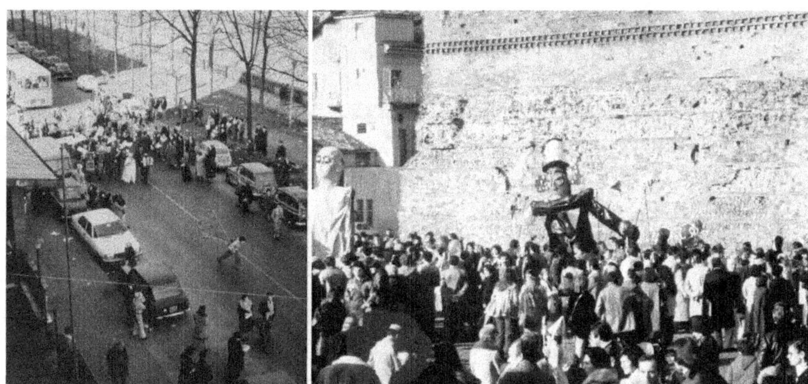
Carnevale Aurora, corteo e spettacolo di piazza, Torino 1980

riconquistare una soggettività. Basaglia stesso aveva chiaro il potere ricostruttivo della creatività, tanto è vero che aveva attivato, sin da subito nelle strutture manicomiali da lui dirette, atelier di libera espressione per i ricoverati, dove si praticavano per lo più disegno, pittura e teatro; eppure non aveva provato l'esigenza di connettere tra loro forze diversamente emarginate, come a Torino, dove questa fu invece sentita come una priorità. Proprio negli stessi anni in cui Gilardi militava in questa direzione, in Germania, Beuys richiamava ogni uomo a riappropriarsi della propria libertà attraverso la liberazione delle forze creative e immaginative. Solo in questo modo si potrà affermare a ragione: "la rivoluzione siamo noi". "E per me rivoluzione significa tenere aperte le cose"[21]. Il pensiero di Gilardi, che sembra sviluppare maggiormente uno spirito ludico, condivide con quello di Beuys un certo riflesso della visione antroposofica di Rudolph Steiner, che vede l'arte come forma di sviluppo della coscienza. Altri presupposti culturali imprescindibili per la formazione intellettuale di Piero sono il volume *Arte come esperienza* di John Dewey (1934), il credo filosofico di Herbert Marcuse (che sostiene che "L'atto politico è un atto creativo"), gli studi di psicologia di Jean Piaget, il pensiero filosofico di James Hillmann, che dovette rafforzare in lui l'idea della cura collettiva dei mali dell'umanità attraverso una pratica di Arte Plurale. Per il nostro 'azionista torinese' sono stati pilastri formativi, più specifici sotto il profilo della comprensione del campo psichico, la lettura di saggi di autori italiani *Psichiatria e potere* (1969) di Giovanni Berlinguer *Il significato del disegno infantile* (1974) di e Anna Oliverio Ferraris, per non ripetere dell'influsso degli scritti e dell'esempio militante di Franco Basaglia. Sul piano teorico fu fondamentale anche il peso dei profeti di un'epoca: il pensiero del grande situazionista Guy Debord[22], assorbito da Piero *in primis* tramite la frequentazione delle mostre del movimento per una Bauhaus Immaginista, organizzate a Torino da Michel Tapié, e le analisi di

Marshall Mc Luhan[23]. Un altro fattore decisivo fu il personale lavoro psicanalitico, di matrice junghiana, che, condotto su sé stesso parallelamente alla militanza accanto a coloro che presentavano segni di disagio psichico, gli permise di introiettare i concetti di inconscio individuale e collettivo, affinando il suo stato di coscienza. Tutto ciò contribuì a nutrire la sua concezione del mondo, secondo la quale occorre applicarsi, allora come ora, *in primis* alla ricostruzione dell'ambiente umano, inteso tanto in senso antropologico quanto ambientale, affinché la quotidianità si trasformi in uno spazio collettivamente vivibile.

Nel famoso manifesto (1967) di Alighiero Boetti, Gilardi è situato al terzo posto, dopo Paolini e Fabro, secondo un ordine misterioso di cui non si trova la chiave; inoltre, il nome di Piero è affiancato da quattro simboli criptici, che in numero di quattro, anche se diversi fra loro, accompagnano soltanto i nomi dello stesso Boetti e di Michelangelo Pistoletto. La natura dei simboli non è stata fin qui svelata: l'autore, una volta interrogato sul loro significato, aveva comunicato che lo scioglimento dell'enigma era contenuto in una lettera, fin qui non pervenuta, che si sarebbe dovuta trovare alla sua morte. Se l'alfabeto di Boetti resta oscuro, il nuovo alfabeto di Gilardi, che si esprimeva, durante gli anni Settanta, nella preparazione e partecipazione a cortei e feste di strada, ed oggi è declinato in istallazioni interattive e nella multiforme attività del PAV (parco Arte Vivente, da lui fondato nel 2002 a Torino) come anche nei *flash mob* NO.TAV, è piuttosto un alfabeto concreto ed energetico, indirizzato a smuovere la coscienza politica collettiva. Rivolto a portare un contributo alla trasformazione sociale che sempre bisogna tentare, il fare di Piero implica un pieno coinvolgimento personale, tanto suo quanto nostro, e richiede l'impegno di tutti nell'avere cura del mondo intero e di noi stessi.

1. "[...] insieme ad alcuni amici pittori e film-maker di Torino, ho partecipato all'allestimento di un 'atelier populaire' tipo quello del maggio parigino. Stampavamo dei manifesti murali in serigrafia che ci venivano richiesti dal movimento studentesco o da comitati di lotta di fabbrica e di quartiere. [...] Dal 1970 al 1974 ho fatto parte del Collettivo Lenin e ho intensificato la mia militanza davanti alle fabbriche, in particolare la Pininfarina". Gilardi P. – Poli F. (conversazione con), *L'artista è un vero guerrigliero*, in "Alias- Il Manifesto", 12 aprile 2008.

2. Per un approfondimento sulla posizione di Carla Lonzi si veda Corgnati Martina, *Da Autoritratto alla Gibigianna e oltre*, in Pozzati Maura (a cura di), *Artiste della critica*, Corraini, Mantova 2015, pp. 92-107.

3. "Chi nella marcia di avvicinamento asintotico alle 'cose stesse', ha compiuto a tutt'oggi un passo ultimo, difficilmente superabile, è Piero Gilardi, torinese [...]". Barilli Renato, in "la Fiera Letteraria", 27 aprile 1967; oggi in Barilli Renato, *Informale Oggetto Comportamento*, vol. I, Feltrinelli, Milano 1979, p. 256.

4. Tenuta a Torino, con Piacentino e Pistoletto, durante giugno e luglio nel 1966 presso la Galleria Sperone, il titolo andava a rafforzare l'idea che l'arte dovesse liberarsi del basamento e della cornice per occupare lo spazio del vissuto.

5. *Conversazione con Andrea Bellini*, 2011, in *Piero Gilardi. Effetti collaborativi, 1963-1985*, catalogo della mostra, Castello di Rivoli, Torino 2012; oggi in Gilardi Piero, *La mia biopolitica*, Prearo, Milano 2016, p. 136.

6. Ibidem.

7. Gilardi Piero, *Art and Artist*, 1972, in Vergine Lea, *Attraverso l'arte. Pratica politica/ pagare il '68*, Arcana, Roma 1976, p.152.

8. Quando "Flash Art" nacque (1967) aveva formato in folio e portava questo nome.

9. *Conversazione con Andrea Bellini*, op. cit., p. 138. La prima pubblicazione che raccoglie gli scritti e i pensieri di Gilardi, strumento fondamentale per approcciarne l'opera e la poetica, è *Dall'arte alla vita, dalla vita all'arte*, La Salamandra, Milano 1981, cui segue più la ricca e recente raccolta *La mia biopolitica*, Prearo, Milano 2016.

10. Gilardi Piero, *Animazione urbana '80*, in "Flash Art", n. 105, ottobre-novembre 1981, p. 45.

11. Gilardi lavorò alacremente nel Centro di lavoro protetto femminile dal 1974 al 1977.

12. Gilardi Piero, *Una lettera*, dicembre 1975, in Lea Vergine, op. cit., p.142.

13. Il Carnevale del 1980 aveva per soggetto *La città dei balocchi*, un'aperta critica al consumismo, e la sfilata iniziale di circa duecento persone terminò il suo cammino contandone più di millecinquecento che erano si progressivamente unite al corteo per poi fermarsi e dare luogo alla messa in scena di diverse azioni teatrali. Tra queste la principale fu un processo al Carnevale, in quanto arma del potere, concessione di un determinato momento di sfogo eversivo per aumentare di fatto la forma di controllo e depotenziare la carica rivoluzionaria. Sul rovesciamento carnascialesco dell'ordine sociale si veda Bachtin Michail, *L'opera di Rabelais e la cultura popolare. Riso, carnevale e festa nella tradizione medievale e rinascimentale*, Einaudi, Torino 1979.

14. Gilardi Piero, *Politics and Avant-Garde*, in Beeren Wim (a cura di), *"Op Losse Schroeven"*, catalogo della mostra, Stedelijk Museum, Amsterdam 1969; oggi in Gilardi Piero, *La mia biopolitica*, cit., p. 131.

15. L'evento venne ripreso da Daniele Segre in un corto passato su RAI 3. "Nel 1978 ho incominciato a lavorare coma animatore al Circolo Aurora, pagato dal Comune, dove ho organizzato un atelier aperto 'a sani e malati di mente". Gilardi Piero – Poli Francesco (a cura di), op. cit.

16. Teniamo conto che la sua prima mostra personale presso la Galleria L'immagine di Torino (1963) aveva un titolo, *Macchine per il futuro*, che suona come un'anticipazione. "I progetti schematici presentati realizzano una soluzione sommaria delle fondamentali esigenze dell'uomo nel prossimo futuro" (P. Gilardi, presentazione del 1963). "Si trattava di una sorta di diaporama tecno-scientifico sulla futuribile civiltà cibernetica; un gesto dadaista e radicalmente antiestetico. Ricordo che presentai questo lavoro a Lucio Fontana e lui generosamente mi disse che stavo esplorando 'l'al di là' del suo taglio nella tela". (Gilardi Piero, *Conversazione con Andrea Bellini*, op. cit., p. 136).

17. Ma era urgenza diffusa anche altrove: a testimonianza si veda il film, di grande successo di pubblico, *Qualcuno volò sul nido del cuculo* (1975), diretto da Miloš Forman e tratto dal romanzo omonimo di Ken Kesey (1962).

18. AA.VV, *Ricerca sulle attività espressive come metodo terapeutico nel campo psichiatrico*, Torino 1976, oggi in Gilardi Piero, *La mia biopolitica*, op. cit., p. 165.

19. Il processo di chiusura ha preso un'infinità di tempo: soltanto oggi (2017), gli ultimi manicomi criminali italiani stanno chiudendo.

20. Chiuso nel 1974.

21. Gilardi Piero, *Lettera ai critici Pietro Bonfiglioli e Vittorio Boarini*, Torino, 25 gennaio 1969; oggi in Gilardi Piero, *La mia biopolitica*, op. cit., p. 224.

22. *La Société du Spectacle*, 1967.

23. *Understanding Media: The Extensions of Man*, 1964; *The Medium is the Message*, 1967.

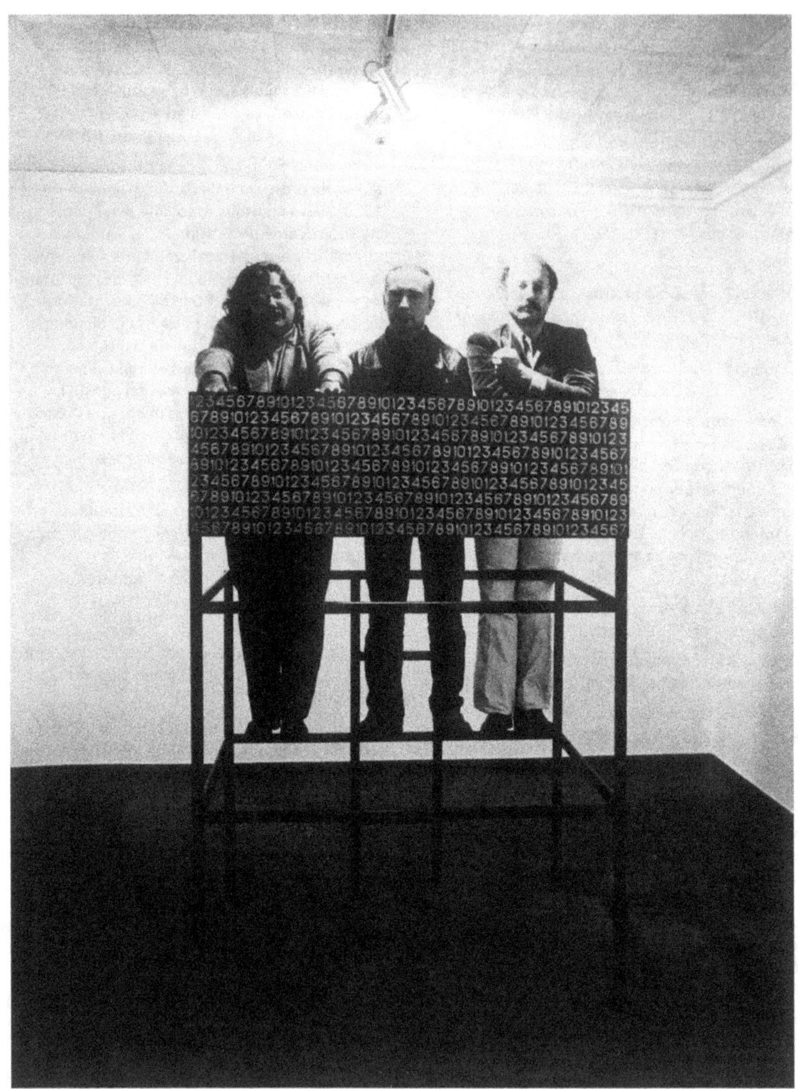

Vincenzo Agnetti con Pierre Restany e Tommaso Trini, alla mostra *Progetto per un Amleto Politico*, Galleria Forma 1973. Foto: Salvatore Licitra

<h1 style="text-align:center">Il teatro statico di Vincenzo Agnetti.
Note sulla pratica discorsiva di un artista concettuale</h1>

Paola Nicolin

Un ragionamento sulle origini e implicazioni del teatro statico di Vincenzo Agnetti (Milano, 1926-1981) potrebbe partire dalla formazione dell'artista italiano presso la scuola del Piccolo Teatro di Milano. Agnetti la frequenta nei primissimi anni della sua fondazione per mano di Paolo Grassi, dopo aver conseguito il diploma presso l'Accademia di Belle Arti di Brera. Un attraversamento istantaneo questo, di cui non è facile rintracciare una qualche forma di documentazione che determini con esattezza anni, esperienze e relazioni intessute dall'artista in quel transito fugace eppure fertile di successive idee progettuali. Il Piccolo, che viene fondato nel 1947, è d'altra parte il luogo dove Agnetti incontra Bruna Soletti a poco più di vent'anni e dove prende consapevolezza di quella voce che segnerà il timbro di ogni suo lavoro. Nasceva in questo frangente non solo un teatro, ma un organismo segnato all'impegno sociale e da un programma di spettacoli che ne rifletteva i presupposti teorici.

Seguiranno gli anni delle esperienze nel campo della pittura informale e della poesia, l'amicizia con Piero Manzoni ed Enrico Castellani che porteranno alla fondazione di un momento della storia dell'arte come Azimuth. Agnetti muove oltre questo orizzonte culturale nel 1962, quando viaggia verso altre destinazioni (Argentina, Cordoba e Buenos Aires e poi in Norvegia, Qatar e Arabia) per lavorare come perito elettronico. Si è soliti collocare, infatti, in questo stesso anno l'inizio del periodo arteno: uno spazio temporale di riflessione e distanza che lo porteranno a mettere a fuoco alcuni temi cruciali della sua pratica artistica mai disgiunta dall'elaborazione teorica, come il rapporto uomo/tecnologia, proprio a partire dall'esperienza in un campo lontano, ma poi ricondotto con sapiente sintesi al discorso sull'arte e con l'arte, come quello dell'automazione elettrica.

Il teatro statico dunque, come formula di pensiero, appare in relazione al suo rientro in Italia, dopo un passaggio nel 1967 a New York, e in coincidenza significativa con la presentazione della *Macchina drogata* realizzata negli anni della contestazione studentesca.

L'opera, nella quale la componente dell'avvenimento è altrettanto significativa, consiste in un calcolatore *Divisumma 14 Olivetti* i cui 112 numeri erano stati sostituiti con altrettante lettere dell'alfabeto. Tutte le parole ottenute dal gesto meccanico del calcolo erano prive di significato e tuttavia la macchina, inibita nelle sue funzioni tecniche, scriveva lettere su tela sottolineando il carattere linguistico dell'arte e anticipando il processo concettuale di traduzione, riduzione, cancellazione e presentazione del linguaggio come materia prima dell'opera di Agnetti.

Alla macchina il visitatore giungeva passando attraverso un corridoio stretto. Poi un piccolo ambiente scuro, dove si trovava l'oggetto macchina, che sotto un punto luce aspettava, statica, di accadere nella mente del visitatore.

Una sintesi quella della *Macchina drogata* già densissima di testo e immagine, gesto e rappresentazione, uomo-macchina, stasi e movimento, percorsi logici e risultati illogici, dove preponderante è anche il ruolo dell'apparto scenografico entro il quale l'opera avviene. Una sintesi che mette anche già a fuoco la centralità del linguaggio nel lavoro di Agnetti e allo stesso tempo il ruolo della scrittura come "operAzione" concettuale che interroga le modalità attraverso le quali conosciamo e ridefinisce il rapporto tra i media verbali scegliendo di lavorare con strumenti tecnologici di tipo elettronico[1].

> Si tratta di un complemento di quel teatro statico cui sto lavorando da tempo, un complemento macchina uguale all'auto, al martello, alla porta, all'aeroplano. Interazioni dell'attributo trasformato a sua volta in complemento di un predicato asservito. [...] Fissità dell'operazione stessa, dell'oggetto spogliato, drogato, impacchettato e confuso da un altro oggetto scomparso. Il recupero nella scrittura, nell'ingombro dove si è ubicata la forma, nella scritta in un certo senso. [...] La *Macchina drogata* era ancora una ricerca sul linguaggio.

scrive Agnetti nel testo manoscritto che accompagna la genesi dell'opera e i "documenti di un'azione artistica, sono l'equivalente delle fotografie ricavate dalle azioni di Body Land Art"[2].

L'artista opera una critica del linguaggio verbale e visivo all'interno di una struttura del pensiero, sia esso visibile o invisibile. Insieme e mai disgiunti, questi due elementi costituiscono il DNA di un'opera votata alla forma dell'installazione e della scenografia di un protagonista irregolare che scommetteva su proposizioni, come scrive Tommaso Trini quali per esempio "dimenticato a memoria, se mi fanno fallire, vinco, oggi dobbiamo desensibilizzare per sensibilizzare, quando mi vidi, non c'ero"[3].

Con teatro statico Agnetti intende d'altra parte "uno spettacolo senza movimento, senza personaggi e senza testo. [...] Oscar Wilde", scrive Agnetti, "diceva che il futuro del teatro è la sua scomparsa a favore dello spettatore. [...]. Le motivazioni dell'opera (oggetto e non oggetto), l'ubicazione e la violenza dell'osservatore, perché cerchi qualcosa, saranno il testo: il teatro si verificherà nella mente dell'osservatore"[4].

Agnetti affronta in questo specifico testo la riflessione teorica sul 'teatro statico' parlando del *Progetto per un Amleto politico*, opera datata 1973 ma, prima ancora un *quid* teorico che balena nella mente dell'artista dalla fine degli anni Sessanta. L'opera è uno spazio costruito dalla presenza di una scultura: un palco di piccole dimensioni, un vero e proprio pulpito dalle forme minime, realizzato in ferro nero, destinato ad accogliere non più di due o tre persone. Un podio, o lo scheletro di un balcone, dal

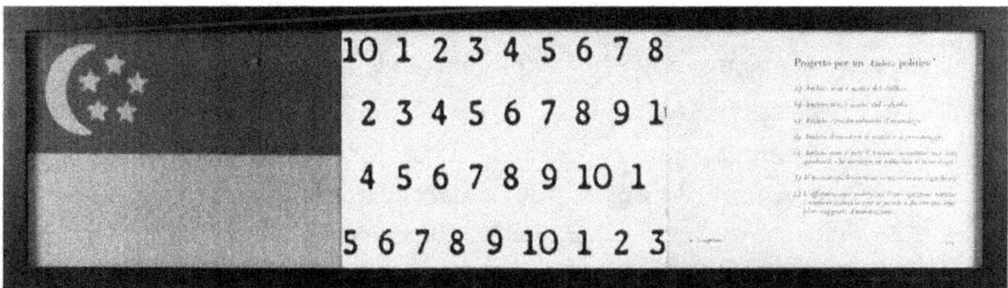

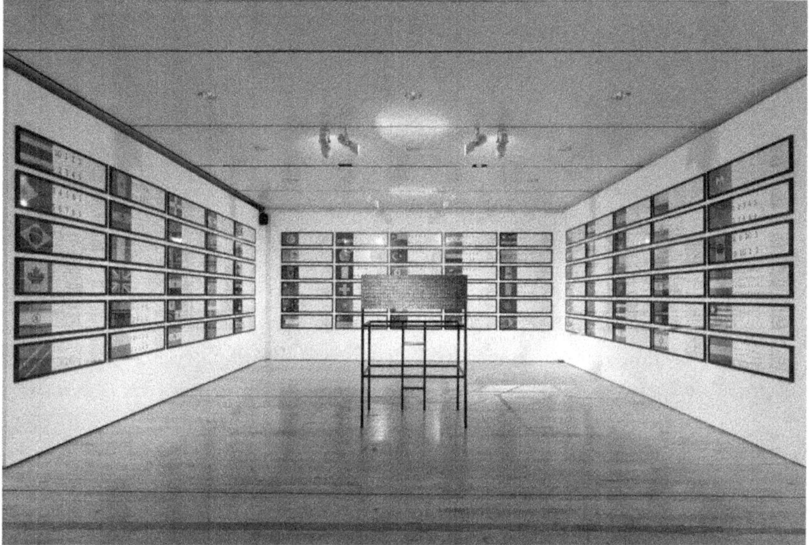

Vincenzo Agnetti, *Progetto per un Amleto Politico*, Courtesy Archivio Vincenzo Agnetti e Osart Gallery, Milano

quale l'eroe negativo della tragedia di William Shakespeare si affaccia per pronunciare il suo discorso al popolo. Al posto del leggio però c'è una barra con iscritti dei numeri. Il podio è al centro dell'installazione mentre alle pareti sono esposte opere d'identica misura, incorniciate e disposte secondo una sequenza regolare di spazi. Sono dei collage di fotografie, testo e stampe. In ognuna di esse, infatti, è posizionata, da sinistra verso destra: una bandiera di nazioni esistenti, una serie di numeri e un testo che descrive il progetto. Secondo un meccanismo inverso rispetto a quanto accaduto per la *Macchina drogata*, qui le lettere legate alle lingue delle diverse nazioni rappresentate sono state sostituite con i numeri, e la dimensione dei numeri è direttamente proporzionale poiché "mimano le intonazioni di voce che può assumere chi vuole modularle"[5].

In questo spazio così costruito, ma non fisso poiché il numero delle opere sulle pareti può variare al variare dei contesti espositivi, ascoltiamo anche un'azione sonora proveniente da un registratore (che emette il suono della voce di Agnetti che ripete la sequenza numerica da uno a dieci). L'artista, invisibile ma presente, tiene un comizio attraverso il linguaggio dei numeri.

Un'atmosfera assurda, post-apocalittica e profondamente evocativa avvolge l'osservatore che si trova davanti al palco e circondato dalle bandiere (e un lavoro come *Apocalisse*, che Agnetti realizza nel 1970 anticipa d'altra parte la vocazione installativa, la relazione tra teatro e attesa, azione e staticità sviluppate in seguito e che confermano una linea di continuità nella ricerca dell'artista). La sostituzione delle parole con i numeri trasforma il monologo dell'eroe negativo di un comizio (politico), che a sua volta abbandona ogni forma di narratività e rappresentazione a favore di un tono tecnocratico. Il podio è il posto dell'individuo che intona. Un linguaggio azzerato nei suoi significati semantico-narrativi diventa uno strumento potentissimo di comunicazione simbolico-immaginifica: un non-senso lessicale che si fa consenso universale. La scena così non illustra il testo, ma al contrario è azione in se stessa: la scena è un testo a sé stante che funziona come processo creativo autonomo, mentre il tempo diventa un "tempo-azione"[6].

Spazio e intonazione assumono immediatamente a partire dall'*Amleto politico* un ruolo di primo piano nel lavoro di Agnetti che proprio nel teatro statico sarà interessato a indirizzare la aggressività del discorso politico, della parola come strumento di persuasione. Il tono è la tavolozza dei colori di Agnetti: l'espressività delle opere è data anche dalla declamazione del testo e nel tono va forse ancorata proprio l'operazione concettuale di Agnetti che smaterializza la pittura, ma ne mantiene l'intonazione come traccia del processo di azzeramento che lo ha portato a essere asseverativo (negli *Assiomi*), paradossale (nei *Feltri*), a dimenticare a memoria (nel *Libro dimenticato a memoria*).

La formula "teatro statico" va contestualizzata d'altra parte all'interno delle operazioni artistiche che Agnetti compie dal 1967-1968 in poi. L'anno della contestazione segna, infatti, il suo ritorno all'arte dopo la già ricordata fase dell'"arte-no". Agnetti scrive in modo particolare del *Progetto per l'Amleto politico* mettendo in sequenza gli elementi in una ottica di teoria, ipotesi e verifica. L'artista in altre parole procede testando metodologie e organizzando concettualmente atti conoscitivi pratici, "il futuro del teatro è la sua scomparsa a favore dell'osservatore"[7], secondo presupposti teorici e linee interpretative elaborate a partire dalla propria soggettività e intenzioni. *Progetto per un Amleto politico* d'altra parte porta a una più complessa definizione le cosiddette "operAzioni" di teatro statico che avevano visto Agnetti lavorare sulla relazione tra azzeramento della rappresentazione mimetica dell'opera, in questo caso il personaggio Amleto, stretto tra lo stereotipo del dubbio e del calcolo, e l'uso del linguaggio come sistema enunciativo[8]. "Teatro statico" è così una delle folgoranti invenzioni dell'artista le cui motivazioni concettuali possono essere fatte risalire a quel periodo spartiacque legato all'anno 1962 nel quale l'artista inizia a lavorare al romanzo sperimentale *Obsoleto*[9]. In questo arco temporale sono da individuare le ricerche sul linguaggio, la progressiva attenzione per le componenti di indebolimento e azzeramento del testo,

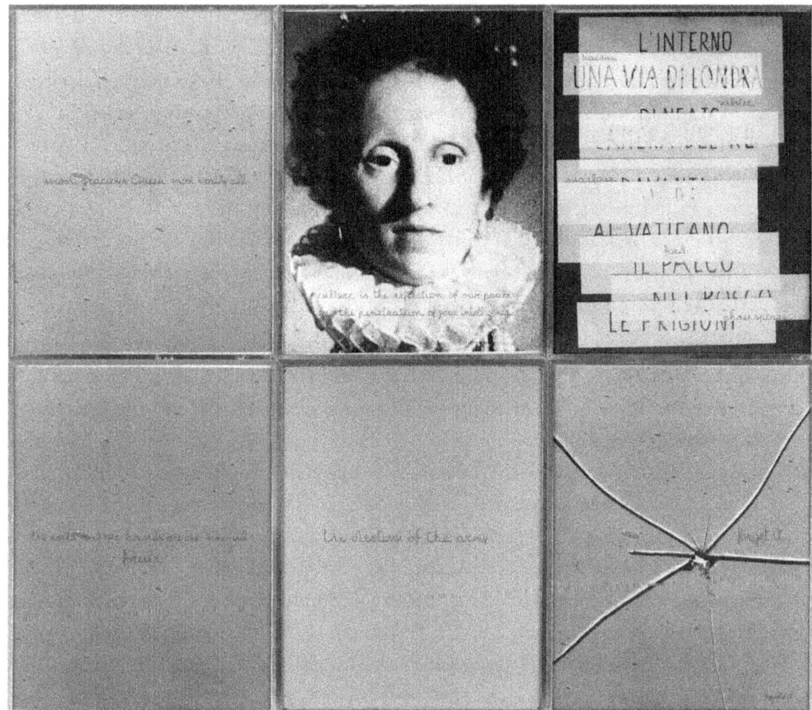

Vincenzo Agnetti, *Elisabetta d'Inghilterra*, 1976, Courtesy Archivio Vincenzo Agnetti e Osart Gallery, Milano. Foto: Bruno Bani

sino al suo annientamento semantico[10] a favore di un'azione pura del pensare, che prende le diverse forme. Su questi presupposti originari pare interessante svolgere anche il discorso sulle operazioni di teatro statico, come *Progetto per l'Amleto politico* appunto, attraverso le quali comprendiamo a fondo l'intuizione fulminea di Agnetti nel cogliere con grande anticipo quel transito dalla forma scultorea (un palco) alla scrittura scenica (la scena come un testo in sé che, secondo la prima definizione data Roger Planchon nel 1961 di scrittura scenica, lega la scrittura della scena a quella del romanzo, ne attribuisce una sua logica interna, una grammatica, una forma, una intenzione), sino alla pratica discorsiva come forma d'arte. È questa una forma ibrida, emersa come sotto genere della performance negli anni Sessanta per poi imporsi come spazio di riflessione all'interno del quale dalle seconda metà degli anni Settanta in poi si specchia un considerevole cambiamento verso un approccio temporale (*timebased*) nella produzione dei contesti espositivi e, infine, verso una attenzione sempre maggiore alle pratiche discorsive nell'arte contemporanea come scelte espressive capaci di interrogare le condizioni sociali e i processi dinamici della conoscenza.

Nel discorso, inteso come forma d'arte, viene drenata molta dell'aggressività storica della fine degli anni Sessanta e nel caso di Agnetti l'artista si appropria delle forme della conversazione come sviluppo delle ricerche verbo-visive. L'intonazione torna dunque a farsi materia prima del lavoro tanto quanto i mezzi tecnologici di registrazione (fotografia, video e nastro) e tutti gli strumenti preposti all'informazione (telegrafo, telefono, televisione e così via). Il senso di attesa, di mancanza, di parole e segni in libertà, che tradisce alcuni dei riferimenti culturali di Agnetti come il teatro di Samuel Beckett, la ricerca sul linguaggio di Lacan e le esperienze futuriste, andrebbero puntualizzate in un'indagine sulla biblioteca dell'artista che non è stato ancora possibile portare a termine.

La *lecture–performance* come forma più circoscritta della discorsività nell'arte è tuttavia un particolare tipo di presentazione che va oltre il formato accademico della conferenza. Essa fonde elementi della conferenza con elementi di costruzione spaziale, unendo aspetti del dramma e della formazione; consente un maggior impegno intellettuale, emotivo e affettivo da parte del pubblico che è indirizzato dall'intenzionalità delle forme della *lecture* ad agire intellettivamente. In bilico tra produzione, mediazione e strumento didattico, la *lecture-performance* si affranca dalla dimensione dello spettacolo e insiste nel porre l'accento sull'educazione come materia prima dell'opera d'arte e sulla dimensione politica che la connota. In questa prospettiva la ricerca peculiare e unica di Agnetti si arricchisce di spunti anche nel confronto con artisti della sua generazione che la critica aveva già individuato come suo spettro di riferimento, diretto o indiretto.

Se l'attenzione al linguaggio e alla sua visualità specifica accomuna artisti che sotto diverse temperature accolgono dentro alle riflessioni sul concettuale e le sue forme la suggestione del tema, Gianfranco Baruchello, Shusaku Arakawa, Joseph Kosuth, Alighiero Boetti, Robert Barry, Douglas Huebler, Art Language solo per fare qualche esempio[11], è altrettanto interessate valutare somiglianze e differenze di approcci e utilizzo della tecnologia tra Agnetti e Robert Morris (*21.3,* del 1964), David Antin (i suoi *talk-pieces*) sino a spingersi alla relazione anche qui diretta con Ian Wilson da un lato e Joseph Beuys dall'altro, e le sue mostre presso la Ronald Feldman Gallery del 1974-75 a New York, con la quale anche Agnetti aveva iniziato a lavorare tra la fine del 1973 e l'inizio del 1974[12].

Dalla data di presentazione completa del *Progetto per un Amleto politico* nel 1973 sino alla morte prematura, Agnetti esplicita d'altronde in testi e opere l'interesse per la dimensione dell'apprendimento che contempla una riflessione sulla metodologia come parte dell'opera. Questo atteggiamento è per esempio esplicitato in una trascrizione di un intervento dell'artista presso gli Incontri Internazionali d'Arte nel 1973 e successivamente pubblicato nella rivista AEIOU. "[..] io penso che oggi", argomenta Agnetti, "l'insegnamento è superato dall'apprendere. Oggi diciamo che più che insegnare la gente deve imparare e perché la gente possa imparare bisogna insegnarli ad apprendere, il che significa insegnare una materia che non c'è [...]"[13].

L'osservazione di alcune 'operazioni di teatro statico' pare dunque offrire una possibile linea interpretativa del lavoro di Agnetti che, accanto alla sua formidabile ricerca in tema di poetiche verbo visive[14], lo proiettano in una dimensione segnata dalle relazione con il teatro come immaginario radicale e contesto dal quale trarre un nuovo linguaggio artistico che rinnova le forme, inventa strutture e "impianti" capaci di porre attenzione non solo al linguaggio ma al suo contesto, allo spazio che esse veicolano attraverso la relazione tra gli elementi della scrittura scenica del teatro del Novecento dove la parola, lo spazio, l'oggetto, la luce, il suono, il corpo possono muoversi in reciproca autonomia e essere capaci di creare diversi livelli di significato; Agnetti e le sue operazioni di teatro statico reinventano dunque un medium (la scultura) nell'orizzonte della pratica concettuale discorsiva 'politica'[15].

La centralità della scrittura scenica nella pratica teatrale del Novecento è così rilevante da essere indicata come 'codice' da uno dei suoi più influenti studiosi[16]. E se nella distinzione tra scrittura scenica e scrittura drammaturgica sta l'origine del riconoscimento della specificità dell'arte teatrale, e dei suoi elementi significanti, lo spazio, la parola, il gesto, gli oggetti, il teatro statico di Agnetti sembra raccogliere queste suggestioni e questo vocabolario e procedere oltre verso la messa a punto di un codice personale, che coniugasse la necessità di annullare la rappresentazione del visivo, la volontà dell'artista di relazionarsi con la tecnologia, l'istanza comunicativa dell'arte attraverso l'invenzione dell'impianto. Agnetti scrive più e più volte 'impianto' nel manifesto di sala che accompagna la presentazione dell'*Elisabetta di Inghilterra*, un lavoro del 1976 che coniuga fotografia, scrittura, scultura, azione, teatro ed insiste sulla centralità di questo vocabolo all'interno delle sue ricerche sul teatro statico.

Agnetti pare qui condividere sul piano degli interessi intellettuali le esperienze legate alle pratiche teatrali radicali della fine degli anni Sessanta, non immuni da risvolti politici, di contestazione e uscita dal teatro, che lo stesso Giuseppe Bartolucci proprio nel 1968 trasformò in un libro intitolato *La scrittura scenica*[17]. E di qui alle rielaborazioni che del teatro diedero artisti legati ai contesti dell'Arte Povera[18], nella prospettiva di una serie di accadimenti che stanno fuori delle forme dell'arte e che sono tutto tranne che rappresentazione e che accadono dentro ma soprattutto fuori dal teatro (in gallerie come L'Attico e La Tartaruga a Roma o ancora in club come il Piper di Torino, la piazza o le strade di Corniglia, gli studi di Cinecittà.)

Un siffatto contesto storico produttivo, e maturo, attende Agnetti dal 1967 e con questo contesto si confrontano e reagiscono alcune sue opere legate al concetto di teatro statico, scelte come sintomi di un diverso e attualissimo vocabolario che ha re-inventato il linguaggio della contestazione, intesa come critica, al linguaggio, alla cultura, al potere, all'insieme delle istituzioni.

Le operazioni di teatro statico di Agnetti sembrano, infatti, essere significative in relazione alle modalità attraverso le quali il teatrale ha alterato in Agnetti la percezione della natura dell'opera d'arte, originando una nuova sintassi discorsiva.

È possibile leggere alcune opere e ricerche di Agnetti come risposta personale alle temperie culturali e politiche degli anni Settanta e insieme come assiomi della nascita di un nuovo linguaggio, legato alla pratica discorsiva, all'esperienza come mezzo artistico, alla documentazione dell'azione, alla pittura su pellicola, all'essere del lavoro?

1. Per un'analisi della componente verbale nei lavori dell'Arte Povera si veda: Astrologo Daniele, *L'arte concettuale in Italia: la componente linguistica*, tesi di Laurea in Fenomenologia degli Stili, Università degli studi di Bologna, Facoltà di lettere e Filosofia, Anno accademico 1996-1997. Relatore Renato Barilli, cap. III.

2. *Macchina drogata*, (testo che accompagna l'opera del 1968), pubblicato in *Vincenzo Agnetti. Tradotto, azzerato, presentato*, Galleria Alessandra Castelli, ed. L'Uomo e l'Arte, Milano, aprile 1974.

3. Trini Tommaso, "L'era del bronzo volatile", in "Domus", n. 11, novembre 1981, pp. 56-64, ripubblicato in *Tommaso Trini. Mezzo secolo di arte intera. Scritti 1964-2014*, a cura di Cerizza Luca, Johan&Levi, Milano 2016, p. 120.

4. Agnetti Vincenzo, *Tradotto, azzerato, presentato*, Galleria Alessandra Castelli, Milano, edizioni L'Uomo e l'arte, 1974, pp. 4-5. Si veda anche prima pubblicazione su opera: Agnetti Vincenzo, *Progetto per un "Amleto" politico*, a cura di Celant Germano, Flying art books, Minetti Rebora Editori, Genova 1973.

5. Palazzoli Daniela, *Vincenzo Agnetti. Oltre il linguaggio*, catalogo mostra Osart Gallery Milano, aprile-giugno 2017, p. 10.

6. Con "Tempo-azione" Vincenzo Agnetti intitolerà un ciclo di opere realizzate dal 1970 dedicate a esplorare il concetto di tempo e azione attraverso interventi di varia natura e riproduzioni di assiomi su carta. Per un'antologia di testi critici dell'inizio degli anni Settanta su Agnetti si veda: Barilli R. - Fagiolo M. - Fossati P. - Palazzoli D. - Trini T. (a cura di), *Agnetti*, III premio nazionale "Pino Pascali", catalogo della mostra, Pinacoteca Provinciale di Bari, 21 ottobre-21 novembre 1973, Ediz. Pinacoteca Provinciale di Bari, Bari,1973; *Agnetti*, raccolta di scritti di Achille Bonito Oliva, Maurizio Calvesi, Filiberto Menna, Renato Barilli, Maurizio Fagiolo, Tommaso Trini, Artra Studio, Milano 1978.

7. Cfr. Agnetti Vincenzo, op. cit.

8. Trini Tommaso, *Vincenzo Agnetti. Crisi del linguaggio, ironia e contaminazione dei significanti per denunciare l'abuso del potere sulle parole*, Giampaolo Prearo editore, Milano, 1972; Zanchetti Giorgio, "Preponderanza e superamento nelle ricerche artistiche sul linguaggio", in"Predella journal of visual arts", ottobre 2016, pp. 101-112.

9. Il romanzo verrà pubblicato nel 1967 per le edizioni Scheiwiller con una copertina a rilievo di Enrico Castellani. Agnetti Vincenzo, *Obsoleto*, Vanni Scheiwiller editore, Milano 1968, tirato in 1000 esemplari.

10. Cfr. Astrologo Daniele, *L'arte concettuale in Italia*, op. cit.

11. Izzo Angelo, "Vincenzo Agnetti, il filosofare dipinto", in "New Art International - Revue d'Art Contemporain", Ediz. Sine Invest, n. 3, ottobre-novembre 1988, pp. 62-67.

12. Dal 9 al 19 gennaio del 1974 Joseph Beuys compie il suo primo viaggio in America su invito della Ronald Feldman Fine Arts Inc. di New York e la Dayton's Gallery 12 di Minneapolis. Il viaggio vede l'artista tedesco impegnato in una serie di lezioni e conversazioni pubbliche a New York, Chicago e Minneapolis nelle quali Beuys mette a punto la nozione di discussione come forma d'arte. Si veda: "Joseph Beuys", in "Avalanche", May, 1974, pp. 5-7; Joan Rothfuss, "Joseph Beuys: Echoes in America", in *Joseph Beuys: Mapping the Legacy*, DAP/Ringling Museum, 2001, pp. 37-54; Klaus Staeck and Gerhard Steidl, *Beuys in America*, Steidl, Gottingen 1997. Per le mostre della Roland Feldman Fine Arts si veda il sito della galleria www.feldmangallery.com.

13. Agnetti Vincenzo, "Frammento da un monologo", in "AEIOU" - Periodico trimestrale diretto da Bruno Corà, Anno VIII, n. 20 – 22, aprile dicembre 1987, pp. 19-25; titolo redazionale di un testo trascritto dalla registrazione di una conversazione tenuta presso gli Incontri internazionali d'arte.

14. Sulla performance in Italia e la sua relazione con la poesia visuale si veda: Zanchetti G. - Colombo D. - Giuranna L. - Sem E. (a cura di), "Altre libertà. Pratiche performative e comportamentali nella poesia visuale italiana degli anni Sessanta e Settanta", in "Ricerche di storia dell'arte", n. 114, Carocci Editore, Roma 2014, pp. 20-27.

15. In un testo ancora inedito Giorgio Verzotti discute di questi temi con particolare attenzione sul lavoro di Agnetti e sulla dimensione "politica" tanto nelle opere quanto nelle conferenze "che considerava alla stessa stregua dei quadri o delle performance e dove usava distinguere tra comunicazione e informazione e definiva quest'ultima la sfera d'azione, autoritaria, verticale, contrapponendola alla sfera d'azione della prima, che va intesa come spazio democratico, orizzontale, delle relazioni umane". L'autore ringrazia molto Giorgio Verzotti per aver condiviso il testo in questa fase del lavoro.

16. Mango Lorenzo, *La scrittura scenica. Un codice e le sue pratiche nel teatro del Novecento*, Bulzoni Editore, Roma 2003.

17. Bartolucci Giuseppe, *La scrittura scenica*, Ed. Lerici, Genova 1968.

18. Cfr. Roberto Maria Teresa, *Arte povera e scrittura scenica*, in *Arte Povera 2011*, Electa, Milano 2011, pp. 630-639.

Desidero ringraziare l'Archivio Vincenzo Agnetti, Carla Pellegrini, la Galleria Milano, Giorgio Verzotti, Salvatore Licitra e Osart Gallery Milano.

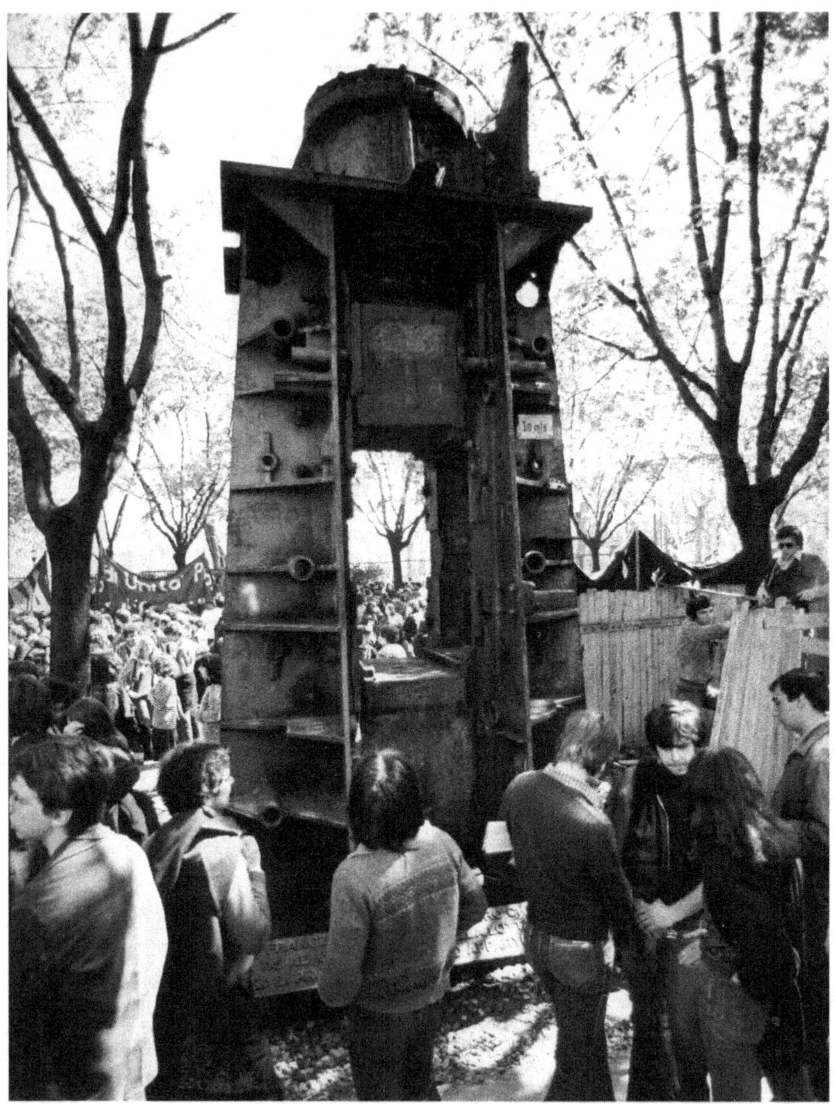

Monumento a Roberto Franceschi. L'arrivo della manifestazione per la posa del maglio, Milano, 16 aprile 1977. Foto: Paola Mattioli

W la libertà. La scultura di Alik Cavaliere tra ricerca, politica e didattica

Sara Fontana

Nel gennaio 1970 Alik Cavaliere annota nei suoi minuscoli taccuini, che egli compila quotidianamente con una scrittura limpida e diretta: "Al Coin di Piazza Cinque Giornate a Milano ho lasciato una scultura che è stata presa per una bomba: hanno chiuso i grandi magazzini e bloccato la zona"[1]. È impossibile sapere quale fosse la scultura in questione, premesso che la vena più autentica dell'artista fu sempre quella fantastica e visionaria, densa di humour. Tuttavia l'annotazione spiritosa alza un velo sull'atmosfera di paura e di tensione che regnava in quegli anni e sul dilagare incontrollabile della violenza, soprattutto collettiva, che avrebbe segnato il futuro decennio. Cavaliere, da intellettuale borghese di sinistra quale si definiva, già da qualche anno ne ha intuito allarmato i segnali. Il suo spirito provocatore e oppositivo lo ha spinto ad abbracciare un impegno totale e generico, del quale tuttavia, con il consueto pragmatismo autocritico, avverte immediatamente i limiti utopistici e demagogici. Il fatto di partecipare alla contestazione, inoltre, finisce per alimentare quel senso di incertezza e confusione che già avverte intorno a sé e, soprattutto, non gli risparmia la personale trasformazione, agli occhi degli altri, da personaggio politico a figura di "rompicoglioni", come egli stesso annoterà nel marzo 1969 in un passo dei taccuini.

Durante i giorni caldi dell'occupazione della Triennale, nel giugno 1968, Cavaliere confessa nel suo inseparabile libretto (eppure egli negò sempre la definizione di grafomane) la sua inesorabile condizione di contestatore, che si riverserà anche sul proprio linguaggio plastico:

> Io sono in una situazione particolarmente imbarazzante: contesto, contesto anche i contestatori. Sono abbastanza isolato e abbastanza criticato. Credo però che il gesto più 'rivoluzionario' che si possa compiere oggi è quello di usare il proprio cervello autonomamente e di continuo, applicando e criticando in ogni particolare le consuetudini e gli schemi e proponendo sempre dalle piccole alle grandi cose soluzioni 'diverse', nuove[2].

All'epoca l'artista è affascinato dalla critica al socialismo sovietico di Herbert Marcuse e dalla lotta alla burocrazia di Jean-Paul Sartre. Cita una frase del film *Metropolis* di Fritz Lang ("Il distruggere non serve") per ribadire l'estraneità del regista austriaco, nel lontano 1925, alla contestazione globale. Di fronte a quella ricchezza inventiva, non nasconde la crisi che ha colpito il proprio lavoro artistico, provocandone una battuta d'arresto che si protrarrà per circa un anno.

Questo contributo ripercorre in sintesi alcuni episodi significativi di quella crisi espressiva e mette in luce l'impegno etico e civile di Cavaliere, un impegno non estraneo alle terrecotte di via del Bottonuto e alle avventure di Gustavo B. ma reso manifesto lungo gli anni Settanta, percepibile anche solo scorrendo l'elenco delle partecipazioni espositive[3]. Drastico il giudizio di Roberto Sanesi: "Ogni sua dichiarazione, diretta o indiretta, esposta con evidenza o allusa con sottigliezza d'analisi, risponde a un'esigenza politica, di spinta a un'azione"[4].

Cavaliere s'incammina verso gli anni Settanta forte di due letture critiche fondamentali, rappresentate dalle monografie di Guido Ballo e di Enrico Crispolti[5], rispettivamente del 1967 e del 1968. Il decennio si apre, nel gennaio 1970, con la personale *W la libertà* alla Galleria De' Foscherari di Bologna, il cui titolo ricalca quello di un ciclo di sculture iniziato nel 1967-1968 e proseguito lungo il decennio successivo, costituite da una gabbia reticolare di ferro e, al suo interno, grovigli di rami, foglie e frutti fusi in bronzo, mescolati con enigmatici *objets trouvées* come un lucchetto, un libro o un gomitolo di corda, tutti coinvolti in un processo di naturale metamorfosi. Il catalogo ragionato dell'artista registra numerose sculture con questo titolo, di varie dimensioni e materiali, dalla piccola *W la libertà, omaggio al Cile* del 1973 alla monumentale *W la libertà* di tre anni dopo, oggi nella Collezione Intesa Sanpaolo.

Acquista dunque maggior significato l'episodio di censura assurda e ingiustificata verificatosi nel maggio 1971 quando, con altri dodici artisti, Cavaliere è invitato dalla Biennale di Venezia a rappresentare l'Italia alla XI edizione della Biennale di San Paolo del Brasile, che si sarebbe aperta nel settembre successivo. L'idea di un'opera che commemori i martiri latino-americani trova immediato consenso in Emilio Scanavino e i due, nell'arco di un mese, realizzano a quattro mani *Omaggio all'America Latina* (1971, tecnica mista, olio su tavola, bronzo e alluminio, cm 285 x 480 x 134). L'installazione, dal forte impatto scenografico, fonde con naturalezza simbolo ed espressività ed è frutto di un lavoro serio e rigoroso, fondato sulla precisa divisione dei compiti tra i due artisti e sulla comune volontà di evitare l'enfasi retorica e la polemica affrettata, oltre che una partecipazione anonima e passiva. È costituita da nove pannelli di legno dipinti a olio e suddivisi in riquadri, su ognuno dei quali Scanavino, recuperando l'iconografia dei suoi *Alfabeti senza fine*, ha impresso una macchia rossa e ha riportato con una grafia sottile i nomi di centosessantadue persone scomparse misteriosamente, scelte in modo non settario. Al centro, in senso verticale, e a terra, per l'intera lunghezza dell'opera che è pari a cinque metri circa, Cavaliere ha inserito le sue sculture vegetali e ramiformi in bronzo e alluminio. Sempre a terra, in diagonale, è collocata una barra in acciaio, mentre un velario nero nella parte superiore ristabilisce l'equilibrio dell'opera e ne esalta il carattere evocativo[6].

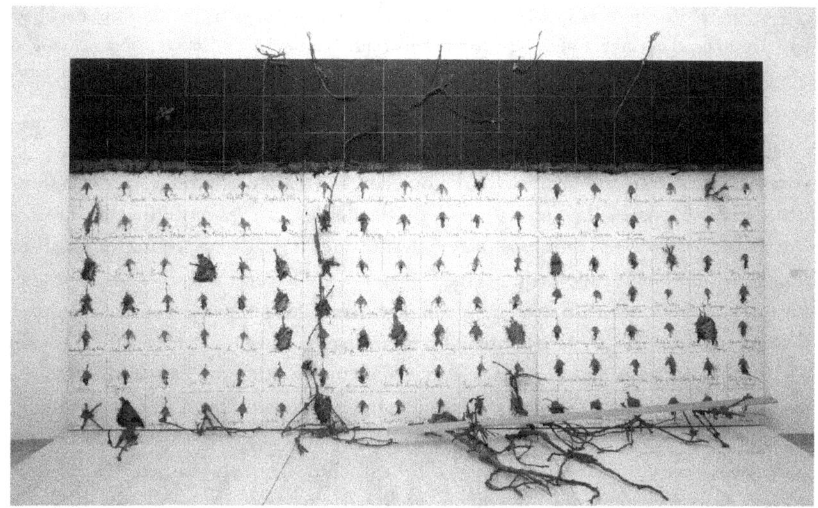

Alik Cavaliere ed Emilio Scanavino, *Omaggio all'America Latina*, 1971

L'ente veneziano viene costantemente informato degli sviluppi del progetto, a fine giugno riceve l'immagine fotografica del lavoro concluso e infine spedisce l'opera al consolato italiano in Brasile. Tuttavia il soggetto viene considerato "di natura politica e quindi extra artistica" e l'opera viene censurata dalle stesse autorità consolari: non viene esposta né riprodotta nel catalogo della mostra, violando apertamente il regolamento della manifestazione. I due artisti vengono informati di quanto sta accadendo solo all'ultimo momento dal telegramma dell'amico gallerista Renato Cardazzo, che recita: "malgrado il mio intervento le autorità consolari hanno ritirato l'opera"[7]. Rientrato in Italia, il grande 'retablo' diviene simbolo di una libertà perseguitata e come tale viene richiesto da istituzioni pubbliche e private. Il testo di Enrico Crispolti che accompagna la mostra *Censura a San Paolo* alla Galleria de' Foscherari di Bologna nel giugno 1972 inserisce i due artisti nel dibattito tra 'impegno' e 'disimpegno' del secondo dopoguerra, definendoli "[…] testimoni di un disagio profondo a livello ontologico-sociologico in particolare Cavaliere, a livello esistenziale e psicologico in particolare Scanavino"[8].

Cinico e risentito il commento di Cavaliere:

[…] Se l'opera fosse stata esposta, probabilmente ci sarebbe stata una polemica utile, costruttiva. Perché, per esempio, si poteva verificare se la nostra scelta (sia per quanto riguarda il tema, sia per le soluzioni adottate) era velleitaria o giusta, se nascevano idee diverse, se la cosa generava altre cose, altre possibilità. Quindi, secondo noi, […] Anche se l'opera fosse stata censurata o respinta con esplicita violenza, sarebbe stato un fatto positivo. Ciò che è umiliante è che l'opera è stata seppellita non in condizioni di polemica o per una presa di posizione ufficiale o in uno scontro di idee, ma sia semplicemente scomparsa, sepolta nei meandri della burocrazia, attraverso interventi di piccoli funzionari di consolato o addetti culturali, che hanno avallato la censura. Una censura arbitraria in base al regolamento, che non contemplava censure di sorta[9].

La propensione di Cavaliere per opere di impianto ambientale e teatrale, la vocazione al narrare e un rinnovato dialogo con la natura e la letteratura sfoceranno nella sala personale alla Biennale di Venezia del 1972, nell'ambito della mostra *Aspetti della scultura contemporanea* allestita nel Padiglione centrale. L'artista presenta l'imponente messa in scena *I Processi: dalle storie inglesi di Shakespeare*, un'amara riflessione sul potere nata sull'onda degli avvenimenti del Sessantotto e delle sue istanze di libertà e di dialogo, accompagnata da un commento musicale di Bruno Canino e da un testo scritto e recitato da Roberto Sanesi. L'articolata costruzione, sviluppata su un'area di dieci metri per dieci e per un'altezza di cinque, include scale, specchi, gabbie, alberi capovolti, personaggi manichini, libri, abiti ecclesiastici e militari, un complesso di circa cento elementi realizzati in bronzo, acciaio, poliuretano espanso, carta, stoffa, legno e specchi. Le inevitabili difficoltà di allestimento emergono chiaramente da alcune lettere inviate da Cavaliere, tra l'11 aprile e il 9 giugno di quell'anno, a Mario Penelope, a Carlo Scarpa e all'ente veneziano. A Scarpa l'artista domanda la "misura esattissima" della sala e informazioni sulla regolarità del pavimento, ma soprattutto gli chiede aiuto per la "sonorizzazione" della scultura, premesso che non vuole disturbare le opere esposte nell'altra parte del salone. Nella lettera all'ente del 9 giugno 1972 lamenta invece la mancata collaborazione tecnica per la sua unica richiesta di fare quattro buchi in due vetri-specchio e raccomanda di non manomettere la dichiarazione per il pubblico da lui collocata al posto del vetro-specchio mancante. Ammette di ripartire deluso per non aver potuto scattare delle fotografie definitive dell'opera e infine segnala di aver rifatto e riportato personalmente la scala che era stata perduta, pur regolarmente caricata nel suo studio dalla ditta dei trasporti[10].

I Processi segnano indubbiamente una svolta nella carriera dell'artista, ossia il passaggio da una scultura assertiva e tradizionalmente intesa a una dimensione installativa e ambientale in perenne divenire, nella quale sperimentare un rapporto aperto con lo spazio e con il tempo e uno scambio diretto con il pubblico[11]. Sono queste le premesse all'elaborazione dei *Surroundings*, letteralmente le 'cose circostanti', ossia una sorta di performance in progress, di messa in scena di situazioni transitorie in cui, sviluppando il format dell'*environment*, si mescolano elementi naturali e artificiali, fattori prevedibili o casuali, in un'incessante stratificazione dei risultati. Cavaliere propone un perenne viaggio tra quotidianità e museo, dal primo *Surroundings* presentato al Museo Middelheim di Anversa nel 1973, fino alla versione americana del 1984, presso l'Otis Art Institute di Los Angeles, in cui l'installazione si configura come una sorta di diario personale delle reazioni dell'artista agli avvenimenti da lui vissuti durante i trentaquattro giorni trascorsi nella galleria.

La dimensione quotidiana e l'immediatezza della comunicazione distinguono anche *La bancarella d'arte*, l'intervento realizzato da Cavaliere a *Volterra 73. Sculture, ambientazioni, visualizzazioni, progettazioni per l'alabastro.* È noto che la manifestazione, curata da Enrico Crispolti, abbia segnato una svolta anche sulla scena internazionale nell'interpretare la concezione del rapporto tra artisti plastici e spazio urbano, in questo caso la cittadina etrusca e il suo territorio, un rapporto di condivisione piuttosto che di colonizzazione. Nel tentativo di instaurare un dialogo critico con pubblico, colleghi e organizzatori, Cavaliere si affida a una "scultura-gesto" (questa la sua definizione): attua una rilettura delle opere d'arte partecipanti alla rassegna, ma anche di altre, attraverso prodotti artigianali d'alabastro di piccola dimensione, esposti su una bancarella del mercato in mezzo alle altre, nell'atrio del Palazzo dei Priori. Oggetti ready-made in alabastro dell'industria locale, firmati, sono mescolati con altri realizzati appositamente: sono 'omaggi' a Duchamp, a Tinguely, a Oldenburg, allo stesso Crispolti, il quale ricorda di aver fornito i disegni per uno o due libri, poi realizzati dagli artigiani[12]. È esposto in evidenza anche un listino prezzi, con elencati autori e costi delle opere, smitizzandone deliberatamente prezzi e valori[13]. Ecco il commento del documentario RAI realizzato da Claudio Barbati e Luciano Odorisio:

> [...] lo scultore Cavaliere rifà il verso a tutto il repertorio di anfore e grappoli d'uva, pappagalli e torri di Pisa, posaceneri e portapillole, capitelli e gondole veneziane che l'artigianato locale produce da secoli per una clientela di scarse pretese e di bocca buona. È un campionario inesauribile di oggetti kitsch, riveduti e scorretti da Cavaliere, ognuno dedicato ironicamente a un artista di ieri o di oggi a seconda dei temi o dei tic che lo caratterizzano[14].

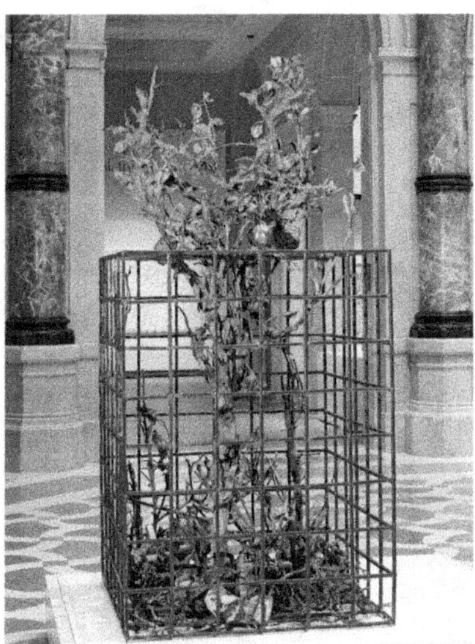

W la libertà, 1976, Collezione Intesa Sanpaolo,
Gallerie d'Italia - Piazza Scala, Milano

Nel catalogo provvisorio della rassegna, edito da Centro Di e in parte riproposto in un recente volume, Cavaliere spiega le difficoltà di proporre un intervento demistificatorio nella città o sulla città e quindi la scelta, conseguita alle lunghe discussioni collettive, di ribaltare l'operazione "trasformando la mostra in "fiera", in una operazione aperta di informazione e se avremo fortuna in una (relativa) circolazione di idee"[15]. Una sfida che non stupisce, se si pensa che soltanto pochi anni prima l'artista aveva dichiarato apertamente il suo essere 'contro' il sistema dell'arte, il meccanismo delle mostre tradizionali e il mercato. Come confessò a più riprese nelle pagine dei citati taccuini, Cavaliere si sentiva minacciato dalla povertà inventiva del suo lavoro e auspicava di autoimpedirsi di 'fare l'artista'; ammetteva inoltre la propria repulsione verso il bronzo, se usato tradizionalmente, e verso gli oggetti di artigianato artistico, giudicandoli fallimentari. L'idea della bancarella gli forniva quindi il pretesto per tornare a riflettere su alcune questioni di suo interesse quali l'impronta ideologica dell'arte, le reali potenzialità del lavoro collettivo e infine il dialogo tra operatore estetico e culturale da una parte e fruitore dall'altra.

Nel dibattito conclusivo tra gli operatori, ospitato a Volterra il 6 e 7 ottobre di quell'anno, Cavaliere auspica che il catalogo definitivo, in lavorazione, non risulti celebrativo o mistificante. Così ne puntualizza i contenuti necessari, fra i quali le dichiarazioni degli artisti, registrazioni e fotografie del gruppo degli allievi di Crispolti all'Accademia di Belle Arti di Roma e, soprattutto, una sezione distinta per il problema dell'alabastro: spiega infatti che il problema del dualismo scultura-alabastro, e operatori-designers, perdura da anni e non è certo risolvibile nell'arco di pochi mesi. Invita quindi i presenti a lasciare aperta la tematica della manifestazione e a ritrovarsi per una nuova verifica a distanza di tempo; un dibattito di due giorni verrà infatti ospitato a fine novembre nella sua aula all'Accademia di Brera.

La netta consapevolezza di quanto stiano cambiando i rapporti con il pubblico e con il proprio lavoro emerge anche in una 'confessione autobiografica' di quello stesso 1973: Cavaliere ammette di essersi divertito nel realizzare le "teatro-sculture" degli ultimi quattro anni ma non nasconde la crescente confusione creativa e la fatica nel dover fare una mostra[16].

Il tentativo di creare un rapporto inverso con il monumentale, messo in atto da Cavaliere a Volterra, e la sua insofferenza verso la retorica della statuaria ufficiale, celebrativa o consolatoria (l'erigere birilli, come diceva l'artista scherzosamente), insofferenza che in circostanze di committenza privata egli riuscì a contrastare grazie all'autoironia e a elementi smitizzanti[17], emergono con tutta la loro forza nel corso del dibattito sul monumento a Roberto Franceschi, che lo vede coinvolto in prima persona per alcuni anni. Roberto Franceschi, studente e dirigente del Movimento Studentesco all'Università Bocconi di Milano, viene ferito a morte dalla polizia davanti alla stessa Università il 23 gennaio 1973, durante una manifestazione pacifica indetta per ottenere un'aula per un'assemblea unitaria di operai e studenti, e muore otto giorni dopo. La tensione tra polizia e studenti si era inasprita, soprattutto dopo il giugno 1972, quando tremila poliziotti avevano dato l'assalto all'Università Statale. Poiché la lapide

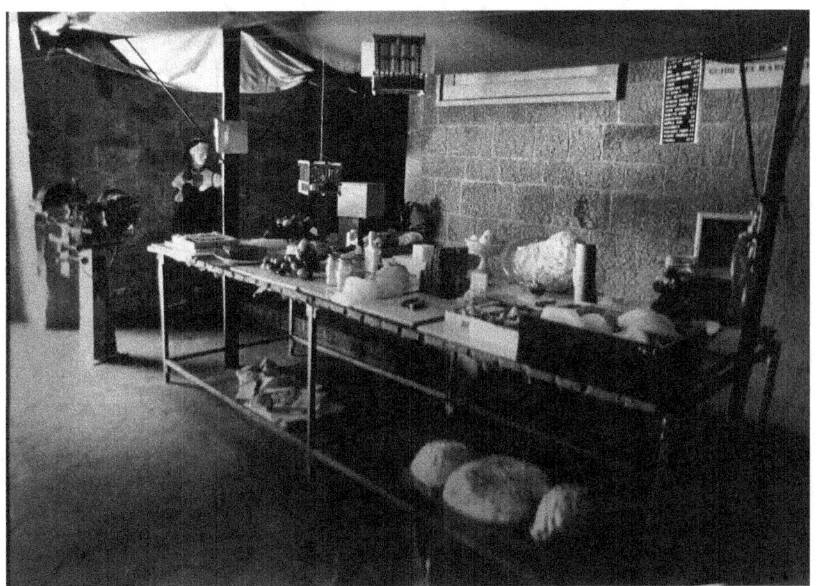

La bancarella d'arte, 1973, Volterra, atrio del Palazzo dei Priori Foto: Enrico Cattaneo

in marmo collocata nel luogo della memoria era stata infranta più volte, un gruppo di studenti della Bocconi interpella Cavaliere, che all'epoca ha lo studio proprio di fronte all'ateneo, per trovare una soluzione. L'artista decide di promuovere un dibattito artistico aperto, che si rivelerà il dibattito più lungo e approfondito di quegli anni, e nel gennaio 1974 si forma il Comitato promotore per il monumento a Roberto Franceschi e ai caduti della Nuova Resistenza dal 1945 a oggi, accogliendo la proposta della famiglia Franceschi di ricordare, insieme a Roberto, quanti erano caduti per la libertà in Italia nel secondo dopoguerra. Decine di artisti milanesi, in prevalenza scultori, presentano idee e bozzetti, individuali e di gruppo, nessuno dei quali incontra tuttavia sufficiente consenso: la proposta personale di Cavaliere, ad esempio, è quella di scrivere i loro nomi sulla facciata della Bocconi; in parte analoga, ma da realizzarsi su lastre che pavimentano il marciapiede, quella di Mauro Staccioli; Valentina Berardinone ha in mente un manifesto raffigurante dei proiettili, Mino Ceretti un monumento neo-costruttivista[18]. L'elaborazione del progetto, protrattasi per quattro anni, attraversa quindi un acceso dibattito tra due posizioni contrapposte, rispettivamente legate a un nucleo figurativo e a una trasposizione simbolica, per approdare nella primavera 1976 alla scelta di utilizzare un reperto industriale, uno strumento del lavoro che diviene emblema del legame tra artisti, operai e studenti, decisione di cui si fa portavoce Enzo Mari. L'idea è quella di produrre un lavoro collettivo che sia espressione di tutti i partiti della sinistra. Viene individuato un maglio di ferro di sette metri di altezza e cinquanta tonnellate di peso, fabbricato in Germania nel 1941 e poi dismesso: privato di alcuni bulloni e parti sporgenti, diviene un contro-monumento, un "mezzo di produzione" che torna ad appartenere al proletariato, come recita l'iscrizione che verrà posta alla base. Il 16 aprile 1977, nel corso di una manifestazione di massa, il gigantesco ready-made industriale viene collocato davanti all'Università Bocconi.

Anche l'attività didattica all'Accademia di Brera è sempre stata vissuta da Cavaliere come una missione, a maggior ragione in quegli anni inquieti, tra fine anni Sessanta e inizio Settanta, in cui la crisi non risparmia la scuola[19]. Cavaliere ne avverte addirittura lo sfacelo ma indica una semplice via d'uscita nell'incentivazione del dialogo e dell'apertura, impegnandosi personalmente a favore del cambiamento e dell'innovazione, convinto di poter formare intere generazioni di uomini liberi e pensanti. L'amico e collega Vincenzo Ferrari parla in proposito di 'poetica dell'insegnamento'.

Considerata la sua lunga esperienza didattica, Cavaliere è stato un'importante figura di riferimento per allievi di generazioni diverse. Tiziana Priori frequenta la sua aula soltanto nel biennio 1970-1971: al di là della forte politicizzazione, ciò che conta è l'inesausta disponibilità all'ascolto del maestro e l'ambiente carico di energia e poco accademico, tra gruppi di autocoscienza, gruppi di studio su Marcuse e incontri con l'Atelier Populaire di Parigi. Gaetano Grillo, che è tra i dedicatari di una delle opere della serie "Archivio" (gli altri sono Emilio Tadini, Mino Ceretti, Vittorio Basaglia), deve la sua prima personale, allestita nel 1974 alla Galleria Solferino, alla segnalazione del maestro. Nel giugno 1974, all'interno dell'Accademia di Brera, l'aula di Cavaliere ospita lo spettacolo *Concerto in RE da una geometria*, ideato dall'allievo di origini cremasche Aldo Spoldi e con la partecipazione di Francesco Leonetti e Roberto Sanesi, oltre che dello stesso Cavaliere. Vista a posteriori, la performance anticipava le future opere liriche di Spoldi. A distanza di alcuni mesi, come lavoro di scultura, il giovane artista raduna nell'aula di Alik Cavaliere una pattuglia di studenti, docenti e personaggi virtuali sotto il nome di 'Teatro di Oklahoma' (esplicito riferimento ad *Amerika* di Kafka), un'esperienza da cui nascerà pure un libro che sarà distribuito dalla Galleria Banco di Brescia, diretta da Massimo Minini[20].

1. Pontiggia Elena (a cura di), *Alik Cavaliere. Taccuini. Anni Settanta*, (in corso di pubblicazione).

2. Pontiggia Elena, *Alik Cavaliere. Taccuini 1960-1969*, Abscondita, Milano 2015, p. 143.

3. Basterebbe citare *Tra rivolta e rivoluzione, immagine e progetto*, Bologna, Museo Civico, 1972; *Mostra incessante per il Cile*, Galleria di Porta Ticinese, Milano e altre sedi, 1974-1977; *L'arte come autocoscienza contro il fascismo di ieri e di oggi*, Brescia, Piazza della Loggia, 1975; *Strage dell'Italicus, 4 agosto 1974*, Bologna, Galleria d'Arte Moderna, 1975; *150 artisti per i lavoratori Fiat*, Torino, Palazzo Lascaris, 1980.

4. Sanesi Roberto, "Questo è un periodo meraviglioso", in "Quaderni di Brera", Milano, maggio 2000, pp. 23-24.

5. Enrico Crispolti, sempre nel 1968, lo invitò con un'ampia personale alla rassegna *Alternative attuali 3* all'Aquila e lo incluse nel volume *Ricerche dopo l'Informale*.

6. Restaurata nel 2003 dal Dipartimento Restauro Arte Contemporanea dell'Accademia di Belle Arti di Brera in collaborazione con i rispettivi archivi degli artisti, l'opera è rimasta esposta per dieci anni (2004-2014) al Museo della Permanente di Milano, prima di essere trasferita al MART Museo d'Arte Moderna e Contemporanea di Trento e Rovereto.

7. Si vedano in particolare, fra i diversi articoli della stampa italiana e brasiliana: da. mi., "Censurata in Brasile l'opera di due noti artisti italiani", in "L'Unità", 11 settembre 1971; "Quadri e diplomazia", in "L'Espresso", 12 settembre 1971; "Alik Cavaliere, Un piacere ai gorilla (Una lettera di Alik Cavaliere)", in "Il Manifesto", 12 settembre 1971.

8. Crispolti Enrico, *Omaggio all'America Latina*, in *Alik Cavaliere, Emilio Scanavino. Omaggio all'America Latina*, catalogo della mostra, Bologna 1972.

9. *Censura a San Paolo: un'intervista con Alik Cavaliere*, in Ibi. Queste parole, lievemente rielaborate, ricompaiono nel numero di "Nac" del novembre 1971 (riportato in *Alik Cavaliere. Lo studio*, Puntoelinea, Milano 1990, p. 56): Cavaliere, al fine di evitare facili equivoci, aggiunge due precisazione sulle nazionalità [corsivo mio]: "non [...] per una presa di posizione ufficiale dei brasiliani" e "attraverso interventi di piccoli funzionari del *consolato italiano, addetti pseudo-culturali che hanno avvallato la censura*".

10. Venezia, ASAC, Fondi Storici, sezione Arti Visive, buste 201 e 202. Ringrazio Luca Pietro Nicoletti per questa segnalazione.

11. Non a caso il materiale presentato a Venezia verrà rielaborato da Cavaliere nel 1975 per realizzare a Parma due operazioni: *I processi-teatro nel teatro* nel Ridotto del Teatro Regio e *I processi-sculture in piazza* nella Piazza del Duomo. *I processi* è stata donata da Adriana Cavaliere, vedova dell'artista, alla Galleria Nazionale d'Arte Moderna nel 2001.

12. Comunicazione personale, gennaio 2017.

13. Il listino elenca: Arman marchi 220; Baj 2900; Bonalumi e Carrino 170; Cavaliere e Ceroli 160; Cesar 55; Christo e Man Ray 85; Crispolti 47; Dalì e de Chirico 85; De Vecchi e Boriani 238; Duchamp e Fontana 160 Isgrò e Manzoni 6; Magritte e Manzù 125; Mazzucchelli 92; Nespolo e Mari 333; Oldenburg 95; Pomodoro e Pozzati 49; Somaini e Trubbiani 48; Tinguely 420.

14. *Una Mostra a Volterra*, 1973, un programma di Claudio Barbati, regia di Luciano Odorisio.

15. Crispolti E. - Mazzanti A., *Volterra 73.15 Memoria e prospezione*, catalogo della mostra, De Luca Editori d'Arte, Roma 2015, p. 72.

16. Cavaliere Alik, *La mia autobiografia: una confessione [Una confessione autobiografica]*, in *Alik Cavaliere. Il paradosso della natura. Sculture 1951-1991*, a cura di Niccoli Giuseppe, catalogo della mostra, Parma, Galleria d'arte Niccoli, Parma 2001, p. 21.

17. Si vedano due bozzetti per monumenti ideati nel 1973, di una semplicità schietta e antiretorica: il *Bozzetto per monumento a Lumir Vesely*, il fondatore della Yomo da poco scomparso (1973, bronzo e acciaio, collocazione ignota), che nel 1975 fu tradotto in marmo, acciaio e bronzo e collocato al Cimitero Monumentale di Milano; e il *Bozzetto per monumento a Mogadiscio* (1974, cartone, cera, alluminio, stucchi, cm 88 x 90 x 92, Archivio Cavaliere, Milano), ideato in previsione del viaggio in Somalia nel 1974, dove Cavaliere discute in alcuni dibattiti la nozione di monumento.

18. La ricostruzione storica delle vicende di quegli anni e la documentazione del dibattito estetico e critico sono raccolte nel volume Poli Francesco e Rovida Enzo, *Che cos'è un monumento. Storia del monumento a Roberto Franceschi*, Mazzotta, Milano 1995. Una lettura del monumento sullo sfondo di altre esperienze estetiche legate al sociale nel panorama milanese degli anni Settanta si trova in Longari Elisabetta, *Chiamata collettiva. Per una storia dell'arte sociale a Milano*, in Casero C. - Di Raddo E. (a cura di), *Anni Settanta: l'arte dell'impegno. I nuovi orizzonti culturali, ideologici e sociali nell'arte italiana*, Silvana Editoriale, Milano 2009, pp. 56-57.

19. Nato a Roma nell'agosto 1926, a dodici anni Cavaliere si era stabilito con la famiglia a Milano, frequentandovi l'Accademia di Brera e in seguito la Facoltà di Lettere e Filosofia. Per volontà del suo maestro Marino Marini, nel 1956 era stato richiamato in Accademia come docente, dove resterà fino al 1987. Muore a Milano nel 1998.

20. Ringrazio per questa segnalazione Mina Tomella, conservatore dell'Archivio Aldo Spoldi.

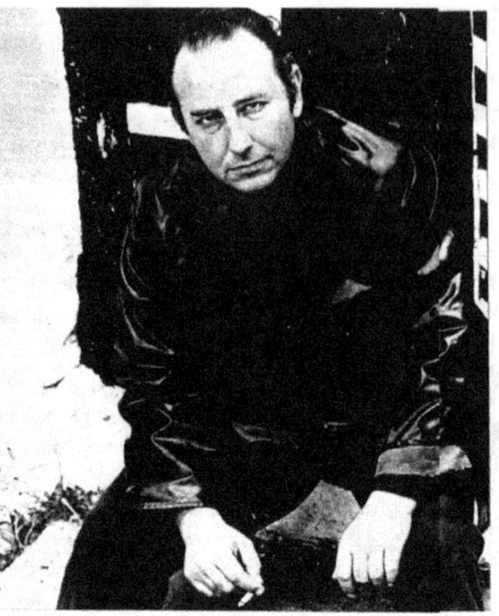

Doppia pagina di un articolo dedicato a *Lezione d'inglese* di Fabio Mauri
("Radiocorriere", n. 44, 1970, pp. 50-51)

Arte e televisione negli anni Settanta. Un esempio di intervento negli spazi della programmazione scolastica della Rai: l'happening di Fabio Mauri *Il televisore che piange*

Chiara Mari

Negli anni Settanta le esperienze di collaborazione tra artisti e televisione pubblica italiana sono state occasioni significative di riflessione su uno dei più importanti mezzi di comunicazione di massa, mettendone a nudo i meccanismi e sollecitandone le potenzialità per un'indagine artistica che dallo schermo si allargava al contesto sociale. Difficilmente racchiudibili nei confini di un'unica definizione, vanno contestualizzate sia nel percorso di ricerca dei singoli autori, che hanno sguardi molto diversi sul *medium* televisivo, sia nell'ambito della produzione Rai di quegli anni. All'interno dell'indagine sull'apertura dell'arte a canali e spazi d'espressione non convenzionali proposta dal convegno, l'happening di Fabio Mauri *Il televisore che piange* rappresenta un esempio di particolare interesse, che pone interrogativi sulle prospettive e sulle possibilità di una rilettura storica di quel decennio. Sempre citato negli studi sulla video arte italiana come una meteora a dimostrare la chiusura da parte della Rai rispetto a questo tipo di ricerche, l'happening, se estrapolato dal contesto televisivo in cui è nato, rischia di assumere altri confini e di essere collocato entro etichette che ne limitano il significato e la complessità originaria. Proprio questa complessità apre invece strade di approfondimento non solo nel percorso dell'artista, ma anche nella storia della televisione culturale e didattica italiana di quegli anni[1].

Mauri idea l'happening *Il televisore che piange* per una puntata della trasmissione *Dizionario. I fatti dietro le parole*, andata in onda nel marzo del 1972[2]. Il programma, curato da Giorgio Chiecchi, faceva parte del palinsesto educativo della Rai dedicato alla Scuola Media Superiore e, come sottolineato dal titolo, si proponeva di spiegare ai ragazzi espressioni di non immediata comprensione entrate nell'uso comune, come ecologia[3] o arte cinetica[4]. Il servizio a cui collabora Mauri, curato da Paquito del Bosco e dal critico cinematografico Enrico Rossetti, illustra al giovane pubblico la parola "happening" con un inizio *in medias res*, che coinvolge Allan Kaprow ripreso mentre cammina per le strade di Milano, dove sta preparando l'azione *Print-Out*, e, seduto al tavolino di un bar, viene intervistato da Pierre Restany sul significato dei suoi happening. A questa presa diretta sul tema segue una introduzione del critico Enrico Rossetti, che rilegge alcuni passi di *Happening*, l'antologia illustrata curata da Michael Kirby pubblicata in Italia da De Donato nel 1968. Vengono poi mostrate alcune sequenze commentate da una voce fuori campo di *L'uomo ammaestrato* di Michelangelo Pistoletto, riprese alla rassegna di Amalfi *Arte Povera + Azioni Povere* del 1968.

Fabio Mauri, *Il televisore che piange*, 1972. Courtesy: Studio Fabio Mauri

A questo punto della trasmissione interviene Fabio Mauri, preceduto dal suo nome sovraimpresso sullo schermo bianco, spiegando l'importanza dell'happening nel panorama della ricerca artistica contemporanea:

> L'happening: perché è molto importante nella storia dell'arte contemporanea e bisogna capirlo? Perché ha autorizzato, quasi come aprendo una porta, l'arte a cercare sempre nuovi spazi. La Land Art che viene dopo l'happening, in cui addirittura l'artista firma a volte il paesaggio, il paesaggio così com'è o scava una buca in un deserto o firma e sottoscrive alcuni fenomeni naturali con cui ha una simpatia emotiva e fotografa questi momenti per significare che in quel momento avviene l'arte. Questo, come procedimento, deriva esattamente dall'happening.

Dopo un altro stacco si torna al tavolino del bar dove Restany chiede ad Allan Kaprow di illustrare i punti fondamentali dell'happening che si svolgerà il giorno seguente:

> Prima tracciamo una linea bianca quale esiste normalmente nella strada. Le automobili passano sulla linea incessantemente, una dopo l'altra, una dopo l'altra, fino a quando non vi sarà più la linea. Poi andiamo in un campo e le automobili corrono in circolo, intorno, intorno fino a quando non si forma una linea, una strada, una nuova strada. Allora la pittura bianca che stava qui viene ora stesa su questa nuova strada per coprirla e per farla sparire, ma naturalmente accade che questa strada sparisce, ma ne appare una nuova: non una strada per le automobili, ma una strada solo per i pensieri.

Sotto le parole dell'artista scorrono le riprese di *Print-Out*, un progetto promosso dalla Ripartizione iniziative culturali del Comune di Milano nel settembre del 1971, in cui il pubblico è coinvolto in un'azione collettiva che rifiuta i limiti tradizionali tra arte e vita e tra lavoro e gioco, come ha sottolineato Restany[5].

In questo contesto, denso di informazioni, riferimenti e immagini, ha luogo l'happening *Il televisore che piange*, che viene introdotto dalle parole dello stesso Mauri: "Voi che ascoltate avete un televisore. L'happening, ossia l'avvenimento, normalmente è un avvenimento normale, che per la consapevolezza, per averci noi applicato la nostra attenzione, cioè l'artista è chi consuma, chi è intorno all'avvenimento, diventa in qualche modo da normale a eccezionale: è visto, è sottolineato". Sullo schermo bianco riappare il nome di Mauri, seguito dal titolo "il televisore che piange" per poi lasciare spazio solo a un esasperato lamento, che si conclude sulla scritta "THE END". Allusione allo schermo cinematografico e alla 'fine' dello spettacolo, la scritta The End, che appare nelle opere dell'artista dagli anni Cinquanta, rappresenta un "segnale indispensabile per ancorare, agli occhi del pubblico, il punto di vista critico" da cui guardare l'opera o l'azione[6]. Questo rilievo assume anche nell'happening ideato per la Rai, dove la televisione viene privata del suo specifico, le immagini, e investita da un sonoro che lo spettatore non riesce a spiegare:

> Ecco abbiamo fatto un happening. In cosa questo happening somiglia a quelli che vi hanno descritto o che avete visto filmato. Ci sono degli elementi ricorrenti: abbiamo rotto un'azione abituale, usuale, quella della televisione di trasmettere immagini, non trasmettendo altro che il televisore in se stesso. Abbiamo inserito un elemento simbolico. Tutti gli happening sono fortemente simbolici. Il lamento che avete sentito ha questa funzione. È un mio lamento. Terzo punto: io ero sempre qui, dietro lo schermo bianco. E dirò di più: la parte dell'happening che non possiamo registrare più collettiva, più clamorosa è la vostra, di voi che siete a pochi centimetri dallo schermo e tutti i vostri gesti o le vostre frasi nell'accendere un televisore e non vedere, non riuscendo a produrre immagini, queste fanno parte dell'happening. Per ultima cosa, cosa che mi sorprende sempre molto, io sono tra uno schermo che è quello del televisore, uno schermo che può ospitare immagini e tutte le varie emozioni che le immagini possono dare, e uno schermo congelato. Questo è il quadro codice di me che faccio il pittore e lo scultore, con questo schermo bianco con la scritta *The End*, proprio per significare tutte le cose che possono accadere su di uno schermo.

La scritta "THE END" ricompare sullo schermo televisivo chiudendo l'intervento dell'artista e insieme la trasmissione.

Pensato per un pubblico di ragazzi, *Il televisore che piange* provoca una reazione emotiva attraverso un elemento simbolico, il lamento, per creare una nuova consapevolezza nell'osservatore. L'happening è una riflessione più che sul *medium* sull'esperienza mediale, resa trasparente, 'smascherata', attraverso un'analisi dello schermo che viene liberato dalla sua tradizionale funzione rappresentativa e diventa campo di ogni possibile proiezione. Lo schermo bianco, come ha scritto l'artista in un testo del 1989, "non afferma, lascia che su di sé si affermi. [...] Finge di far parte del mondo. È muto, epico, afflitto. [...] Un foglio trasparente tra apparenza e scomparsa"[7]. Lo schermo televisivo è diaframma tra l'apparenza di una realtà che esiste in quanto immagine e la scomparsa di ogni rappresentazione, che apre uno spazio critico, riflessivo in cui si ricostruisce un rapporto trasparente tra chi usa il mezzo televisivo e chi, in un certo senso, lo subisce. Mauri opera un'analisi dei codici della comunicazione televisiva attraverso quello che è il suo "quadro-codice": la telecamera ampliando lentamente l'inquadratura sulla scritta THE END, mostra infatti che questa è parte di un'opera dell'artista che è sempre stata appesa nella stanza dove si sono svolte le riprese, accanto al suo autore. Come ha sottolineato Cesare Vivaldi nel 1969, "a Mauri, uomo di teatro oltre che pittore, non interessa l'immagine rappresentata, non interessa lo spettacolo in se stesso ma la carica rituale di cui lo spettatore si sente investito nell'atto di parteciparvi"[8]. La riflessione dell'artista non si ferma mai al piano della tautologia, dell'analisi puramente linguistica: lo schermo televisivo non è infatti semplicemente annullato ed esibito come spazio vuoto, come diaframma luminoso, ma è caricato di un elemento simbolico, che mette in gioco una relazione. Da circuito chiuso la televisione diventa un circuito aperto che interroga il telespettatore e in un certo senso lo responsabilizza di fronte a ciò che quotidianamente guarda o si aspetta di guardare sullo schermo. Il *medium* televisivo interessa Mauri non tanto per un'analisi dell'immagine di massa o per sperimentare il linguaggio video, ma all'interno di una più ampia riflessione che coinvolge la pittura così come gli altri ambiti di creazione, dalla scrittura teatrale al lavoro editoriale.

Il contesto televisivo in cui avviene l'happening non è indifferente e, anche se *Il televisore che piange* ha una sua forte individualità e ancora oggi continua a interrogarci ogni volta che vediamo i pochi minuti estratti dalla parte finale della trasmissione in mostre o rassegne video, a quel contesto va prestata maggiore attenzione per comprenderne lo svolgimento[9] e per cercare di coglierne il significato nel palinsesto della Rai. Appare significativo infatti che l'happening sia stato ideato per una trasmissione scolastica e possa essere letto in continuità con altre importanti esperienze di ricerca promosse all'interno della programmazione per i ragazzi, molto più aperta alla sperimentazione di nuove forme di divulgazione ed educazione. Si pensi solo a *La fantastica storia di don Chisciotte*, l'originale televisivo di Roberto Lerici dal *Don Chisciotte* di Cervantes, diretto da Carlo Quartucci e allestito nel 1970 con materiali scenici ideati da Giulio Paolini. La messa in scena non nasconde i meccanismi della finzione teatrale e non maschera gli spazi e gli strumenti della televisione, ma coinvolge i ragazzi presenti nello studio televisivo in un esperimento di teatro didattico che riceve un grande apprezzamento tra i giovani telespettatori. Questa riflessione sul linguaggio e sulla messa in scena televisiva si ripropone, in modo diverso, con l'happening di Fabio Mauri del 1972.

Il televisore che piange deve essere inoltre ricondotto all'interno di una collaborazione dell'artista con la Rai che è ben più ampia e variegata e prende avvio dagli anni Sessanta. Nel 1962 Mauri è autore insieme a Daniele D'Anza della trasmissione di spettacolo leggero *Il Giornalaccio*, mentre nel 1963 collabora ai testi per il programma

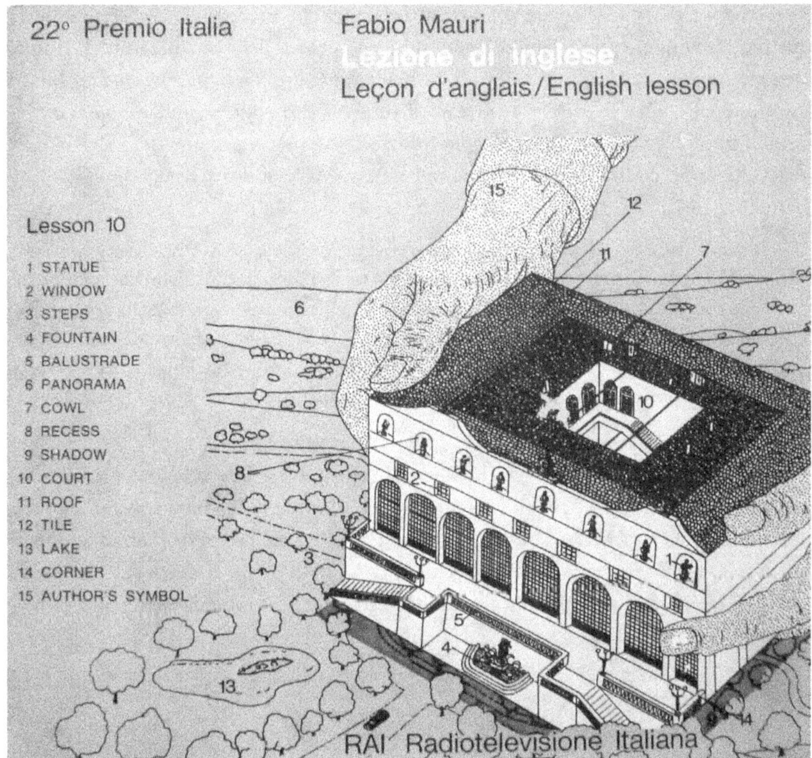

Copertina della pubblicazione dedicata alla partecipazione di Fabio Mauri al *22° Premio Italia* (Rai-Radiotelevisione italiana, 1970)

P.E.P. Piccola Enciclopedia Panelli, come viene ricordato nella breve biografia pubblicata nel volume edito in occasione del *22° Premio Italia* del 1970. Mauri partecipa all'importante rassegna internazionale promossa dalla Rai con l'opera radiofonica *Lezione d'inglese*, che viene trasmessa sul Terzo Programma Radio il 26 ottobre del 1970 nella prima fascia serale[10]. Sulle pagine del "Radiocorriere" si parla di un'opera "interessante, viva, ricca di fermenti [...] un testo che indifferentemente può essere trasmesso alla radio, presentato in televisione, messo in scena in teatro"[11], sottolineando che è stata la radio a offrire per prima a Mauri l'occasione di una realizzazione della commedia, che ne mettesse in evidenza "l'importanza e ne esaltasse la complessità tematica e formale"[12]. La trasposizione radiofonica, curata dal regista Giorgio Pressburger con la stretta collaborazione dell'autore, è un'opera importante non solo per la programmazione Rai di quegli anni, ma anche per il percorso di Mauri e per la storia del testo da lui stesso definito "teatro di parola"[13]. Un testo su cui non è qui possibile soffermarsi, ma che è significativo citare per il rilievo che assume se si pensa alla data della sua prima realizzazione, che precede di ben sette anni la sua più tarda rappresentazione teatrale, sul palcoscenico del Teatro Stabile di Roma, maggiormente menzionata negli studi. Se nell'happening *Il televisore che piange* Mauri "sovverte" il codice televisivo attraverso il suo "quadro-codice", in *Lezione d'inglese* sceglie un "codice elementare di comunicazione", cioè la grammatica, rivivendola nella chiave di "codice nuovo". Come sottolineato dallo stesso artista:

> *Lezione d'inglese* tende a far provare una esperienza della violenza, del male, della morte. Tra l'altro. Ma come presa ciascuna in provetta. Esaminate isolatamente. Fuori dal contesto dei loro motivi che spesso fungono da attenuanti. Lezione d'inglese prevede, invece, un vero orrore per esse. *Lezione d'inglese* è un esercizio di grammatica, supporto per un esercizio concettuale. Spesso è "sperimentale" al modo degli Esercizi Spirituali ideati da Ignazio di Loyola. Le azioni, tra loro, non hanno impianto realistico, casomai allusivo-ironico[14].

La riflessione sulla violenza e sulla morte al centro di *Lezione d'inglese*, ma anche la struttura drammatica per cui gli studenti di queste lezioni di lingua si trovano a vivere, interpretandolo, un Male al di là di qualsiasi spiegazione razionale, verranno infatti sviluppate nelle azioni degli anni successivi come *Che cosa è il fascismo?*, presentato nel 1971 agli Stabilimenti Safa Palatino di Roma a conclusione del seminario *Gesto e comportamento nell'arte oggi* diretto da Giorgio Pressburger.

1. L'happening di Fabio Mauri è stato uno degli argomenti indagati nella mia tesi di dottorato *Artisti e Rai. 1968-1975. La televisione pubblica italiana come spazio d'intervento artistico* (dottorato di ricerca in "Studi Umanistici. Tradizione e contemporaneità", S.S.D.: L-ART/03 – Storia dell'arte contemporanea, Università Cattolica del Sacro Cuore, Milano, ciclo XXVII, a.a. 2013-2014). Sul tema delle collaborazioni tra artisti e Rai relative agli anni presi in oggetto dal convegno mi permetto di segnalare: Mari Chiara, *Giulio Macchi, autore televisivo in dialogo con l'arte contemporanea*, in "Comunicazioni sociali", n. 3, 2016, pp. 503-519.

2. *TVS scuola media superiore. Dizionario. I fatti dietro le parole*, a cura di Giorgio Chiecchi, puntata *Ecologia, Happening*, trasmessa il 22 marzo 1972 alle ore 16:30 sul Canale Nazionale (Identificatore Teca: C15078). La puntata non è digitalizzata nel Catalogo Multimediale Teche Rai. È stata ritrasmessa all'interno della programmazione di RaiSat negli anni Novanta. Ringrazio Mario Gorni, che con l'instancabile e prezioso lavoro di documentazione dell'Archivio Video di Careof, ha facilitato questo studio del programma.

3. Il servizio è trasmesso prima di quello dedicato all'happening.

4. *Dizionario. I fatti dietro le parole*, a cura di Giorgio Chiecchi, puntata *Arte Cinetica*, regia di Velio Baldassarre, testo di Giovanna Dalla Chiesa, data di trasmissione non reperita.

5. Restany Pierre, *L'altra faccia dell'arte*, Edizioni Domus, Milano 1979, ripubblicato in De Domizio Durini Lucrezia, *Pierre Restany. L'eco del futuro*, Silvana Editoriale, Cinisello Balsamo 2005, p. 301.

6. Mauri Fabio, *Note tecniche comunque disorganiche su l'azione "Che cosa è il fascismo"*, 1971, ora in Alfano Miglietti Francesca (a cura di), *Fabio Mauri. Scritti in mostra. L'avanguardia come zona 1958-2008*, Il Saggiatore, Milano 2008, pp. 21-24, in particolare p. 24.

7. Mauri Fabio, *La miserabilità e l'arte*, 1989, in Christov-Bakargiev C. – Cossu M. (a cura di), *Fabio Mauri. Opere e azioni (1954-1994)*, catalogo della mostra (Roma, Galleria Nazionale d'Arte Moderna, 21 giugno – 5 ottobre 1994), Editoriale Giorgio Mondadori, Milano 1994, pp. 96-97.

8. Vivaldi Cesare (a cura di), *Fabio Mauri (1959-1969)*, Studio d'Arte Toninelli, Roma 1969, p. 6.

9. Le descrizioni che accompagnano in alcune pubblicazioni le immagini dell'happening parlano di un'interruzione della trasmissione per un guasto centrale di circa 60 secondi, che avrebbe preoccupato i telespettatori tanto da spingerli a chiamare la Rai per chiedere spiegazioni. Le immagini presentano una sequenza di tre schermate: la prima con il titolo "il televisore che piange", la seconda con il numero sei, che fa parte del *countdown* inserito ad apertura dell'estratto ma non dell'happening, e una terza schermata con la scritta THE END: (cfr. ad esempio la scheda in Mauri Fabio, Io sono un ariano, Volume!, Roma 2009, pp. 116-117). Queste descrizioni riprendono una breve scheda scritta dallo stesso Mauri: "All'interno della trasmissione Happening, curata da Enrico Rossetti, dopo un'esemplificazione storica (Kaprow, Dine) veniva proposto un happening o performance di Fabio Mauri. Comparivano le immagini dell'autore di fronte a uno schermo con la scritta The End. Quindi la trasmissione si interrompeva, come un guasto centrale, per circa 60 secondi. Si sentiva un pianto accorato. Infine tornava sullo schermo l'immagine con la scritta 'Il televisore che piange'. Quindi di nuovo l'autore con il quadro "The End". La camera inquadrava questa scritta. Fine della performance". F.M. [Fabio Mauri], *Il televisore che piange*, in Christov-Bakargiev - Cossu, *Fabio Mauri…*, op. cit., p. 137. In sede di montaggio la Rai non può aver falsato le intenzioni originarie dell'artista perché l'happening ha una struttura molto chiara e si concentra in meno di trenta secondi, dove la parte in cui si vede lo schermo bianco e si sente il lamento occupa poco più di dieci secondi. La critica ha privilegiato e continua a privilegiare una lettura che non considera l'interezza della trasmissione e il contesto televisivo per cui l'happening è stato ideato, come confermato in occasione della mostra *TV 70. Francesco Vezzoli guarda la Rai* organizzata alla Fondazione Prada di Milano, successiva al convegno, ma da segnalare negli atti. Vedi: Christov-Bakargiev Carolyn, "Il mondo finisce non già con uno schianto, ma con un lamento. Il televisore che piange di Fabio Mauri", in *TV 70. Francesco Vezzoli guarda la Rai*, catalogo della mostra (Milano, Fondazione Prada, 9 maggio – 24 settembre 2017), Fondazione Prada, Milano 2017, pp. 531-534.

10. *Lezione d'inglese*, di Fabio Mauri, regia Giorgio Pressburger, in onda sul Terzo Programma radiofonico, il 26 ottobre 1970 alle 19:15.

11. Scaglia Franco (a cura di), *La prosa alla radio. Lezione di inglese*, in "Radiocorriere TV", n. 43, 1970, p. 115.

12. Pisciscelli Salvatore, *Beffarde riflessioni sulla violenza e la morte*, in "Radiocorriere TV", n. 44, 1970, p. 51.

13. Fabio Mauri in Pisciscelli, *Beffarde…*, op. cit., p. 51.

14. Mauri Fabio, *Lezione d'inglese*, in *22° Premio Italia. Firenze, Settembre 1970. Fabio Mauri. Lezione d'inglese*, Rai – Radiotelevisione italiana, Roma 1970, s.p. Ringrazio lo Studio Fabio Mauri per avermi aiutato nella ricerca e per avermi permesso di consultare i materiali bibliografici e audiovisivi conservati nell'archivio dell'artista.

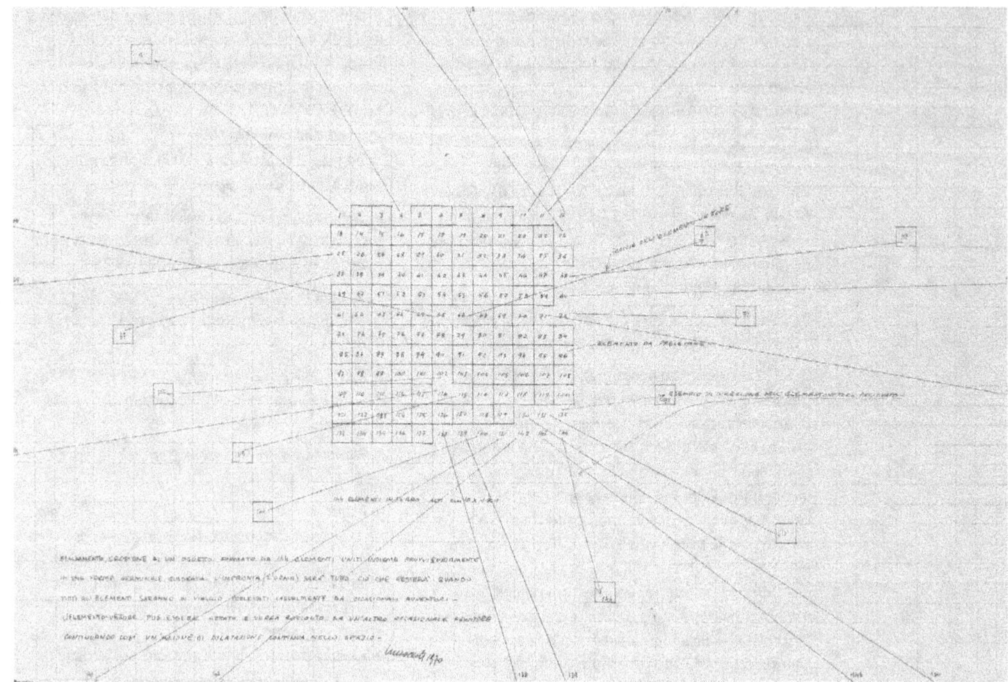

Ettore Innocente, *Sfaldamento, erosione di un oggetto formato da 144 elementi uniti insieme provvisoriamente in una forma germinale quadrata. L'impronta (l'orma) sarà tutto ciò che resterà quando tutti gli elementi saranno in viaggio prelevati casualmente da occasionali avventori. L'elemento vettore può essere gettato e verrà raccolto da un altro occasionale fruitore continuando così un'azione di dilatazione continua nello spazio*, 1970, progetto, cm. 34 x 50, Foto: Fabrizio Fioravanti

Claudio Cintoli, Luigi Di Sarro, Ettore Innocente.
Oggetti e progetti diversamente funzionali

Carlotta Sylos Calò

L'oggetto, nelle varie declinazioni assunte a cavallo tra gli anni Sessanta e i Settanta, si presta a rispecchiare l'attitudine ad agire nel contesto 'sociale' esercitando sul pubblico quella funzione 'stimolante' dell'immaginazione e della critica che costituisce uno dei lasciti più individuanti dell'arte del periodo.

Rileva nel 1967 Alberto Boatto nel suo *Poetiche europee dell'oggettività*, pubblicato nella popolare collana *L'Arte Moderna* dei Fratelli Fabbri: "Ciò che interessa adesso è l'oggetto quotidiano, l'immagine corrente oppure i dati elementari della percezione; ad un rapporto esistenziale col mondo succede un rapporto più oggettivo, fondato sulle azioni del comportamento e sulle attività della percezione visiva"[1].

Alberto Boatto si riferisce nel suo intervento soprattutto a quelle ricerche che considerano la nuova realtà metropolitana, con il connesso universo tecnologico, della comunicazione e dei consumi, un'effettività inalienabile e condizionante da guardare e partecipare scegliendo di fatto quella che, sempre Boatto, definisce "la presa ravvicinata del mondo"[2]. Un'ottica, questa segnalata dal critico, condivisa non solo dalla varie correnti pop, ma anche dalle poetiche programmate, impegnate a rifondare il rapporto estetica-scienza e quello opera-spettatore sull'esperienza ludica, oppure dall'area concettuale o poverista per cui l'oggetto, con la sua corporeità, costruisce l'azione. In effetti gli artisti che guardano all'oggetto in questi anni, pur portando avanti ricerche diverse, hanno in comune un'attenzione alla realtà e all'esperienza che si ricollega al ready made, come oggetto *n'importe quoi* eppure trasfigurante il banale[3], o invece a quella di 'oggetto-processo' inaugurata da Bruno Munari negli anni Trenta con le *Macchine Inutili*, incapaci di fabbricare, di economizzare tempo e denaro, di produrre: «il congegno ideale [per] far rinascere la nostra fantasia, quotidianamente afflitta dalle macchine utili»[4].

Pur conservando estetica e obbiettivi diversi, la concezione delle opere d'arte a cavallo tra i decenni Sessanta e Settanta si ispira a questa utile inutilità e riflette sulla partecipazione del pubblico, sul valore della regola o del caso, sulla processualità degli oggetti, soprattutto, sulla loro capacità di suscitare nuove immagini e metafore in chi ne fa esperienza. Comune è dunque la destabilizzazione dell'esperienza estetica, lo sguardo obliquo al boom economico, alla comunicazione di massa, all'esempio recente delle avanguardie: la metafisica, il surrealismo, il dadaismo, il ready made. In tutti i casi il punto di partenza è il reale con lo scopo di una ricognizione orientata all'esperienza, coerente a una riconsiderazione delle forme del vivere domestico, liberata dalla pura logica industriale e accompagnata da una culturale, come accade parallelamente nel design, animato dalla dialettica linguaggio-metalinguaggio.

In occasione di un suo intervento del 1973 sulla finalità e la funzione del design, scrive Giulio Carlo Argan: "Il progetto non è il progetto di un oggetto, ma di una funzione, di cui la cosa è lo strumento [...] il designer può progettare una sedia, un ferro da stiro o una pentola, ma in realtà progetta sempre la società, descrive un'ideologia"[5].

Per gli oggetti progettati dagli artisti in questi anni accade lo stesso: pur con le dovute variabili si tratteggiano sempre ideologie; poiché l'oggetto non è una forma chiusa ma aperta al reale. Inoltre, aspetto assai interessante, è condivisa, da ricerche dall'apparenza così diversa, la forma di queste riflessioni: quella di appunti, disegni, sistemi, prototipi. Il disegno diventa proprio in questo momento il mezzo capace di restituire i meccanismi e le idee sottese alle opere, la loro qualità analitica o invece onirica, diventa un campo in cui l'immagine è progetto e processo insieme[6]. Così i disegni di oggetti, realizzati o meno poco importa, pensati in Italia tra i Sessanta e i Settanta, restituiscono uno scopo comune: non, è evidente, agire direttamente sulla società come potrebbero, forse, la diffusione su larga scala del design o dell'architettura, ma, non meno essenziale, ripensare il reale, ribaltare il luogo comune, valorizzare la sensibilità del pubblico attraverso l'idea di una realtà corroborata dalla devianza.

Molti sono gli oggetti prodotti da artisti con la medesima dis-funzione: le ricerche di Claudio Cintoli, Luigi Di Sarro e Ettore Innocente ne mostrano esempi diversi. Questi tre artisti, dal percorso difficilmente etichettabile e dall'approccio diversissimo, operanti a Roma negli stessi anni, condividono un interesse per la forma-oggetto e per l'esperienza su cui vale la pena soffermarsi.

Gli oggetti progettati e realizzati da Claudio Cintoli sono soprattutto oggetti onirici. L'interesse dell'artista per questa forma è testimoniata dai suoi diari dove, dal settembre del 1965 alla morte, nel marzo del 1978, le pagine sono affollate di appunti, disegni, collage e schizzi di opere che l'artista realizza negli anni a seguire. Cintoli, giocando sul modello surrealista dell'*objet trouvé* e della funzionalità irrazionale, immagina e costruisce utensili inutili alla pratica, ma utili all'immaginazione, quelli che egli stesso definisce *Inutensili*, connessi alla vasta attività di riflessione e progettazione di cui è ulteriore testimonianza il *Micromegalomane*, VII diario con appunti compresi tra il 1965 e il 1968, pubblicato nel 1971 dalla Galleria Artestudio di Macerata. Spesso derivati da giochi linguistici, prima che dalla manomissione di oggetti del quotidiano, questi *Inutensili* esplicitano la loro dis-funzionalità attraverso la parola che ridefinisce forma e scopo dell'oggetto. Il *Tiroassogno* deriva così da un'ironica sostituzione di vocali e consonanti nel vocabolo 'tiroassegno':

TIROASEGNO

TIROASOGNO

TIROAREGNO

TIROAPEGNO

TIROALEGNO[7].

Solo in un secondo momento l'oggetto è disegnato specificando l'acciaio cromato come materiale, il diametro di 600 mm e la presenza di frecce 'libere' e di altre invece già infilate a marcare contemporaneamente l'inutilità e la particolare personalità di questo oggetto così lontano dall'abitudine. Lo stesso percorso seguono i cucchiai, pensati e schizzati a New York nel 1965, realizzati a Roma due anni dopo in quindici esemplari con il titolo chiarificatore di *Nécessaire del visionario*. Si tratta di oggetti dall'anima surrealista e dalla funzionalità irrazionale, come di cose che abitano un sogno (ci sono il *Biforcaio*, il *Cucchiaio per imboccare i serpenti*, il *Narciso* fatto di specchio, il *Raschia tonsille*, l'*Anticadeaux*, l'*Edmondo*, il *Misterioso*, *Radiografia dell'uovo* e il *Cucchiaio Lampo*) e somigliano molto al cucchiaio rappresentato nel *Dizionario del surrealismo*[8] a conferma del loro scopo: scatenare le forze dell'invenzione e fondare una fisica della poesia[9].

L'idea di oggetto che emerge dalla ricerca di Luigi Di Sarro è del tutto dissimile: quanto Cintoli guarda al Surrealismo, Di Sarro si avvicina all'arte con la mente dello scienziato. Medico e artista dalla personalità poliedrica, in ogni tecnica con cui si cimenta, dal collage, al disegno, dalla pittura alla fotografia, dalla scultura all'azione, dimostra una grande attenzione per il potere germinativo delle forme e, dalle forme, dei concetti. Ben prima del suo *Atlante di morfologia comparata* (1971-1972), dove foto riprese dalla natura sono morfologicamente accostate a opere d'arte, l'artista si interroga sull'oggetto-forma attraverso i media più diversi, come nelle ante di armadio coperte di ritagli di riviste, nel quadro fatto con le risulte del taglio di chiavi, o nei piccoli dispositivi costruiti per proiettare ombre variabili secondo le condizioni di luce (*Senza titolo (collage di riviste)*, 1966-1968; *Senza titolo (scarti seriali in metallo)*, 1971; *Senza titolo (chiodo)*, 1969).

La forma-oggetto usata più a lungo dall'artista è il tetraedro, il solido a quattro facce triangolari equilatere. Presente in numerosi appunti riguardanti gli argomenti più vari, dall'arte alla politica, il tetraedro è sviluppato anche in forma plastica in filo di ferro, oppure progettato in una versione smontabile, per proiettare nello spazio l'azione di quella che Di Sarro definisce la "Macchina linguistica", "la quarta dimensione", "la simmetria rotatoria", "la dinamica del linguaggio", "la polarizzazione culturale"[10], in grado di sostituire alla logica degli opposti quella a quattro poli. Un oggetto-forma, il tetraedro, che l'artista disegna e realizza in diversi prototipi come si trattasse di modelli ad uso scientifico-formale: oggetti quindi aventi lo scopo di analizzare, studiare e comprendere i fenomeni, naturali o umani, associando alla maniera galileiana "sensate esperienze" e "dimostrazioni necessarie"[11], investendo infine la percezione individuale in qualcosa di universale. (*Senza titolo (Sviluppo del tetraedro), 1969*).

Ancora diverso è l'approccio di Ettore Innocente. Caratterizzata agli esordi dalla vicinanza all'ambiente pop romano delle gallerie La Salita e La Tartaruga, la sua ricerca si sposta, alla fine degli anni Sessanta, verso una dimensione che dal quadro all'oggetto tende ormai all'azione. Da sempre attento alla realtà e alla sua esperienza, all'indomani del Sessantotto, l'artista riflette sulla distruzione dei confini dello spazio e dell'oggetto-monumento trasformandoli in qualcosa di vivo e transitorio: esperienze per un pubblico chiamato a fare e agire, a ragionare sulla materializzazione e smaterializzazione delle forme e dello spazio[12]. Nascono da questa riflessione numerosi lavori in cui l'oggetto è smaterializzato nella sua presenza fisica, diluita nello spazio molle dei *Sei bronzi+spazio* (1984), celata in *Progetto per una esposizione* (1978), razionalizzata fino a diventare un dispositivo finalizzato a uno scopo preciso ma immaginifico in *Dove gira l'infinito* (1976), in cui il pubblico, spostando il piccolo parallelepipedo, determina appunto dove far girare l'infinito, oppure espanso al massimo tramite lo spettatore chiamato ad agire fisicamente e mentalmente: "chiunque o comunque dà un'informazione su questo oggetto realizza un mio lavoro", specifica l'artista in numerose didascalie (*L'oggetto è in continua espansione…*, 1982).

Gli oggetti di Innocente, 'materializzanti' o 'smaterializzati', mettono in rilievo il processo, la percezione, l'azione; accrescono il coefficiente critico in un pubblico protagonista del cambiamento della propria dimensione contemplativa in attiva. Un esempio per tutti è il titolo-didascalia che illustra uno dei suoi progetti del 1970: *Sfaldamento, erosione di un oggetto formato da 144 elementi uniti insieme provvisoriamente in una forma germinale quadrata. L'impronta (l'orma) sarà tutto ciò che resterà quando tutti gli elementi saranno in viaggio prelevati casualmente da occasionali avventori. L'elemento vettore può essere gettato e verrà raccolto da un altro occasionale fruitore continuando così un'azione di dilatazione continua nello spazio.* Dunque dopo il quadro, scompare definitivamente anche l'oggetto, o meglio la sua forma contemplativa, poiché l'oggetto si diluisce nello spazio grazie all'azione del pubblico che preleva degli elementi ("vettori", li definisce Innocente) e sfalda e espande la scultura-oggetto in ogni senso e direzione, trasformando sé stesso in "forma e spazio nello stesso tempo"[13].

Gli oggetti pensati da Claudio Cintoli, Luigi Di Sarro, Ettore Innocente[14], confermano così l'attenzione al quotidiano che caratterizza questi anni, espressa attraverso l'oggetto, la percezione e il comportamento e, parallelamente, indicano chiaramente una visione per cui la funzione che decide la forma è l'agire nella società, dentro l'arte.

La visione cui questi artisti fanno riferimento con i loro disegni, oggetti e prototipi è quella dell'utilità trascendente dell'arte. L'arte è, come afferma Herbert Marcuse in quegli anni, "una forza *nella* data società, ma non *della* data società"[15]. Certo, intorno al Sessantotto la questione è spinosa sul piano tanto personale quanto collettivo:

la rotazione del TETRAEDRO.
Traccia il diagramma riunendole
con risonanze cicliche del
RITMO BIOLOGICO

per verificare questo
costruisci un tetraedro di
fil di ferro con una parete
inserita in un cerchio

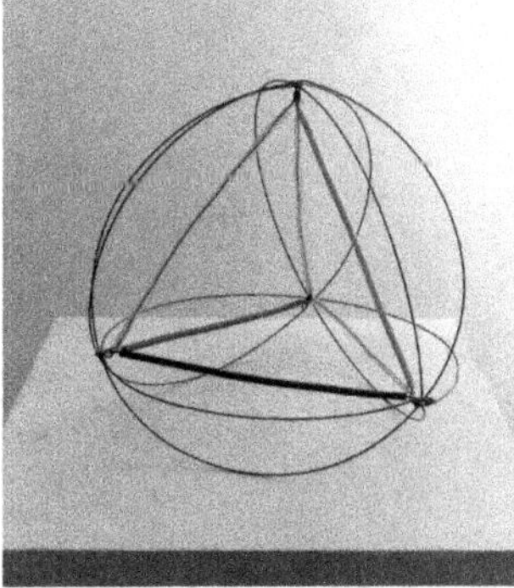

Luigi Di Sarro, *La rotazione del TETRAEDRO*,
progetto, 1969 ca., Archivio Luigi Di Sarro

Luigi Di Sarro, *Globo* (tetraedro inscritto in una
sfera), 1970 ca.

frequentemente ci si domanda, ad esempio, se creare oggetti inutili alla forma e utili al pensiero sia un'espressione sufficiente di impegno, se basti arrivare al pubblico delle mostre per produrre un cambiamento sociale, quale sia davvero l'esito del progettare esperienze e, ancora, se facendo partecipare lo spettatore a un happening si intercettino realmente i suoi bisogni.

Si tratta di questioni legittime, derivate dall'esigenza, allora assai diffusa, di fare critica attraverso l'esperienza personale e quella artistica, *il privato è politico* si sostiene: l'obiettivo per molti è chiarire una posizione antagonista alla realtà viziata dalla società dei consumi, il rischio quello di ricondurre l'oggetto, anche il più creativo, al fantasma della merce. Eppure una possibile risposta a questi quesiti appartiene sempre a quegli anni quando, accanto alle domande, si constata il pericolo del dare un valore d'uso all'arte trascurando la sua intrinseca componente spirituale, non controllabile e circoscrivibile. Sempre Marcuse, parlando di un'arte 'alienante' rileva che anche la più realistica delle opere "costruisce una sua propria realtà" svela ciò che resta non detto, non visto, non udito della vita quotidiana"[16], proprio come suggeriva Munari per le sue *Macchine Inutili*. Dunque l'arte libera la mente e il corpo, abbatte gli schemi, forza i luoghi comuni, fa vedere e sentire di più e l'esperienza degli anni Sessanta e Settanta lo conferma, soprattutto attraverso l'esempio di artisti non impegnati in politica eppure politici, presi nel cammino che indica, proprio nel 1968, Ronald David Laing:

> Noi ci occupiamo di miracoli. Dobbiamo udire, come dice Lorca, la musica delle chitarre di Braque. Per un uomo alienato dalla propria sorgente interiore, la creazione nasce dalla disperazione e finisce nel fallimento; ma quest'uomo non ha percorso la via che conduce alla fine del tempo e dello spazio, alla fine dell'oscurità e della luce: non sa che dove tutte queste cose finiscono, proprio là esse incominciano[17].

L'arte dentro l'arte, possiamo concludere, è una forza politica reale, non uno strumento con un'applicazione pratica. Intenderla in questo senso equivale a desublimarla: per la pratica ci sono macchine e luoghi *utili*, fuori.

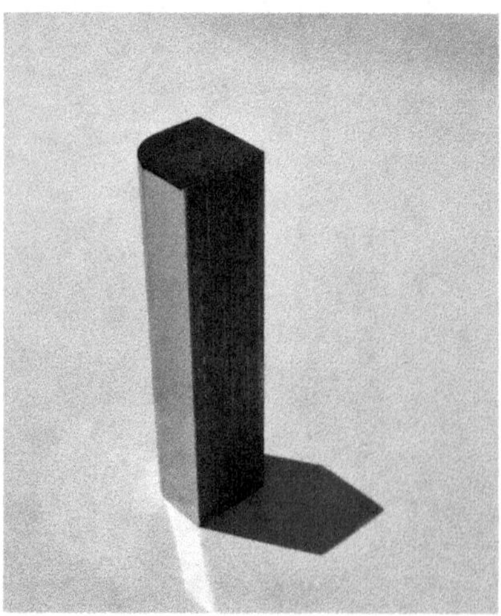

Ettore Innocente, *Dove gira l'infinito*, 1976,
Foto: Giovanni Isopi

1. Boatto Alberto, *Poetiche europee dell'oggettività*, "L'Arte Moderna", n. 113, vol. XIII, 1967, p. 161.

2. Ibi, p. 163.

3. Cfr. Danto Arthur, *La Trasfiguration du banal. Une philosophie de l'art*, Seuil, Paris 1989.

4. Munari Bruno, *Che cosa sono le macchine inutili e perché*, in "La Lettura", Luglio 1937, s.p.; ripubblicato in *Le macchine inutili*, op. cit. in *Arte come mestiere*, Laterza, Bari 1966, p. 15.

5. Argan Giulio Carlo, "I due stadi della critica", in *Dove va l'arte*, "Ulisse", anno XXVI, vol. XII, fasc. LXXVI, novembre 1973, p.19.

6. Sylos Calò Carlotta, "Al di là del visibile. Il disegno italiano 1968/1972", in "Horti Hesperidum", a. 2014, fasc. II, 2014, pp. 231-255.

7. Cintoli Claudio, *Micromegalomane*, Arte studio, Macerata 1971, p.124.

8. Clébert Jean Paul (a cura di), *Dictionnaire du Surréalisme*, Seuil, Parigi 1996.

9. «déprécier les objets et déchainer les forces d'invention [...] la création des Object surréaliste répond a la nécessite de fonder, selon l'expression décisive de Paul Eluard, une véritable physique de la poésie». Durozoi Gérard, *Objets surréaliste, in histoire du mouvement surréaliste*, Hazan, Paris 1997, p. 233

10. Di Sarro Luigi, disegni e appunti manoscritti, fasc. Tetraedro, Archivio Luigi Di Sarro, Centro di Documentazione della Ricerca Artistica Contemporanea Luigi Di Sarro, Roma.

11. Per un approfondimento del problema della conoscenza nel pensiero moderno, negli anni Settanta, si veda: Cotogni Arnaldo (a cura di), *Galileo Galilei e il problema della scienza nel pensiero moderno (1400-1700)*, casa editrice G. D'Anna, Messina, Firenze (1977), 1991.

12. Capaccio A. - Capriccioli F. (a cura di), *Ettore Innocente*, catalogo della mostra (Perugia, CERP arti visive Rocca Paolina), Perugia 2002.

13. Innocente Ettore, appunti autografi, Archivio Ettore Innocente, Sgurgola (VT).

14. Nell'intervento preparato per questo convegno si analizzavano anche lavori di Vincenzo Agnetti, Gianfranco Baruchello, Renato Mambor che per problemi di spazio non è stato possibile inserire nel testo.

15. Marcuse Herbert, *L'arte come forma della realtà*, in AA.VV. *Sul futuro dell'arte*, Feltrinelli, Milano 1972, p. 130.

16. Ibi, p. 131.

17. Laing Ronald David, *The Politics of Experience and The Bird of Paradise*, 1967 [trad.it.: *La politica dell'esperienza e L'Uccello del paradiso*, Feltrinelli, Milano 1968, pp. 42-43].

Desidero ringraziare Paola Douglas Scotti, Giancarlo Cintoli, Isabella Graziani, Simona Innocente e Luca Innocente per avermi accolta nei loro archivi, aver discusso con me il progetto di mostra all'origine di questo intervento e avermi accordato le immagini pubblicate. Un particolare ringraziamento va a Iole Di Sarro, infaticabile anima del Centro per la ricerca artistica contemporanea dedicato a Luigi Di Sarro e generosa ospite di artisti, studiosi e curatori. Questo testo è dedicato ad Alberto Boatto.

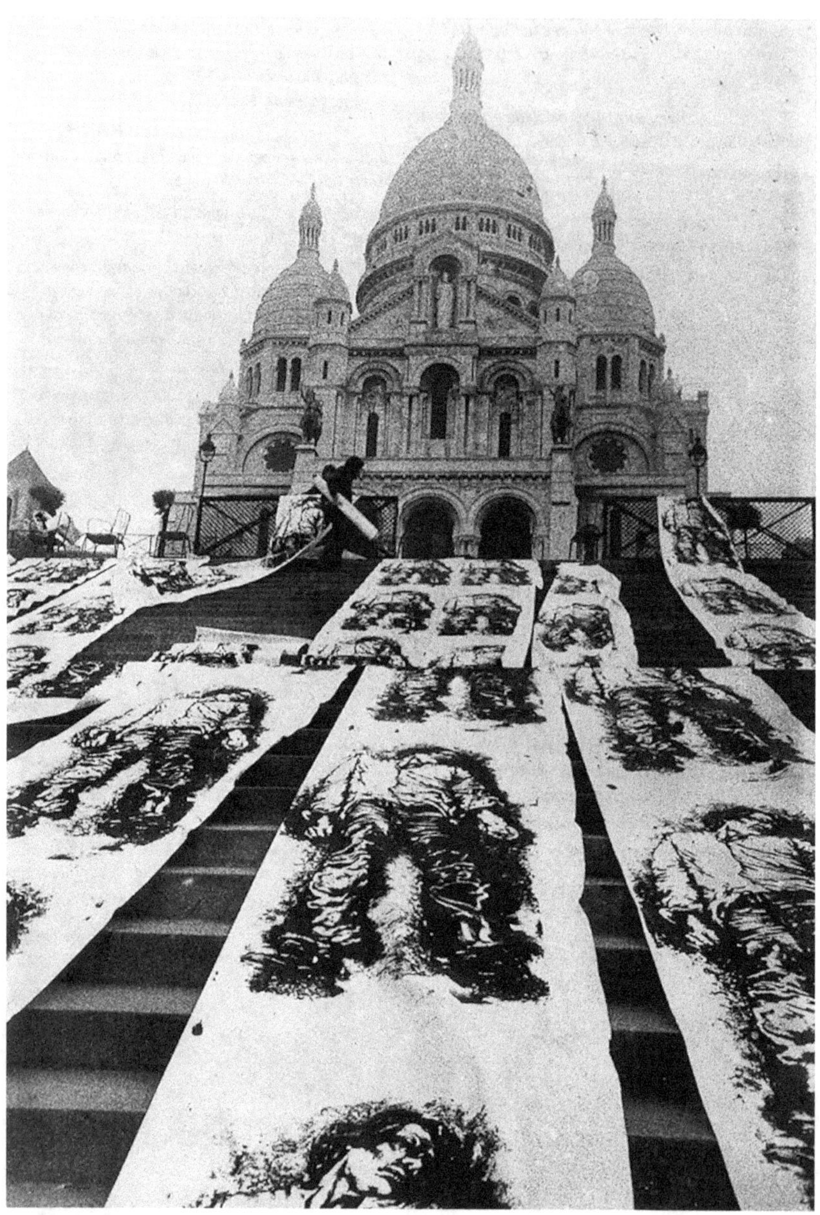

La Comune, Sacré-Coeur, Parigi, 1971

Il corpo politico: i disegni di Ernest Pignon-Ernest nel teatro urbano degli anni Settanta

Luca Avanzini

Nel 1967 Guy Debord scrive in un passaggio della *Società dello spettacolo*:

> Il fatto che il linguaggio della comunicazione si è perduto, ecco ciò che il movimento moderno di decomposizione di ogni arte, il suo annientamento formale, esprime positivamente. Ciò che questo movimento esprime negativamente è il fatto che un linguaggio comune deve essere ritrovato, non più nella conclusione unilaterale che, per l'arte della società storica, arrivava sempre troppo tardi, parlando ad altri di ciò che era stato vissuto senza dialogo reale […], ma […] nella prassi, che riunisce in sé l'attività diretta e il suo linguaggio[1].

Spinto da un'urgenza militante e da riflessioni sull'arte sviluppate nel corso degli anni Sessanta, Ernest Pignon-Ernest ricerca nel decennio successivo un linguaggio in grado di dare all'arte la capacità di comunicare con la realtà del suo tempo e con i suoi attori.

Dall'inizio degli anni Settanta, migliaia di immagini disegnate a carboncino e pietra nera con tratti seicenteschi, serigrafate su fragile carta di giornale e incollate nottetempo sui muri delle case e i pavimenti delle strade, sorprendono al loro risveglio abitanti e visitatori delle più importanti città francesi. Non sono mai firmate e ritraggono sempre dei corpi a dimensione reale. Sono i personaggi di un teatro urbano clandestino che fa riemergere dai luoghi in cui i disegni vengono incollati, come "sudari di carta"[2], le ombre della storia e le contraddizioni del presente in una *pièce* collettiva in cui i drammi degli ultimi, della classe operaia, si offrono allo sguardo dei passanti, spettatori e allo stesso tempo attori di questa rappresentazione.

In questo breve saggio vediamo come Ernest Pignon-Ernest, partendo dalle esperienze politiche e artistiche maturate durante gli anni Sessanta, sviluppa uno spettacolo urbano anti-spettacolare che propone una terza via, tra "moderno" e arte "storica"[3], per colmare il solco che separa arte e quotidiano, uscendo dai confini del quadro e relazionandosi direttamente con l'attualità e i suoi attori, nello spirito del "mandato sociale" majakovskijano[4].

Ernest Pignon-Ernest cresce in una famiglia operaia nella Nizza gaullista del dopoguerra, dove l'unico punto di ritrovo per "quelli che cercavano di fare qualcosa di nuovo"[5] è il negozio di dischi usati di Benjamin Vautier, Ben, che all'inizio degli anni Sessanta diventa un laboratorio di riflessioni neo-dada sulla nozione di arte. Pignon, per canto suo, giovane pittore autodidatta appassionato di Picasso e di El Greco, vi incontra le riflessioni Fluxus del "tutto è arte"[6], ma anche la sua futura compagna, Yvette Ollier, giovane attrice teatrale, e il poeta Daniel Biga, con il quale si appassiona di poesia e teatro e compie un viaggio in Spagna e in Italia sulle tracce dei grandi maestri della pittura. Nel 1962, reclutato nell'esercito francese, vive la liberazione dell'Algeria da occupante, tornando a Nizza con una nuova coscienza politica, "di classe"[7], e il sentimento della necessità di un'arte, sull'esempio picassiano di *Guernica,* che non si limiti ad una riflessione interna e autotelica ma che affronti i grandi temi socio-politici del suo tempo.

Nel 1967, per tramite di un vecchio commilitone, Pignon rimane folgorato ad Avignone dalla rappresentazione dei drammi del Vietnam messa in scena dal teatro militante di André Benedetto. Inizia a realizzare le scenografie dei suoi spettacoli, dipingendo figure umane in scala 1:1 che cercano una relazione formale, dialettica, con gli attori in scena. Con Benedetto, Pignon conosce l'impegno di Majakovskij, il teatro della crudeltà di Antonin Artaud con la centralità dell'azione e del corpo e la sua declinazione avanguardista nel *Living Theater.* Lavorando nel suo teatro approfondisce anche la sua cultura politica mettendo in scena spettacoli su Rosa Luxemburg e alcuni passaggi del Capitale di Marx[8]. Negli stessi anni, vive disegnando manifesti teatrali e le copertine di un settimanale della sezione nizzarda del Partito Comunista Francese cui aderisce nel 1968, in controtendenza rispetto alle inclinazioni gauchiste maggioritarie tra i moti studenteschi.

Tra "movimento moderno" e arte "storica":
una nuova figurazione fuori dal quadro

Nel 1965, affittato un atelier in un villaggio della Provenza in una ricerca romantica e solitaria di una nuova *Guernica,* mentre dipinge su grandi tele temi di attualità in forme espressioniste ispirate a El Greco e Picasso, Pignon è colpito dalla notizia che a quaranta chilometri dal suo atelier, sul pianoro di Albion, il governo guidato da De Gaulle ha programmato di installare dei missili e una base aerea della forza di dissuasione nucleare. In un'intervista rilasciata a Marcelin Pleynet, Pignon racconta:

> C'era in tutta la regione una grande inquietudine, una mobilitazione, un rigetto. René Char aveva scritto *La Provence point oméga,* illustrato da Picasso. [...] È stato cercando dei documenti, per capire meglio il problema, che ho scoperto queste foto provocate dal lampo nucleare [ad Hiroshima], l'ombra di questi uomini di cui non resta che una traccia, il profilo "foto-inciso" sul muro dalla bomba. Mi sono ispirato a questo segno nero, ne ho tagliato degli stencil e li ho dipinti sulle strade della regione. Il mio primo intervento con

un'immagine di un uomo nella natura è stato con questi stencil, verso il 1966. [...] Con i soli mezzi del quadro, quale che fosse il suo formato, avevo l'impressione che fosse impossibile pensare di poter esprimere anche solo un poco di quello che significava il nucleare [...][9].

In una sorta di happening, di cui non si conserva nessuna traccia documentaria, Pignon sviluppa una prima forma di intervento diffuso e *site specific*, in cui un segno - non è ancora il corpo dell'uomo ma la sua ombra - stigmatizza un luogo rivelandone poeticamente, con la sua carica simbolica, le realtà e le potenzialità implicite: un *ready-made* invertito in cui un segno artistico fa della realtà la rappresentazione della sua natura nascosta. L'uscire dai limiti del quadro, manifesto *anti-art* Fluxus[10], viene interpretato da Pignon in senso politico, senza sopprimere il *medium* dipinto, come un modo per trattare i grandi temi dell'attualità dove nascono e le persone li vivono.

Dopo le esperienze teatrali con Benedetto, nel 1971 Pignon trova tutti gli elementi della sua drammaturgia urbana, quando, invitato da una galleria belga a lavorare sull'anniversario dei cento anni della Comune di Parigi, declina la proposta e interviene direttamente nei luoghi in cui le utopie di quella rivoluzione erano state represse nel sangue. Nel mese di maggio di quell'anno, duemila serigrafie sorprendono gli abitanti di Parigi facendo riaffiorare nei luoghi dei massacri i corpi della rivolta. Cristi mantegneschi adagiati su lenzuola di carta ricoprono i gradini del *Sacré Coeur*, riesumando i martiri della Comune e le loro aspirazioni espiate in fretta e furia con la costruzione della basilica. Decine di corpi esanimi ricadono anche sui gradini dell'ingresso della *Metro Charonne*, dove un gruppo di manifestanti contro la guerra algerina era stato assassinato dalla polizia durante un corteo nell'ottobre del 1962. Utilizzando una figurazione citazionista dell'arte "storica"[11], Pignon disegna un'immagine che carica di senso incollandola in luoghi densi di memoria, in una messa in scena coscienziosa che gioca con il tempo della città creando sovrapposizioni semantiche tra lotte del passato e lotte del presente e che coinvolge in un "moderno"[12] happening iconoclasta i suoi abitanti, costretti a camminare sui corpi dei martiri della storia nei loro percorsi quotidiani.

Mentre è a Parigi per l'intervento sulla Comune, Pignon conosce Henri Cueco e diversi esponenti della nuova figurazione politica che lo invitano a partecipare al *Salon de la Jeune Peinture* sul tema "il lavoro e le lotte"[13]. La proposta di Pignon è in controtendenza rispetto a quella degli altri partecipanti e tende a denunciare il "ghetto della *Jeune Peinture*"[14]. In un'intervista rilasciata a Marie Odile Briot racconta:

Non c'era al Grand Palais [...] nessuna relazione con la realtà [dei lavoratori]. [...] Bisognava prendere in considerazione questa divisione: Salone di Pittura / Mondo del lavoro [...] farne la struttura stessa del mio intervento, e soprattutto non fare "come se", nel Grand Palais, fossi nel cuore delle lotte. [...] La simultaneità, era la sola cosa in comune tra il mondo del lavoro e il Salone e affermarlo significava assumerne la divisione. [...] dal 22 novembre al 5 dicembre al Grand Palais: Salone della Jeune Peinture; dal 22 Novembre al 5 dicembre nelle fabbriche, negli atelier, nei cantieri: 156 morti, 9700 mutilati...[15]

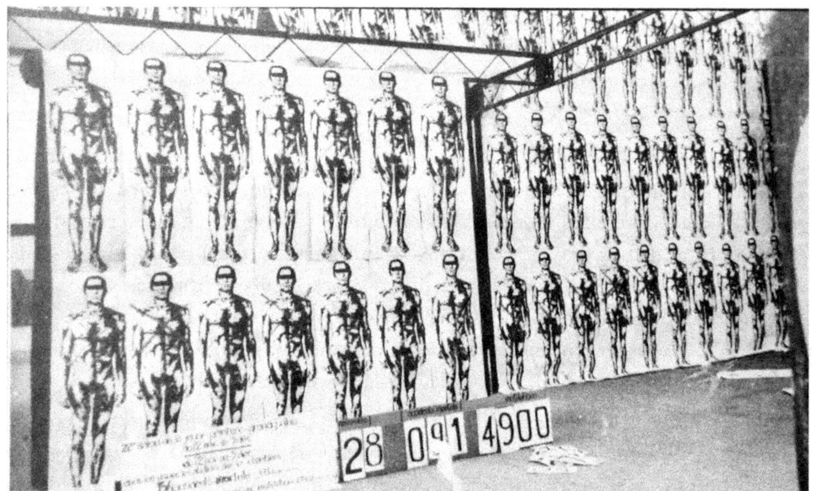

Immagine realizzata con i lavoratori del Dauphiné, Grenoble, 1976

Pignon realizza 156 serigrafie di uomini anonimi, e ogni giorno, riferendosi alle morti bianche avvenute in Francia nello stesso lasso di tempo secondo una statistica, ne sbarra tredici con pittura rossa. Alla fine della mostra, tutti i corpi sono segnati da una grande croce rossa.

Una nuova comunicazione: l'artista, il "mandato sociale" e la classe operaia

Per colmare la divisione con il "Mondo del lavoro"[16], secondo Pignon l'arte deve passare per una riflessione profonda non solo sul contenuto del suo messaggio, ma anche sulla forma della sua trasmissione e sulla natura della relazione tra il suo emittente, l'artista, e i suoi destinatari, la classe operaia. Dopo le esperienze parigine del 1971, Pignon sviluppa una serie di interventi che fanno il punto su questi problemi, relazionandosi con la realtà secondo due modalità: ricercando un messaggio e una pratica condivisa con la comunità destinataria delle sue immagini e reagendo agli eventi che segnano l'attualità del suo tempo. In entrambi i casi l'esigenza è la stessa: rispondere a quello che Majakovskij definisce "mandato sociale" dell'arte: un mandato dove nessuno fa una domanda esplicita, ma che nasce dalla sensibilità dell'artista a esplicitarne la necessità latente nella società[17].

L'incontro con gli esponenti della *Jeune Peinture* conferma a Pignon la sua distanza dalla loro iconografia politica e che la risposta alle loro domande "forti e radicali"[18] deve essere trovata al di fuori dei limiti del mondo dell'arte a contatto con operai e lavoratori. Nel 1974 a Le Havre, nel 1975 a Avignone, nel 1976 a Calais e nel 1978 a Grenoble, con l'appoggio delle *Maisons de la Culture*, allora in piena attività culturale,

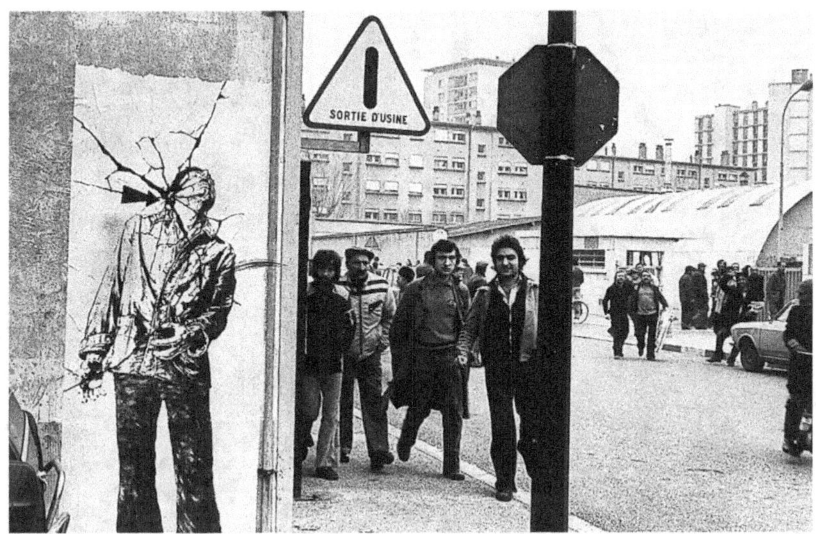

Immagine realizzata con i lavoratori del Dauphiné, Grenoble, 1976

Pignon sviluppa un lavoro di ricerca collettiva organizzando dei laboratori di immagini in cui vengono coinvolti sindacati e comitati di fabbrica. "L'idea" racconta Pignon "era di lavorare a un'opera che non fosse definita a priori, ma che nel processo della sua creazione rendesse evidente la necessità della sua presenza. L'opera era necessaria, ma prima di realizzarla non se ne aveva la coscienza"[19]. Stabiliti i rapporti con le istituzioni culturali cittadine, gli incontri di Pignon sono multipli. Prima con i rappresentanti dei comitati di fabbrica e i sindacati, poi con i lavoratori interessati al progetto, dapprima diffidenti nei confronti dell'artista 'intellettuale' sospettato di voler parlare al posto dei lavoratori, poi affascinati dalla personalità di Pignon e trasportati dalla coscienza di appartenere alla stessa classe[20]. Pignon prima spiega il suo *modus operandi*, poi stimola il dialogo per arrivare all'espressione di una problematica su cui lavorare collettivamente: a Le Havre la parcellizzazione della città ricostruita dopo la guerra, ad Avignone lo sfruttamento degli immigrati, a Calais la disoccupazione, a Grenoble l'usura a lungo termine prodotta dal lavoro in fabbrica sul corpo. Frutto di settimane di discussione e di lavoro, il disegno di Pignon è il risultato di una ricerca collettiva che l'artista traduce con la sua sensibilità e il suo *savoir faire* in un segno visivo. Emittente e ricevente co-costruiscono un messaggio di gruppo, che appartiene al primo tanto quanto ai secondi, come poi alla città e ai suoi abitanti una volta serigrafato e incollato collettivamente sui suoi muri. Per parafrasare le parole di Godard, la realizzazione di immagini politiche lascia spazio al realizzare immagini "politicamente"[21].

A questi interventi collettivi se ne affianca una serie che interpreta il "mandato sociale"[22] come denuncia individuale di questioni collettive. *Urgente gridare* si intitola

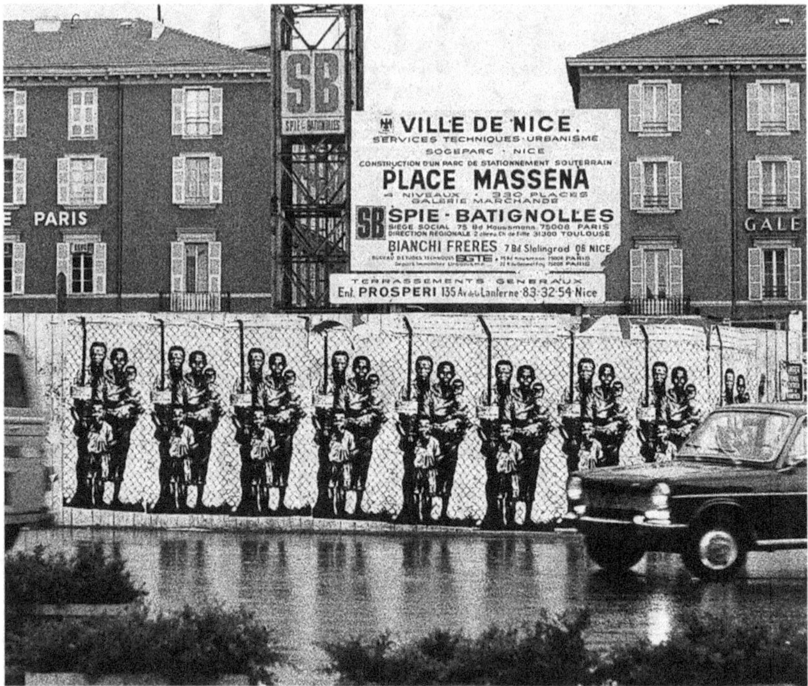

Gemellaggio con Città del Capo, Nizza, 1974

la raccolta delle poesie rivoluzionarie di Benedetto pubblicata nel 1966[23]. Potrebbe avere lo stesso titolo la rivolta che spinge Pignon a reagire alle campagne anti-abortiste del 1975, agli sfratti del Marais del 1978, così come al gemellaggio della sua città natale, Nizza, con Città del Capo, allora capitale mondiale dell'Apartheid, nel 1974. La notte prima della visita ufficiale della nazionale di rugby sudafricana, invitata dal Comune nizzardo per sigillare l'amicizia politica, Pignon insieme a una squadra di amici incollatori, tappezza la strada che il corteo giubilatorio avrebbe percorso il giorno seguente con un'immagine ripetuta centinaia di volte: una famiglia africana separata dalla strada da una rete di filo spinato. L'immagine è semplice, realista, e si oppone volutamente nella sua dignità alla violenza subita dal popolo sudafricano. Dice Pignon: "la collera mi avrebbe portato verso un espressionismo rabbioso, ma [...] se avessi disegnato delle persone torturate, non sarebbero state più delle persone. L'immagine sarebbe stata evacuata come distante dalla nostra realtà. Era necessario che la gente capisse a cosa ci si associava, cosa si nascondeva dietro questo gemellaggio"[24]. Il disegno, facendosi segno, viene dunque strutturato in base alla ricezione del destinatario del messaggio.

Conclusione

Nell'*Ordine n°2 all'armata delle arti*, Majakovskij parla della necessità di creare "nuove forme" per rispondere a una nuova domanda della società[25]. Ne *Il teatro e il suo doppio*, Artaud afferma: "Bisogna farla finita con questa idea dei capolavori riservati a una presunta élite e incomprensibili alla folla. [...] Oggi non è più sulla scena che dobbiamo cercare il vero, ma per strada [...] lo spettatore è al centro, mentre è lo spettacolo che lo circonda"[26].

Per riprendere i termini utilizzati nella *Società dello spettacolo*, Pignon sviluppa negli anni Settanta un linguaggio che da una parte fa proprie le istanze dell'arte "moderna"[27], rifiutandone però l'annientamento formale e i limiti di incomunicabilità, e dall'altra riprende le forme dell'arte "storica"[28] al fine di trovare una nuova via di comunicazione con le persone comuni, che di quell'arte apprezzavano proprio la bellezza e la comprensibilità: una figurazione che esce dal quadro, declinata "politicamente"[29] nella "prassi"[30] del vissuto quotidiano e non "a posteriori"[31] come rappresentazione di qualcosa già passato.

Il corpo umano disegnato a grandezza naturale è il segno di questo linguaggio, minimo comune denominatore di tutti gli uomini e archetipo capace di esprimere le istanze del corpo sociale, politico, della classe operaia. Il risultato è un'arte urbana in cui la realtà e la sua rappresentazione si fondono in un teatro barocco che, per riprendere la definizione dell'"arte del cambiamento" proclamata da Debord, "sceglie la vita contro l'eternità"[32].

1. Debord Guy, *La società dello spettacolo*, Baldini&Castoldi, Milano 2015, p. 164.

2. Buonuomo Michele, "Sudari di carta, sguardi di pietra", in "Il Mattino", a. XCVII, 19 aprile 1988, p. 18.

3. Debord Guy, op. cit., p.164.

4. Majakovskij Vladimirovič Vladimir, *Come far versi*, Editori riuniti, Roma, 1961.

5. "Tutti quelli che cercavano di fare qualcosa di nuovo andavano da Ben la sera: Bernard Venet, Martial Raysse, Arman, Malaval, Le Clézio, Biga [...]". Pignon-Ernest Ernest, intervista rilasciata all'autore, lunedì 3 ottobre 2016, Nizza. Testo originale: "Tous les gens qui cherchaient à faire quelque chose de nouveau allaient chez Ben le soir : Bernard Venet, Martial Raysse, Arman, Malaval, Le Clézio, Biga [...]".
6. Ibidem. "Ben diceva "tutto è arte" [...] nel 1960 [...] stravolgeva un po' di cose".

Testo originale: "Ben [...] il disait [...] «tout est art» [...] en 1960 [...] il bousculait pas mal de choses ".

7. Ibidem. Testo originale: "[...] de classe".

8. Nel 1970 Pignon lavora un anno intero con André Benedetto sulle scenografie di *Emballage... Alexandre Zacharie, l'homme qui ne possède rien que lui-même se vend*, pièce che ambienta alcuni passaggi del *Capitale* di Marx nel quotidiano operaio di Le Havre, e di *Rosa Lux*, spettacolo incentrato sulla rivoluzionaria tedesca.

9. Pleynet M. - Pignon-Ernest E., *L'homme habite poétiquement*, Actes Sud, Arles, 1993, pp. 31-32. Testo originale: "Il y avait dans toute la région une grande inquiétude, une mobilisation, un rejet. René Char avait écrit *Provence Point oméga*, illustré par Picasso. [...] C'est en cherchant des documents pour mieux comprendre le problème que j'ai découvert ces photos provoquées par l'éclair nucléaire, l'ombre de ces hommes dont

il ne reste que cette trace, cette silhouette
« photogravée » dans le mur par la bombe. Je
me suis inspiré de ce signe noir, j'en ai découpé
des pochoirs et je l'ai bombé sur les routes de la
région. Ma première intervention avec une image
d'homme dans la nature, c'était ces pochoirs,
vers 1966. [...] J'avais l'impression que c'était
dérisoire sur un tableau, quel qu'en soit le format,
de penser pouvoir exprimer un peu de ce que
signifiait le nucléaire [...]".

10. Maciunas George, *Fluxus Manifesto,* 1963.

11. Debord Guy, op. cit., p.164.

12. Ibidem.

13. La ventiduesima edizione del *Salon de la
Jeune Peinture* si tiene dal 22 novembre al 5
dicembre 1971 presso il Grand Palais di Parigi.

14. Pignon-Ernest Ernest, intervista rilasciata
all'autore... op. cit. Testo originale: "[...] le ghetto
de la Jeune Peinture".
15. Briot M.O. - Humblot C. (a cura di), *Ernest
Pignon-Ernest: la peau des murs*, Limage, Paris,
1980, pp. 40-41. Testo originale: "Il n'y avait pas
au Grand Palais [...] l'ancrage au réel [...]. [...] il
fallait assumer cette coupure: Salon de Peintu-
re/Monde du travail. [...] en faire la structure
même de mon intervention. Surtout ne pas faire
« *comme si* », au Grand Palais, tu étais au coeur
des luttes. La simultanéité, c'était à la fois la
seule chose en commun, si on peut dire, entre le
monde du travail et le Salon, l'affirmer c'était en
même temps assumer la coupure. [...] du 22 Novembre au 5 Décembre au Grand Palais, Salon de
la Jeune Peinture, du 22 Novembre au 5 Décembre dans les usines, les ateliers, les chantiers, 156
morts, 9700 mutilés...".

16. Ibidem.

17. In *Come far versi*, parlando delle cinque
componenti fondamentali per dare avvio a
un lavoro poetico, Majakovskij scrive: "primo:
la presenza nella società di un problema la
cui soluzione è concepibile solo con un'opera
poetica: il mandato sociale". Ernest Pignon-Ernest
in Briot M.O. - Humblot C. (a cura di), op.cit., p.
120. Testo originale: "Dans "Comment faire des
vers", parmi les cinq données indispensables au
début d'un travail poétique, Maïakovski écrit:
'premièrement: l'existence dans la société d'un
problème dont la solution n'est imaginable que
par une œuvre poétique: la commande sociale' ".

18. Pignon-Ernest Ernest, intervista rilasciata
all'autore... op. cit. Testo originale: "fortes et
radicales".

19. Ibidem. Testo originale: "L'idée c'était de
travailler sur une œuvre qui n'était pas définie a
priori, mais dont le processus de création faisait
naitre le besoin. L'œuvre était nécessaire mais on
ne le savait pas".

20. Cfr. interviste con alcuni partecipanti degli
atelier collettivi organizzati da Pignon in Briot
M.O. - Humblot C. (a cura di), op.cit.

21. Cfr. Godard Jean-Luc, "What is to be done?",
in "Afterimage" n.1, aprile 1970.
22. Cfr. nota 17.

23. Benedetto André, *Urgent crier*, R. Morel,
Revest Saint-Martin, 1966.

24. Briot M.O. - Humblot C. (a cura di), op.cit.,
p. 73. Testo originale: "Moi, la colère ça me
pousserait plutôt vers un expressionnisme rageur;
mais [...] si j'avais dessiné des gens torturés, ils
n'étaient déjà plus des gens. L'image aurait été
évacuée comme étrangère à notre réalité, il fallait
que ce soit de plain-pied, comme pris en flagrant
délit: Voilà à quoi on nous associe, voilà ce que
cache ce jumelage".

25. "Mentre ci perdiamo in dispute, cercando
il senso recondito, «Dateci nuove forme!» è
il lamento che passa per le cose". Majakovskij
Vladimirovič Vladimir, *Ordine n° 2 all'armata
delle arti*, 1921, in Spendel Giovanna (a cura
di), *A piena voce: poesie e poemi / Vladimir
Vladimirovič Majakovskij*, A. Mondadori, Milano
2013, p. 83.

26. Artaud Antonin, *Il teatro e il suo doppio*,
Einaudi, Torino, 2000, pp. 191-198.
27. Debord Guy, op. cit., p. 164.

28. Ibidem.

29. Cfr. nota 21.

30. Debord Guy, op. cit., p. 164.

31. Ibidem.

32. Ibidem.

Un esperimento di rifondazione co-operativa: *Operazione Roma Eterna*, 1974-1976

Sara Catenacci e Elena Drovandini

Iniziata nel 1974, la vicenda di *Operazione Roma Eterna* può essere considerata la storia di una progettazione, durata tre anni, che si tradusse solo in parte in azione concreta[1]. Questa manifestazione artistica, dal tema *Proposte progettuali e azioni d'intervento e di interpretazione urbana su e in Roma*, doveva esser articolata in due parti distinte e complementari. La prima, dal titolo *Proposte progettuali d'intervento e d'interpretazione urbana*, consisteva in interventi artistici immaginativi sulla Roma monumentale e turistica, puramente inventivi, volutamente irrealizzati per preservarne la libertà e la carica fantastica o ironica. La seconda parte, *Azioni di intervento e interpretazione urbana nel Quartiere Testaccio*, corrispondeva, invece, a un momento di rapporto concreto con la città. Era qui chiesto agli artisti di allargare la propria pratica individuale per confrontarsi e dialogare con la realtà urbana di Roma, attivando delle azioni di "co-operazione" capaci di scardinare il rapporto unilaterale "artista-spettatore" (o 'operatore-fruitore' nel lessico di allora) e tentare di renderlo paritario[2].

Lo scopo della manifestazione non era abbellire o decorare la città, quanto agire insieme ai suoi abitanti per avviare dei processi d'indagine 'conoscitiva' (di esplorazione e conoscenza dei luoghi e dei loro residenti) e 'emancipativi' (capaci di attivare, da questa conoscenza, delle proposte autonome di azione). Per questo fu scelto il quartiere Testaccio, una zona periferica del centro storico, compresa tra il Tevere e l'ex area industriale di Ostiense, con una forte connotazione popolare e un vivace attivismo "di base". Era tuttavia prevista anche la possibilità di estendere gli interventi in zone contigue, o con problematiche analoghe. L'intera manifestazione doveva chiudersi nel 1977 con una grande mostra presso il Palazzo delle Esposizioni, che non fu mai realizzata[3]. I documenti di alcune delle azioni progettate, o in parte avverate, furono esposti dal critico romano Enrico Crispolti alla Biennale di Venezia nel 1976, all'interno della mostra *Ambiente come sociale*, coordinata da Raffaele De Grada e Crispolti stesso, che costituì la partecipazione italiana alla rassegna veneziana di quell'anno[4].

Genesi di un percorso militante:
da Volterra 73 *a* Operazione Roma Eterna

La vicenda progettuale di *Operazione Roma Eterna*, divisa in un primo periodo di discussione e ideazione, tra 1973 e 1974, e di avvio operativo, rimasto incompleto, tra 1975 e 1976, s'inseriva nel percorso di critica militante di Crispolti. Un percorso da lui stesso ripreso nelle sue narrazioni biografiche, prima fra tutte la raccolta 'in progress' *Arti visive e partecipazione sociale*, che documentava le attività del critico a partire dall'organizzazione della mostra *Volterra 73* fino all'esposizione veneziana *Ambiente come sociale*, cui doveva seguire inoltre un secondo volume, a testimonianza delle esperienze successive alla Biennale fino all'estate del 1977[5].

L'ideazione dell'*Operazione* romana risaliva, dunque, all'indomani di *Volterra 73*, la mostra che si chiuse a metà settembre 1973 e che, nelle ricostruzioni del critico, rappresentò l'avvio ideale della sua ricerca di modi e committenze alternative per l'arte nello spazio urbano. A Volterra Crispolti era stato chiamato dall'amministrazione locale per coordinare una rassegna sull'alabastro, dal chiaro intento promozionale, soprattutto turistico. Il critico colse invece l'occasione per sperimentare un metodo 'democratico' per creare una manifestazione artistica, che si muoveva per indagini (territoriali), aggregazione di persone e documenti (assemblee, interviste, film o video) e collaborazioni tra enti e associazioni già esistenti sul territorio e artisti partecipanti.

L'interesse di Crispolti per il ruolo che la creatività avrebbe potuto ricoprire nell'arena pubblica risaliva alle sue esperienze di didattica laboratoriale con gli studenti dell'Accademia di Belle Arti di Roma successive al Sessantotto e, soprattutto, alla redazione, insieme allo scultore Francesco Somaini, del volume *Urgenza nella città*[6]. Pubblicato nel 1972, il libro presentava sculture, progetti e schizzi dell'artista per interventi scultorei a scala urbana, la cui poetica era formalizzata nel testo del critico romano. Qui Crispolti non si limitò a chiarificare le proposizioni dello scultore riguardo al rapporto tra opera, architettura e città, ma realizzò un vero e proprio saggio programmatico. Riprendendo il noto libro dell'antropologa e attivista americana Jane Jacobs, *Vita e morte delle grandi città* (Einaudi 1969)[7], ripercorse gli studi di sociologia urbana (Patrick Geddes, Lewis Mumford), le teorie di Le Courbusier e l'opposizione tra la tendenza allo smembramento di aree e funzioni della città e quella alla sua riqualificazione interna, alla ricerca di un nuovo equilibrio "ecologico" responsabilmente progettato[8]. Unendo le considerazioni dell'attivista americana sul 'capitale sociale' delle relazioni umane all'interno di quartieri e comunità urbane a quelle de *Il diritto alla città* (Marsilio 1970) di Henri Lefebvre, Crispolti invocò per l'intervento artistico nello spazio pubblico, come per il progetto urbano democratico, un ruolo di "autorappresentazione" delle comunità cittadine, contestatario rispetto allo *status quo*. Un 'destino antico'[9] per l'opera pubblica, piuttosto che di ricerca avanguardistica o utopistica, da realizzarsi tuttavia non come espressione di poteri o visioni imposte 'dall'alto', ma come 'critica operativa'[10], azione 'realistica' interna alle dinamiche della città contemporanea.

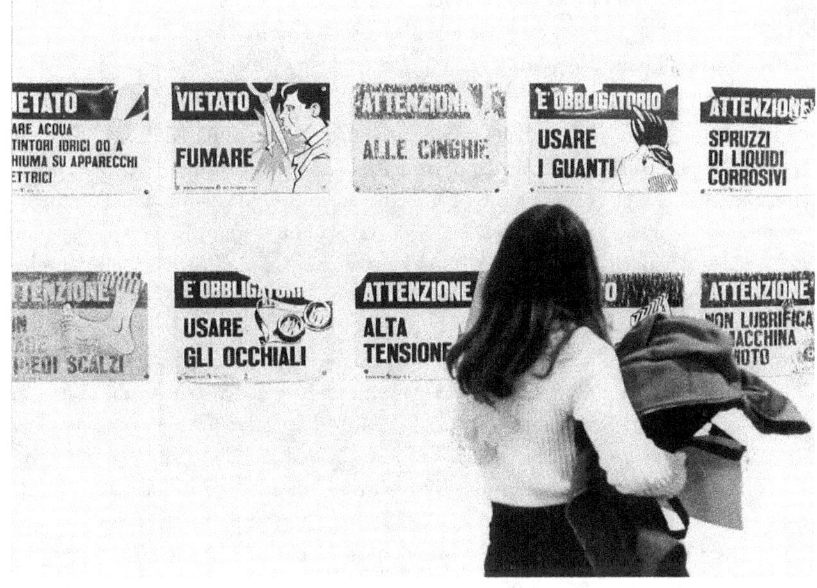

Rapporti all'Ostiense, mostra presso la Galleria L'Alzaia, 3-20 dicembre 1975.
Archivio Crispolti Arte Contemporanea, Roma

Già in questo libro del 1972, il critico d'arte prendeva le distanze sia da interventi artistici estemporanei (riferendosi al Nouveau Réalisme, a Christo e Jeanne-Claude, o agli happening di Allan Kaprow e Fluxus), meramente critico-ironici (Claes Oldenburg) o immaginativi (Jean Dubuffet), sia da rassegne che giudicava come eventi sostanzialmente unilaterali e spettacolari (come *Campo urbano* a Como nel 1969)[11]. Si può sostenere che le manifestazioni che organizzerà, o tenterà di realizzare, nel corso degli anni Settanta si svilupperanno come declinazioni personali delle teorie di rigenerazione urbana *grassroots*, principalmente americane, nel contesto delle sfaccettate realtà che andavano moltiplicandosi in Italia[12]. L'approccio "dialogico" promosso da Crispolti si rivolse, infatti, dal 1973 in poi, alle amministrazioni progressiste di piccoli centri, alle recenti circoscrizioni o comitati di quartiere cittadini, ad associazioni locali della sinistra parlamentare o civili (Case del Popolo, circoli ARCI, Feste de L'Unità, cooperative di artigiani o lavoratori), a università, accademie e scuole, piccoli laboratori indipendenti di teatro e "animazione"[13].

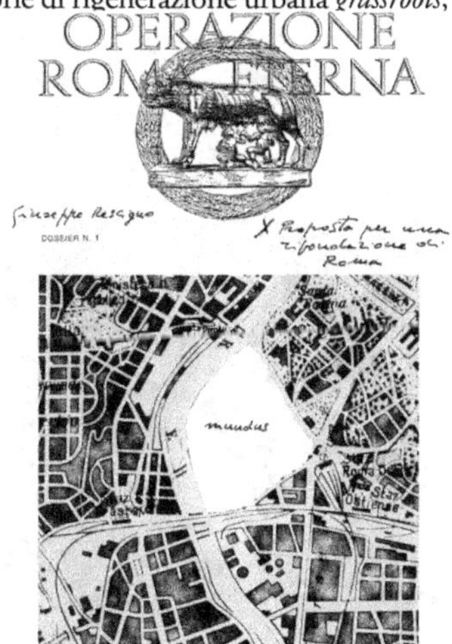

Giuseppe Rescigno, *Proposta per una rifondazione di Roma*, frontespizio, 1975. Courtesy dell'artista

Quella galassia d'iniziative capillari che cercavano una via intermedia – di compromesso da sinistra – per l'organizzazione del tempo libero, tra il consumo individuale dei prodotti dell'industria culturale e le rivendicazioni politiche dei movimenti[14].

La mostra volterrana del 1973 si configurò, da un lato, come un'esposizione di sculture e interventi artistici nello spazio urbano della cittadina commissionati per l'occasione, che ingaggiarono un rapporto critico, a volte quasi di scontro, piuttosto che mimetico, con gli edifici e le strade del centro storico[15]; dall'altro, come un primo tentativo di allargare la discussione sulla partecipazione degli artisti alla risoluzione dei problemi quotidiani della città[16]. A quest'ultimo scopo servirono le assemblee pubbliche, prima e dopo la chiusura della rassegna, la proiezione di filmati sulla mostra e d'indagini sulla città nell'atrio del Palazzo dei Priori, la realizzazione e la trasmissione di un documentario RAI, il reportage fotografico di Enrico Cattaneo, il sondaggio tra il pubblico[17]. Tuttavia, le uniche iniziative che stabilirono un rapporto diretto e "progettuale" con la città furono la collaborazione tra i designer (il gruppo fiorentino Internotredici; i milanesi Davide Boriani, Gabriele Devecchi, Lorenzo Forges Davanzati e Corinna Morandi)[18] e gli artigiani dell'alabastro per la realizzazione di nuovi prototipi, e quella dell'artista Ugo Nespolo con gli operatori e i malati dell'Ospedale Psichiatrico. Per questo motivo, Crispolti si riferirà a *Volterra 73* come a un'esperienza in cui il desiderio di coinvolgimento degli abitanti della città e l'impostazione partecipativa erano stati sì un presupposto metodologico importante, ma non ancora del tutto esplicitato; nelle sue intenzioni *Operazione Roma Eterna* doveva sviluppare queste premesse nell'area metropolitana della capitale[19].

Progettualità continua vs estetiche evenemenziali

I primi appunti di Crispolti riguardanti l'*Operazione* romana datano al gennaio del 1974, ma si arrivò a una sua completa definizione solo l'anno successivo, un periodo in cui s'intrecciò una fitta rete nazionale e internazionale tra critici, artisti e territorio[20]. La fase di concezione di *Operazione Roma Eterna* coincise inoltre con l'apertura a Roma di una grande rassegna internazionale che accese il dibattito artistico nell'inverno del 1973-1974, e di cui si propose come diretta controparte. Esplicita o meno, la polemica di Crispolti andava, infatti, contro la mostra *Contemporanea*, allestita nei parcheggi sotterranei di Villa Borghese e organizzata dagli Incontri Internazionali

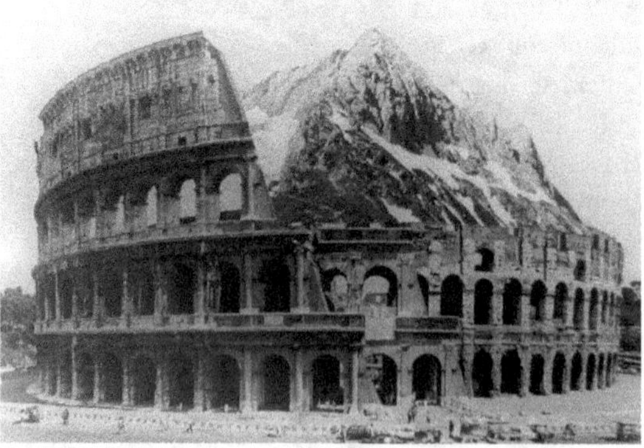

Hans-Dieter Schaal, collage allegato alla lettera del 21 dicembre 1976, Archivio Crispolti Arte Contemporanea, Roma

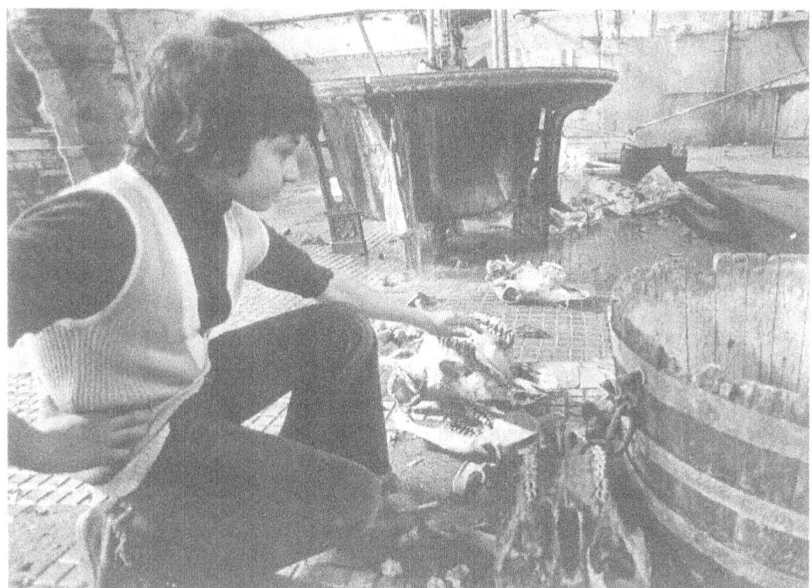

Riappropriazione del Mattatoio, 27 marzo 1976, Archivio Crispolti Arte Contemporanea, Roma

d'Arte. Questa aveva incluso, verso la fine del gennaio 1974, anche il *wrapping* di Porta Pinciana e di circa duecento metri di mura da parte di Christo e Jeanne-Claude, un intervento artistico dall'impatto così forte da catalizzare l'attenzione sulla mostra allestita nei vicini parcheggi, riscuotendo molte reazioni negative tra gli specialisti ma anche tra i cittadini comuni[21]. Quest'arte pubblica "evenemenziale" e "spettacolare" era contestata oltre che dal critico anche da altri operatori, come l'architetto Riccardo Dalisi, un'importante figura di riferimento per Crispolti, che lo aveva conosciuto agli inizi del suo insegnamento all'Università di Salerno nello stesso 1973, dove intesserà vivaci relazioni con diversi artisti campani, alcuni dei quali parteciperanno a *Operazione Roma Eterna* e ad altre sue iniziative[22].

Tra il 1975 e il 1976, al Comitato Organizzatore dell'*Operazione*, che includeva tra gli altri l'artista Fabio De Sanctis, il critico Pierre Restany, ma anche l'allora consigliere della Circoscrizione I Renato Nicolini[23], giunsero diversi progetti, già in fieri o solo ideati[24]. Tra gli altri, *Rapporti all'Ostiense*; il *Progetto per un Libro Figurato* del Gruppo Cartari 2; il *Progetto di percorso ludico a Monte Testaccio* di Ettore Consolazione, Nino Giammarco, Gianluigi Mattia e Andrea Volo, in collaborazione con il Comitato di Quartiere di Testaccio; *Proposta per una rifondazione di Roma* di Giuseppe Rescigno; *Roma e ROMA (Roma più simile alle sue riproduzioni che a se stessa)* del Gruppo Nola-Marigliano; *SPQR. La storia di Roma* di Antonio Davide; infine, la marcia di *Riappropriazione del Mattatoio*, organizzata dal Comitato di Quartiere e condotta da Nicolini il 27 marzo del 1976[25].

Se la prima parte dell'*Operazione*, quella riguardante gli apporti visivi più immaginativi, diede pochi risultati, anche per via di un macchinoso sistema d'inviti, la seconda parte s'innestò su un territorio che già presentava molteplici casi d'attività capillari. A Roma in quegli stessi anni operavano, infatti, una serie di realtà indipendenti come il Centro L'Alzaia (poi Cooperativa nel 1976), di cui alcuni membri parteciperanno a *Operazione Roma Eterna*[26]; l'Ufficio per l'immaginazione preventiva che coordinava le affissioni intitolate *N.d.R* e le pubblicazioni indipendenti "SpA" e "Imprinting"[27]; il collettivo Videobase, che documentava lotte operaie e per la casa nelle periferie romane. Inoltre, erano presenti gruppi teatrali d'animazione come Giocosfera, Collettivo G., Gruppo del Sole e La Scatola, le cui attività furono messe in connessione da Giuseppe Bartolucci, quando da Torino si spostò al Teatro-Scuola di Roma[28]. A Roma passeranno, tra 1972 e 1974, Joseph Beuys, Daniel Buren e Hamish Fulton, oltre al sempre presente Living Theatre[29]. Piuttosto che a queste ultime esperienze internazionali, presenze "colonizzatrici" per il critico romano, l'iniziativa di Crispolti si avvicinava a un approccio "pragmatico" (Charles Sanders Pierce, John Dewey)[30], con un'attitudine prossima ai movimenti civili più che ad analisi radicali, e privilegiava quegli operatori che agivano negli ambiti allora marginali della didattica nell'area laziale e del Sud Italia. Non bisogna inoltre dimenticare che la capitale, cresciuta nel corso degli anni Sessanta in modo sregolato, secondo un processo di urbanizzazione privo di effettiva industrializzazione, era divenuta una grande metropoli diffusa, disgregata e disorientante. Dove ancora a metà degli anni Settanta i baraccati invadevano con le loro proteste strade e piazze del centro e conflitti urbani e lotte politiche si univano a nuovi modi di vivere lo spazio pubblico urbano, sperimentati dalla controcultura giovanile e dalle mobilitazioni dei gruppi femministi[31].

Per capire cosa si proponessero i progetti inclusi in *Operazione Roma Eterna* e in che modo volessero esplicitare questo desiderio di rifondare "dal basso" un vivere comunitario diverso dal mero atto di residenza, prendiamo qui ad esempio tre degli interventi presentati: *Rapporti all'Ostiense*, che diede avvio all'intera *Operazione* nella primavera del 1975; il *Progetto per un libro figurato* del gruppo Cartari 2[32], esposto in Biennale nel 1976; infine, la proposta del salernitano Giuseppe Rescigno, presentata ma solo in parte attuata.

Alternative "co-operative": ### non le élite, le comunità urbane

Rapporti all'Ostiense fu ideato e realizzato da Gianfrancesco Artibani, Sandro Baliani e Agostino Milanese della Cooperativa L'Alzaia, con Maurizio Bedini, Egidio Cosimato e Piero Girotti, in collaborazione con Crispolti e il Consiglio della XI Circoscrizione. Per comprendere l'articolazione di questo progetto dobbiamo guardare alla presentazione della prima parte dei lavori, avvenuta nel dicembre 1975 presso la Galleria L'Alzaia[33]. Fu qui documentato, attraverso materiale fotografico e un film in superotto, l'intervento 'pittorico-fantastico' avvenuto in primavera tra le rovine degli edifici abbandonati e chiusi al pubblico dell'ex Vetreria San Paolo[34] e dell'ex Oleificio

Olea Romana. Un'azione volta all'esplorazione di un'area dismessa e strappata alla vita del quartiere, che costituiva il primo tassello nella costruzione del rapporto del gruppo con i suoi abitanti. Furono inoltre esposti reperti di 'archeologia industriale', rinvenuti nelle zone documentate dalla pellicola, testimonianza materiale della vita nelle fabbriche. Oggetti mostrati senza alcuna manipolazione o mediazione, e affiancati da registrazioni audio realizzate presso il Comitato di Quartiere, il Centro Sociale San Paolo, il Circolo di Cultura Proletaria, le locali sezioni dei partiti e la Comunità San Paolo, allo scopo di ricostruire con testimonianze dirette ciò che le fabbriche avevano significato per il quartiere e la sua vita quotidiana. L'intenzione era dunque stimolare negli abitanti un momento 'auto-conoscitivo', di riappropriazione della propria storia. A questa prima fase 'esplorativa' di luoghi e memorie, seguì l'organizzazione di laboratori di 'animazione' che coinvolsero i ragazzi del quartiere per ripensare, con un approccio didattico dialogico e 'del fare', il loro rapporto con l'ambiente che li circondava. Fu così realizzato, per esempio, un murale con gli studenti della scuola media 'Pablo Picasso', il cui tema scaturì dalle esigenze espresse durante i laboratori.

Il secondo progetto preso in esame, il *Libro figurato,* s'innestò anch'esso nel solco di un'indagine socio-antropologica del quartiere, questa volta il Testaccio. Nello specifico, si voleva avviare una "ricognizione semiologica per individuare una più precisa caratterizzazione del tessuto umano e ambientale di questo quartiere"[35]. Attraverso il disegno, la fotografia e il film s'intendevano individuare i momenti salienti della vita del quartiere, in modo oggettivo e senza filtri, osservando il modificarsi di comportamenti e linguaggi in differenti situazioni. Il libro, pensato come un'antologia di situazioni esemplari, doveva infine esser oggetto di un'animazione "per solo mimo": momento di libera comicità per dissacrare le stesse abitudini individuate.

In ultimo, analizziamo il lavoro di Giuseppe Rescigno, intitolato *Proposta di una rifondazione di Roma*[36]. Il progetto, elaborato nell'inverno 1975-1976, univa le due anime di *Operazione Roma Eterna*, presentando sia una riflessione specifica sul quartiere, sia sulla Roma storica. L'ipotesi progettuale prendeva le mosse dall'analisi delle due anime di Roma, centro della storia d'Italia e della cristianità, da un lato, e città delle disparità sociali, dall'altro, dove ancora un'alta percentuale della popolazione viveva in alloggi di fortuna. La prima fase del progetto consistette in un'indagine a campione svolta a Testaccio, per sondare il modello di città gradita tra quello della Roma arcaica delle origini e quello della città moderna[37]. Dal sondaggio emerse un'alta percentuale di preferenze per la Roma arcaica, per un ritorno a quello che era percepito come un modello di vita semplice, salutare e con maggiori possibilità di giustizia sociale. A questo punto doveva iniziare una vera e propria azione di simbolica "rifondazione" della città, in un'area di Testaccio compresa tra Via Marmorata, le mura Aureliane e il Tevere, denominata *Mundus*, dove iniziare a costituire una nuova società. L'insediamento dei 'nuovi' cittadini doveva avvenire sul monte Testaccio con la realizzazione di capanne in tutto simili a quelle rinvenute sul colle Palatino. L'intervento prevedeva il coinvolgimento di una classe di una scuola media di Roma, per le ricerche sulle caratteristiche della capanna, e una classe della scuola in cui Rescigno insegnava a Mercato San Severino (SA), che ne doveva realizzare un prototipo nella campagna di Bracigliano. Momento cruciale del progetto doveva essere la realizzazione della capanna palatina sul Monte dei Cocci a opera delle due classi gemellate. Con questa 'rifondazione' Rescigno intendeva stimolare la partecipazione di diverse fasce di abitanti del quartiere e dei giovani 'cittadini' delle due scuole, unendo istanze di carattere antropologico, ecologico e didattico. Il complesso progetto di Rescigno fu realizzato solo in minima parte, si conclusero solo l'indagine sul territorio e la costruzione della capanna a Bracigliano. Dalla documentazione d'archivio, il mancato compimento del progetto è da imputare sia al mancato gemellaggio con la scuola romana, sia ai problemi organizzativi che afflissero l'intera *Operazione*[38].

Nella sua parziale realizzazione, *Operazione Roma Eterna* perse quel senso di coerente e articolata manifestazione che ne caratterizzava l'ideazione, risolvendosi in singoli interventi a sé stanti. Mancò quel momento di dialogo finale che doveva avvenire con la mostra al Palazzo delle Esposizioni e la realizzazione di un catalogo. La sua presenza a Venezia nel 1976 costituì dunque la tappa finale di tutta la vicenda, se è vero che nell'Archivio Crispolti troviamo altri documenti con data successiva alla Biennale, di fatto, da quel momento in poi il lavoro sull'*Operazione* andò scemando fino a esaurirsi. Nonostante questo, *Operazione Roma Eterna* fu un primo, importante esempio programmatico di tentata progettualità artistica partecipata all'interno degli "ecosistemi" della città moderna. Allora concepito in opposizione all'evento a breve termine, commissionato dall'alto, cercava, tramite il recupero etnologico di un vissuto comune (oggetti, luoghi, immagini, racconti) e gli strumenti della didattica antiautoritaria, un terreno comune su cui rifondare la prassi creativa e il suo ruolo nelle dinamiche societarie.

1. Per un primo lavoro di ricerca documentaria, Drovandini Elena, *Operazione Roma Eterna. Proposte progettuali e azioni d'intervento e di interpretazione urbana su e in Roma*, Tesi di specializzazione in beni storico artistici, Università degli Studi di Siena, a.a. 2012-13.

2. *Operazione Roma Eterna. Dossier N. 1*, Roma, 16 novembre 1975, Archivio Crispolti Arte Contemporanea (poi ACAC).

3. Ibidem. Nel documento si fa riferimento all'autunno del 1976 come possibile data per la mostra, slittata poi al 1977, e quindi mai realizzata.

4. Crispolti Enrico, *Esperienze al Testaccio e all'Ostiense nell'ambito dell'"Operazione Roma Eterna"*, in *La Biennale 1976 / Ambiente come sociale / Giardini di Castello / 18 luglio – 10 ottobre*, quaderno pubblicato in occasione della mostra, Mirano 1976, pp. 35-39.

5. Crispolti Enrico, *Arti visive e partecipazione sociale*, vol. I, *Da Volterra73 alla Biennale 1976*, documenti 1-25, De Donato, Bari 1977, p. 43. Il manoscritto preparatorio per il seguito, mai pubblicato, è conservato presso l'archivio del critico: *Arti visive e partecipazione sociale*, vol. II, *Dai convegni della Biennale 1976 al Giugno popolare vesuviano 1977*, documenti 26-64, dattiloscritto, ACAC.

6. *Intervista a Enrico Crispolti*, in Salvatori Vincitorio Elisa, *Animazione e conoscenza*, Dedalo, Bari 1978, p. 80.

7. Edizione italiana di Jacobs Jane, *The Death and Life of Great American Cities*, Random House, New York 1961.

8. Crispolti E. – Somaini F. (a cura di), *Urgenza nella città*, Mazzotta, Milano 1972, pp. 6-18. Sono citati da Crispolti, tra gli altri, testi di Lewis Mumford (*La città nella storia*, Etas 1967), Serge Chermayeff e Cristopher Alexander (*Spazio di relazione e spazio privato*, Il Saggiatore 1968), Hans Paul Bahrdt (*Lineamenti di sociologia della città*, Marsilio 1966).

9. Ibi, p.1.

10. Ibi, pp.17-18. Crispolti mutua l'espressione "critica operativa" da Manfredo Tafuri, *Teorie e storia dell'architettura*, Laterza, Roma 1968.

11. Ibi, pp. 114-21. Crispolti critica inoltre sia le tesi di "esteticità diffusa" di Filiberto Menna sia quelle arganiane su progettazione, urbanistica ed *environmental design*; Ibi, nota 6, p. 261.

12. "[…] la crisi della città negli stessi paesi d'economia socialista dimostra d'altra parte che il problema non può essere risolto soltanto con una riforma dei rapporti di proprietà. Occorre promuovere una riqualificazione sociale democratica di base", Ibi, p. 31.

13. Ad esempio, l'intervento all'Università di Napoli, alla Casa del Popolo di Ponticelli, al Festival de L'Unità di Milano del 1975, a Gubbio, a Marigliano, Mercato San Severino e Nola, riportati in Crispolti Enrico, *Arti visive e partecipazione sociale*, op. cit.

14. Fanelli Antonio, *A casa del popolo. Antropologia e storia dell'associazionismo di base*, Donzelli, Roma 2014, pp. 11-27.

15. Il sottotitolo della mostra, *Sculture, ambienti, visualizzazioni, progettazione per l'alabastro*, dava conto della differenza dei vari contributi. Questi potevano avere un forte impatto percettivo, come le sculture di Nicola Carrino o la piramide inclinata di Mauro Staccioli, o un carattere più poeticamente visivo, come la schermatura (colorata) dell'illuminazione pubblica di Maurizio Nannucci. Oltre agli interventi pubblici, furono allestite due retrospettive (Lucio Fontana e Mino Rosso) e una sezione dedicata al lavoro progettuale sull'alabastro, inclusa una mostra storica e una di presentazione dei prototipi ideati insieme ai designer invitati. *Volterra 73. Sculture, ambientazioni, visualizzazioni, progettazione per l'alabastro, Volterra 15 luglio – 15 settembre 1973*, catalogo e documenti a cura di Enrico Crispolti, Centro Di, Firenze 1974.

16. Nel dibattito tra gli artisti si notano le posizioni opposte di chi si ritiene inadatto ad affrontare i problemi specifici della città di Volterra, cercando invece il modo più corretto per collocare la propria opera, e chi ritiene invece necessaria l'interazione diretta con gli abitanti in fase progettuale. *Dibattito operatori*, Ibi, s.p.

17. *Comunicati stampa*, Ibi, s.p.

18. *Dibattito alabastrai-designer* e *Dibattito conclusivo alabastri-designer*, Ibi, s.p.

19. Crispolti Enrico, *"Volterra 73": Premesse e conclusioni*, in Id., *Arti visive e partecipazione sociale*, op. cit., p. 45. Salvatori Vincitorio Elisa, *Intervista a Enrico Crispolti*, op. cit., p. 80; in questa intervista Crispolti accenna alle discussioni in cui s'ideò l'*Operazione* con gli artisti Fabio De Sanctis, Nicola Carrino e altri. Dalla documentazione risulta fossero presenti alle riunioni anche Nino Giammarco, Francesco Somaini e Mino Trafeli; Drovandini Elena, *Operazione Roma Eterna*, op. cit., pp. 1-5.

20. Appunti manoscritti relativi alle riunioni preparatorie per *Operazione Roma Eterna* (16 gennaio 1974; 2 e 29 marzo 1974; 6 aprile 1975); corrispondenza relativa a *Operazione Roma Eterna* (con i membri della Commissione selezionatrice; con artisti e operatori; con la Biennale di Venezia), aprile 1974 – dicembre 1976, presso ACAC, trascritta in Drovandini Elena, *Operazione Roma Eterna*, op. cit.

21. Lonardelli Luigia, *Dalla sperimentazione alla crisi. Gli Incontri Internazionali d'Arte a Roma, 1970-1981*, doppiozero, Milano 2016, pp. 123-125.

22. Ad esempio, i salernitani Antonio Davide e Giuseppe Rescigno, avevano formato nella primavera del 1975 con Mario Chiari e Ugo Marano il Gruppo Salerno 75, che parteciperà a diverse iniziative di Crispolti e sarà incluso in *Ambiente come sociale* nel 1976 e nel suo volume *Extra media. Esperienze attuali di comunicazione estetica*, Studio Forma, Roma 1978.

23. Presiede ai lavori di Operazione Roma Eterna un "Comitato Organizzatore Internazionale" (Enrico Crispolti, Jean Depréau, Jasia Reichardt, Fabio De Sanctis, Olle Granath, Klaus Honnef, Pierre Restany, Richard Stanislaswsky, Yoshiaki Tono), volto a occuparsi della prima parte della manifestazione, e un "Comitato Organizzatore a Roma" per la seconda parte (Adriana Ballaben, Enrico Crispolti, Fabio De Sanctis, Nino Giammarco, Alessandro Jorio, Franco Luccichenti, Renato Nicolini, Diego Maestri, Umberto Santucci, Riccardo Tortora); *Operazione Roma Eterna. Dossier N. 1*, op. cit.

24. Tutti i progetti presentati sono conservati in ACAC e raccolti in Drovandini Elena, *Operazione Roma Eterna*, op. cit., pp. 164-213.

25. "[...] c'era stata quella visita guidata al Mattatoio, una domenica mattina nel quadro un po' paradossale di una Operazione Roma Eterna promossa da Enrico Crispolti e di cui ci fu qualche traccia alla Biennale di Venezia del 1976. Comunque fosse, con il megafono in mano, avevo condotto una vera e propria folla in visita agli stabilimenti, da Campo Boario alla Pelanda dei Suini ai luoghi che avrebbero dovuto esserci e non c'erano più [...]"; Nicolini Renato in *Estate Romana. 1976-75: un effimero lungo nove anni*, Città del Sole, Reggio Calabria 2011, p. 62.

26. L'Alzaia si costituì come collettivo d'artisti nel 1968. Nel 1970 aprì il Centro di Cultura Popolare in uno stabilimento occupato. Nel 1972 aprì la propria sede in Via della Minerva, come Centro culturale di produzione e promozione culturale "Alzaia". Nel 1975 partecipò alla X Quadriennale d'arte. Nel marzo del 1976 il collettivo divenne Cooperativa. *Alzaia*, fascicolo informativo [post marzo 1976] e *Alzaia. Cooperativa di produzione culturale. Quaderno N.1*, ottobre-novembre 1976, ACAC.

27. L'Ufficio per l'immaginazione preventiva fu uno dei progetti del Gruppo di Coordinamento (Maurizio Benveduti, Tullio Catalano, Franco Falsca, Giancarlo Croce). La serie di affissioni d'artista a Porta Portese chiamate *N.d.R* iniziò nel marzo del 1974 e terminò nel giugno 1977; *La Biennale 1976 / Ambiente come sociale/ Giardini di Castello/ 18 luglio -10 ottobre 1976*, op. cit., p. 15.

28. *Intervista a Giuseppe Bartolucci*, in Salvatori Vincitorio Elisa, *Animazione e conoscenza*, op. cit., p. 65.

29. *Roma in mostra 1970 - 1979. Materiali per la documentazione di mostre azioni performance dibattiti*, a cura di Daniela Lancioni, Comune di Roma-Palazzo delle Esposizioni-Centro ricerca e documentazione arti visive-Edizioni Joyce & Co., Roma 1995, pp. 24-133.

30. Per una prima analisi della formazione di Crispolti, Avanzini Luca, *Enrico Crispolti, «coopérator culturel» pour un nouvel art populaire: une tentative de révolution culturelle dans l'Italie des années 1970*, Memoire de Master 1, Université Paris 1-Panthéon-Sorbonne, 2013.

31. Bartolini Francesco, *Roma, anni Settanta. Vedute di fine secolo*, in *Anni 70. Arte a Roma* (Roma, Palazzo delle Esposizioni, 17 dicembre 2013 – 2 marzo 2014), catalogo della mostra a cura di Daniela Lancioni, Azienda Speciale Palaexpo-Iacobelli Editore, Roma 2013, pp. 24-31.

32. Gruppo Cartari 2, costituito a Roma nel 1976 da Maurizio Bedini, Egidio Cosimato e Piero Girotti.

33. Artibani G. – Baliani S. – Bedini M. – Cosimato E. – Crispolti E. – Girotti P. – Milanese A., *Rapporti all'Ostiense. Informazione n. 1*, Operazione Eterna-XI Circoscrizione, Roma 1975, ACAC.

34. *Le Fabbriche della conoscenza. Roma Tre nel territorio e nelle riqualificazione dell'area Ostiense* (Roma, Rettorato di Roma Tre, 23-30 gennaio 2001), catalogo della mostra a cura di Enrica Torelli Landini e Carlo M. Travaglini, Università degli Studi Roma Tre, Roma 2001, pp. 32-35.

35. Bedini M. – Cosimato E. – Girotti P., *Libro Figurato*, documento dattiloscritto, ACAC. Il *Progetto per un Libro Figurato* fu poi inserito in un progetto più ampio sul quartiere Testaccio presentato al Teatro Tenda Spazio Zero di Roma il 30 dicembre 1976, coordinato da Crispolti; Gruppo Cartari, *Reportage dal Quartiere, Informazione n. 2*, documento dattiloscritto, ACAC. I risultati del lavoro furono esposti nella mostra *Arti Visive/Quartiere in Laboratorio*; Bedini M. – Cosimato E. – De Cinque L., *Quartiere in Laboratorio. Per una nuova operatività culturale decentrata /Arti Visive* (Arezzo, Galleria Comunale d'Arte Contemporanea, 14 – 29 aprile 1978), Comune di Arezzo-Biblioteca Città di Arezzo, Arezzo 1978.

36. Rescigno Giuseppe, *Proposta per una rifondazione di Roma*, lettera pieghevole con progetto, 2 febbraio 1976, ACAC.

37. Rescigno Giuseppe, *Proposta per una rifondazione di Roma. Allegato "A"*, cofanetto con i risultati dell'indagine a Testaccio, 4 maggio 1976, ACAC.

38. Rescigno Giuseppe, lettera inviata al preside della scuola, con documentazione fotografica, 23 maggio 1976, ACAC.

Ugo La Pietra. *La guida alternativa alla città di Milano*

Bianca Trevisan

Ugo La Pietra, figura poliedrica, di difficile definizione, in oltre cinquant'anni di attività si è mosso, scardinando i confini disciplinari, tra performance, arte, design, editoria e cinema. Nella sua poliedricità, incarna quello che lui stesso ha definito 'operatore estetico'.

Nella sua vasta e ancora poco studiata attività editoriale degli anni Settanta, redige i quaderni di "Global Tools" (1973-75), fonda e dirige le riviste "In" (1971-1973), "Progettare INPIÙ" (1973-1975), "Brera Flash" (1976-1979) e "Fascicolo" (1977-1980), oltre a curare numerosi cataloghi per il Centro Internazionale di Brera.

Proprio attraverso la direzione delle riviste Ugo La Pietra ha esplicitato la sua attività di teorico, chiamando a collaborare intellettuali di spicco ma anche gente comune, con un intento assolutamente trasversale sia sul piano sociale che dal punto di vista disciplinare.

Tutte queste produzioni pongono la città di Milano come centro di irradiazione di un pensiero alternativo rispetto a quello della cultura ufficiale. Come l'artista spesso precisa, non si tratta di interventi "nel" sociale, ma "per" il sociale, ovvero volti ad instaurare un rapporto diretto con il loro fruitore, al fine di attivare una metodologia di 'riappropriazione dell'ambiente'[1]: "chi lavora per il sociale non si limita a riproporre la propria opera nella società, ma la crea per la società, rinunciando a tal fine persino al proprio segno, alla propria riconoscibilità"[2]. Si tratta di pubblicazioni da ricondurre al fenomeno della cosiddetta 'esoeditoria', ovvero "esperienze editoriali autofinanziate, autogestite, autonome"[3]: stampa alternativa, dunque, orgogliosamente aliena al circuito del sistema dominante e anche per questo da inserirsi nell'orizzonte della controcultura.

Il primo esperimento che vede un coinvolgimento importante di La Pietra in tale direzione è la rivista "IN. Argomenti di immagini e di design" (edizioni SERT), nata a Milano nel 1971, dove riveste la funzione di caporedattore prima e condirettore poi. Qui sono raccolte "tutte le esperienze culturali alternative e impegnate socialmente e politicamente"[4], in particolare quelle legate al design di interni, all'architettura radicale e all'arte sperimentale. D'impianto monografico, ogni numero è dedicato ad un'area "di ricerca e decodificazione nei vari sistemi"[5] come l'utopia, l'oggetto, la 'moda e società' e, ovviamente, la città[6]. Le stesse tematiche sono riprese e approfondite in un'altra rivista, fondata nella stessa città due anni dopo, nel 1973:

"Progettare INPIÙ", sottotitolata "Per un comportamento creativo nei processi di riappropriazione dell'ambiente". Viene ripresa la stessa impostazione monografica, ma la componente multidisciplinare, già esplicitata su "IN", diviene ancora più chiara. In queste pubblicazioni La Pietra, direttore responsabile, commissiona indagini sociologiche ogni volta differenti ad un nutrito numero di intellettuali a lui vicini, che presentano progetti recenti oppure, talvolta, inediti, pensati appositamente per il numero al quale sono chiamati a collaborare. Edita da Jabik e Colophon editori (realtà allora importante che, oltre a produrre multipli d'artista, pubblica anche "Spettacolo e società" e "Milano Dove"), nel primo anno (1973/1974) esce in cinque numeri, tutti saggi monografici di una certa ampiezza. La seconda annualità (1975), dedicata ai "Documenti e ricerche", vede una quantità di pagine più snella. Le pagine di "Progettare INPIÙ" sono rigorosamente in bianco e nero, curate nei minimi dettagli e frutto di uno studio grafico e progettuale accurato, come dimostrano anche le prove e i menabò conservati[7].

Di particolare interesse sia per i nomi coinvolti nella realizzazione sia per l'approccio situazionista all'istanza urbana è il numero 5-6, del 1974, con un titolo, *La guida alternativa alla città di Milano. Per un comportamento creativo nei processi di riappropriazione dell'ambiente,* che dichiara esplicitamente la collocazione alternativa della rivista e la modalità d'azione che essa propone. In copertina compare *Il Percorso* di Livio Marzot, realizzato tra il 1968 e il 1969 e fotografato da Marzot stesso nel 1969. Come specificato nel *colophon*, si tratta di un "itinerario tracciato secondo una linea retta da Via Alzaia Naviglio Pavese in Milano ad un'isola sul Ticino"[8]. La stessa fotografia era stata pubblicata sulla copertina del catalogo di una mostra tenutasi a Milano, presso il Salone Annunciata di Carlo Grossetti, nel novembre 1969. Qui Marzot spiega di aver "preso possesso con osservazioni ecologiche di un'isola sul Ticino" e di aver camminato in linea retta dalla sua casa milanese all'isola per trenta km. Tommaso Trini, sul catalogo, osserva:

> Bisogna impadronirsi degli strumenti della comunicazione. Artisti e intellettuali possono continuare pure le loro lotte interne per possedere ciò che chiamano il comunicato (forma e contenuto). Sono gli strumenti che li abbandonano regolarmente. Essere attivisti di tutto vuol dire disporre di nuovi circuiti della sensibilità. Circuiti ipersensibili[9].

L'attivismo, quindi, insieme alla ricerca degli strumenti al di là dell'aspetto formale del proprio lavoro: la scelta di questa immagine per la copertina del catalogo appare estremamente coerente con l'agire di La Pietra, che crea, come osserva lo stesso Trini nel 1967, "strumenti, non opere d'arte"[10], dando luogo a quell'interdisciplinarità che trova la sua finalità nell'impegno sociale e politico.

Leggendo l'editoriale della *Guida alternativa*, quest'ultima è subito posta in contrapposizione rispetto a quella di tipo tradizionale:

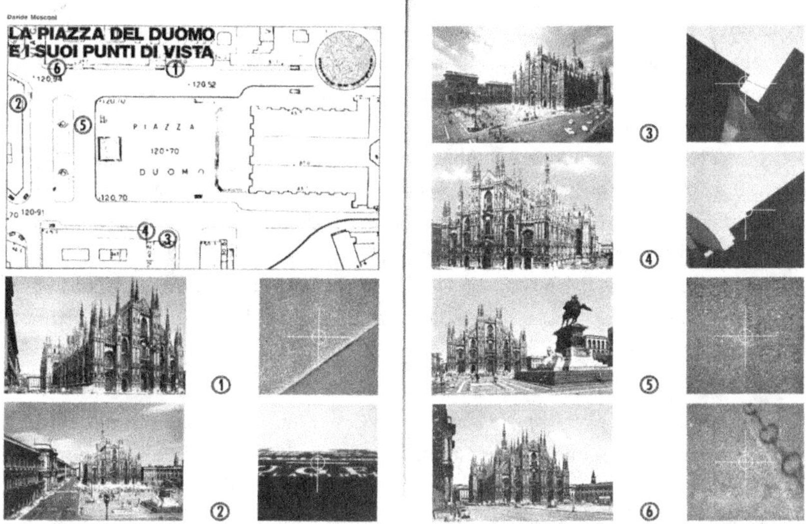

Davide Mosconi, *La piazza del Duomo e i suoi punti di vista*, in *La guida alternativa*, sezione *Milano da scoprire*, pp. 6-7. Courtesy Archivio Ugo La Pietra

> La tradizionale guida della città presuppone che la città stessa sia costituita da un insieme di elementi fisici ciascuno dei quali abbia una propria connotazione codificata. (...) Con questa scomposizione artificiale si tende a dare un senso stabile della città e che prescinde da qualsiasi interferenza (interpretazione) di carattere individuale. (...) ogni persona con il proprio codice di lettura (...) può leggere l'ambiente in cui si colloca e dimostrare (...) che l'immagine della città che ci viene continuamente imposta dalle strutture repressive ed autoritarie deve essere distrutta per dare posto alla possibilità che spetta di diritto ad ogni individuo di poter leggere ed interpretare e gestire lo spazio che lo circonda al di là delle sue collocazioni sociali e culturali[11].

La Pietra in questo passo procede per opposizioni, mettendo in campo quella 'dialettica dei contrari'[12], modalità, anzi, *strumento* fondamentale nel suo operare. Al modello imposto è contrapposto infatti il modello mentale, all'artificialità la verità dell'individualità, alla staticità delle categorie la libertà transdisciplinare. La rivista dunque, divisa per sezioni, riprende le rigide suddivisioni della tradizionale guida urbana proprio per scardinarle attraverso continui sconfinamenti. Sono quindi chiamati a collaborare artisti, architetti, fotografi, scrittori, sociologi e gente comune. Non viene precisata la professione o l'area di interesse proprio perché non si vuole ridurre individui e discipline in aree ristrette. Ed è così che viene riabilitata l'autonomia del soggetto, con il suo proprio codice di lettura, sulla scia tra l'altro delle indagini che erano state al centro dei precedenti numeri di "Progettare INPIÙ", *Il desiderio dell'oggetto* e *L'uso della città*[13].

La lettura della *Guida alternativa* è intrigante. La città è sondata in tutti i suoi cliché, dai più banali agli aspetti tabù e nascosti. Milano, che compare nel titolo di ogni sezione, è quindi di volta in volta, citando alcuni dei titoli, *da scoprire, monumentale, erotica, religiosa, culturale, del tempo libero, popolare, storica,* del *benessere, capitale del capitale, efficiente,* degli *itinerari.* All'interno di queste categorie volutamente rigide e che recuperano ironicamente un lessico da guida turistica, vengono inseriti gli interventi di coloro che sono chiamati a collaborare, provenienti da aree differenti proprio perché lo scopo è sollecitare alla creazione, secondo le parole di La Pietra, "di una nostra città, con dei nostri segnali e dei nostri punti di riferimento"[14]. D'altra parte, come recentemente specificato dall'artista, le tematiche comuni sono lo stimolo per la creazione di nuovi gruppi di aggregazione, con la conseguente nascita di discussioni e idee inedite[15].

Nella prima sezione, *Milano da scoprire,* a dare subito voce al pluralismo di visione auspicato da questo numero è l'artista poliedrico Davide Mosconi, che propone una pianta della piazza del duomo fotografata da diversi punti di vista. Ma non solo: ad ogni singolo scatto corrisponde un'immagine del luogo dove essa è stata catturata[16]. Così allo stesso modo propone se stesso, fotografando parti del suo corpo giustapposte alle più classiche foto dei monumenti, lavoro per altro da inserirsi nella sua più ampia ricerca sull'*Autoritratto*[17], affermazione di sé che per lui, secondo le parole di Elio Grazioli, "non è mai (...) introspezione psicologica, ma affermazione del legame tra il linguaggio e il corpo"[18]. Collaborazione intensa e duratura, quella tra La Pietra e Mosconi, e anche se quest'ultimo non ha mai schierato politicamente la sua opera, una comunanza di vedute è ad esempio chiara nel film, presentato nel novembre del 1973, *La Grande Occasione,* scritto insieme a La Pietra, con soggetto il "disvelamento delle contraddizioni esistenti tra l'operatore culturale e le strutture politico-culturali"[19].

Il gruppo torinese Libidarch, in linea con le ricerche nell'ambito dell'architettura radicale sull'immagine urbana 'povera' o 'banale' che per altro aveva presentato alla XV Triennale di Milano e alla Biennale di San Paolo nel 1972, propone un *Intervento povero.* In una dichiarazione che suona come un manifesto, vediamo che il gruppo utilizza la stessa dialettica per opposti dell'Editoriale: "noi leggiamo invece la strada come una ricerca inesauribile di immagini estranee ad ogni forma di cultura istituzionalizzata. Attraverso le controimmagini si creano nuovi possibili rapporti tra realtà e immagini"[20].

Un capitolo particolarmente interessante è *Milano monumentale,* strettamente collegata alle ricerche che La Pietra conduce in quegli anni. Sempre nel 1974 l'artista gira il film *Il monumentalismo* ambientato fuori e dentro la Stazione Centrale di Milano e che prende spunto da una serie di immagini scattate nel 1972, utilizzate in questo numero. Secondo le parole del loro autore, "questo particolare oggetto architettonico (la Stazione Centrale) è usato come 'modello di comprensione' per scoprire che nell'ambiente in cui viviamo (...) non esiste una relazione tra spazio ed uso dello stesso"[21]. Sono monumenti che non sono in grado di contenere la dinamica dei rapporti umani e questo è l'elemento da sovvertire. A tale autoreferenzialità La

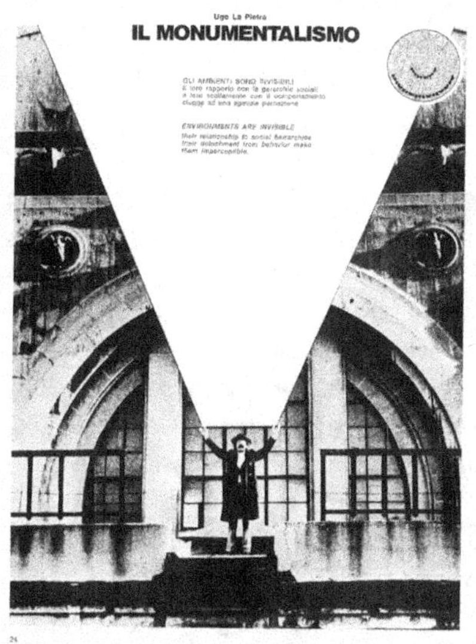
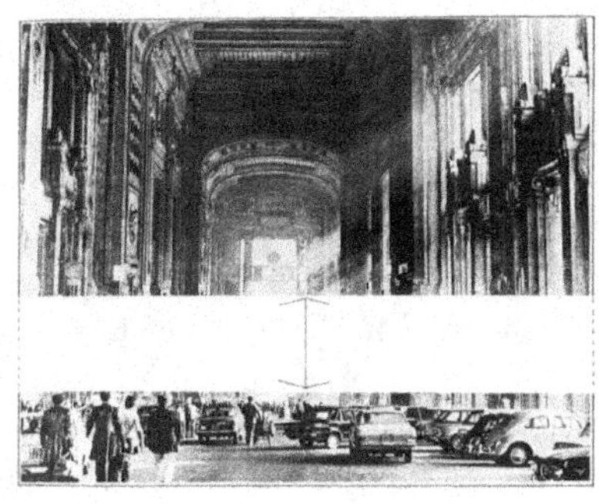

Ugo La Pietra, *Il monumentalismo*, in *La guida alternativa*, sezione *Milano monumentale*, pp. 24-25.
Courtesy Archivio Ugo La Pietra

Pietra contrappone *I monumenti effimeri*, monumenti alla memoria improvvisati dai milanesi a causa del moltiplicarsi di uccisioni legate alle lotte politiche.

Procedendo nella lettura della rivista, grazie ad un gioco di rimandi tematici e talvolta anche lessicali, il lettore, pur continuando a riferirsi alle diverse sezioni, perde progressivamente il senso di esse. La lettura può così divenire un percorso individuale e personale, al di là delle categorie imposte dall'impianto della pubblicazione. *I monumenti effimeri* sono richiamati, per esempio, dalla *Costruzione e messa in posa di un passaggio pedonale effimero* al fine di "una poetica trasgressoria nello spazio urbano"[22], proposto nella sezione *Itinerari* dallo Studio IF, contributo che viene a sua volta richiamato dall'*Isola pedonale* di La Pietra, pubblicata in *Milano del tempo libero* [23]. Lo stesso studio IF firma la *Proposta di un percorso di rivisitazione dei luoghi deputati al culto cattolico dei morti*[24], ed il cattolicesimo e la religione in generale con le sue convenzioni trova approfondimento nel capitolo *Milano religiosa*, dove Ugo Carrega e Vincenzo Ferrari sfidano linguisticamente il confine tra sacro ed ideologia, con la sapiente alternanza di parole e immagini che caratterizza tutto il loro lavoro. Sfide coraggiose che vengono portate avanti con l'uso sottile e 'disequilibrante'[25] dell'ironia, come avviene in *Milano erotica*. Se Giorgio Fonio, infatti, percorre un *Gay Pilgrimage* tra i luoghi d'incontro degli omosessuali, Gianni Emilio Simonetti propone contributi quali *Amare a Milano*, *Un monumento della sessualità cittadina: l'onanismo elettrico* (si noti, ancora una volta, il riferimento al monumentalismo) e *Due modelli di erotismo metropolitano: sesso e politica*[26], attuando un'audace connessione tra erotismo e politica[27].

Si è detto, oltre alle categorie, l'individuo: l'esperienza personale viene stimolata anche attraverso percorsi memoriali, come avviene nell'intervento di Alessandro Mendini, *La facciata della casa di fronte*: "Non mi interessa Milano. Non mi interessa la struttura fisica del suo abitato, mi interessa semmai la struttura mentale di noi, dei suoi abitanti. Allora traggo per la 'Guida' dalla mia memoria una testimonianza essenziale, l'immagine/ricordo che più mi rappresenta di Milano. è quella della facciata della casa di fronte alla mia"[28]. La memoria è così il veicolo per attivare quel modello mentale che nell'Editoriale è messo in contrapposizione a quello tradizionale e imposto. È un recupero dell'individualità ed insieme un modello di vita più sostenibile rispetto alla frenesia cittadina, come avviene in un lavoro di Mosconi, *I miei monumenti a Milano*, un racconto per immagini dove l'uso reiterato dell'aggettivo possessivo 'mio/a' oppone ai luoghi più rappresentativi della città i propri, uno per tutti: 'il mio Arco della Pace', dove in giustapposizione al monumento figurano le gambe della moglie[29]. Ancora più intima è la testimonianza di François Burkhardt, che in *Ricordi di infanzia*, in *Milano storica*, racconta autobiograficamente del suo arrivo a Milano nell'infanzia[30].

Dal territorio personale si passa, nelle varie sezioni, a quello legato all'attualità con un tono più da inchiesta: la Cooperativa Franco Parenti e Gianni Valle, in *U/Topia del teatro*, ripercorrono la storia e la situazione coeva dei teatri milanesi e del Salone Pier Lombardo[31], mentre Adriano Altamira in *Gallerie di tendenza* propone una mappatura degli spazi espositivi, con riferimento alla geografia ma anche scardinando provocatoriamente il concetto di tendenza e gusto[32]. Simile per registro e livello di documentazione è il contributo di Pier Luigi Paolillo, *Qualche storia di verde agricolo*, sulle cascine milanesi[33]. Proprio il 'verde' riprende l'intervento di Maurizio Nannucci pubblicato nelle prime pagine[34], *15 verdi naturali*, itinerario di verifica nelle zone più centrali della città campionando circa cento esempi di 'verdi naturali'[35].

Non mancano interventi di donne, come quello di Nives Ciardi *Operazione di decifrazione della città*; più dichiaratamente femminista quello di Aurelia Raffo, *Uomini operosi e donne devote* e *Il lavoro domestico*, dove viene citato un passo del noto libro edito da Mazzotta *La coscienza di sfruttata*[36].

Nella *Guida alternativa*, abbiamo visto, gli interventi di alcuni autori ritornano in diversi luoghi. È il caso, in particolare, del già menzionato Davide Mosconi e di Vincenzo Ferrari, che è anche collaboratore alla redazione[37]. Ferrari aveva organizzato con La Pietra, nel gennaio dello stesso anno, la mostra *Gli abiti dell'imperatore*, "dedicata a tutti coloro che, almeno una volta nella propria vita, hanno deciso di abolire l'uso di una 'cravatta' non perché fosse consunta, ma solo perché non rispondeva a un nuovo tipo di esigenze"[38]. Svincolarsi dunque dall'"oggetto imposto"[39], termine che tornerà nell'Editoriale con il "modello imposto", per arrivare ad un nuovo abito autonomamente, consapevolmente scelto. In catalogo troviamo le proposte di Mendini, Mosconi e Ettore Sottsass J., che ricompaiono nel numero di 'Progettare INPIÙ' qui preso in esame. Fatto importante perché testimonia il continuo confronto tra queste personalità: l'interdisciplinarità auspicata da La Pietra diviene anche interscambio, interrelazione.

Gianni Emilio Simonetti

DUE MODELLI DI EROTISMO METROPOLITANO: SESSO E POLITICA

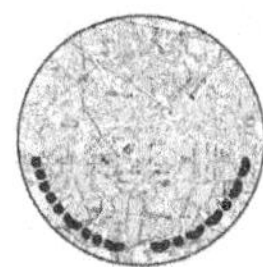

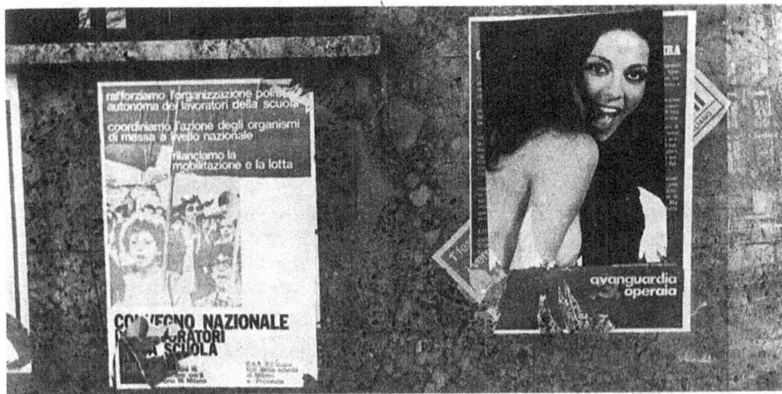

Sesso e politica amplificano il digiuno sociale dell'individuo attraverso i modelli spettacolari della carestia e della sua sublimazione. Il qualcosa che produce e si produce lacaniano riflesso nel « qualcosa manca ». Là nello scambio fra bisogno e desiderio giacché ciò di cui si ha bisogno (la vita) non è ciò che si desidera nell'universo fittizio del « sistema »: sesso e politica. L'industria culturale allo stesso modo in cui deforma la passione in inganno, colpendo l'amore nel suo centro vitale, così deforma il « politico » – in quanto momento del sociale – in **politica**, in apologia sacra dell'impotenza realizzata, fino a travolgerla questa politica che da spettacolo del proprio commercio, in **merce**. Tanto bene da annacquare gli stessi bagliori del terrorismo rovinosamente precipitato in leninismo spettacolare d'avanguardia. Parafrasando **La dialettica dell'illuminismo** potremmo dire che la peculiare struttura architettonica del sistema giovanistico extraparlamentare, come la piramide ginnica delle orge di Sade che la dolce Tamara Baroni ci promette sotto il suo stormir di ciglia (il suo **pandant** cinico è il severo regolamento della società libertina delle **120 Giornate**) preannuncia una organizzazione di tutta la vita destituita di scopo oggettivo. Ciò che sembra importare più ancora del piacere è la sua gestione attiva e organizzata. Il suo volgersi in burocrazia. Del resto la promessa di una « liberazione » nell'**amusement** della rivoluzione vissuta sui modelli del previssuto storico (sulle radiofoto dei **golpes** sudamericani come sulle pagine patinate di **Playboy**) è quello che ancora una volta nella sostanza è apologia della società.
Di fronte allo spettacolo dei **civilizzati**, sordi allo stesso appello fourieriano che li classifica tali, affoga nel mare grande della « politica » e del « sesso » come risposta a un « che fare? » non riaffiora altro che il salmastro verdetto marxiano contenuto nella **Miseria della filosofia**: « in ogni società fondata sulla miseria i prodotti più miserabili hanno la fatale prerogativa di servire all'uso della maggioranza ».

Sex and politics increase the social hunger of the individual through the sensational models of famine and its sublimation. The something that produces and is produced is reflected in « the something that is missing ». There in the exchange between need and desire, since what is needed (life) is not what is desired in the fictitious universe of the « system »: sex and politics. The cultural industry, in the same way it changes passion to deceipt, striking love at its vital center, transforms « political » to « politics », in a sacred apology of the resulting impotence until it converts politics, which exhibits itself, into goods. So well as to dilute the same bursts of terrorism which fell ruinously into the spectacular avant-garde type leninism. Paraphrasing La dialettica dell'illuminismo, we could say that the peculiar architectural structure of the youthful extraparlamentary system, like the gymnastic pyramid of de Sade's orgies, which is promised to us by Tamara Baroni with her fluttering eyelashes, forecasts an organization of a whole life of no purpose. What seems more important still than pleasure is its active and organized management. Its evolving into burocracy. On the other hand, a promise of « escape » in amusement of the revolution lived on its pre-lived historical models (on the pictures of the south-american golpes as on the shiny pages of Playboy) is what is still substantially an apology of society. Before the spectacle of « civilized people », deaf to the very Fourier definition that classifies them as such, drowned in the great sea of « politics » and « sex » as an answer to « what to do? », nothing more turns up but the sardonic Marxist verdict given in Miseria della filosofia: « in any society based on poverty, the poorest products have the fatal prerogative of being employed for the use of the majority. »

43

Gianni Emilio Simonetti, *Due modelli di erotismo metropolitano: sesso e politica*, in *La guida alternativa*, sezione *Milano erotica*, p. 43. Courtesy Archivio Ugo La Pietra

L'impostazione di questo numero è successivamente ripresa nelle *Istruzioni per l'uso della città* del 1979, dove si invita il lettore ad immaginare la propria città, al fine di attivare la creatività individuale: ciò avviene recuperando i titoli delle sezioni della rivista, al fine di "creare continuamente un *detournamento* della categoria stessa"[40]. D'altra parte la *Guida alternativa*, nella sua contrapposizione tra differenti codici disciplinari, linguistici e spaziali, insieme alla costruzione di una geografia personale, memoriale e psichica si avvicina alle forme di riscoperta e decodificazione della città proprie del Situazionismo. Nell'ambito della Biennale del 1976 anche La Pietra è chiamato ad interpretare il tema dell'*Ambiente come sociale*. Nel catalogo della mostra Crispolti individua la radice ideologica del lavoro di La Pietra nel suo modo di concepire lo spazio come luogo di controllo politico attraverso l'analisi degli elementi psicologici e dei processi mentali di chi lo vive[41]. Ciò è evidente, abbiamo visto, nella maggior parte degli interventi selezionati, ancor più quando La Pietra si riferisce esplicitamente alla *Conquista dello spazio* proponendo, non a caso, un progetto tratto dal *Sistema disequilibrante*.

La scelta di dedicare un numero monografico alla città ci aiuta a 'vedere Milano', al di là delle "scelte delle classi di potere", così come era già stato auspicato nell'interessante catalogo della mostra *Per quale Milano*, pubblicato nel 1973 nella collana "documenti di Casabella"[42]. La Milano di volta in volta monumentale, erotica, culturale, popolare, del benessere, degli itinerari e di tutte le sue possibili declinazioni apre percorsi tesi a sfondare le logiche del potere per "una riappropriazione urbana individuale"[43], una riappropriazione che riabiliti, nella rinnovata libertà, la dinamica dei rapporti umani.

1. Il riferimento è al sottotitolo della rivista "Progettare INPIÙ", ovvero, come avremo modo di specificare più avanti, "per un comportamento creativo nei processi di riappropriazione dell'ambiente".

2. Da un'intervista inedita di chi scrive a Ugo La Pietra, registrata in data 28 ottobre 2014.

3. Per un'introduzione al fenomeno dell'esoeditoria si veda Peterlini Patrizio, *Esoeditoria negli anni Sessanta e Settanta in Italia*, in Maffei Giorgio – Peterlini Patrizio, *Riviste d'arte d'avanguardia. Esoeditoria negli anni Sessanta e Settanta in Italia*, S. Bonnard, Milano 2005, p. 7. La stampa alternativa negli anni Settanta è un fenomeno rilevante e diffuso tanto che già nel 1971, a Trento, gli è dedicata la *Rassegna dell'esoeditoria italiana* (si veda *Rassegna dell'esoeditoria italiana. Per una verifica di alternative culturali, culture alternative contemporanee*, catalogo della mostra, Pro Cultura, Trento 1971) mentre nel 1976, a Firenze, è organizzata la mostra *Small press scene*. Si veda Nannucci Maurizio (a cura di), *Small Press Scene / Documents of Alternatives in the Press / piccola stampa / documenti / edizioni*, Zona, Firenze 1976.

4. La Pietra Ugo, *Abitare la città. Ricerche, interventi, progetti nello spazio urbano dal 1960 al 2000*, Allemandi & C., Torino 2011, pp. 132-133.

5. Ibidem.

6. Per l'utopia: "IN", anno II, n. 1, gennaio-febbraio 1971; per l'oggetto: "IN", anno II, n. 2-3, marzo-giugno 1971; per la "moda e società: "IN", anno II, n. 8, novembre-dicembre 1972; per la città: "IN", anno II, n. 5, maggio-giugno 1972 e "IN", anno II, n. 6, luglio-agosto 1972.

7. Materiali inediti reperiti nell'Archivio Ugo La Pietra nel settembre 2016. Per quanto riguarda i menabò non si tratta di versioni integrali, ma sono comunque documenti interessanti per comprendere la modalità operativa e il processo creativo di La Pietra. Sebbene siano pubblicazioni curate nei minimi dettagli, colpisce il carattere rudimentale: bisogna sempre tener conto che queste riviste sono indipendenti, autoprodotte, autonome, slegate dunque dai grandi circuiti e dai loro mezzi.

8. "Progettare INPIÙ", *La guida alternativa alla città di Milano*, anno I, n. 5-6, giugno-settembre 1974.

9. *Livio Marzot / Larderello / J.'S Walk / L'Isola / Il Percorso / Via Conchetta / La stanza e le urne*, con un testo di Tommaso Trini, catalogo della mostra, Salone Annunciata, Milano 1969, s.p.

10. Tommaso Trini, 1967, parlando delle *Immersioni* (1967-1969) di Ugo La Pietra. Il testo è riportato in La Pietra Ugo, *Abitare la città*, op. cit., p. 62.

11. Editoriale, in *La guida alternativa*, p. 2.

12. Ancora Trini in La Pietra Ugo, *Abitare la città*, op. cit., p. 62.

13. Si vedano "Progettare INPIÙ", *Il desiderio dell'oggetto*, anno I, n. 1, ottobre-novembre 1973 e "Progettare INPIÙ", *L'uso della città*, anno I, n. 2, dicembre-gennaio 1973/1974.

14. La Pietra in introduzione alla sezione *Milano da scoprire*, in *La guida alternativa*, p. 5.

15. Osservazione di Ugo La Pietra durante il convegno *Arte fuori dall'arte. Incontri e scambi fra arti visive e società negli anni Settanta*, tenutosi all'Università Cattolica del Sacro Cuore di Milano tra il 12 e il 13 ottobre 2016, a cura di Cristina Casero, Elena Di Raddo e Francesca Gallo.

16. Sempre nel 1974 si inaugura una personale di Mosconi alla Galleria Primopiano di Torino; qui l'artista presenta due serie: la prima è un rilevamento di trenta punti di vista all'interno dello spazio della galleria stessa. La seconda è formata da due autoscatti che raffigurano il corpo nudo dell'autore. Qui il legame tra l'indagine dello spazio, del corpo e dei diversi punti di vista attivati, messa in campo dagli interventi pubblicati su *La guida alternativa*, è ancora più esplicita. Si veda Boursier Guido, *Davide Mosconi*, catalogo della mostra, Galleria Primopiano, Torino 1974.

17. Ci si riferisce alle fotografie in mostra alla Galleria Primopiano sopra menzionate, ma anche alla serie dell'*Autoritratto* dello stesso anno (1974) o agli struggenti *Autoritratti bucati* del 2000, realizzati due anni prima della sua morte sopraggiunta fatalmente nel 2002.

18. Grazioli Elio, *Davide Mosconi: fotografia, musica, design,* Edizioni Tip.Le.Co., Piacenza 2014, p. 48.

19. Dal programma di sala.

20. *La guida alternativa*, pp. 8-9.

21. Ibi, pp. 24-25.

22. Ibi, p. 159.

23. Ibi, p. 86.

24. Ibi, p. 28, nella sezione *Milano monumentale*.

25. Il riferimento è ovviamente al Sistema disequilibrante (1967-1971), teoria comprendente vari progetti provocatori tesi a mettere in luce e a sfidare le contraddizioni esistenti nel sistema e nello spazio urbano. In merito si veda La Pietra Ugo, *Abitare la* città, op. cit., pp. 61-149

26. Sezione *Milano erotica* ne *La guida alternativa*, op. cit., pp. 38-49.

27. Ibi, p. 43

28. Ibi, p. 16. Nell'intervento di Mendini ritorna, ancora una volta, la dialettica degli opposti che abbiamo visto poc'anzi. Leggiamo infatti, in merito alla deriva che l'autore riscontra nella città di Milano e nei suoi abitanti: «Lentezza contro velocità, mediazione contro azione, conflitto sociale invece che processo progettuale» (Ibidem).

29. Per altro il gioco qui è ancora più sottile, perché Mosconi ha lo studio proprio davanti al monumento, e le gambe sfuocate, nella loro posizione, effettuano uno spostamento dall'architettura al corpo iconicamente ironico. L'originale di questa fotografia è una polaroid 8 x 8 cm, del 1974. Come mette in luce Grazioli, fa parte di un ciclo da mettere in relazione con il lavoro presentato nello stesso anno alla Galleria Primopiano di Torino (Grazioli Elio, *Davide Mosconi*, cit., p. 47).

30. *La Guida alternativa*, op. cit., p. 144.

31. Ibi, pp. 58-65.

32. Ibi, pp. 68-73.

33. Ibi, pp. 98-107.

34. L'intervento di Paolillo figura in *Milano popolare*, quello di Nannucci invece in *Milano da scoprire*.

35. Ibi, p. 14-15. Il lavoro ha origine da una vasta ricerca sul colore iniziata da Nannucci intorno al 1970. Secondo le sue stesse parole, in questa

ricerca "oltre che a determinare l'impiego del rapporto luce/colore, ho cercato di individuare anche le componenti interne relative agli usi e ai significati" (Nannucci Maurizio, *To cut a long story short*, De Vleeshal, Middelburg, 1982, p. 60).

36. Abbà L. - Ferri G. - Lazzaretto G. - Medi E. - Motta S. (a cura di), *La coscienza di sfruttata*, Mazzotta Editore, Milano 1972.

37. Gli interventi di Ferrari, oltre a quelli già citati, sono: *Il momento dell'incontro* (pp. 84-85), *C'era una storia... della quale si vogliono cancellare le tracce* (pp. 118-119), *N. 22, sgocciolamento scorie* (pp. 122-124), *La pubblicità è uguale per tutti* (pp. 125-127), *L'Italia è una repubblica fondata sul lavoro* (pp. 136-139).

38. Ferrari V. - La Pietra U., Palazzoli L. (a cura di), *Gli abiti dell'imperatore*, Studio Luca Palazzoli, Milano 1974, s.p.

39. Ibidem.

40. La Pietra Ugo, *Istruzioni per l'uso della città*, Edizioni Associazione Culturale Plana, Milano 1979, p. 67.

41. Si veda *La Biennale di Venezia 1976, Ambiente, partecipazione, strutture culturali*, catalogo generale, vol. I, Edizioni La Biennale di Venezia, Venezia 1976 e Crispolti Enrico, *Arti visive e partecipazione sociale. Da Volterra 73 alla Biennale 1976*, De Donato editore, Bari 1977, pp. 292-310.

42. Farina P. - Grimaldi A. (a cura di), *Per quale Milano. Conoscere la storia di Milano per cambiare la città*, G. Milani sas editrice (Documenti di Casabella), Segrate 1973, p. 9. Si noti che in questa stessa pubblicazione interviene anche Virgilio Vercelloni, Professore incaricato di Storia dell'Architettura alla Facoltà di Architettura del Politecnico di Milano, che sulla *Guida alternativa* propone il contributo Milano geografia volontaria vettoriale (p. 27, sezione *Milano monumentale*).

43. Crispolti Enrico, *Arti visive e partecipazione sociale*, op. cit., p. 301. In questo luogo Crispolti parla proprio di La Pietra come esempio di tale modalità d'azione.

L'exforma
Arte, ideologia e scarto
di Nicolas Bourriaud
108 pp.
isbn 9788874900268

Fallimento
di Teresa Macrì
172 pp. 46 ill.
isbn 9788874901845

Pop Art. Pittura e soggettività nelle prime opere di
Hamilton, Lichtenstein, Warhol, Richter e Ruscha
di Hal Foster
256 pp. 185 ill.
isbn 9788874901609

Il complesso Arte-Architettura
di Hal Foster
256 pp. 132 ill.
isbn 9788874901906

Il ritorno del reale
L'avanguardia alla fine del Novecento
di Hal Foster
256 pp. 99 ill.
isbn 9788874900268

L'antiestetica
Saggi sulla cultura postmoderna
di Hal Foster (a cura di)
192 pp. 9 ill.
isbn 9788874901227

Azioni che cambiano il mondo
Donne, arte e politiche dello sguardo
di Carla Subrizi
256 pp. 44 ill.
isbn 9788874900800

Autorotella
Autobiografia di un artista
di Mimmo Rotella
192 pp. 95 illustrazioni
isbn 9788874900619

Anni Settanta
La rivoluzione nei linguaggi dell'arte
C. Casero e E. Di Raddo (a cura di)
220 pp. 92 ill.
isbn 9788874901333

Ketty La Rocca. Nuovi studi
di F. Gallo e R. Perna (a cura di)
144 pp. 99 ill.
isbn 9788874901449

Maria Lai. Da vicino, vicinissimo...
di Emanuela De Cecco
46 pp. 5 illustrazioni
isbn 9788874901326

Pablo Echaurren. Il movimento del '77
e gli indiani metropolitani
di Raffaella Perna
112 pp. 52 ill.
isbn 9788874901517

Il radicante
Per un'estetica della globalizzazione
di Nicolas Bourriaud
208 pp. 77 ill.
isbn 9788874901005

Thothality. Sulla letteratura,
verso la fine, 1954-2014
di Mario Diacono
224 pp.
isbn 9788874901814

KA. Da Kounellis ad Acconci
Arte materia concetto 1960-1975
di Mario Diacono
240 pp.
isbn 9788874900923

Nuove geografie artistiche
Le mostre al tempo della globalizzazione
di Roberto Pinto
288 pp. 62 ill.
isbn 9788874900831

Arte fuori dall'arte
Incontri e scambi fra arti visive e società
negli anni Settanta

di Cristina Casero, Elena Di Raddo, Francesca Gallo

postmedia books 2017
300 pp. 106 ill.
isbn 9788874901982

in questa collana:

Nicolas Bourriaud, *L'exforma*, 2016

Roberto Pinto, *Artisti di carta*, 2016

Molly Nesbit, *Il pragmatismo nella storia dell'arte*, 2017

Teresa Macrì, *Fallimento*, 2017

AA.VV., *Roberto Daolio*, 2017

Elio Grazioli, *Infrasottile*, 2018

Cosetta Saba, *Carmelo Bene. Cinema, arti visive, happening, teatro*, 2019

Angela Maderna, *L'altra metà dell'avanguardia quarant'anni dopo*, 2020

Postmedia Srl
Milano
www.postmediabooks.it